普通高等院校经济管理类"十四五"应用型精品教材

【经济管理类专业基础课系列】

公共关系学

PUBLIC RELATIONS

第3版

主编 管玉梅
副主编 夏冬艳
参编 王新爱 陆璐 詹达谋

机械工业出版社
CHINA MACHINE PRESS

全书共分为5篇：基础知识篇、基本要素篇、活动过程篇、实务应用篇和发展趋势篇。第1篇介绍了公共关系的概念和作用、公共关系工作的方法和原则、公共关系的发展脉络以及公共关系的理论基础。第2篇阐述了公共关系的三要素：主体、客体和互动过程。第3篇介绍了公共关系活动的四个步骤：调查、策划、实施、评估。第4篇讲述了公共关系的实务应用，包括语言艺术、写作应用和专题活动的组织。第5篇总结了公共关系四个方面的发展趋势：价值理念发展趋势、互动手段发展趋势、聚焦问题发展趋势、实践范围发展趋势。

本教材的主要定位是高等学校管理类专业应用型本科教材，也可用于高等学校传播类专业应用型本科的入门教材。

图书在版编目（CIP）数据

公共关系学 / 管玉梅主编 . —3 版 . —北京：机械工业出版社，2023.6（2023.12 重印）
普通高等院校经济管理类"十四五"应用型精品教材 . 经济管理类专业基础课系列
ISBN 978-7-111-73214-3

Ⅰ . ①公… Ⅱ . ①管… Ⅲ . ①公共关系学 – 高等学校 – 教材 Ⅳ . ① C912.31

中国国家版本馆 CIP 数据核字（2023）第 090117 号

机械工业出版社（北京市百万庄大街 22 号　邮政编码 100037）
策划编辑：施琳琳　　　　　　　责任编辑：施琳琳
责任校对：郑　婕　陈　越　　　责任印制：郜　敏
三河市宏达印刷有限公司印刷
2023 年 12 月第 3 版第 2 次印刷
185mm×260mm・22 印张・516 千字
标准书号：ISBN 978-7-111-73214-3
定价：49.00 元

电话服务　　　　　　网络服务
客服电话：010-88361066　机　工　官　网：www.cmpbook.com
　　　　　010-88379833　机　工　官　博：weibo.com/cmp1952
　　　　　010-68326294　金　书　网：www.golden-book.com
封底无防伪标均为盗版　机工教育服务网：www.cmpedu.com

Preface 前言

近年来，随着网络和移动网络的进一步普及，互联网思维正在对我们的商业模式进行颠覆与重构，而公共关系活动的游戏规则也随之发生巨大变化。移动化、数字化、场景化、社交化、娱乐化、整合化、跨界化、碎片化等趋势越来越明显。为了能把这些最新趋势及时、准确地反映到教材中，为读者提供代表最新趋势的信息、数据和案例，我们对《公共关系学》一书进行了第 3 版编写。本次编写在保持第 2 版教材基本理论框架的基础上，汲取了本领域的最新发展成果，参考了相关专业网站的最新案例，对原有内容主要进行了以下调整。

（1）框架上：本书在大框架不变的前提下，重新构思书中的第 5 篇——发展趋势篇。第 14 章与思政教育相融合，从社会行为示范、绿色环保、利他共赢三个方面，阐述了公共关系价值理念的发展趋势。第 15 章阐述了线上化、社交化、精准化这三个公共关系互动手段的发展趋势。第 16 章分为公共关系危机和蹭热点两个部分，阐述了公共关系聚焦问题的发展趋势。第 17 章则通过深入讲解国际公共关系和跨界公共关系两个主题，阐述了公共关系实践范围的发展趋势。

（2）内容上：本书更新并增加了大量案例。在案例的选择上，坚持经典和与时俱进相结合，保留少数经典案例，增加了近几年发生的实际新案例。

（3）体例上：本书在大致保持原来的体例及风格的基础上，做了如下改进。第一，增加"拓展阅读"栏目，让学生了解相关领域的最新发展动态和前沿知识，拓宽学生视野；第二，增加"牛人课堂"栏目，就相关内容介绍一些权威专家或知名企业家的观点和论述，提升学生的专业思维能力；第三，增加"热词加油站"栏目，对相关领域经常出现的一些热门词汇进行介绍，以便学生深入理解相关话题；第四，结合课程思政的要求，增加"社会热题大讨论"栏目，对学生进行正确的价值引导。

在本书第 3 版的编写过程中，我们参考了许多业界网站的最新信息和案例，参考了很多新闻网站的新闻信息等，在引用处均有注明，同时我们得到了机械工业出版社各位编辑的大力支持和帮助，在此一并表示深深的感谢。由于编者水平有限，书中难免会有疏漏或差错，恳请各位专家和读者批评指正。

管玉梅

2023 年 1 月

Suggestion 教学建议

根据本教材的特点和应用型人才培养的需要，拟从以下几个方面提出教学建议。

教学方式方法和手段建议

公共关系学既是一门科学，又是一门艺术。它的科学性要求学生系统掌握它的多学科理论基础知识，它的艺术性要求培养学生的创新思维能力和实践能力。因此，建议教师在以理论教学为主，让学生系统学习基本理论知识的基础上，广泛使用案例教学和启发式教学，让学生积极参与课堂互动，提升学生的思维能力，增强学生主动学习的兴趣。另外，还可以利用各种实训题目或通过让学生参加各种相关比赛来培养学生的实践能力和团队协作能力。

学时分配建议

课程学时分配如表 0-1 所示。

表 0-1 课程学时分配

章节	教学内容	学习要点	学时
第 1 章	绪论	公共关系的定义	2
		公共关系工作的基本原则	
第 2 章	公共关系的渊源、兴起与发展	公共关系兴起的社会条件	2
		中国公共关系的发展历程与趋势	

（续）

章节	教学内容	学习要点	学时
第3章	公共关系理论	管理学理论	4
		传播学理论	
		心理学理论	
		营销学理论	
第4章	公共关系的主体：社会组织	各种社会组织的公共关系	4
		公共关系公司的基本类型	
		公共关系部的设置方式	
第5章	公共关系的客体：公众	公众的分类	2
		企业常见目标公众的公共关系工作内容	
第6章	公共关系的互动过程	组织形象塑造的程序	4
		公共关系的传播类型	
		公共关系协调的内容	
第7章	公共关系调查	公共关系调查的内容	2
		公共关系调查的程序	
		公共关系调查的方法	
第8章	公共关系策划	公共关系策划的程序	4
第9章	公共关系实施	公共关系实施的过程	2
第10章	公共关系评估	公共关系评估的方法	2
		公共关系评估的内容	
第11章	公共关系语言艺术应用	语言沟通传播技巧	2
		公共关系谈判	
		公共关系演讲	
第12章	公共关系写作应用	各类公共关系函柬、公共关系致辞、公共关系广告文案、公共关系新闻稿的写法	2
第13章	公共关系专题活动	公共关系专题活动的基本要求	4
		新闻发布会、展览会、赞助活动、庆典活动的工作程序	
第14章	公共关系价值理念发展趋势	示范健康的生活方式，传递正向价值观和弘扬中华优秀传统文化	2
		实施绿色设计与生产，倡导和推广绿色消费，积极助力环保公益的绿色环保理念	
		利社会、利消费者、利员工、利合作者的利他共赢理念	
第15章	公共关系互动手段发展趋势	线上互动的特点、思维、方式、技巧	4
		社交方式多元化和社交场景碎片化	
		精准的数据分析、受众定位、媒介选择和效果监测	

（续）

章节	教学内容	学习要点	学时
第16章	公共关系聚焦问题发展趋势	公共关系危机的特点	4
		危机处理的5S原则和处理程序	
		危机处理中的公众对策	
		蹭热点的技巧	
		蹭热点的误区	
第17章	公共关系实践范围发展趋势	国际公共关系和跨界公共关系的策略技巧	2
		国际公共关系的特点和注意事项	
		跨界公共关系的类型和原则	
合计			48

以上学时分配只供参考，建议教师根据具体课时要求和教学需要，在讲解时压缩、扩展或糅合相关章节内容。比如公共关系的发展史、公共关系的三要素、公共关系活动的四个步骤、公共关系的四个发展趋势，可以展开做重点介绍，也可浓缩内容，起抛砖引玉的作用。

目 录 Contents

前言

教学建议

第1篇 基础知识篇

第1章 绪　论 /2

学习目标 /2

引例　公共关系的能量与局限 /2

1.1　公共关系是什么 /3

1.2　公共关系的作用 /9

1.3　公共关系怎么做 /12

本章小结 /19

热词加油站 /19

思考讨论 /19

能力实训 /20

社会热题大讨论 /20

课外导读 /20

第2章 公共关系的渊源、兴起与发展 /21

学习目标 /21

引例　古雅典的贝壳放逐法 /21

2.1　公共关系的渊源 /21

2.2　公共关系的兴起 /24

2.3　公共关系在中国的发展 /28

本章小结 /33

热词加油站 /33

思考讨论 /34

能力实训 /34

社会热题大讨论 /34

课外导读 /34

第3章 公共关系理论 /35

学习目标 /35

引例　"顶流"螺蛳粉 /35

3.1 管理学理论 / 36

3.2 传播学理论 / 40

3.3 心理学理论 / 45

3.4 营销学理论 / 50

本章小结 / 53

热词加油站 / 53

思考讨论 / 54

能力实训 / 54

社会热题大讨论 / 55

课外导读 / 55

第2篇 基本要素篇

第4章 公共关系的主体：社会组织 / 58

学习目标 / 58

引例 敲门服务队 / 58

4.1 公共关系的主体 / 59

4.2 公共关系机构 / 68

4.3 公共关系人员 / 75

本章小结 / 78

热词加油站 / 79

思考讨论 / 79

能力实训 / 80

社会热题大讨论 / 80

课外导读 / 80

第5章 公共关系的客体：公众 / 81

学习目标 / 81

引例 BOSS直聘无条件取消大小周 / 81

5.1 公众概述 / 82

5.2 企业常见的目标公众 / 87

本章小结 / 94

热词加油站 / 94

思考讨论 / 95

能力实训 / 95

社会热题大讨论 / 95

课外导读 / 95

第6章 公共关系的互动过程 / 96

学习目标 / 96

引例 快秀出你的爱国style / 96

6.1 塑造形象 / 97

6.2 传播管理 / 106

6.3 协调关系 / 114

本章小结 / 117

热词加油站 / 117

思考讨论 / 118

能力实训 / 118

社会热题大讨论 / 119

课外导读 / 119

第3篇 活动过程篇

第7章 公共关系调查 / 122

学习目标 / 122

引例 爆火的"熬夜水"，凭什么能吸引年轻人 / 122

7.1 公共关系调查概述 / 123

7.2 公共关系调查的内容 / 125

7.3 公共关系调查的程序和方法 / 130

本章小结 / 135

热词加油站 / 135

思考讨论 / 136

能力实训 / 136

社会热题大讨论 / 136
　　课外导读 / 136

第 8 章　公共关系策划 / 137
　　学习目标 / 137
　　引例　红豆"三伏天里卖鹅绒服"
　　　　　京东众筹公益活动 / 137
　　8.1　公共关系策划概述 / 139
　　8.2　公共关系策划的程序 / 144
　　本章小结 / 148
　　热词加油站 / 149
　　思考讨论 / 149
　　能力实训 / 150
　　社会热题大讨论 / 150
　　课外导读 / 150

第 9 章　公共关系实施 / 151
　　学习目标 / 151
　　引例　吉利博越 100℃温差挑战
　　　　　项目 / 151
　　9.1　公共关系实施的含义和
　　　　作用 / 152
　　9.2　公共关系实施的特点和
　　　　原则 / 153
　　9.3　公共关系实施的过程 / 155
　　本章小结 / 160
　　热词加油站 / 160
　　思考讨论 / 161
　　能力实训 / 161
　　社会热题大讨论 / 161
　　课外导读 / 162

第 10 章　公共关系评估 / 163
　　学习目标 / 163

　　引例　腾讯与人民网联手打造国庆
　　　　　H5《我的年代照》/ 163
　　10.1　公共关系评估的含义和
　　　　　作用 / 164
　　10.2　公共关系评估的方法 / 166
　　10.3　公共关系评估的程序 / 168
　　10.4　公共关系评估的内容 / 169
　　本章小结 / 174
　　热词加油站 / 174
　　思考讨论 / 175
　　能力实训 / 175
　　社会热题大讨论 / 176
　　课外导读 / 176

第 4 篇　实务应用篇

第 11 章　公共关系语言艺术应用 / 178
　　学习目标 / 178
　　引例　华为孟晚舟在清华大学的
　　　　　演讲 / 178
　　11.1　语言和无声语言沟通传播
　　　　　技巧 / 182
　　11.2　语言艺术在公共关系中的
　　　　　应用 / 184
　　本章小结 / 192
　　热词加油站 / 192
　　思考讨论 / 193
　　能力实训 / 193
　　社会热题大讨论 / 193
　　课外导读 / 194

第 12 章　公共关系写作应用 / 195
　　学习目标 / 195

引例 2021年国际公共关系协会
　　　主席年度致辞 / 195
12.1 公共关系礼仪文书
　　　写作 / 197
12.2 公共关系形象传播文书
　　　写作 / 204
本章小结 / 210
热词加油站 / 210
思考讨论 / 211
能力实训 / 211
社会热题大讨论 / 211
课外导读 / 212

第13章　公共关系专题活动 / 213

学习目标 / 213
引例 中国数字冰雪运动会 / 213
13.1 公共关系专题活动
　　　概述 / 214
13.2 新闻发布会 / 217
13.3 展览会 / 220
13.4 赞助活动 / 227
13.5 庆典活动 / 233
本章小结 / 236
热词加油站 / 236
思考讨论 / 237
能力实训 / 237
社会热题大讨论 / 237
课外导读 / 237

第5篇　发展趋势篇

第14章　公共关系价值理念发展
　　　趋势 / 240

学习目标 / 240

引例 星巴克的"GOODGOOD星
　　　善食主义"行动 / 240
14.1 社会行为示范 / 241
14.2 绿色环保 / 250
14.3 利他共赢 / 259
本章小结 / 263
热词加油站 / 263
思考讨论 / 264
能力实训 / 264
社会热题大讨论 / 264
课外导读 / 264

第15章　公共关系互动手段发展
　　　趋势 / 265

学习目标 / 265
引例 腾讯地图2019年春节的互
　　　动活动 / 265
15.1 线上化 / 266
15.2 社交化 / 278
15.3 精准化 / 283
本章小结 / 288
热词加油站 / 288
思考讨论 / 289
能力实训 / 289
社会热题大讨论 / 289
课外导读 / 289

第16章　公共关系聚焦问题发展
　　　趋势 / 291

学习目标 / 291
引例 和顺吕鑫煤业边坡滑坡瞒报
　　　事件 / 291
16.1 公共关系危机 / 293
16.2 蹭热点 / 304

本章小结 /313

热词加油站 /313

思考讨论 /314

能力实训 /314

社会热题大讨论 /314

课外导读 /315

第17章 公共关系实践范围发展趋势 /316

学习目标 /316

引例 李子柒短视频海外走红 /316

17.1 国际公共关系 /317

17.2 跨界公共关系 /325

本章小结 /334

热词加油站 /334

思考讨论 /335

能力实训 /335

社会热题大讨论 /336

课外导读 /336

参考文献 /337

第 1 章　绪论
第 2 章　公共关系的渊源、兴起与发展
第 3 章　公共关系理论

第 1 篇

基础知识篇

第1章

绪　　论

学习目标

掌握：公共关系的定义。

理解：从不同的学科角度诠释公共关系。

了解：组织从事公共关系活动的原因和动力，以及组织大体该如何从事公共关系活动。

引　　例

公共关系的能量与局限

2011年上映的美国传记影片《胡佛》，讲述了创造美国联邦调查局神话的传奇人物埃德加·胡佛的故事。联邦调查局题材影片历来是占领影视市场的常青树，但这部力求再现真实历史的电影票房却相当惨淡。一位网友发牢骚："我们更喜欢酷劲十足、无所不能的联邦调查局，而不是纠结于政治斗争的另一种形式的恐怖分子。这也许是事实，不过为什么要用电影来告诉我们呢？"观众对真实的历史不买账，这从一个侧面反衬了联邦调查局形象公关的成功。

联邦调查局形象公关的努力延续多年，在舆论宣传方面下足了功夫。20世纪初，联邦调查局做了大量努力以树立其探员的高大形象，主动为影视制作人员和媒体提供素材。胡佛等高层人员还曾亲临拍摄现场与演职人员沟通，以增进他们对联邦调查局工作的了解，从而正面引导受众。多年来，在美国影视作品中，联邦调查局展示了很多经典形象：危难关头，联邦调查局探员破门而入，惩恶扬善。美国威斯康星州马凯特大学教授埃森·希奥哈里斯指出，在大多数美国人眼里，联邦调查局是打击犯罪最有效的机构。

近年来，联邦调查局虽然经历了电脑和武器失窃、机密泄露、双重间谍、考试舞弊等一系列丑闻，但这并没有从根本上颠覆美国民众对它的看法。即使还原历史真实，为受众所接受也有一个过程。观众对电影《胡佛》的冷淡反应或许证明了这一点。不过，惯性的力量总是有限的，联邦调查局的公众形象归根到底还是取决于其在国家现实生活中的作为。

资料来源：安言. 形象公关的能量与局限[N]. 人民日报，2011-12-09（21）.

讨论：1. 公共关系是什么？它能帮我们解决什么问题？
　　　2. 开展公共关系工作有什么现实意义？

1.1 公共关系是什么

> **牛人课堂**
>
> 过去，企业提高竞争力靠的是高科技、高质量，而现在则要强调高服务和高关系。
>
> ——现代营销学之父　菲利普·科特勒

"公共关系"英文为public relations，它含有两层意思。一层是public，它可以作为名词来理解，表示"公众""群体""非个人"的意思；也可以作为形容词，意思为"公众的""群体的""公开的"或"公共的""非秘密的"。另一层是relations，它表示"关系""交往""联络"等意思，词尾加上s表明上述关系不是唯一的，而是多种关系的意思。public relations是一个复合性的多义词，有人把它称作"公众关系"，有人把它说成"公众联络"，有人把它说成"公共关系"，还有人进而把它延伸理解为：公共关系是一种社会关系、一种状态、一种活动、一种思想意识、一种现代科学等。

自从公共关系诞生以来，人们给其下一个准确定义的努力就没有停止过。据统计，关于"公共关系"这一概念的定义就有四五百种之多，甚至有上千种。有人不无幽默地说，有多少公共关系学者，便有多少种公共关系的定义。因为公共关系学是一门新兴的科学，又是一门多学科知识交叉的边缘学科，所以人们可以从多个学科角度审视与判定公共关系，自然会得出不同的理解，给出不同的定义。分析几种有代表性的"公共关系"定义，有助于我们寻找能得到广泛共识和认同的、尽可能科学的定义。

1.1.1 不同学科角度对公共关系的理解和认知

1. 管理说

"管理说"这类定义把公共关系看作和计划、控制一样的管理职能，其中美国人莱克斯·哈洛博士的定义便是典型代表。他认为，公共关系是一种特殊的管理职能，它帮助一个组织建立并保持与公众之间的交流、理解、认可与合作，参与处理各种问题与事件，帮助管理部门了解民意，并对其做出反应；它确定并强调企业为公众利益服务的责任；同时，作为社会趋势的监视器，它帮助企业保持与社会同步，并把有效的传播技能和研究方法作为基本工具。国际公共关系协会同样认为公共关系是一种管理职能，其定义是：公共关系是一种管理功能，它具有连续性和计划性。通过公共关系，组织机构试图赢得与它们有关的人的理解、同情和支持；借助舆论的作用，依靠有计划的、广泛的信息传播，赢得更有效的合作，更好地实现它们的共同利益。美国著名公共关系学者斯科特·卡特李普和阿伦·森特认为，公共关系是这样一种管理功能，它能建立和维护组织与公众之间的互利互惠关系，而一个组织的成功或失败取决于公众。

该类观点主要是从管理和管理学的角度透视公关，该类观点在专业公共关系从业人员中获得广泛认可，因此公共关系学也成为管理学教学中非常重要的组成部分。

案例

江小白的"出圈"秘诀

江小白一遍遍刷新了人们的认知，"开挂"般的销量增速，让大众媒体乐此不疲地对其进行包装、追捧甚至神化，江小白成为现象级的优势代表品牌。江小白打造品牌IP的过程，可简化为四个阶段：制定定位策略，建立IP形象，塑造IP人设，延伸IP内容。

制定定位策略。回顾白酒行业的辉煌，是伴随着"50后""60后"占据社会主流而发生的。在"80后""90后"走上社会舞台后，原先白酒主打的"帝王专供""御用琼浆""历史悠久"等定位，已难以满足新一代前卫自由的思想。为针对空白市场做出个性化、差异化产品，江小白定位为：朋友之间时尚休闲的青春小酒。

建立IP形象。江小白根据"80后""90后"的人群特征，提出了"我是江小白，生活很简单"的品牌理念，代表着青春而简单的个性，甚至有些自嘲的文化情结。就这样，一个长着大众脸、鼻梁上架着无镜片黑框眼镜、系着英伦风格的黑色格子围巾、身穿休闲西装的帅气小男生形象呈现在大众的视野中，成为江小白的形象代表。这样青春文艺的特征，完全颠覆了传统白酒以稳重、传统、历史悠久为主的形象。这些性格特质，无一例外地契合了"80后""90后"一代人的生活，很多人都可以在他身上找到自己的影子。

塑造IP人设。建立基本的IP形象后，则需要通过一系列行动来塑造IP人设。品牌人设的塑造，需要时间的积累。江小白早期对于IP人设的塑造，是通过塑造江小白语录体、制作个性化表达瓶、设计拟人化官方媒体形象、广告宣传等方式实现的。

延伸IP内容。《我是江小白》二次元动漫、《三只松鼠之中国行》《海尔兄弟》都属于IP内容的延伸。可以说，延伸IP内容，就是通过二次创作、故事包装、形式创新等用户喜闻乐见的内容手段，来包装品牌IP，有效传播品牌形象。

通过种种努力，江小白在竞争激烈的白酒行业顺利突围。

资料来源：梅花网；不止走心文案，网红品牌江小白背后不为人知的"出圈"秘诀；2021-05-13；https://www.meihua.info/article/4244623956427776，引用时有删改。

2. 传播说

"传播说"侧重于公共关系的传播属性，认为公共关系离不开传播沟通。国外持这种观点的学者不在少数，英国学者弗兰克·杰夫金斯认为，公共关系就是一个组织为了达到与它的公众之间相互了解的确定目标，而有计划地采用一切向内和向外的传播沟通方式的总和。国外一些大型的百科全书或综合词典也从传播或沟通的角度来定义公共关系。《美国百科全书》的定义是：公共关系是关于建立一个组织同其既定公众之间相互了解的活动。《大英百科全书》是这样定义的：公共关系是传递有关个人、公司、政府机构或其他组织的信息，并改善公众对其态度的种种政策或行动。《韦伯斯特新国际词典》认为，公共关系是通过传播大量有说服力的材料，发展邻里的相互交往，评估和应对公众的反应，从而促进个人、公司或机构同他人、各类公众以及社区之间的亲善友好关系。

这类观点主要是从传播和传播学角度诠释公共关系。这类观点的重要贡献在于，特别强调了公共关系活动的特有方式和手段是传播，从而也就显示出公共关系活动的特殊价值以及这种价值产生的主要根由之一。在美国的大学中，公共关系专业往往设在新闻传播学院内。

案例

地铁开专列致敬中国医师节

2021年8月19日是第四个"中国医师节"，此次中国医师节，"健康中国，你我同行"地铁专列在上海地铁1号线正式运营，专列上"搭载"了200多位医师的形象海报，以向日夜守护人民健康的中国医师致敬，传递"救死扶伤、大爱无疆"的卫生与健康工作者精神，架起医患沟通、医患互信的桥梁。海报引起不少乘客驻足围观，他们纷纷拿出手机拍摄，记录这一特殊节日。

资料来源：中国网；"健康中国，你我同行"专列启动，在地铁里与您的主治医师"相遇"；2021-08-19；http://photo.china.com.cn/2021-08-19/content_77702618.htm，引用时有删改。

3. 关系说

持这种观点的人认为，"关系"体现公共关系的本质属性，公共关系是一种特定的社会关系，正确认识公众关系，处理公众关系，是开展公共关系的出发点和归宿。美国普林斯顿大学的资深公共关系教授希尔兹认为，公共关系就是我们从事的各种活动所发生的各种关系的统称，这些活动与关系是公共性的，并且都有社会意义。英国公共关系学会的定义是：公共关系是在组织与它的公众之间建立和维持相互了解的、有目的的、有计划的持续过程。

这类观点是从社会学角度理解公共关系，抓住并强调了公共关系及公共关系活动的社会本质属性，使人们充分注意到公共关系和公共关系活动在内容、动力、目的、作用上的深刻社会性。

案例

"交个朋友"直播间举办大型公益义卖活动

2021年8月17日上午，罗永浩在微博发文称："交个朋友"直播间将于8月18日为河南开启一场声势浩大的义卖活动，本场直播的全部净收益，包括带货收入和直播间打赏，将会全部捐献给河南，用于灾后的恢复重建工作，金额将达到1 000万元人民币以上。

资料来源：新浪网，"交个朋友"将举办大型公益义卖，2021-08-17，https://news.sina.cn/kx/2021-08-17/detail-ikqcfncc3390357.d.html?vt=4，引用时有删改。

🔑 **拓展阅读** 中国"关系社会"与现代公共关系的冲突与磨合

资料来源：搜狐网：TIME 时代，探讨中国"关系社会"与现代公共关系的冲突与磨合，2021-01-28，https://www.sohu.com/a/447266593_383036?spm=smpc.author.fd-d.14.1635250966244oIoawtP。

4. 科学与艺术说

持这种观点的人认为，公共关系还只是一门不精确的学科，就学科特点而言，公共关系学不仅是一门应用性很强的边缘性学科，而且在理论上还是一门综合性、交叉性的学科，涉及的学科有社会学、哲学、政治学、经济学、传播学、管理学、营销学、心理学、伦理学等，是以传播学和管理学为基础建立起来的新兴学科。许多公共关系问题不存在唯一正确的答案，公共关系在实际运作中要讲究创造性、讲求形象思维，人们需要从整体上来把握公共关系及其工作。因此，公共关系也是一种艺术。如 1978 年 8 月，在墨西哥城召开的世界公共关系协会大会上，代表们经过商讨提出了这样一个公共关系的定义：公共关系是一门艺术和社会科学。公共关系的实施是指分析趋势，预测后果，向机构领导人提供意见，履行一连串有计划的行动，以服务于本机构和公众利益。我国学者余阳明认为，公共关系是社会组织为了塑造组织形象，通过传播、沟通来影响公众的科学和艺术。

5. 现象描述说

除以上公共关系定义外，还有一些从事公共关系工作的专业人员，一般根据自己的经验，对公共关系进行了通俗的解释。这些解释五花八门，但言简意赅，均侧重于突出其某种功能，带有很浓的现象描述色彩。比如：

公共关系就是讨公众喜欢。

公共关系就是促进善意。

公共关系就是信与爱的运动。

公共关系是旨在影响特殊公众的说服性传播。

公共关系就是良好的业绩和公众的赞许。

公共关系就是社会组织与公众的关系。

公共关系就是博取好感的技术。

公共关系就是争取对你有用的朋友。

公共关系是一种管理当局的职能。

公共关系就是运用有说服力的传播去影响重要的公众。

公共关系是关于一个组织同其既定公众之间相互了解的活动。

公共关系是 90% 靠自己做得对，10% 靠宣传。

公共关系是通过建立良好的人际关系来辅助事业的成功。

公共关系是一个建立公众信任、增进公众了解的计划方案。

公共关系是一门研究如何建立信誉，从而使事业获得成功的学问。

广告是要大家买我，公共关系是要大家爱我。

公共关系就是内求团结、外求发展的管理艺术。

以上各种定义各具特色，各有优缺点，是一些具有代表性的定义，对于推动公共关系的理论研究和实务活动产生了积极影响。但有些定义也具有相当大的片面性，有待于进一步完善。

1.1.2 本教材对公共关系的定义

目前的已有定义是人们在不同时期或从不同角度做出的关于公共关系的定义，或多或少地对公共关系的属性、特征等做出了揭示和反映，这对我们认识和了解公共关系有积极的意义。但是，目前的定义由于研究的时期不同和观察的视角不同，对公共关系概念的核心内容没有形成较为一致的意见。

1. 本教材关于公共关系定义的两点考虑

本教材根据前人的研究成果，也给公共关系下了自己的定义，该定义除了考虑反映公共关系的基本特征和属性外，还主要考虑以下两个问题。

（1）新时代公共关系角色和地位的转变。在进入21世纪之时，社会政治、经济、文化、科技和外交等领域都产生了对公共关系的广泛迫切需要。传播媒体的发达和信息技术手段的现代化，使我们当今的社会联系得更加紧密，社会组织的一举一动都会迅速而广泛地影响公众。通过公共关系获得公众的信任和支持，已成为当今社会组织生存和发展的重要条件。政府职能转换过程迫切需要引入公共关系方法。在社会文化的活跃交流中，公共关系担当了桥梁和纽带的角色。世界进入全球化时代以后，经济发展的主要推动力量和活动条件就是跨国公司的发展，它们构建的公共关系已成为实施全球化的重要工具。公共关系将社会的各个部分联系在一起，科学地整合，使社会向着和谐的方向发展。原来人们对公共关系的认识是局部的、单项的，随着全球化浪潮的推进，公共关系的活动范围在扩大，公共关系的工作领域在拓展，公共关系的地位因社会需要的增加而得到强化和提升。

（2）更宏观、更广义的研究视角需求。之前学者对公共关系的定义，观察和研究的视角与层面各不相同，有的从管理学角度，有的从传播学角度，有的从社会学角度，有的从利益层面，有的从信息层面，等等，但对其属性和功能的阐述大多都是微观的、局部的、技术性的，宏观的、整体的、全局的较少。随着公共关系在社会实践的各个领域中战略地位的突显，需要更多的宏观观察和诠释视角。

2. 本教材对公共关系的定义及定义要点概括

本教材对公共关系的定义：公共关系是组织通过形象塑造、沟通传播和关系协调等手段与公众互动，争取他们的理解、信任、支持与合作，营造良好的组织生态环境的一门科学和艺术。

这一定义包括如下要点。

第一，公共关系的主体是组织，客体是公众，基本互动手段是形象塑造、沟通传播和关系协调。

第二，公共关系的直接目的是为组织在公众中树立良好形象，争取内外公众的理解、信任、支持与合作。

第三，公共关系的终极价值是营造良好的组织生态环境，使组织与环境相协调，从而得到健康发展。

第四，公共关系的学科性质是以传播学和管理学为基础的综合性新兴交叉边缘学科，同时应用性很强，讲究策划的创造性和实施的灵活性，是一门艺术。

1.1.3 公共关系的学科性质及与相关学科概念和实践范畴的辨析

1. 公共关系的学科性质

公共关系学是一门综合性的应用学科，它以特定的方法研究社会组织与公众之间的关系、规律和沟通手段，促进了公共关系理论及实务的发展。公共关系学涉及的学科十分广泛，例如，社会学、广告学、管理学、心理学、逻辑学、新闻学、传播学、经济学、市场营销学等。公共关系学横跨许多学科的研究领域，广泛运用管理学、传播学、市场营销学、社会心理学等学科的理论和方法，研究公共关系的许多基本问题。公共关系学是一门综合性、交叉性的边缘科学，具有完整的独立体系。

2. 与相关学科概念和实践范畴的辨析

作为一门综合性的应用学科，公共关系学涉及许多不同的学科领域和实践范畴，长期以来这门学科在理论和实践上均存在着许多混淆或误解。对这些混淆和误解加以辨析，是正确理解公共关系属性所必需的。

（1）公共关系与人际关系。人际关系，或称私人关系，是在社会实践中形成的人与人之间的相互联系、影响和作用。公共关系经常要借助人际沟通的方法来进行，但是，它们之间是有本质区别的。例如，公共关系强调运用大众传播的方式做远距离、大范围的沟通，而人际关系主要靠个人的交际技巧和能力。

（2）公共关系与宣传。宣传是向公众说明情况、讲清道理，以使公众了解、信任并支持某项政策或行动的一系列活动。公共关系工作经常要借助各种宣传手段去吸引公众，影响公众。宣传只是公共关系工作的一项内容而不是全部内容，公共关系工作的内容是多方面的。

（3）公共关系与交际。公共关系工作离不开交际，例如，代表本组织接待或宴请合作单位的代表，出席合作伙伴的庆典活动，双方互访等。但是，这些交际活动只是公共关系工作的一些具体内容，公共关系工作包括的内容十分丰富，交际只是公共关系方案实施过程中所要运用的手段之一。

（4）公共关系与广告。在宣传组织和塑造组织形象方面，公共关系与广告有类似之处。但是，广告与公共关系是有区别的，例如，公共关系的目标是"让别人喜欢我"，广告的目标是"让别人买我"。

◎ 案例

公共关系将"杀死"广告吗

美国著名营销大师艾·里斯在2002年推出的新作《广告的没落，公关的崛起》[一]中提出营销的新理念：良好的营销策略应该让公共关系先行，广告随后，即用公共关系创建

[一] 本书中文版机械工业出版社已出版。

品牌，用广告去维护品牌。里斯的这一观点在营销界引起巨大反响。诚如里斯所言，广告和公关就像古老的《伊索寓言》中的北风和太阳，当风拼命吹时，人们往往是把大衣裹紧，太阳则利用它的温暖光芒，轻松地让人脱下大衣。

当注意力获得和创意一样成为可能时，里斯先生并不期待他的书是广告死亡的信号。"它甚至意味着做更多的广告，但那是在一个品牌被发布之后，"他说，"我们不是肯定地说广告死亡了……你能用广告使火焰着得更旺，但你不能用广告点火。"

资料来源：黄昌年.公共关系学教程[M].2版.杭州：浙江大学出版社，2007.

讨论：1. 公共关系是否可以完全取代广告？
2. 公共关系和广告到底哪个更重要？你是怎么看的？

（5）公共关系与市场营销。公共关系与市场营销的关系是紧密的，公共关系工作在企业中几乎与市场营销融合在一起。公共关系可以涉及市场营销的各个角落，但它们之间的区别也是明显的，如公共关系比市场营销有更广泛的社会性，应用范围也更为广阔。除企业外，公共关系还涉及政府、学校、医院等各种组织，远远超过了经济领域。

（6）公共关系与庸俗关系。所谓庸俗关系，是指为了谋取个人或小团体的某些私利而不惜采取各种手段"拉关系""走后门"，建立"关系网"或"关系户"的行为。这种情形下双方的关系是以权钱交易或损公肥私，损害社会、公众或国家利益为前提的"合作关系"。公共关系与庸俗关系有着本质上的区别，例如，公共关系通过正式渠道公开地进行活动，其活动是正大光明的。庸俗关系则建立在市侩经验的基础上，其参与者尽量掩盖其所作所为，进行幕后交易，这些活动不能在公众场合下公开进行，只能在暗地里偷偷地进行。

1.2 公共关系的作用

> **牛人课堂**
>
> 如今的品牌建立，已经不是广告所能承担的重担，一颗颗闪耀的品牌新星，更多是公关智慧的结晶。公关更适合制造争议、炒热话题、形成巨大曝光与关注效应，品牌和价值从此起步。而广告则日益成为一种创意手法，配合着、辅助着呈现公关策划的智慧。
>
> ——营销策划公司 麦岸

现代公共关系之所以能在全世界得以迅速发展，并越来越成为现代组织参与社会竞争的重要手段，在经济与社会生活中的作用越来越大，是因为它有独特的价值。公共关系在现代社会中的独特地位，以及所具有的影响个人、组织和社会的巨大作用正日益被人们认知。

1.2.1 对个人的作用

公共关系对个人的作用不仅表现在对个人思想观念的影响上，而且表现在对个人实际能力的促进上。

1. 公共关系对个人的思想观念有深刻的影响

（1）促使人们形成注重个人形象的观念。个人形象不仅影响个人，而且影响组织，因为良好的个人形象可以赢得他人的好感与合作，这既对个人有利，也对个人所在的组织有利。

（2）促使人们形成尊重他人的观念。"公众第一"是公共关系的一个基本精神和基本原则，对这种精神和原则的坚持，使人们养成利他主义的思想和他人至上的意识，从而正确地认识他人与自身的依存关系，并善于正确地处理这种关系，通过对他人的尊重而求得他人对自身的尊重。

（3）促使人们形成交往沟通的观念。"鸡犬之声相闻，老死不相往来"，这与现代公共关系所强调的基本精神是背道而驰的，是应该摒弃的落后的观念。人们在日常的工作、学习和生活中，难免发生一些冲突和误会，如果"以血还血，以牙还牙"，就会使疙瘩越结越大，隔阂越来越深，到一定程度就会造成剧烈的冲突。公共关系的发展引导人们的立场和观点的开放性变化，形成宽容、谅解、交际、沟通的思想观念和行为习惯。

（4）促使人们形成合作的观念。"万事不求人"在以往的社会条件下不一定完全行不通，但在分工与协作关系日益发展的现代社会，人与人的合作已经是一种客观的需要。公共关系所倡导的合作意识与行为，必然对每个人产生良好的促进作用，使人们重视和善于合作，在合作中生存，在合作中发展。

2. 公共关系对个人能力的提高有着重要的促进作用

公共关系是技巧性、艺术性很强的实践活动，通过公共关系的学习研究和实践活动，可以提高个人自身的能力。

（1）有助于个人表达能力的提高。公共关系工作需要直接与公众接触，进行面对面的传播，这就促使人们的口头表达能力在实践中不断提高。公共关系工作需要进行文书写作和大众传播，这就促使人们提高书面表达能力。

（2）有助于个人社交能力的提高。公共关系工作的对象是多层次、多类型的，这就要求人们必须懂得各种场合的礼仪、礼节，善于待人接物和处理各类复杂的人际关系，从而能够为组织及个人广结良缘，营造"网络"。

（3）有助于个人应变能力的提高。社会组织面临的公众环境是发展着的动态系统，在运行过程中难免发生突然变故和偶发事件，这就要求人们反应灵活、思维敏捷、处变不惊，机智勇敢地处理事件。

（4）有助于个人组织能力的提高。公共关系工作中有相当一部分是专题类的活动，往往涉及众多人员、较长时间、繁文缛节，这就要求活动的组织者长于思考、善于计划、组织严密、办事周到，从而使活动有条不紊、顺利地进行，保证取得预期的效果。

（5）有助于个人创新能力的提高。竞争激烈的现代社会，要求人们在公共关系工作中打破常规、大胆设想，敢于想别人所没想的事，善于做别人所没做的事。这样不断地努力，必然使人们形成创新的习惯，提高创造的能力。

此外，公共关系还有助于人们理解能力、协调能力、自控能力、预测能力、审美能力的提高。一句话，它有助于人们形成良好的能力结构。

1.2.2 对组织的作用

公共关系对组织的生存和发展都有很强的影响与作用，主要表现在两个方面：导向作用和增强组织实力的作用。

> **拓展阅读** 企业抗击新冠疫情研究报告
> 资料来源：人民政协网，《企业抗击新冠疫情研究报告》在京发布，2020-04-15，http://www.rmzxb.com.cn/c/2020-04-15/2556054.shtml。

1. 导向作用

（1）观念导向。公共关系为组织设计并培养独特的企业精神、组织文化、组织哲学和组织方针，使组织能顺应形势，在竞争中有精神支柱，发挥组织的整体实力和优势。

（2）政策导向。公共关系理论的导入，为组织制定经营政策、质量政策以及多种有效措施增添了新鲜内容，使之更具生命力。

（3）行为导向。公共关系对组织的员工素质提出了新的要求，对组织自身的整体行为也提出了新的要求，这对于改善组织的经营作风、工作效率，提高组织的工作质量与服务质量都很有意义，有利于为组织赢得良好的信誉。

（4）形象导向。公共关系的主要任务是为组织塑造形象。公共关系将争取公众的活动变成一项自觉、科学的系统工程，例如，运用公共关系技巧提高组织的知名度和美誉度，科学地进行组织形象设计、定位和确立，为组织创造巨大的无形资产。

（5）舆论导向。公共关系将组织放到信息社会之中去考察它的生存与发展，利用各种传播媒介与手段来传播组织形象，传播组织的观念与政策，赢得公众的理解与支持。在现代信息产业迅速发展的社会中，社会舆论正在发挥越来越大的作用。

2. 增强组织实力的作用

强大的实力是组织在竞争中立于不败之地的基础，公共关系作为组织竞争中的一大资源，若能合理开发利用，可以产生巨大的能量，有效地增强组织实力，创造无形资产，促进有形资产积累。

（1）增强组织内部的凝聚力，使整体大于各个部分之和。公共关系可以使组织与内部公众之间更好地连接，产生新的要素、功能和力量，使整体大于各个部分之和。

（2）增强组织的外部吸引力，为之赢得更好的外部资源和条件。当组织建立起良好的外部公众关系，赢得了来自媒体、顾客、社区和政府的支持时，它们就为组织节省了因关系不好而产生法律诉讼、消除抵制组织的活动等费用，为组织创造了效益。

（3）降低成本，增强组织的竞争力。公共关系的良好应用使组织可以与利益共同体保持长期、持续的良好关系状态，可以与价值链上下游的商家进行更好的合作，降低寻找和选择合作者以及开发新的合作关系的成本，获得最大收益，增强组织的竞争力。

> **案例**
>
> 悟空"触电"说唱，56个民族的科技有点"炸"

2019年，是新中国成立70周年。民族科技企业优必选想要送给祖国一份充满"AI"

的生日礼物。优必选携手中央美院，将56个民族的科技文化中的建筑、工艺、服装、音乐、舞蹈等类别的内容融合在一起，创造了一支极具爆款基因的音乐MV。少数民族建筑作为MV舞台，民族工艺品作为MV道具，服装、音乐、舞蹈成为MV的一部分。优必选邀请维吾尔族歌手艾热作词作曲，打造了一支民族潮音乐MV《悟空说》，用超级民族风搭配未来感电音，将科技、艺术、民族文化大胆融合碰撞。身穿56个民族服饰的悟空智能机器人化身唱跳歌手，将56个民族的科技唱给你听！

资料来源：数英网；优必选科技：悟空"触电"说唱，56个民族科技有点炸；2019-08-31；https://www.digitaling.com/projects/137696.html，引用时有删改。

1.3 公共关系怎么做

> **牛人课堂**
>
> 现在的公关必须持续产生"内容流"，活动就是内容的一部分，让内容为品牌营造精神上的立体体验。
>
> ——战略营销观察家　段传敏

在搞清了公共关系是什么，以及公共关系的地位和作用之后，第三个问题就是公共关系实践活动到底该怎么做。有哪些工作方法？要遵循哪些原则？有哪些是不能为之的？

1.3.1 公共关系活动的工作方法

公共关系活动可以分为三种类型：常规活动、提升活动和危机处理。对于不同类型的公共关系活动，公共关系的工作方法和职能有所区别。

1. 常规活动

（1）搜集监测。公共关系的搜集监测是指公共关系通过广泛搜集、整理和分析有关组织生存发展的信息，了解组织的现状，预测组织发展的未来趋势，帮助组织及时调整自己的政策和行为，使之与变动的社会环境保持动态平衡。

（2）咨询决策。公共关系的咨询决策是指公共关系在组织经营管理决策过程中，发挥着咨询、建议、参谋的作用，协助决策者考虑复杂的社会因素，平衡复杂的社会关系，从社会公众和整体环境的角度评价决策的社会影响和社会后果，使决策目标能够反映公众的利益，使决策方案具备一定的社会适应和社会应变能力，使决策实施的效果有利于树立组织的良好形象。

（3）传播沟通。公共关系的传播沟通是公共关系活动中最重要、最常见的方法之一，而在常规状态下传播沟通的主要任务是建立起有效的信息渠道，让公众知道并正确地了解本组织，为组织和公众之间架设一条没有障碍的通路。通过建立良好的公共关系传播沟通机制，增强组织与公众之间的相互了解，避免组织与公众的纠纷。

> 案例

世界透明质酸博物馆

世界透明质酸博物馆是由华熙生物建立的工业旅游示范基地。博物馆以科普视频、文献史料、仿真模拟等多种形式，全景化展示透明质酸相关知识与应用，以及透明质酸行业的发展历程。博物馆分为活、力、新、生、态五个展览单元，主题分别是透明质酸——人体不可或缺的物质、透明质酸的起源、提取法的黄金时代、发酵法诞生及发展轨迹、全球最大的透明质酸研发生产基地。建立全景透明工业化示范车间，让参观者可近距离接触全球先进的现代化玻尿酸次抛原液生产线，真正实现生产的可观察、可触摸。作为全球首家以透明质酸为主题的博物馆，它通过智能机器人讲解、裸眼3D视频、仿真模拟等现代化科技手段，生动形象地向观众传达了惠民的科普知识，又以科技实力及行业地位，让国人产生科技自信，进而生发民族自信及文化自信。

资料来源：凤凰网，世界首座透明质酸博物馆在济开馆，2020-06-19，https://finance.ifeng.com/c/7wyiiN2eh7A，引用时有删改。

2. 提升活动

（1）关系协调。公共关系的关系协调就是要改善社会组织与内外部公众之间的社会联系状态，使社会组织与公众之间的关系向着密切、和谐、融洽和平衡的状态转化，从而形成有助于组织生存发展的内部生命系统和外部生态环境。提升活动阶段表现在尽量避免各种内外部摩擦的产生，同时通过有效的预警机制及时地防止矛盾的扩大。

（2）教育引导。提升活动阶段的组织不但不会触碰道德底线，甚至高于普遍社会水准，这就形成了教育引导的过程。不管是积极投身于赈灾，还是参与公益事业，或是提倡环保，作为具有影响力的组织，在形成自身良好形象的同时，无形中也为整个社会的和谐发展起到了教育引导和身体力行的双重作用。

（3）传播沟通。在提升活动阶段，组织通过传播沟通得以强化舆论，扩大影响，即运用各种现代媒介加深公众对组织的印象，深化公众对组织的了解，提高组织的社会知名度和美誉度，为组织及其产品推广形象，扩大影响。

> 案例

海底捞推出一系列周边产品

说到火锅界的网红，莫过于因"卖服务"而火的海底捞。海底捞还推出了一系列"接地气"的文创周边产品来提升品牌形象，如以八角、辣椒、蘑菇、莲藕的形状设计的耳饰，融入红汤和清汤设计的印象手账，营造吃火锅场景的平板电脑保护壳，"捞派秘籍"主题的帆布袋系列产品，以火锅的四宫格为原型的嗨锅便利贴，等等。

资料来源：中国网，首推食材耳饰，海底捞金周边，2020-01-23，http://union.china.com.cn/kx/txt/2020-01/23/content_41043347.html，引用时有删改。

3. 危机处理

（1）危机处理。组织在运行过程中，难免会有因自身的过失、错误而与公众发生冲撞的时候。一旦发生，必然导致相关公众对组织的不满，使组织面对一种充满敌意和冷漠的舆论环境。如果对这种状况缺乏正确的认识，对问题处理不当，就会产生公共关系纠纷，甚至导致严重的公共信任危机，会给组织、公众、社会带来极大的危害。公共关系的危机处理就是抵御和应对这些情况。

（2）关系协调。危机处理阶段的关系协调具有非常明确的指向性。对外，针对危机事件涉及的外部利益相关者进行行之有效的积极善后，同时尽力协调他们与组织以及彼此之间的关系，尽可能修补已造成损伤的关系，同时避免造成新的不良后果。对内，尽量通过有效的关系协调完成创伤平复以及信任重建的使命。

（3）传播沟通。危机处理阶段的传播沟通难度最大，而且常是被动状态下的被迫应对。在新传播时代，危机状态下组织与公众之间的信息差极度缩小，因此传播沟通必须建立全新思维，即全向传播、真诚沟通。不要试图隐瞒或打压，传播不实之词，扰乱视听，而要抢在众多信息源爆发之前告知公众真相，起到传播沟通的真正作用。

案例

长城汽车挺得过明年吗

2020年7月13日，在经历了近半年的新冠疫情影响之后，在长城汽车成立30周年来临之际，长城汽车发布短片，短片中"长城汽车挺得过明年吗？""命悬一线"等带有强烈危机意识的词句引发了受众关注。这样独树一帜的反向内容，使品牌获得了社交媒体的广泛关注。在共同克服疫情影响的大背景之下，长城汽车迅速与受众达成"共情"，产生了精神上的共鸣。

随后长城汽车掌门人魏建军发表公开信，对品牌危机进行了深度阐释，表达了向死而生的心态和推进变革的决心。其真挚的内容、自省的态度再次赢得了社会大众的好评，更增加了消费者的好感。

本次活动的内容基调看似很"丧"，实则非常务实、励志。类似于"挺过明年魏建军"等广为流传的段子背后，是时刻保持自省、居安思危却底气十足的长城汽车品牌形象。"无声胜有声"，长城汽车没有正面回答"能否挺过明年"，但消费者心中却早已有了答案。

资料来源：有驾网，近些年最成功营销案例解析：长城汽车30周年庆，2020-08-04，https://www.yoojia.com/article/8701191660746677080.html，引用时有删改。

1.3.2 公共关系工作的基本原则

1. 真实性原则

公共关系的真实性原则是指社会组织的公共关系工作要以事实为基础，真实全面地传递信息、反映情况。公共关系的职能之一是通过传播和交流来确立良好的组织形象。因此，信息的真实准确就成了公共关系工作获得成功的基本前提。要做到信息真实准确，就要据实、客观、公正、全面。据实，就是尊重事实，是好说好，是坏说坏，有一说一，有二说二，不掩饰，不夸大，也不贬低。客观，就是在调查研究的基础上，客观地反映现实，不以主观想象代替客观事实。公正，就是给公众和其他相关组织同等说话的机会，同时对事实采取公众可接受的立场，不袒护和推诿。全面，就是既报喜也报忧。不全面的宣传,也是一种不真实。

💡 案例

这是公关的失误吗

1972年,美国爆出"水门事件"。传说,当时的美国总统尼克松唆使手下对自己的政敌采用了耸人听闻的非法窃听手段。一时间舆论哗然,包括《华盛顿邮报》在内的大小报纸纷纷登载与此有关的各种新闻。白宫对此很忧心,尼克松对他的两位高级助手说:"我们对此少说为妙,传闻自会过去,不必为此忧虑。"白宫的做法更引起人们对"水门事件"的强烈关注,《华盛顿邮报》的两位记者对此更是紧抓不放。白宫则开始了一系列拒绝调查、掩盖真相的活动。

- 尼克松命令助手列出了一份记者中反政府人士的"敌对分子名单"。他认为,直接盯住这些特殊的人,就能瓦解他们揭开"水门事件"真相的团结努力。
- 1973年年初,众议院"水门事件"调查委员会要求总统和他的助手出席接受调查,但尼克松政府用"行政特权"拒绝了委员会的调查。
- 在"水门事件"大陪审团和联邦调查局的帮助下,尼克松政府采取各种掩盖事实真相的做法,如做伪证、用巨额金钱收买被告等,并以"国家安全"为由进行自我辩护。
- 1973年7月,最高法院做出决定,要求尼克松交出他在办公室谈话的所有秘密录音带——这个可能有关"水门事件"的证据。然而,尼克松再次拒绝了。10月,首席检察长理查德森迫于尼克松的压力辞职,副检察长拉克尔·肖斯和特别检察官考克斯则被免职,这被人戏称为"周末夜残杀"。至此,"水门事件"重新燃烧起来。1974年7月末,尼克松因"妨碍司法程序、滥用职权以及不肯交出秘密录音带犯了蔑视国会罪"被弹劾。8月8日,尼克松宣布辞职,第二天生效。于是,尼克松成了美国历史上第一位辞职的总统。尼克松在下台后,曾沉痛地总结了教训:"这是公共关系的失误。"

资料来源:赵宏中.公共关系学[M].3版.武汉:武汉理工大学出版社,2005.

讨论:1. 你是如何看待"水门事件"的?
2. 这真的是公共关系的失误吗?为什么?

2. 互惠互利原则

互惠互利原则是指公共关系应以公众利益为导向,使公众的利益要求得到满足,谋求组织与公众的共同发展。公共关系是以一定物质利益为基础的,但公共关系工作并非仅考虑组织利益,而是在公众利益的基准点上,以保证公众利益的实现和需求的满足,来获得自身的盈利与发展。只有这样,才能实现组织与公众之间真正的沟通、合作,争取到社会各方的支持。所以说,没有互利互惠原则就没有公共关系。

💡 案例

DHL的"爱心防疫包"

新冠疫情暴发,尤其是在海外防疫形势变得严峻之后,DHL了解到旅居海外的同胞、学子们此刻面临着个人防疫物资短缺的情况。深刻感受到国内亲友们渴望在第一时间将防疫物资寄给海外亲人的迫切心情，DHL倾情推出"爱心防疫包"特惠服务，以最大降幅的爱心价，让每一个"爱心防疫包"能够跨越距离，传递关爱。DHL防疫包服务从2020年3月15日上线以来，递送累计重量超过200吨的爱心防疫包。平时，使用国际快递费用较高，一个0.8kg的包裹，EMS快递收费440多元，UPS、TNT、Fedex、DHL收费会达到600元。而DHL快递此次推出的爱心防疫包，只要不超过2kg，费用均在300元以内。在国外疫情严重、国人担心国外亲人的时候，这种服务实在是贴心！

资料来源：知乎：智选知要，国内寄口罩到海外指南（DHL爱心防疫包），2020-04-10，https://zhuanlan.zhihu.com/p/129869466，引用时有删改。

3. 双向沟通原则

公共关系十分强调双向沟通。一方面，组织要经常调查了解民情民意和社会舆论，以不断地调整与完善自己。另一方面，组织要不断地将自己的有关信息对外传播，使公众认识和了解自己，从而取得公众的支持与合作，促使组织目标实现，同时帮助决策者准确地把握形势，使政策的制定更正确。双向沟通可以消除外界对组织机构的误解，减少或避免摩擦，为组织机构创造"人和"的社会环境。在信息爆炸的时代，任何一个组织都必须不断地宣传自己，同时对外界的信息随时做出反应，既有信息的传播，也有信息的反馈，如果不这样就不可能获得事业的成功。

案例

花西子与"花伴"为友

在国潮热掀起的"国货美妆元年"，一个新生美妆品牌凭借自身独具魅力的中国风，冲进了大众的视野，俘获了一众年轻女性的芳心，它就是花西子。花西子的产品精美，但是推陈出新的速度比较慢，在没有新品推出拉拢新用户的情况下，花西子还能够不断发展，这离不开它的忠实用户——"花伴"。"花伴"是花西子给热爱它的用户取的名字，"伴"即陪伴、相伴之意。花西子与用户的关系非常紧密，通过招募体验官、推出"万人体验计划"等方式，让粉丝参与到产品研发中。花西子用它的诚意与用户交流，增加用户的信任感。花西子通过评论区互动和话题互动来提高公众号粉丝的活跃度，并且回复质疑、接受建议，拉近与粉丝间的距离。除此之外，花西子还致力于营造和用户朋友般的相处氛围，如给"花伴"送压岁钱、定制特殊礼物、疫情期间发送贴心短信、记录温暖的生活故事……

资料来源：腾讯网；从默默无闻到"国货顶流"，年销数十亿的花西子做对了什么；2020-10-23；https://new.qq.com/rain/a/20220414A029V200，引用时有删改。

4. 长远观点原则

公共关系是个影响并改变公众态度的过程，这个过程多数都不是一朝一夕就能完成的，必须经过长期艰苦的努力。因此，在公共关系工作中，公共关系组织和公共关系人员要着眼于长远利益，只要持续不断地努力，付出总有回报。

> 案例

宝马汽车公司的中国文化之旅

"BMW 中国文化之旅"发起于 2007 年,是宝马汽车公司(BMW)针对中国传统文化保护与非物质文化遗产传承社会问题发起的企业社会责任项目,旨在探访和保护中国传统文化,促进非物质文化遗产的传承与发展,是助力"非遗走进现代生活"的可持续性公益平台。从 2007 年到 2021 年,共经历了 15 载,每年活动的行走路线和保护项目都不一样。

"BMW 中国文化之旅"在 15 年的不断实践与发展中,不仅通过非遗创新转化以及"文化+旅游"的方式,探索助力文旅产业发展新模式,同时,多方面、多角度地传播探访地区的文化,并嫁接专业资源、带动利益相关方,创新性地解决问题,给探访地区带来切实有效的帮助。

资料来源:百度百科,BMW 中国文化之旅,https://baike.baidu.com/item/BMW%E4%B8%AD%E5%9B%BD%E6%96%87%E5%8C%96%E4%B9%8B%E6%97%85/6957184?fr=aladdin,引用时有删改。

5. 全员公关原则

所谓的全员公关,是指组织的全体员工都参加组织的公共关系活动,组织的每一个成员都是从事公共关系工作的人员。因此,组织的全体成员都要注意树立公共关系观念,都应当积极、主动、自觉地参与组织的公共关系活动,并做出贡献。一方面,最高层的决策者必须支持公共关系工作,具备强烈的公关意识;另一方面,全体员工自觉地支持、关心公共关系工作,自觉地认识到组织形象是组织的无形资产,维护好组织形象和声誉人人有责,需要全体员工的共同努力。

> 案例

上汽 66 位工程师"种草"名爵 6

虽然传统公关、营销活动成本逐年增加,但真正触达消费者的比例下降,影响受限。直播带货、视频内容营销、打卡种草、KOL 建言、私域流量扩散,已成为品牌建立用户口碑、深度传播产品信息的新渠道。上海汽车集团(简称上汽)通过《66 位工程师"种草"名爵 6》的短视频持续输出,为上市阶段打造丰富的官方社交平台日常传播内容,并在公司员工内部营造上市氛围,打造名爵 6 的技术自信,让新车背后的工程师们更有参与感。通过视频扩散激活员工私域流量,传递了上汽工程师的鲜活个性。

主要的营销步骤包括:视频拍摄产出;官方平台配文发布;以 MG Live app 为主链接外推;先转发于上汽员工群,再各自扩散至朋友圈,形成借助熟人口碑的微信私域推广。同时,上汽按部门打造工程师团队,并通过淘宝直播持续宣传名爵 6。

资料来源:摘录自《国际公关》杂志文章"上汽 66 位工程师种草名爵 6",2021(8):159-161,引用时有删改。

1.3.3 公共关系有所不为

从世界范围来说,公共关系理论的出现已有近百年的历史,它在现代政治、经济以及其他社会活动中的重要性已被普遍承认。人们对它已不感到陌生和好奇。现在把公共关系理解成"夜总会工作"的人已经越来越少了，但是把公共关系理解为炒作的人，或者认为公共关系是利用网上的"水军"进行攻击、是专门买通媒体处理危机的人越来越多。当一些人拿"公关"当幌子，用片面的操作方式干一些不光彩的事时，人们又开始感到困惑：公共关系究竟是什么？公共关系到底该怎么做？

案例

大胃王"吃播"浪费现象，早该整治了！

一顿吃 50 斤小龙虾、10 只烧鸡、20 个汉堡……"吃播"作为一种新兴直播种类，在各大平台一直相当火爆。2020 年 8 月 12 日，微博话题"大胃王'吃播'被批浪费严重"引发网友热议。据了解，许多博主一人吃多人量的食物后，又偷偷将食物吐出，浪费惊人！12 日晚，抖音等短视频平台相关负责人表示，针对目前网络上"吃播"内容中浪费粮食，或是以假吃、催吐、宣扬量大多吃等方式博眼球的行为，平台将进行严肃处理，或给予删除作品、关停直播、封禁账号等处罚。

大胃王"吃播"秀是非常不好的苗头，这种不健康的导向让人非常担忧，不仅会危害当事人的身体健康，还与全社会树立节约意识、减少食物浪费的风气背道而驰。

"吃播"本应是分享美食带来的人生享受，如果总以猎奇、夸张甚至恶俗的方式引人关注，无异于本末倒置，甚至酿成惨剧。作为消费者，围观"吃播"也应当以保证他人健康为底线，坚决抵制"吃播"行业的畸形发展。

资料来源：百度百家号：人民网，难看的"吃播"乱象该整治了，2020-08-21，https://baijiahao.baidu.com/s?id=1675593158394911190&wfr=spider&for=pc，引用时有删改。

公共关系的主要职能是帮助组织解决与公众的沟通问题。对于合情合理、有理有据的事，应该去做，但必须做到不浮夸、不贬损，出了问题之后，不隐瞒真相，不误导舆论，更不能打着公共关系的幌子进行"桌底下的游戏"。公共关系行为的适度合理运用，可以让组织的发展如鱼得水，起到推波助澜的效果。反之，公共关系的片面或不顾道德和触动谴责的行为，就是一剂剧烈的毒药。

公共关系不是万能的，而且公共关系更不能成为扰乱市场、攻击同行与混淆视听的帮凶和打手。公共关系是一门沟通的艺术，是企业与媒体、消费者、政府等进行互动沟通和交流互信的重要手段。当组织纯粹将公共关系当作征战的刀枪随意挥舞时，最终受伤的不仅仅是公众，也将是组织本身。

案例

杜蕾斯不借势娱乐八卦

某知名男星自爆妻子与经纪人有不正当关系，随后各种爆料层出不穷。一时之间，该事件在微博上有 20 个相关热点，一些娱乐公众号因爆料相关证据，一夜之间涨粉 30 多万。随着事态的发展，淘宝上开始有店铺打着三位当事人同款的旗号出售服装。自媒体人、各大公关营销人员，自然是没有错过这个热点。其间，有两张疑似杜蕾斯借势的海报被广为传播，不少网友甚至开始膜拜其高超的文案。随着影响范围越来越广，杜蕾斯新媒体团队负责人老金在微博上对此事进行了回应,"杜蕾斯品牌方和创意服务商有对热点的基本判断原则,不会对这种热点有任何动作",并再次强调"不要做社交网络的造粪机器",观点犀利明确,引发多方点赞支持。

资料来源:改编自《国际公关》杂志"事件三"版块,2016(5):43。

讨论:如何把握公共关系"为"与"不为"的度?

本章小结

自从公共关系诞生以来,人们给其下一个准确定义的努力就没有停止过。本书基于新时代公共关系角色和地位的转变以及更宏观、更广义的视角,提出了公共关系的定义:公共关系是组织通过形象塑造、沟通传播和关系协调等手段与公众互动,争取他们的理解、信任、支持与合作,营造良好的组织生态环境的一门科学和艺术。公共关系是一门综合性、交叉性的边缘新兴应用学科,长期以来这门学科在理论和实践上均存在着许多混淆或误解。它与人际关系、宣传、交际、广告、市场营销、庸俗关系等有着千丝万缕的联系,但是又有着本质的区别。现代公共关系之所以能在全世界得以迅速发展,是因为它独特的价值和地位。公共关系活动对个人、组织和社会都产生积极作用。公共关系活动的基本工作方法有形象塑造、关系协调和沟通传播。公共关系工作应遵循真实性、互利互惠、双向沟通、长远观点和全员公关等基本原则。公共关系有所为有所不为。

热词加油站

娱乐化

娱乐化是指内核不具备娱乐性质的事物,采用轻松、趣味的形式展现,是一种内容展现形式。

泛娱乐化现象

泛娱乐化现象是指以消费主义、享乐主义为核心,以现代媒介(电视、戏剧、网络、电影等)为主要载体,以内容浅薄空洞的方式,通过戏剧化的滥情表演,试图放松人们的紧张神经,从而达到精神满足感的一种文化现象。

航天文创

中国航天建设集团官方文创品牌机构,致力于让航天科技和文化走进大众生活,搭建航天文化产业创新服务平台,通过文化创新推动产业融合发展,实现航天科普教育、文创产业、航天文旅等领域特色化、产业化、规模化发展,激发大众探索创新热情,促进全民科学素养提高,助推国家科技创新驱动发展。

内容营销

内容营销是指通过合理的内容创建、发布及传播,向用户传递有价值的信息,从而实现营销目的。内容有新闻稿、软文、音频、视频、图片等多种表现形式。

思考讨论

1. 公共关系的定义有很多种,从第1章所列的诸多定义中,或者在自己搜集和整理的公共关系定义中，选出你认为最满意的一个，并说明理由。
2. 有人说公共关系是真善美的事业，谈谈你的看法。
3. 如何理解公共关系与人际关系、庸俗关系的区别？
4. 在未学公共关系学以前，你是怎样理解公共关系的？你希望从本课程中学到什么内容？你为什么学习公共关系学？

能力实训

中文"公共关系"是个多义词，请指出下列语句中"公共关系"的含义。
（1）北京饭店的公共关系不错。
（2）赵先生是干公共关系的。
（3）钱同学是学公共关系的。
（4）孙女士有公共关系头脑。
（5）李小姐最擅长庆典类的公共关系。
（6）有人说，张骞通西域、郑和下西洋是中国的公共关系。

社会热题大讨论

课外导读

[1] 里斯 A，里斯 L. 广告的没落，公关的崛起 [M]. 寿雯，译. 北京：机械工业出版社，2013.
[2] 纽森，杜克，库克勃格. 公共关系本质：第 9 版 [M]. 于朝晖，等译. 上海：复旦大学出版社，2011.
[3] 格鲁尼格，等. 卓越公共关系与传播管理 [M]. 卫五名，等译. 北京：北京大学出版社，2008.
[4] 权裕. 儒家学说与东方公关意识：东方公关论 [M]. 西安：陕西人民教育出版社，1993.
[5] 温德，海斯. 广告的未来：全接触点价值创造 [M]. 粟志敏，译. 北京：中国人民大学出版社，2020.
[6] 奥美集团. 赢在公关：创造品牌影响力 [M]. 北京：中信出版社，2021.
[7] 威尔科克斯，卡梅伦，雷伯，等. 公关！公共传播的革命 [M]. 尚京华，张毓强，郭娟，译. 北京：中国人民大学出版社，2019.

第 2 章

公共关系的渊源、兴起与发展

学习目标

掌握：现代公共关系的发展阶段。
理解：公共关系的发展趋势。
了解：中国公共关系发展的历程。

引 例

古雅典的贝壳放逐法

古雅典统治者曾在民众大会中实施过一种特殊的投票法——贝壳放逐法，即每年初召开民众大会时，公民可将他认为有可能危害民主政治的人的名字记于陶片或贝壳上，如某人票数过半，则被放逐国外。这无疑表明了统治者对民众舆论的重视。

资料来源：北京法院网，贝壳放逐法；2010-12-15，http://bjgy.bjcourt.gov.cn/article/detail/2010/12/id/879643.shtml，引用时有删改。

2.1 公共关系的渊源

牛人课堂

动物与植物的最大区别是，动物能移动而植物不能。动物遇到紧急情况可以迅速逃离，不同的只是速度而已；而植物一旦长成，

> 敌人来了也无法躲避。然而，植物的战略恰恰就在于扎根，根越深，越强大。一家优秀的企业不是动物而是植物。哪里有水，植物的根就往哪里扎；哪里有阳光，植物就朝哪个方向生长。植物对环境很敏感，但也很包容，即使环境藏污纳垢，它也会默默接纳，从周边获得营养。
>
> ——华为高级顾问　田涛

2.1.1　人类早期的公共关系活动

考古学家在伊拉克发现了一块石板，上面镌刻着一份公元前1800年的农场报告，内容是告诉农民如何种地、如何灌溉、如何对付田鼠和如何收获庄稼等，类似于现代社会某些农业组织公共关系部的宣传资料。

在古希腊，社会对于沟通技术非常重视，并对从事这门技术的人给予很高的评价和奖酬，杰出的演说家常常被推选为首领。法国卢浮宫的壁画《雅典的思辨》，生动地再现了当时杰出的学者思辨的场景。古希腊著名的哲学家、曾担任过亚历山大老师的亚里士多德在其《修辞学》中详细地阐述了运用语言影响听众的方法。在他看来，政治家要想获得民众的支持和拥戴，就必须与民众筑起一座宽阔而坚固的桥梁，通过它将自己的思想、观点有效地传递给民众，而这座桥梁是由修辞构成的。因此，亚里士多德将修辞视为争取和影响听众思想、行为的艺术，并认为一个人的修辞能力是参与政治活动的重要条件。西方公共关系界的一些学者将《修辞学》视为人类历史上最早的公共关系著作。

在古罗马时期，恺撒大帝在任执政官时设置官方公告牌，将元老院每天的重要活动事项公布在公共场所，成为争取民众支持的重要政治手段。同时，他在率军作战的过程中，经常派人把他和军队的情况写成通俗而又生动的书面报告送到罗马，在罗马广场上传播。为了有效地进行自我宣传，他还专门写了一本记载自己功绩的纪实性著作《高卢战记》，他在书中声称："民众的声音，就是上帝的声音。"这种舆论性的宣传工作获得了民众拥护，使他确立了自己的统治地位。

在我国古代，带有公共关系意识的思想或事例更是举不胜举。例如，商代盘庚迁都的故事，故事中的盘庚在三次演说中都提出"朕及笃敬，恭承民命"，证明他已懂得顺民意、得民心，办事要向民众说明原因，用意才能实现。《左传·襄公三十一年》中记载的郑国"子产不毁乡校"的故事，也是古代公共关系思想的极好表现。乡校是古代养老和比赛射箭的场所，老百姓常在那里议论和批评政府。有人建议毁掉乡校，子产说："其所善者，吾则行之，其所恶者，吾则改之，是吾师也。"春秋战国时期，各个诸侯国为谋求霸主地位，纷纷豢养大批说客，专门从事游说活动，宣传各自的政治主张。其中最有名的当属苏秦和张仪，苏秦主张"合纵"，促使当时的齐、楚、燕、赵、魏、韩六国结成同盟，共同抗秦。秦国的张仪则主张"连横"，采取各个击破的政策，四处交游，离间各国，瓦解了六国的政治军事同盟，使秦国终于成就霸业。三国时期，诸葛亮以其雄辩之才，说服孙权与刘备联合，共同对抗北方的曹操，取得赤壁之战的胜利，奠定了三国鼎立的局面。汉代张骞出使西域，明代郑和下西洋等，这些活动都说明具有公共关系意识的方法、技巧的运用与实际活动的开展在我国由来已久。

2.1.2 人类早期公共关系活动的特点

1. 具有明显的自发性与盲目性

古代社会在各个领域中存在的公共关系思想、认识和活动都比较零散，大多数是一种个人行为，并且通过不自觉的方式表现出来，因而具有自发性的特征。由于它不是人们有意识、有组织开展的公共关系活动，因此缺乏现代公共关系明确的目的性，从而呈现出一种盲目性。

● 案例

约法三章

秦末，刘邦率军攻入咸阳时，便与关中父老"约法三章"，承诺"杀人者死，伤人及盗抵罪"。这既宣传了他自己的政治主张，又赢得了人心。

资料来源：趣历史，"约法三章"，http://www.qulishi.com/huati/yuefasanzhang/，引用时有删改。

2. 具有强烈的政治色彩和伦理色彩

现代公共关系是一种专门的管理职能，而古代公共关系则依附于其他生产活动和社会活动，没有明确的职能。春秋战国时期的"士""门客"充其量只不过是一种"说客"、一种"御用工具"，其存在主要是服从政治上的需要，为统治阶级服务。从其发挥作用的社会领域和范围来看，由于生产力相对低下，经济相对落后，人与人之间的经济关系还相当简单，因此人类早期的公共关系活动主要发生在政治领域，带有强烈的政治色彩和伦理色彩。

● 案例

商鞅取信于民

春秋战国时，晋国为了有效管理国家，便将刑法具体条款铸于鼎上，公之于众，告知四方。商鞅在秦国变法时，为了取信于民，在咸阳城门立柱一根，同时张贴通告，扛走柱者可得奖赏若干。他将承诺兑现，从而树立了政府法令的权威。

资料来源：领导力课堂，管理学家看丞相之商鞅，2020-09-10，http://www.gototsinghua.org.cn/wenku/guanlianli/mba_90056.html，引用时有删改。

3. 传播手段简单

传播手段简单，主要靠演讲者的演讲才能和智谋来影响与打动他人。

2.2 公共关系的兴起

> **牛人课堂**
>
> 在社会巨变中，通过宣传和沟通来化解矛盾、达成共识、建立信任，以及推销观念、政策和产品，成为商业、政治诸领域迫切、显著和专门化的需求。
>
> ——现代公共关系发展的奠基人 爱德华·伯尼斯

现代公共关系产生于 20 世纪初的美国，它是当时美国及资本主义社会的基本矛盾以及经济、政治、科学技术、文化等诸多条件综合作用的结果，是社会发展到一定阶段的必然产物，是社会文明进步的必然结果。

2.2.1 公共关系兴起的社会条件

1. 经济条件

公共关系产生的经济条件主要表现为社会生产分工的加剧、商品经济的高度发展，特别是买方市场的形成。

18 世纪中叶之后，在机器的轰鸣声中，商品经济首先在欧洲突破了封建自然经济的束缚，产生了工厂制度，发展了专业协作，使封闭的小生产逐步转化为开放的社会化大生产。在这种社会经济条件下，劳动分工日益细密，专业化程度不断提高。此外，随着商品经济的进一步发展，消费者的消费需求发生了转变，由早期的满足基本需要转变为满足选择性需要，使企业之间的竞争更加激烈，促使商品交换逐步由卖方市场转变为买方市场。

2. 政治条件

民主政治取代专制政治是公共关系产生和发展的社会政治条件。美国是资本主义国家中的后起之秀，其本身就是建立在一种区别于西欧神权主导的民主政治制度上的，这种政治有利于公共关系的发展。具体表现为以下三点。

（1）民众的社会地位提高，公众队伍形成，老百姓有了维护自己合法权利的可能性。

（2）民主制度的建立提高了民众的参与意识，而民主政治的每一步都需要公共关系活动的配合。

（3）言论自由、出版自由是民主制度的重要支柱，也是公共关系运行的重要保证。

3. 文化条件

美国是文化根基很浅的由移民组成的一个新国家。美国文化体系中有三个突出的特性：个人主义、英雄主义和理性主义。个人主义使美国人富于自由浪漫的色彩；英雄主义使美国人富有竞争的精神；理性主义使他们注重法规的严密，崇尚教条、数据和实效。这种尊重人性、尊重个人感情和尊严，人文的、开放的、人性的文化，是公共关系得以产生的精神源泉。

4. 技术条件

传播手段和通信技术的进步是公共关系产生与发展的物质技术条件。在自然经济社会中，经济水平不发达、科技水平落后、交往沟通工具单一，哪怕是叱咤风云的帝王，要传播谕令与信息，充其量也不过是"烽火报讯""快马加鞭"。这种极为简陋的传播方式不仅传播速度极慢，传播范围也相当狭小，而且信息失真率极高。在资本主义大工业时代，各种形式的传播技术与理论迅速发展。印刷技术日益普及与提高，报刊媒介遍及千家万户；电子技术不断进步，更带来广播、电视、电影、电话等电子传播媒介的普及；在个人计算机、人造通信卫星、互联网全球普及的现代信息社会，信息具有极高的传播广度、速度、深度和高保真度。这些大众传播手段的迅猛发展，为人们进行大规模的交往提供了可能性，并为公共关系的产生提供了必要的技术与方法。

2.2.2 公共关系发展时期的划分

拓展阅读 公共关系里的标志性事件和人物时期分界线

资料来源：搜狐网：TIME 时代，公共关系里的标志性事件和人物时期分界线，2021-01-07，https://www.sohu.com/a/443091769_383036?spm=smpc.author.fd-d.15.1635257483866PPgFS0Y。

公共关系作为一种全新的观念、科学和一种专门化的社会职业，产生于 19 世纪中叶至 20 世纪初的美国，有学者将此称为"美国现象"。因此，我们在这里考察美国公共关系的发展历史，以此来把握国际公共关系的发展沿革。

1. 巴纳姆时期：单向吹嘘式的公共关系

19 世纪 30 年代，美国出现了内容通俗、以大众读者为对象、发行量巨大的"便士报"。企业为了节省广告费用，获得报纸的免费宣传，便雇用专门的人员来制造煽动性新闻，制造关于自己的神话，以此来扩大影响。报纸为了迎合较低社会阶层读者的阅读心理，也乐于发表。这样两两配合，就出现了美国历史上有名的报刊宣传运动。费尼斯·巴纳姆是这一时期最有代表性的报刊宣传代理人，也是新闻代理活动的开创者。他的信条是"凡宣传皆是好事"。这一时期的报刊宣传运动基本上都以"制造"的"新闻"吸引读者，以离奇的故事吸引公众的好奇和对自己的注意，根本没有职业道德的顾忌，这种行为完全违背了现代公共关系的宗旨，是公共关系史上不光彩的一页，被称为"公众被愚弄的时期""反公共关系的时期"或"公共关系的黑暗时期"。

案例

巴纳姆事件

费尼斯·巴纳姆是 19 世纪美国一家马戏团的团长，因宣传、推动马戏演出闻名于世。他曾在 19 世纪 50 年代编造了一个"神话"：马戏团有位名叫海斯的"黑人女奴"，曾在 100 年前养育过美国首任总统华盛顿。报纸披露这一消息后，立即引起轩然大波。巴纳姆借机以不同的笔名向报社寄去"读者来信"，人为地开展争论。巴纳姆认为，只要报纸没有把他的名字拼错，随便怎么说也无妨。他的信条是"凡宣传皆是好事"。"神话"给巴纳姆带来的是每周从那些希望一睹海斯风采的纽约人那里获得 1 500 美元的收入。海斯死后，经解剖发现，海斯不过 80 岁左右，与他吹嘘的 160 岁相去甚远。对此，巴纳姆厚颜无耻地说"深感震惊"，他还说自己也"受了骗"。其实，这一切都是他刻意策划的。

资料来源：韩宝森.公共关系理论、实务与技巧[M].北京：北京大学出版社，2009：5.

评析：从巴纳姆事件可以看出，在报刊宣传运动时代，报刊宣传员在争取顾客的关注时，往往不择手段地制造神话，甚至不惜愚弄公众。他们只顾为企业赚钱，完全不顾公众的利益，甚至公开嘲笑、谩骂公众。所以，报刊宣传运动还不是真正意义上的公共关系，从思想实质上看，这一时期实际上是一个反公众、反公共关系的时期。不过，当时巴纳姆等人运用报刊等大众传播媒介为组织进行宣传，已经具有了现代公共关系活动的萌芽。

2. 艾维·李时期：单向传播式的公共关系

在 19 世纪末 20 世纪初，美国资本主义进入垄断时期。伴随着垄断的形成，经济上日益繁荣的美国出现了严重的社会危机，表现为数不多的垄断资本家集团控制着整个国家的经济命脉，支配着政府的权力。为了最大限度地攫取垄断利润，巩固垄断地位，一些垄断财团全然不顾公众利益，不择手段、巧取豪夺、横行霸道。很多垄断企业甚至以"公众对其运作知道得越少，公司的效率和利润就会提高，其社会作用就会越大"为信条。在众多的丑恶现象后面，社会各阶层、集团之间的利益冲突日益尖锐，社会公众对公司寡头充满了敌意。终于，在 1903 年前后爆发了以揭露企业丑行和阴暗面为主题的揭丑运动，史称"扒粪运动"。在美国政府的直接推动下，一些新闻记者和知识分子通过报纸杂志，把焦点对准企业的缺陷，无情地揭露和严厉地谴责资本家不顾公众利益的种种恶劣行径。据统计，在 1903～1912 年的 10 年间，揭露、抨击垄断财团的种种不道德行为的文章就有 2 000 多篇。

艾维·李（1877—1934）出生于佐治亚州的一个牧师家庭，就读于普林斯顿大学，毕业后先后受聘于《纽约日报》《纽约时报》《纽约世界报》当记者。五年后，他辞去了记者职务，开始了公共关系活动的生涯。1903 年，他为纽约市长组织了一次宣传活动。1904 年总统竞选期间，他被请去协助乔治·帕克为罗斯福竞选组织公关活动。之后不久，他与乔治·帕克一起在纽约成立了第一家通过向客户提供劳务而收取佣金的职业公共关系公司。该公司的成立，成为现代公共关系诞生的标志。

1906 年，艾维·李被邀请去帮助处理一件煤矿工人罢工事件，他通过报纸发表了著名的具有里程碑性质的"原则宣言"，全面阐明了他的公司的宗旨："我们的计划是代表公司和公共机构坦率地并且公开地向新闻界与公众提供迅速和准确的信息，这些信息涉及公众感到值得和有兴趣知晓的有关问题。"这反映了他的信条："公开事实真相"和"维护公众利益"，即"说真话"和"公众必须被告知"。这些思想纠正了巴纳姆新闻代理时代宣传的欺骗性和非道德性，为公共关系的健康发展奠定了坚实基础。艾维·李认为，一个组织要获得良好的声誉，就必须把真相告诉公众；如果真相的披露对组织不利，那么就应该调整组织的行为；组织与其员工和社会关系的紧张和摩擦，主要是由于组织的管理人员采取保守秘密的做法，妨碍了意见和消息的充分沟通。另外，他积极协助企业管理人员改革旧的政策和做法，尤其是改善对待员工和公众的态度，使企业的一言一行迎合公众和新闻媒体的要求。艾维·李在其从事公共关系的 31 年中，将他的工作范围从"纯粹的代理"转变为担任"我们为之工作的企业智囊团"。他的实践和说教使公共关系成为一门职业，使公共关系这门学科从对一些简单问题的探讨上升为探求带有某些规律性的原则和方法。由于他的杰出贡献，他被人称为"现代公共关系之父"。但是，由于时代的局限，艾维·李的咨询指导主要是凭经验和直觉进行的，缺乏对公众舆论进行严密的、大量的科学调查。因此，有人批评他的公共关系咨询只有艺术性而无科学性。但不可否认，艾维·李的公共关系职业先驱者地位是无可争议的。

3. 爱德华·伯尼斯时期：双向沟通式的公共关系

公共关系职业化的发展，促进了公共关系由简单零碎的活动上升为较系统完整的专业活动，并使得公共关系的原则与方法逐渐形成，这使公共关系成为一门独立的学科，自立于学科之林。美国学者爱德华·伯尼斯以其杰出的研究，成为公共关系学的创始人，他使公共关系进入了学科化阶段。

与艾维·李相比，伯尼斯更注重对公共关系理论的研究，将研究的重心逐渐转向了教学和研究工作，并于 1923 年出版了《公众舆论之形成》一书。这是第一部研究公共关系理论的专著，因而被视为公共关系发展史上的又一个里程碑。在这本书中，他对公共关系的实践进行了系统的研究，使之形成一整套理论。他提出了"投公众所好"的根本原则，主张一个企业或组织在决策之前，就应首先了解公众喜好什么，需要什么，在确定公众的价值取向以后，再有目的地从事宣传工作，以便迎合公众的需要。在伯尼斯的理论中，公共关系已经完全超越了新闻代理时代"宣传"和"告知"的单向传播，进入了组织和公众的双向沟通时期。

伯尼斯的思想比艾维·李前进了一步，他不仅强调在事情已经发生之后对公众说真话，而且要求企业通过对公众的调查，根据公众的态度开展公共关系工作。同时，他将艾维·李的活动与 1897 年美国《铁路文献年鉴》中出现的"公共关系"一词结合了起来，使这一词语具有了科学的含义，并在社会上流行开来。从此，公共关系正式从新闻领域分离出来，成为一门独立而又系统的管理科学。1928 年，伯尼斯又出版了《舆论》一书。在 1952 年出版的教材《公共关系学》中，他对公共关系理论进行了更为系统、详尽的阐述和发挥。

在伯尼斯看来，公共关系咨询有两项作用：一是向工商企业推荐它们应该采纳的政策，这种政策的实施可以保证工商业的行为符合社会利益；二是把工商业组织执行的合理政策、采取的有益行为向社会广为宣传，帮助企业赢得社会公众的好感及信任。

4. 现代时期：双向对称式的公共关系

第二次世界大战后，公共关系实践和理论的发展都进入了一个全新的阶段。这一时期，以卡特利普、森特和杰夫金斯为代表的一大批公共关系专家和大师，在理论和实践上把公共关系推向了一个新的历史发展阶段。其中，卡特利普和森特在《有效的公共关系》一书中提出的"双向对称"式公共关系最具有代表性。

双向对称式的公共关系强调"双向沟通、双向平衡、公众参与"。该模式提出的理论前提有两个：一是把公共关系看作封闭系统还是开放系统；二是把公共关系看作一种"工作"还是一种"职能"。将公共关系看作封闭系统和一种"工作"的做法是将公共关系人员放在沟通技术实施者的位置上，定期进行新闻发布，去保持和加深公众对组织的良好印象，而忽视将有关环境的信息传递给组织。将公共关系看作开放系统和一种"职能"的做法是将组织与公众关系的维持和改变建立在产出—反馈—调整诸环节相互作用的基础之上，公众意志可以吸收到决策之中，公共关系不仅能在决策中发挥参谋与顾问的作用，而且有预警作用，可以阻止潜在危机的发生。

《有效的公共关系》一书中还提出了"四步工作法"，这成为公共关系工作中最重要的工作流程。至此，现代公共关系学的理论框架基本形成，进入了它的成熟阶段。此后公共关系的技巧虽然不断发展，但体系基本稳定下来。

拓展阅读 美国公共关系人物语录

巴纳姆："凡宣传皆是好事。"
艾维·李："公众必须被告知。"
爱德华·伯尼斯："投公众所好。"
卡特利普和森特："双向传播与沟通。"
格鲁尼格："组织与公众对信息理解的一致性。"

2.3 公共关系在中国的发展

牛人课堂

以前，营销是产品的一部分，我们的逻辑是：先拿到一个产品，然后梳理产品卖点、勾勒用户画像，寻找匹配的媒介渠道。而今天，在新消费时代下，品牌和产品营销的底层逻辑发生了巨大的变化，从先有产品、寻找消费者、卖出产品，转变为找到流量、设计产品、服务用户，产品已然成为营销的一部分。

——耐特康赛创始人 渠成

2.3.1 公共关系在中国的发展历程

在中国，公共关系首先进入台湾和香港地区。随着1978年改革开放政策的实施，公共关系在20世纪80年代初传入大陆，此后其作为一种新的经营管理方法和技术，由南向北，从东向西，在大陆迅速传播。

案例

假如我是广州市市长

广州市委、市政府先后举办过直接为市长做参谋的"假如我是广州市市长"征文活动，为政府职能部门出谋献策的"房改方案千家谈""菜篮子工程千家谈"等"千家谈"

系列活动，讨论广州市风和广州人精神的"羊城新风传万家"等大型公众活动，并运用报纸、杂志、广播、电视等媒介，动员了成千上万的市民参政议政、各抒己见，收到了良好的社会效果，提高了政府在市民心中的影响力。

资料来源：舆情通，公共关系学案例点评"假如我是广州市市长"，2019-08-28，https://www.yuqingtong.org/yuqingzhiku/1954.html，引用时有删改。

1. 引进和开创时期（20世纪80年代初至1986年）

20世纪80年代初，深圳、珠海、汕头等经济特区相继宣告成立，一批中外合资的酒店、宾馆先后在沿海和内地的一些重要城市落成。这些合资企业由于工作的需要，按照国外同类企业的发展模式在其内部设立了公共关系机构，根据企业的需要开展公共关系业务活动。当时的公共关系从业人员尤其是管理者大多来自国外，经过专业训练，具有较高的从业素质，为公共关系在全国的普及和发展起到了良好的示范作用。

随后，公共关系活动开始由沿海地区向北京、上海等特大城市延伸，并引起国有大中型企业的重视。1984年11月，广州白云山制药厂设立公共关系部，每年拨出其产值1%的资金作为"信誉投入"，开创了大陆企业公共关系的先河。受其影响，国内许多大企业和部分优秀的小企业都设立了自己的公共关系部，开展公共关系活动。与此同时，一些国外的公共关系机构纷纷抢先登陆中国市场。1984年，美国伟达公共关系公司率先在北京设立办事处。1986年，美国的博雅公共关系公司进入中国并促成了我国第一家公共关系公司——中国环球公共关系公司的诞生。同年，中法公共关系公司成立，这是我国第一家合资公共关系公司。随后营利性的公共关系职业机构和专职人员在各地涌现。一些学术研究机构、教育出版界也积极以文章、图书、培训、讲座等形式涉足公共关系领域，中国本土的公共关系产生了。

2. 适应和发展时期（1986～1993年）

在20世纪80年代中期至90年代初，曾一度出现"公共关系热"，许多企业都设立了公共关系部。但由于对公共关系理念不能准确地把握，实践中又缺乏专业公共关系人员，因此，许多企业的公共关系工作处于浅层次的操作状态。例如，在不少企业里，公共关系部仅充当着"接待部"的角色。更有一些企业，公然打着公共关系的招牌大搞"庸俗关系"活动。后来，由于受到社会各个方面的批评，在90年代初，一些企业里出现了撤销公共关系部的举动，形成"过疲"现象。公共关系实践中暴露出的这些问题，实质上是由我国市场经济体系、法律法规不完善，企业经营竞争压力和动力的不足等深层次体制弊端导致的。这一时期，尽管公共关系在企业的实践遭遇到来自各方面的批评，但仍有不少成功企业表现杰出。例如，广东健力宝从"运动饮料"的产品定位，到"体育公共关系"战略的实施，与中国的体育事业相伴相随，企业知名度不断提升，使这个曾是广东三水区不过百人的小作坊，发展成名声远扬、实力雄厚的大型企业集团。再如，北京亚都环保科技有限公司于1991年在天津举办的"亚都加湿器向天津市民有偿请教"公共活动，不仅大大加深了公众对公司及产品的了解，而且带来了良好的经济效益。

1991年，中国国际公共关系协会（CIPRA）成立。

1992年，党的十四大报告正式确立社会主义市场经济体制的改革目标之后，我国公共关系的理论研究更加深入。一大批有识之士结合中国的政治、经济和文化的特点，探索中国公共关系的一些重大理论问题。

案例

亚都加湿器有奖求教

北京亚都环境科技公司生产的亚都牌超声波加湿器，某年在北京地区的销售额占小家电市场零售总额的38%，在同类产品中市场占有率达93%。然而，它在天津市场却受到冷遇，连续3年，总销售量仅400台。亚都在进行了广泛的市场调查后，推出了"亚都加湿器向天津市民有偿请教"的活动。1991年11月15日和16日，连续两天，天津市的各大报纸最显著的广告位置被"亚都有偿请教"的广告占据，其广告一反商品广告的商业语言，充满着人情味、知识性。广告的主要内容是：

尽管亚都加湿器的特殊功能满足了现代完美生活的新需求；尽管亚都加湿器在与洋货竞争中市场占有率高达93%；尽管亚都加湿器销售额已突破小家电市场零售总额的38%；尽管亚都加湿器的热销被称为"亚都现象"，并引起国内各大新闻单位数十次重点报道……总之，尽管亚都加湿器顺天时地利人和已成热销定势，但奇怪的是，天津市场的购销情况却不尽理想。

是天津市冬季室内气候不干燥吗？不，不是！是天津市的老年人不了解湿度对益寿延年的重要性吗？不，不是！是天津市的婴幼儿不需要更接近母体湿度的环境吗？不，不是！是天津市民情愿自家乐器、家具、字画等名贵物品在冬季干裂变形吗？不，也不是！

面对上述困惑，国内规模最大、专业性最强的人工环境科研开发高科技机构之一——北京亚都人工环境科技公司在百思不得其解后，特决定向聪慧的天津市民虚心请教，请热情的天津市民为北京高科技企业指点迷津。来函赐教，或宏论，或短论，均请注明详细通讯方式，亚都人将以礼相谢。

"亚都"一下子成了天津人议论的话题。从11月16日至26日，1 200多封天津消费者的来信寄到了"亚都"，他们在信中提出各种建设性意见4 000余条。

"亚都热"在天津的形成，还有两个因素不可忽视。

一是亚都公司选择在11月15日和16日推出广告，是用心良苦的。11月15日是天津市统一供暖的日子，16日是周末。这样容易引起人们的注意，容易激发人们产生购买念头。

二是11月17日，即星期日，40多名经过专门培训的亚都公司公关人员一大早就出现在各大商场内，向过往顾客散发各类宣传品，回答人们的咨询。连续四个星期日，共散发宣传品14万件，直接接触了60万人次天津市场的顾客。

紧接着，亚都公司又采用新的招数，向1 200多名来信的消费者回复"感谢函"，还随函寄上"感恩卡"，凭卡可特价购买亚都加湿器一台；12月26日，在天津《今晚报》上通过半版广告，刊登了1 200多名来信的天津市民的姓名；12月28日，亚都公司全体科研技术人员在天津国际商场举办公开答谢活动。

这场活动取得了显著效果，仅两个月天津市场的加湿器销售量就达4 000台，相当于过去3年销量总和的10倍。

资料来源：腾讯网，经典营销案例解密之五十一：亚都"请教"出市场——亚都加湿器进军天津纪实，2022-01-29，https://xw.qq.com/cmsid/20220129A01VRE00，引用时有删改。

3. 竞争和专业化分工时期（1993年至今）

这一时期，一些企事业单位和社会机构曾设立的公共关系部、公共关系处等纷纷改名换牌，一些规模较小、业务能力差、服务水平落后的公共关系公司相继改行或倒闭。这体现了市场经济优胜劣汰的竞争法则：一个机构、一个部门、一个人，如果仅仅因为赶时髦而投身于公共关系行业，而缺乏对公共关系工作真谛的充分理解，其在行业的市场竞争中被淘汰就是必然的结局。与此同时，那些立足于专业基础和专业分工的职业公共关系机构却日趋活跃，呈现出极好的发展态势。自1992年结束与美国博雅公共关系公司6年的合作期后，中国环球公共关系有限责任公司以发展民族公共关系业为己任，独立承担起海内外公共关系市场开拓的重任，并得以迅速发展和壮大。

这一时期，以公共关系原理为运作基础的策划、咨询、CIS设计等职业活动开始活跃。各种公共关系策划专家或专家组在全国有近百个之多，他们服务于近千家企事业单位，这在一定程度上展示了公共关系职业在专业分工上的进一步细化。

在理论研究上，中国公共关系协会团结国内数十位公共关系学者，每年召开全国公共关系理论研讨会，理论联系实际地探索中国公共关系之路，先后编辑出版了有关公共关系的10余部著作，对我国公共关系理论的研究、普及和提高起到了推动作用。

进入21世纪，随着经济全球化趋势的发展以及我国对外开放的深化，公共关系开始在更广泛的社会经济领域发挥积极作用，尤其是在经济领域的重要性日益显现。在越来越多的跨国企业将全球投资发展中心转移到中国的同时，国内企业也陆续跨出国门，走向国际市场参与竞争，在与世界经济的融合中得到发展。公共关系作为重要的传播沟通工具，在提升竞争力、促进经济社会协调发展等方面发挥着越来越重要的作用。

2.3.2 中国公共关系的发展趋势

公共关系自20世纪80年代引入中国大陆后，在蓬勃发展的过程中大致呈现出如下几种趋势。

1. 公共关系意识日益普及化

● 案例

中国品牌日

自2017年起，每年5月10日为"中国品牌日"。举办中国品牌日活动意在大力宣传知名自主品牌，讲好中国品牌故事，提高自主品牌影响力和认知度，让消费者亲身感受高品质消费品的魅力、增加自主品牌情感、提振国货精品消费信心，促进形成强大的国内市场。

由《人民日报》联合众多国货品牌特别策划的2020中国品牌日活动以"中国正当潮，爱上中国风"为主题，这一主题活动将高度聚焦中国文化风潮、中国科技风潮与中国消费风潮，从多角度、多领域、多层次发扬国风，振兴国货。而作为国家最具权威性的官方媒体之一，《人民日报》新媒体的助力既为诸多国产优质品牌带来了立体展示舞台，同时也为其带来了巨大流量与巨大关注度，不仅能带动国货产品销售、增强企业品牌曝光度、提振企业信心,更为文化软实力与文化自信赋能添力,于经济增长的同时大大增加国货产品的竞争力,使国风国潮迈向更大舞台。

资料来源:中华人民共和国国家发展和改革委员会官网,云上2020年中国品牌日活动,2021-05-08,https://iam-sso.ndrc.gov.cn/gbsso/oauth/single?client_id=fgwportal&redirect_url=aHR0cHM6Ly93d3cubmRyYy5nb3YuY24veHdkdC96dHpsL3lzemdwcHHJoZC8=,引用时有删改。

改革开放和市场经济进程的推进使企业处在更加复杂的环境中,企业都在寻求通过树立自身形象、提高知名度和美誉度等一系列公共关系活动来获得消费者的青睐,进而达到提高企业的经营效益的目的。除企业外,政府、社会团体,甚至包括个人在内,在与其他国家、民族特别是西方发达国家的合作和交流过程中,树立形象、提高知名度等现代公共关系意识也在不断增强。

2. 公共关系的专业化、职业化程度不断提高

市场经济体制在我国确立后,公共关系作为一种全新而独特的社会职业在我国得到了较大发展,并日益为人们所尊重和向往。今天的公共关系经理已经成为管理层的一分子,能够在董事会上提出建议,并且进行策划及处理复杂的公共关系。公共关系教育进入了正规化阶段,中国高等教育的许多专业,如经济、管理类专业和新闻传播类专业等,几乎都开设了公共关系课程。此外,一些职业教育机构也从事公共关系方面的理论与实践培训活动。我国公共关系专业人员的队伍正在逐步扩大,且日趋成熟,为公共关系在我国的大力发展发挥着重要作用。

3. 公共关系理论体系日趋系统化和科学化

公共关系在引入我国大陆的初期,主要在实务方面发挥作用。虽然也有学者编译了一些海外的资料,介绍海外公共关系的理论与实践,但由于受到体制的制约,这些资料很不全面并且有些也不符合中国的国情。1984年,《经济日报》发表社论"认真研究社会主义公共关系",掀起了国内公共关系理论研究的热潮,并于1990年前后达到了高峰。国内学者在吸收、借鉴国外先进公共关系理念的基础上,结合我国的国情,进行了许多有益的探索,基本上形成了一套独具中国特色的公共关系理论体系。

4. 公共关系行业日趋规范化

在早期,一些人错误地把公共关系理解为"攻关"或"攻官",将金钱和美色视为企业获取项目和资金支持等的捷径。随着公共关系理论和实践的发展,我国公共关系界越来越多的人士认识到,必须给公共关系行业制定一个标准,在实现自律的同时,也让公众了解公共关系的职业道德。于是《中国公共关系职业道德准则》就诞生了,同时,为了提高公共关系从业人员的素质,从20世纪90年代末开始,我国实行公共关系从业人员的资格考试制度。所有这些都表明,公共关系行业在我国已经开始走上规范化的道路。

5. 公共关系的技术手段日益现代化

随着现代信息科学技术的迅速发展,电子技术、网络技术、通信卫星技术等现代化大众传播媒介和信息传播手段都应用到了公共关系领域。公共关系人员利用它们对信息进行分类、保存、分析和加工,以便做出准确的市场和环境预测。网络在信息传播方面的快速性以及广泛性也被公共关系人员重视,并应用到公共关系活动中。

总之,公共关系作为一门管理学科和艺术,从国外进入国内,尽管在发展过程中经历过"过热"和"过疲"现象，但是最后还是走上健康、稳步发展的轨道。我国的公共关系事业无论在理论方面还是在实践方面，抑或是在培训教育方面都取得了长足发展，公共关系在我国的社会生活中发挥着越来越大的作用，成为推动我国各行各业发展的动力之一。

案例

AI技术未来随时取代设计师和文案人的工作？

某款"AI智能文案"产品，据说1秒钟可以生成20 000条文案，文案出品丝毫不输真广告人。想要功能描述型、特价促销型、搞笑风格、暖心风格还是走心风格？这款产品统统都可以满足你，堪称文案中的战斗机。这款产品不但写得了智能文案，还写得了详情页商品描述。

既然说到AI文案，就不能不再讲讲京东的"莎士比亚"人工智能系统。"莎士比亚"同样能够根据输入的商品关键词，自动生成多个与之匹配的文案描述。比如，你输入"连衣裙""高跟鞋"，它就能给你写出上千条对应的文案。要是你还想加入"文艺风""搞笑风"等配方，它还能进一步生成更精准的文案。

AI技术除了与文案人竞争，还可能来抢设计师的饭碗。这说的就是鹿班等系统，它们的核心工作就是"设计"，一键生成、智能创作、智能排版。当你为构图而头疼时，它们说不定一下子就能完成banner图、海报图和会场图的设计。据说它们平均1秒钟能完成8 000张海报设计，1天能处理4 000万张图，10天能制作4亿张海报。

资料来源：搜狐网：轻松呼智能电话机器人；AI人工智能时代，文案和设计师要下岗了，你会不会也"被下岗"呢；2018-05-09；https://www.sohu.com/a/230986667_100144682，引用时有删改。

本章小结

公共关系作为一种客观存在的社会关系、社会现象和社会活动，在世界各国均可追溯到远古时期。作为一种组织的自觉行为，公共关系最早的实践产生于美国。经过巴纳姆的单向吹嘘时期、艾维·李的单向传播时期、爱德华·伯尼斯的双向沟通时期以及双向对称式的现代时期，公共关系已经作为一门独立的学科和职业获得了长足发展。中国大陆在20世纪80年代后引入公共关系，经过引进、适应、竞争几个阶段，公共关系开始在我国的社会生活中发挥着越来越大的作用，成为推动我国各行各业发展的动力之一。

热词加油站

碎片化

"碎片化"，本意为完整的东西破成诸多零块。有研究表明，当一个社会的人均收入为1 000～3 000美元时，这个社会便处在由传统社会向现代社会转型的过渡期，而这个过渡期的一个基本特征就是社会的"碎片化"：传统的社会关系、市场结构及社会观念的整体性，从精神家园到信用体系，从话语方式到消费模式纷纷瓦解，代之的是一个个利益族群和文化部落的差异化诉求,以及社会成分的碎片化分割。

媒体碎片化
社会阶层的多元裂化,并导致消费者细分、媒介小众化。

数字鸿沟
数字鸿沟是信息和电子技术方面的鸿沟,是指在全球数字化进程中,不同国家、地区、行业、企业、社区之间,由于对信息和网络技术的拥有程度、应用程度以及创新能力的差别而造成的信息落差及贫富进一步两极分化的趋势。其反映的是信息时代的社会公正问题。

思考讨论

1. 现代公共关系为何会最先在美国产生,而不是英国或其他国家?
2. 为什么艾维·李被称为"现代公共关系之父"?
3. 近来有很多与公共关系相关的热词,如"颜值"文化、粉丝营销、话题 IP 等,请谈谈你所了解的含义?

能力实训

在公共关系发展早期,艾维·李就提出"讲真话"的思想。但直到今天,这一思想在公共关系的实际工作中仍然会遭遇尴尬。请在班级做试验,了解:人们为什么不愿意说真话?说真话的阻力来自何方?如何克服这种阻力?

社会热题大讨论

课外导读

[1] 白巍.《论语》的公关思想 [M]. 北京:中国经济出版社,2012.
[2] 孔祥军. 发展公共关系学:一种中国式的视角 [M]. 北京:人民出版社,2007.
[3] 仇勇. 新媒体革命 2.0:算法时代的媒介、公关与传播 [M]. 北京:电子工业出版社,2018.
[4] 颜艳春. 产业互联网时代:新技术如何赋能企业数字化转型 [M]. 北京:中国友谊出版社,2021.
[5] 李世化. 网红经济 3.0 [M]. 北京:中国商业出版社,2017.

第 3 章

公共关系理论

学习目标

掌握：公共关系基本理论在实践中的应用。
理解：公共关系基本理论的核心观点。
了解：公共关系基本理论的产生和发展过程。

引 例

"顶流"螺蛳粉

在 2020 年五花八门的热搜中，螺蛳粉可以说"长"在了热搜上，据不完全统计，在微博上，关于螺蛳粉阅读量破亿的话题超过 30 条。

从流量红利来看，短视频、直播等多元化社交平台的崛起，为螺蛳粉的火爆提供了充分的土壤。据新抖数据不完全统计，2020 年 1 月 1 日至 2020 年 12 月 31 日，共有 8 724 条视频为螺蛳粉带货。相当于在抖音平台上，每天上线 23.8 条螺蛳粉带货视频。与此同时，螺蛳粉的话题热度堪称食品小吃界的"顶流"。2020 年 2 月 5 日至 3 月 6 日，螺蛳粉在 1 个月内空降微博热搜榜高达 10 次。而相关话题的阅读量也累计达到了 20 多亿次，获得了几百万条讨论。其中"螺蛳粉还不发货""螺蛳粉自由"两个话题，仅讨论就有 75 万条，而阅读量更是高达 5 亿次。

2020 年，堪称螺蛳粉的爆发年。新冠疫情期间，在"宅经济"形势下，柳州螺蛳粉强势崛起：某当红主播在直播间内仅用 2 分钟即售空 2.6 万箱螺蛳粉；李子柒牌螺蛳粉 3 天即卖出 500 万袋，平均月销量超过 150 万单……2021 年 1 月 22 日，抖音电商"抢新年货节"数据报告显示，自 2021 年 1 月 4 日至 1 月 20 日，总成交额为 208 亿元。在食品方面，方便烹饪的小吃年货走俏，闻着臭、吃着香的"超级网红"螺蛳粉夺得销量冠军，成为最畅销小吃。而天猫淘宝数据显示，天猫"年货节"开启首日，干果、糖果、糕点仍是中国家庭首选的"年货三件套"。但由于就地过年的号召，螺蛳粉、自热火锅等一人食餐品则成为年货节首日增长最快的年货品类。

网红助推、各方媒体宣传及其他各种因素，共同造就了螺蛳粉从地方小吃转变为百亿网红美食的神话。

资料来源：雪球网；螺蛳粉火出圈：2020 柳州袋装螺蛳粉产值将达 90 亿元，网红、零食及餐饮品牌入局；2020-11-16；https://xueqiu.com/1796693497/163408757，引用时有删改。

现代公共关系从诞生至今已有 100 余年，虽然在实践活动领域颇有建树，但基础和核心理论的建设依然显得薄弱和滞后，成为妨碍公共关系发展的重要障碍。甚至在一些人看来，公共关系没有理论可言。一门学科，没有自己的理论基础，就不是完整的学科，也是没有发展前途的。事实上，公共关系是有理论的，与公共关系存在密切关联的管理学、传播学、心理学、营销学以及社会学等学科的基本原理，共同形成了公共关系的理论体系。公共关系学已经大量地吸收了其他学科的优秀成果，这些优秀成果与公共关系理论互相渗透、互为支撑，并且在公共关系实践中被大量应用。

3.1 管理学理论

> **牛人课堂**
>
> 当今企业间的竞争，不是产品之间的竞争，而是商业模式之间的竞争。
>
> ——现代管理学之父 彼得·德鲁克

管理学系统研究管理活动的基本规律和一般科学方法。公共关系活动作为组织众多的管理活动之一，必须严格以科学的管理理论和管理方法进行，才能保证组织所预期的最终结果。

3.1.1 经典管理理论

1. 人性假设理论

（1）"经济人"假设和"社会人"假设。人性的两种明确的假设——"经济人"假设和"社会人"假设，是麦格雷戈最著名的理论。"经济人"假设的观点是，人都是缺乏上进心的，不喜欢工作，总想回避责任，并且必须在严格的监督下才能有效地开展工作。"社会人"假设的观点恰恰相反——人们能够进行自我管理，勇于承担责任，并把工作看作像休息和娱乐一样自然的事。麦格雷戈认为"社会人"假设更符合工人人性的特质，应该用于指导管理实践。

（2）"自我实现人"假设。这是美国心理学家马斯洛提出的观点。他认为人的需要是多层次的，人们有着最大限度地利用和开发自己的才能的需要，希望能够有机会获得自身发展与成熟，"自我实现"是工作的最大动力。组织给予挑战性的任务才能激发出员工的强烈工作热情。

（3）"复杂人"假设。美国学者埃德加·沙因在综合"经济人"假设、"社会人"假设和"自我实现人"假设这三种人性假设的基础上，提出了"复杂人"的观点。他认为人的需要和潜在愿望是多种多样的，而且这些需要的模式随着年龄、在社会中所扮演的角色、所处的境遇和人际关系的变化而不断发生变化。应当说，沙因的观点弥补了前几种人性假设的缺失，是比较全面的。

2. 期望理论

期望理论是美国心理学家弗鲁姆提出的。他认为：只有当人们预期某一行为能给个人带来有吸引力的结果时，个人才会采取这一特定行为。根据这一理论，人们对待工作的态度取决于对下述三种联系的判断。

（1）努力 – 绩效的联系。需要付出多大努力才能达到某一绩效水平？我是否真能达到这一绩效水平？概率有多大？

（2）绩效 – 奖赏的联系。当我达到这一绩效水平后，会得到什么奖赏？

（3）奖赏 – 个人目标的联系。这一奖赏能否满足个人的目标？吸引力有多大？

期望理论的基础是自我利益，它认为每个员工都在寻求获得最大的自我满足。期望理论的核心是双向期望，管理者期望员工的行为，员工期望管理者的奖赏。

3. 公平理论

公平理论是亚当斯于1965年提出的。这种激励理论讨论工资报酬分配的公平性对员工积极性的影响。人们将通过两个方面的比较来判断其所获报酬的公平性，即横向比较和纵向比较。横向比较是将自己和别人相比来判断自己所获报酬的公平性，纵向比较是将自己目前和自己的过去比较。当某人觉得报酬是公平的时，他可能会因此保持工作的积极性和努力程度。当他觉得很不公平时，工作积极性会下降，除非管理者给他增加报酬。因此，管理者在员工激励的过程中，不仅要注意绝对的工资报酬，而且应注意相对的工资报酬，人的心理平衡也是很重要的。

3.1.2　当代管理新论

管理学牢牢地扎根于管理实践的沃土。今天，我们已经进入一个全球化、网络化、世界经济一体化的时代，管理环境的变化和管理实践的发展促使新的管理课题不断诞生，管理理论和管理实践领域关注与思考的问题也不断产生新的重心，管理学的研究问题朝更复杂、更综合及更多元的方向发展，这对管理学学科的发展和理论的研究提出了更多挑战。

1. 企业文化

企业文化是在石油危机背景下，美国企业和管理界通过对本国企业管理与日本企业管理进行比较研究，而产生的一种管理新理论。企业文化理论认为，企业管理的基本原则是以人为本，即以尊重人的人格、促进人的发展为中心。成功企业之所以取得成功，不在于它们的资金、技术、设备、建筑物和销售网络等硬件，而在于有致力于人的发展的企业文化。截至 21 世纪初，美国企业已基本普及了"以人为中心"这一全新的管理思想。

2. 学习型组织

20 世纪 90 年代以来，知识经济的到来使信息与知识成为重要的战略资源，于是诞生了学习型组织理论。学习型组织是彼得·圣吉在其著作《第五项修炼》中正式提出的。彼得·圣吉认为，传统的组织设计是用来管理以机器为基础的技术，而新型的组织设计是用来处理思想和信息的。也就是说，新型组织是以知识为基础的。传统的组织类型已经越来越不适应现代环境的发展要求，现代企业是一个系统，这个系统可以通过不断学习来提高生存和发展的能力。《第五项修炼》提供了一套使传统企业转变成学习型企业的方法，使企业通过学习提升持续创新的能力，成为不断创造未来的组织。

3. 核心竞争力

最早提出企业核心竞争力概念的是哈默和普拉哈拉德。企业核心竞争力是企业长时期形成的，蕴含于企业内质中的，由企业独具的，支撑企业过去、现在和未来竞争优势，并使企业长时间内在竞争环境中取得主动的核心能力。首先，核心竞争力应该有助于企业进入不同的市场，它应成为企业扩大经营的能力基础。其次，核心竞争力对创造企业最终产品和服务的顾客价值贡献巨大，它的贡献在于实现顾客最关注的、核心的、根本的利益，而不仅仅是一些普通的、短期的好处。最后，公司的核心竞争力应该是难以被竞争对手复制和模仿的，是一种能够长期获得竞争优势的能力。

4. 战略联盟

战略联盟的概念最早是由美国 DEC 公司总裁简·霍普兰德和管理学家罗杰·奈杰尔于 20 世纪 90 年代提出的，随即在理论界和商业界得到普遍认同。战略联盟是指两个或两个以上具有一定优势的企业为实现自己在某个时期的战略目标，在保持自身独立性的同时，通过股权参与或合作协议方式结成的长期的、动态的联合体，以达到资源互补、风险共担、利益共享的目的。第一，战略联盟是具有优势的企业之间的合作。这种合作包括互补性公司之间的合作与实力相当公司间的合作。没有任何竞争优势的公司是没有公司与之合作的。第二，战略联盟是为了实现某种战略目标而组建的，公司之间日常交往中的互助协作和其他形式的企业或组织间非正式的合作不是战略联盟。第三，战略联盟是一种长期的合作。合作短则 3~5 年，长则 10 多年，几个月就结束的合作不是战略联盟。第四，战略联盟是一个动态的联合体。它不同于一体化的企业联合体，各个合作的公司仍是具备独立法人资格的经营实体，它是一种较为动态的组织形式，"合则聚，不合则散"的指导思想贯穿于战略联盟运营的始终。由于产品的特点、行业的性质、竞争的程度、企业的目标和自身优势等因素的差异，故企业间采取的战略联盟形式自然也呈现出多样性，如联合技术开发、合作生产与后勤供应、分销协议、合资经营等。

5. 创新

经济学家熊彼特在 1912 年发表的《经济发展理论》一书中从经济学角度提出了创新理论，是第一个系统地、完整地描述创新理论的人。熊彼特认为所谓的"创新"实际上是指建立一种新的生产组合函数，即通过一种生产要素与生产条件的重新组合，使企业获得潜在的超额利润。这个概念包括下列五种情况：采用一种新的产品，采用一种新的生产方法，开辟一个新的市场，获取或控制原材料或半制成品的一种新的供应来源，建立新的企业组织形式。熊彼特强调了组织创新、管理创新、制度创新、社会创新和技术创新之间的联系，他认为创新是新的、重新组合的或再次发现的知识被引入经济系统中的过程，创新才是资本主义增长的主要源泉。

6. 柔性管理

柔性管理是指在研究人们心理和行为规律的基础上，采用非强制方式，在人们心目中产生一种潜在的说服力，从而把组织意志变为人们自觉的行动。这个概念的主题词是"规律""非强制""潜在"和"自觉"。这也正体现了这一概念所涵盖的四个基本方面：依据是心理和行为的规律，方式方法是非强制性的，对人的影响是潜在的，最终目标是人们自觉行动。

7. 价值管理

价值管理是指依据组织远景，设定符合远景与企业文化的若干价值信念，并具体落实到员工的日常工作中。一般的工作性质或问题，只要与公司的价值信念一致，员工即不必层层请示，可直接执行工作或解决问题。美国管理学者肯·布兰佳认为，唯有公司的大多数股东、员工和消费者都能成功，公司才有成功的前提。为达到此"共好"的组织目标，组织必须逐步建立成员广泛接受的核心信念，并且在内部工作与外部服务上付诸实施，使其成为组织的标准行为典范，这样才能获得真实全面的顾客满意。

8. 全球运筹管理

全球运筹管理是指在全球化的环境下，企业如何把组织的后勤支持活动做最佳的管理与配置。企业应将组织的财务、制造、配送、营销、管理等各方面的活动进行全球化的整合，结合资金流、信息流、商流与物流等环节，在消极面上达到降低营运成本的效果，在积极面上促进提升企业竞争力。

9. 外包

外包是指企业为维持组织竞争核心能力，突破因组织人力不足的困境，将组织的非核心业务委派给外部的专业公司，以降低营运成本，提高品质，集中人力资源，提高顾客满意度。企业有效地运用外包策略，可避免组织无限膨胀，更能达到精简、专注专业的目标。在企业经营的趋势中，外包策略越来越受到企业负责人的青睐，外包的好处在于公司业务可增加灵活性、弹性与代替性。

10. 加盟连销权

加盟连销权是指由公司或制造厂商给予经销商或他人在某一地区销售或分销其产品的特权，以分享收益作为该特许权的报酬。在特许权或加盟权的合约中，明确了授权人和加盟人的权利与义务：授权人必须向加盟人提供经营咨询、促销协助、资金融通及其他各种优惠措施，而加盟人则需要按一定百分比向授权人支付权利金。

11. 一对一行销

一对一行销就是指运用任何的行销传播活动（广告、公共关系、促销），将目标对象界定在"个人"的基础上，与之开展一对一的直接关系。为顾客提供一对一行销，以及量身定做的服务，是企业建立顾客忠诚度最重要的过程，也是顾客关系管理最极致的目标。一对一行销的重点并非市场占有率，而是顾客占有率。市场占有率是以产品为核心，希望将同一种产品卖给市场上更多的顾客。强调顾客占有率的一对一行销，则是要把更多的产品或服务设法卖给同一个顾客。一对一行销观念中包含几项重点：顾客占有率、顾客保有与开发、重复购买法则、与消费者对话。

12. 大量客制化

大量客制化是相对于工业革命后科学管理提出的大量生产的概念。"大量"常常导致产品的模式化、标准化，"客制化"则往往意味着少量生产。二者通常朝着不同的方向发展，但是在信息时代，企业可以达到大量客制化的要求。消费者经由网际网络下订单，订购自己所需规格的产品，不论是汽车、计算机，还是牛仔裤等都可以经由网络传送到公司，公司自己的工厂甚至远在海外的外包协力厂都可以同步获得订单信息，即刻展开小量多样的弹性生产。消费者既要追求个性化，又不愿意额外支付过高的费用，迫使企业绞尽脑汁，设法以大量生产的成本达成客制化的效果。

13. 消费者教育

消费者教育就是指通过一定的手段，将公司、产品、服务、政策、策略等期望消费者了解的信息传播给消费者，并获得认同的过程。它的好处就是可以创造忠诚客户并使新产品和服务得到比较大的投资回报。但是在操作过程中一定要注意研究和战术的运用，一定不能将它与广告、促销或公共关系活动混为一谈。

14. 支持性价格

在市场上出现价格竞争的时候，我们不要首先想到降低产品价格。我们首先应该分析产生价格波动的根本原因，然后将支持我们的产品价格的有利因素进行重要性排序，通过关键因素分析法来加强我们稳定价格的支撑力。一些常见的价格支撑手段有非直接降价性促销、公共关系活动、品牌建设、新产品研发与替代、增加服务投资等。

3.2 传播学理论

> **牛人课堂**
>
> 让受众参与传播，正是为了让其接受传播，因为人们对于自己亲身参与而形成的观点，要比被动地从别人那里听到的观点，更容易接受。
>
> ——美国学者 巴伦

传播学是研究人类如何运用符号进行社会信息交流的学科。传播作为公共关系活动的主要手段，对于公共关系活动的最终效果具有非常重要的价值。因此，认真理解和把握传播学的基本原理对公共关系人员来讲意义重大。

3.2.1 5W 传播模式

1948 年，美国著名的政治学家哈罗德·拉斯韦尔在《社会传播的结构与功能》一文中，提出了界定传播研究范畴的经典模式——5W 模式。拉斯韦尔把人类传播活动明确概括为由 5 个环节构成的过程，即传播者——谁（who）、传播内容——说了什么（says what）、传播媒介——通过什么渠道（in which channel）、传播的目标受众——对谁（to whom）、传播效果——取得了什么效果（with what effect）。这 5 个要素构成了传播学研究的 5 个基本内容，即控制分析、内容分析、媒介分析、对象分析和效果分析。

拉斯韦尔的 5W 模式是早期传播学的经典理论，奠定了传播学研究的基础，但这一模式将传播过程视为单向直线运动过程，忽视了受众在传播过程中的主动性和"反馈"作用，并未完整地提示现实生活中的传播现象。

3.2.2 香农 – 韦弗的信息论模式

克劳德·香农和沃伦·韦弗于 1949 年在《传播的数学原理》一书中，运用数学原理，提出了关于传播的信息论模式，这种模式是一种单向直线传播模式，它在传播学上具有广泛影响，被称为香农–韦弗模式。该模式是一个由 5 个正面的要素和 1 个负面的要素构成的传播过程，即信源、发射器、信道、接收器、信宿和噪声。信源就是信息的发出者，信道就是信息传递的途径和渠道，发射器和接收器是发收信息的设备，信宿是信息的接收者。信号在信道里传递时会受到干扰，即"噪声"，它是干扰正常传播的因素，结果使信息在传递过程中发生不同程度的偏差。

香农–韦弗模式开拓了传播研究的视野，模式中的"噪声"表明了传播过程的复杂性，过程内外的各种障碍因素会形成对信息的干扰。我们必须重视各种干扰因素的负面影响，提高传播的有效性。但是该模式仍然是一个单向直线运动过程，未能注意到"反馈"这一人类传播活动中极为常见的因素。

3.2.3 施拉姆的双向循环传播模式

美国传播研究的集大成者威尔伯·施拉姆提出了传播的双向循环模式，这一模式引入了反馈机制，把传播理解为一种互动的循环往复的过程。在传播过程中，传播者和接受者都要根据他们的知识和技能进行编码或译码。在反馈过程中，接受者要把自己对信息的解释进行编码后传回给传播者。传播者也必须对反馈信号进行译码。实际上，在这种情况下，接受者变成传播者，而传播者则变成了接受者。施拉姆的双向循环传播模式克服了单向传播模式的缺点，认为信息会产生反馈，并为传播双方所共享，也更强调传受双方的相互转化。它的出现打破了传统的直线单向模式一统天下的局面。但是这一模式也存在缺陷，它未能区分传受双方的地位差别，因为在实际生活中传授双方的地位很少是完全平等的。因此，这个模式虽然能够较好地体现人际传播，尤其是面对面传播的特点，对大众传播过程却不适用，因为大众传播是一种不平衡的非等量的传播。

3.2.4 枪弹论

"枪弹论"又称"注射论"，指新闻宣传作用极大，如同注射器一样，可以将思想、观念、信仰注射入听众、公众的头脑中，从而直接控制他们的行为。"枪弹论"认为，大众传播媒介具有强大威力，所向披靡。它能够影响和改变社会公众的观念，并控制他们的行为。这正如同子弹射向靶子一样，只需要把枪口对准靶子射击，靶子就会应声倒下。"枪弹论"将传播效果绝对化，不分时间、地点、对象、环境，将传媒作用夸大化。

3.2.5　两级传播模式

1940年，美国社会学家拉扎斯菲尔德提出了"两级传播"的假设。他认为，信息往往先从媒介（广播、报刊等）流向一部分意见领袖，然后再由这些意见领袖传递给周围的受众。也就是说，信息传递是按照"媒介—意见领袖"和"意见领袖—受众"这种两级传播模式进行的，媒介的信息大多通过意见领袖的过滤才能影响受众。"意见领袖"又称"舆论指导者"，指社会活动中能有较多机会接触来自各种渠道信息的"消息灵通人士"，或对于某领域有丰富知识与经验的"权威专家"。其态度和意见对其他人影响较大，具有极其重要的作用。

3.2.6　"把关人"理论

"把关人"又称为"守门人"，是传播学四大奠基人之一的库尔特·勒温提出的。勒温认为，在信息流通渠道中存在着一些把关人，只有符合群体规范或把关人价值标准的信息才能进入传播渠道。"把关人"可以是个人，也可以是集体。从整个社会的角度来看，传播媒介是全社会信息流通的"把关人"；从报纸、广播、电视等传统大众媒介来看，在新闻信息的提供、采集、写作、编辑和报道的全过程中存在着许多"把关人"。"把关人"的把关行为可以分为"疏导"与"抑制"，前者指"把关人"准予某些新闻信息流通的行为，后者则指禁止一些新闻信息流通或将其暂时搁置的行为。"把关人"把关的标准主要来自自身原有经验、看法、兴趣等的总和的预存立场，同时，也受到周围环境如上级、同僚以及受众反馈等的影响。

🎙 案例

《人民日报》数字传播"屏"联方舱，助湖北抗击疫情凝心聚力

2020年2月，武汉进入新冠疫情阻击战最要紧的阶段。《人民日报》数字传播启动"心系方舱·阳光行动"计划，在武汉各方舱医院中，50台电子阅报栏建成了"方舱应急广播体系"，让方舱医院内的医患人员得以及时阅读当天的《人民日报》，了解疫情战况。

在全渠道发起的"你好，方舱"活动中，参与者通过扫描活动二维码书写祝福语，隔空向方舱医院战"疫"一线的医患人员传达美好祝福。

在全国楼宇、社区、地铁、客运站等多终端地点，《人民日报》携手"梧桐树计划"战略伙伴征集新冠肺炎援助信息，全方位、全天候、多领域为病患求助提供渠道，解决其燃眉之急。

在人民阅读这一数字平台，《人民日报》推出全场免费阅读，上线防疫知识专题及开展"假期充电指南"知识礼包等系列公益活动，使知识传遍万家、惠及百万读者。在全

国 2 万台《人民日报》电子阅报栏上，《人民日报》制作并投放抗疫宣传海报与主题视频，通过《人民日报》电子阅报栏 LED 屏幕循环播出提醒语，开设"关注疫情最新消息"专题，及时发布最新消息，让信息真正深入人群。

<small>资料来源：搜狐号：有数青年；公益防疫为心，企业责任为首 | 斩获"企业社会责任金奖"，我们值得；2020-12-10；https://www.sohu.com/a/437524057_99976580，引用时有删改。</small>

3.2.7 沉默的螺旋理论

沉默的螺旋描述了这样一个现象：人们在表达自己想法和观点的时候，如果看到自己赞同的观点，并且看到它受到广泛欢迎，就会积极参与进来，这类观点就会被越发大胆地发表和扩散；而发觉某一观点无人或很少有人理会（有时会有群起而攻之的遭遇），即使自己赞同它，也会保持沉默。意见一方的沉默造成意见另一方的增势，如此循环往复，便形成一方的声音越来越强大，另一方越来越沉默下去的螺旋发展过程。

拓展阅读 2021 年上半年微博热搜榜趋势报告

<small>资料来源：新浪网，微博发布《2021 上半年·微博热搜榜趋势报告》，2021-08-24，https://finance.sina.com.cn/tech/2021-08-24/doc-ikqciyzm3296514.shtml?_zbs_baidu_bk。</small>

3.2.8 议题设置理论

议题设置理论的核心思想在于，媒介选择集中的报道对象，以此来制造社会的中心议题，并左右社会舆论的形成，即在大众传播中突出某一事件，多次大量地报道某一事件，就会使社会中的公众突出地议论这一话题。议题设置理论基于以下两个观点：一是各种传播媒介对传播信息具有"过滤作用"。传播媒介对极为浩繁的信息是经过选择后才传达给公众的。只有大众传播媒介着重介绍的某个新闻热点，才有可能成为公众关注的"议题"。二是面对传播过多的信息环境，公众常常感到无所适从。他们需要有人出面对复杂的信息加以整理，指出重点和优先顺序，为他们选出那些值得关心和注意的事件，这正是"把关人"的作用所在。因此，公共关系传播应该高度关注公众的议题和媒介的热点，并据此进行新闻策划，使组织的行为和产品（服务）等成为报道的热点，成为公众关注的热点，成为舆论关注的对象，以取得良好的传播效果。

案例

华南虎事件中的"议题设置"和"沉默的螺旋"

2007 年 10 月 12 日，陕西省安康市镇坪县村民周正龙，称其拍摄到清晰的野生华南虎照片，经陕西省林业厅组织专家鉴定，照片是真实的，从而宣告失踪了 20 多年的野生华南虎重新被发现。这一令人兴奋的好消息被各媒体争相报道。10 月 15 日，网上出现了一个帖子，"陕西华南虎又是假新闻？"，引来了不少对华南虎照片表示质疑的声音，广大网友对照片存在的疑点进行鉴定，得出老虎为真，虎照为假的结论。10 月 16 日，最早认可这些照片并视之为珍宝的陕西省林业厅对于照片"造假说"予以反驳。很快，网络上围绕华南虎照片出现支持虎照为真的"挺虎派"和认为照片为假的"打虎派",展开辩论。几大中文论坛的中心议题几乎都是华南虎照片。网络热议后,引来媒体的广泛关注。最初参与报道的媒体,几乎也是泾渭分明:以《华商报》为代表的陕西当地媒体,多为"拥护者""挺虎派";以广东媒体为代表的外地新闻机构,多为"质疑者""打虎派"。从官方发布信息,到网友提出质疑,再到媒体追问真相,事件走过了最初的"三部曲"。11月16日,攀枝花一位网名叫"攀枝花XYDZ"的网友称,"华南虎"出自他挂在自家墙上的老虎年画。年画虎被发现后,全国的媒体报道与评论掀起了一个新的高潮,大量主流媒体评论:"华南虎事件"让谁蒙羞;"华南虎事件"是时候翻底牌了;华南虎事件,怎样才是对全国人民负责?一切造假者都是纸老虎!进而有媒体分析指出华南虎事件背后暗藏的利益诉求:镇坪县想借虎势、虎威开发旅游资源。后来华南虎事件的处理结果并未明朗化,至今仍有学者要求对此事展开彻查,以将真相告知天下。

资料来源:曾卫伟.网络传播中的"议题设置"和"沉默的螺旋"理论:以华南虎事件为例[EB/OL].(2008-09-14)[2022-06-01].http://www.chuanmeiren.cn/article-10-354-1.htm。

讨论:1. 为什么如此强大的议题设置和舆论攻势没有成功?
 2. 网络时代,传统的"议题设置"和"沉默的螺旋"理论将受到怎样的挑战?

3.2.9 培养理论

美国传播学教授乔治·格伯纳提出的培养理论,又叫"培养分析"或"教化分析",它是一种关于大众传播的潜移默化的效果理论。培养理论认为,在现代社会里,大众传媒对受众的影响不是短期的、显现的,而是一个长期的、潜移默化的过程,这个过程对受众起到一种实际的"培养"作用。从这个意义上讲,大众传媒业是维护现存制度的"文化武器"。因此,大众传媒在形成社会的"共识"方面,已远远超越了传统社会教育和宗教的作用。

案例

"太空出差三人组"与香港青年进行天地连线,启发香港年轻一代的航天梦

2021年9月3日,"时代精神耀香江"之仰望星空话天宫——中国空间站系统建设座谈会在北京和香港两地成功举办。早在座谈会还没开始前,香港地区就收集到了中小学生向航天员提出的多达1 000条问题,如"在空间站怎么开展实验?""航天员在太空上能进行锻炼吗?""太空舱里有哪些锻炼项目?""航天员在太空喝的水是从哪里来的?""航天员出舱后能看到香港吗?""在太空看到的星星和地面一样吗?"面对香港青少年代表抛出的一系列有趣问题,三名国家航天员聂海胜、刘伯明、汤洪波直夸问得好,并在天宫空间站上通过实时连线一一作答。

航天员们就像是太空舱里好客的主人在介绍自己的家一样。刘伯明为大家详细展示了空间站的功能分区和日常运作流程。除了此次与香港的视频连线,航天员还能在空间站内收看《新闻联播》、看奥运会等,享受地球人的"福利"。太空餐厅和厨房储放着月饼、饼干、坚果、巧克力、酸奶、苹果等食品,保证航天员的能量供给。整场对话持续了将近两个小时，学生们满怀好奇心地发问，航天员晒全家福、骑单车、打太极拳、演示喝水……航天员的讲解风趣幽默，与会嘉宾的笑容热情洋溢，座谈会现场掌声不断、其乐融融。

资料来源：百度百家号：澎湃新闻；天地连线："太空出差三人组"揭秘日常生活，香港学生直呼神奇；2021-09-03；https://baijiahao.baidu.com/s?id=1709887396908404162&wfr=spider&for=pc，引用时有删改。

拓展阅读 中国航天的逐梦之路

资料来源：百度百家号：鹿鸣新闻，"感动中国2021"中国航天的逐梦之路，2022-05-31，https://baijiahao.baidu.com/s?id=1734302735997041961&wfr=spider&for=pc。

3.3 心理学理论

> **牛人课堂**
>
> 模仿是最基本的社会关系，社会是由相互模仿的个人组成的群体，每一种人的行动都在重复某种东西。因此，大众更容易"种草"网红产品，它们是拥有各种背书，经过验证和拥有良好口碑的绝佳模仿对象。
>
> ——法国社会心理学家 加布里埃尔·塔尔德

心理学是一门研究人类及动物的心理现象、精神功能和行为的科学，心理学研究涉及知觉、认知、情绪、人格、行为和人际关系等许多领域。公众心理是指在公共关系情境中，公众受组织行为的影响和大众影响方式的作用所形成的心理现象和心理变化规律。公众心理是公共关系活动的承受者对主体行为的感知与反映，它是组织调整自身行为以塑造良好形象的根据，要想获得公众的理解与认同必须把握公众的心理及其规律。

3.3.1 需求层次理论

亚伯拉罕·马斯洛是一位人道主义心理学家，他提出了人类需要的五层次理论，它们依次是生理需要、安全需要、社交需要、自尊需要和自我实现的需要。从激励的角度来看，马斯洛认为，需要层次中只有较低层次的需要得到满足之后，下一层次的需要才会被激发。而且，某种需要被充分满足后，它就不再对行为产生激励作用。

3.3.2 受众选择"3S"理论

经过长期的观察和研究，传播学者发现受传者在接触媒介和接收信息时有很大的选择性，这就是受众心理的自我选择过程。受众并不是不加区别地对待任何媒介内容，而是更倾向于那些与自己固有的立场和态度一致或接近的信息；选择性接收的结果往往进一步强化了受众固有的立场和态度，而不是导致它的改变。这个选择过程表现为三种现象：选择性注意（selective attention）、选择性理解（selective understanding）和选择性记忆（selective memory），简称"3S"。

第一，选择性注意。选择性注意就是指在信息接收过程中，受众的感觉器官虽然受到诸多信息的刺激，但是他们不可能对所有信息的刺激都做出反应，只能是有选择地加以注意的心理状态。

第二，选择性理解。选择性理解是指不同的人对同一信息会做出不同意义的解释和理解，是受众心理选择过程的第二个环节，也就是消费者接收信息传递的第二关。

第三，选择性记忆。人们往往只记住对自己有利的信息，或只记自己愿意记的信息，而其余信息往往被忘却。这种记忆上的取舍，就叫选择性记忆。

以上三个环节可以看成受众心理的三层"防卫图"。信息如果不合乎受众的个人需求，则被挡在"防卫图"之外。因此，对于传播者来说，要特别注意受众这种选择行为的特征，了解其内在联系，才能真正实现预期的传播效果。

3.3.3 公众心理效应

公众心理效应是指在一定社会条件下，由于人与环境的相互作用而产生的公众对某一对象共同的心理准备状态与一致的行为倾向。它是在具体事件中表现出来的，主要反映当事人个体的心理趋向。公众心理效应一旦形成，就对公众以后的感知、记忆、思维、情感等心理活动及行为活动起着正向的或反向的推动作用。常见的公众心理效应有以下几个。

💡 **案例**

暨大、广大开学就从线下拼到线上？

2021年9月12日上午，广州大学城的学生们突然发现附近商场外墙的大屏幕上出现了落款"暨大播音系苏神"的暨南大学（简称暨大）学生，以互联网流行的"凡尔赛体"留言："不是吧，不是吧？你们大学一个能跑（赢我们32岁男老师）的都没有？"很快又有同学发现广州大学（简称广大）做出回应："不是吧，不是吧？你们大学连一个能熬到午夜的图书馆都没有？？"落款则是"广大美术系书神"。相关大屏喊话照片迅速在广州各大高校的微信群和朋友圈扩散，大学生们纷纷好奇：究竟谁是"播音系苏神"和"美术系书神"？他们在开学之初就在大屏幕上"斗嘴"又是为什么？大家还没有猜出端倪，这高校喊话比拼很快又在互联网上升级了。

在大屏喊话的第二天，广州大学广播台官方微博账号带话题"人类高质量大学"发布了一条原创的说唱视频，说唱改编自近期在各视频平台流行的歌曲《Restart》，歌词则尽数广州大学让学生骄傲的优势："最大的单体图书馆/沉浸式学习不会迟到……云山珠水/一塔湖图/多少好的学生/全都去……"微博文案还邀请暨南大学"今晚8点荔枝直播见！"暨南大学官博则应约并回复对方"今晚8点见"。说唱视频短短数小时便收获超过25万次的播放，不但引来暨大和广大的学生、校友支持各自母校，还有不少网友表示羡慕："我酸了！今天又是羡慕别人家学校的一天！"也有网友对直播很期待："看完视频，还想听在线'凡尔赛'！"

9月13日晚上8点，两位主导了这次高校比拼的同学，将现身荔枝播客，展开一场《人类高质量大学生在线凡尔赛》的语音直播，从学生角度出发，用"凡尔赛"的形式介绍各自校园的优点。听众还有机会上麦，为自己的大学"凡尔赛"一把。

资料来源：艾媒网；暨大、广大开学就从线下拼到线上？今晚在荔枝播客见分晓；2021-09-13；https://www.iimedia.cn/c1040/80935.html，引用时有删改。

1. 首因效应

首因效应就是说人们根据最初获得的信息所形成的印象不易改变，甚至会左右对后来获得的新信息的解释。首因效应体现在先入为主上，这种先入为主给人带来的第一印象是鲜明的、强烈的、过目难忘的。

2. 近因效应

近因效应是指在人际沟通过程中，知觉对象最近给人留下的印象。近因效应指的是某人或某事的近期表现在我们的头脑中占据优势，从而改变了我们对该人或该事的一贯看法。

3. 光环效应

光环效应又称晕轮效应，指对他人知觉的一种偏差倾向，当我们对一个人的某些主要品质有过良好的印象之后，就会认为这个人的一切都良好，这个人就被一种积极的光环笼罩；反之，这个人则被赋予其他不好的品质。

案例

消费者对鸿星尔克的野蛮消费

2021年7月，鸿星尔克火遍网络，获得了品牌梦寐以求的高流量与高关注度，并形成了被网友称为"野性消费"的购买潮，而鸿星尔克也成为各大社交媒体、自媒体平台争相追捧的对象。整个事件的起因，是鸿星尔克在网络上公布捐赠5 000万元物资，驰援河南灾区，而被网友关注推上了热搜。在大多数人看来，鸿星尔克已经很久不在网络上露面，让人有一种经营困难的错觉，即网友将鸿星尔克的品牌放在了弱势地位，因此，其面对灾情仗义疏财的举动感动了不少网友，并在大众心目中达成了共识：中国人爱中国人。于是，大众的社会责任感、爱国热情等多种情绪被点燃，这也让用户情绪在潜移默化中转换成了消费动力，因而挤爆了鸿星尔克的直播间。随后几天，网友纷纷在网络上晒起了自己的抢购情况，并以购买到鸿星尔克的产品为荣，虽然在电商平台上鸿星尔克可能因为延迟发货受到了处罚，不少网友却表示"买的人都不着急，平台急什么"。原本被迫转型的鸿星尔克，在一些同行看来已经不构成威胁的情况下，此次在众多捐款的企业中被网友强势追捧，成功清理了库存，摇身一变增加了品牌的竞争力与知名度，甚至在人气上压过了一些头部品牌。

资料来源：贤集网；鸿星尔克一夜爆红，凭什么？年轻人是如何野性消费的；2021-07-27；https://www.xianjichina.com/news/details_275992.html，引用时有删改。

4. 刻板效应

刻板效应是指人们头脑中存在关于某一类人的固定印象的心理现象。社会心理学把那种用老眼光看人造成的影响称为刻板效应。

5. 从众效应

从众效应是指在群体作用下，个人调整与改变自己，使自己变得与其他人更相似。

6. 暗示效应

暗示效应是指在无对抗的条件下，用含蓄、抽象、诱导的间接方法对人们的心理和行为产生影响，从而诱导人们按照一定的方式去行动或接受一定的意见，使其思想、行为与暗示者期望的目标相符合。

7. 名人效应

由于接受名人的暗示所产生的信服和盲从现象被称为名人效应。

8. 角色效应

在现实生活中，人们以不同的社会角色参加活动，这种因角色不同而引起的心理或行为变化被称为角色效应。

案例

"新疆棉花"事件发酵，多个国际大牌遭到抵制

2021年3月，"新疆棉花"事件不断发酵，在H&M受到消费者抵制之后，包括阿迪达斯、耐克等多个国际大牌被网友发现曾经发表诋毁新疆棉花的言论，引发众怒。可以注意到，这些品牌的言论全部基于一个叫BCI的组织的判断。BCI全称The Better Cotton Initiative（良好棉花发展协会），是一个2009年于瑞士成立的非政府组织，自诩是世界上最大的棉花可持续发展非营利组织。截至2019年年底的数据显示，经过BCI认证的"良好棉花"占到了全世界棉花产量的1/5。2020年10月21日，BCI曾经发表一则新闻稿，宣称中国新疆地区存在"强制劳动"和其他"侵犯人权"的现象。

随着事件的持续发酵，央视主播发声"为新疆代言"，《人民日报》发布话题"我支持新疆棉花"，60多位明星发声支持新疆棉花。同时，多位明星工作室发布声明解除与耐克等品牌的合作。3月24日晚间，安踏发表声明称，注意到近日BCI发表的声明，并对此事严重关切，安踏正在启动相关程序，退出该组织。同时，安踏表示一直采购和使用中国棉产区出产的棉花，包括新疆棉花，在未来也将继续采购和使用中国棉花。随后有网友发现，国货品牌李宁一直都把"采用新疆优质长绒棉"写在标签上。李宁一时间大受好评，获得了消费者的支持。

资料来源：搜狐网；亿欧；新疆棉事件发酵，阿迪、耐克等多个国际大牌遭到抵制；2021-03-25；https://www.sohu.com/a/457312706_115035，引用时有删改。

9. 奖惩效应

奖励和惩罚是对学生行为的外部强化或弱化的手段，它通过影响学生的自身评价，对学生的心理产生重大影响。由奖惩所带来的行为的强化或弱化，就叫作奖惩效应。

10. 皮格马利翁效应

人们把教师通过对学生心理的潜移默化的影响，而使学生取得教师所期望的进步的现象，称为皮格马利翁效应。

11. 门槛效应
心理学家查尔迪尼在替慈善机构募捐时，仅仅附加了一句话"哪怕一分钱也好"，就多募捐到一倍的钱物，这就是著名的门槛效应。这一效应的基本内容就是由低要求开始，逐渐提出更高的要求。

12. 拆屋效应
先提出很高的要求，接着提出较低、较少的要求，在心理学上被称为拆屋效应。

13. 链状效应
有一句俗话是"近朱者赤，近墨者黑"，在心理学上这种现象被称为链状效应，它是指人在成长过程中的相互影响作用。

14. 花盆效应
花盆效应又称局部生境效应。花盆是一个半人工、半自然的小生境。一方面，它在空间上有很大的局限性；另一方面，由于人为地创造出非常适宜的环境条件，因此在一段时间内，作物和花卉可以长得很好，但一离开人的精心照料，它就经不起温度的变化，更经不起风吹雨打。

15. 蝴蝶效应
蝴蝶效应是指在一个动力系统中，初始条件下微小的变化能带动整个系统长期的、巨大的连锁反应。一个坏的微小机制，如果不及时加以引导、调节，会给社会带来非常大的危害；一个好的微小机制，只要正确指引，经过一段时间的努力，将会产生轰动效应，或称为"革命"。

16. 手表效应
一个人如果只有一块手表，他知道现在几点了。如果有两块手表，他往往不知道现在几点了，也就是说，他无法知道哪一块手表更为精确，于是他也就无法确定精确的时间。

17. 禁果效应
"禁果"一词的来源：夏娃被神秘的智慧树上的禁果吸引，偷吃禁果而被贬到人间。这种"禁果"所引起的逆反心理现象被称为禁果效应。

18. 超限效应
刺激过多、过强或作用时间过久，会引起极不耐烦或逆反的心理现象，这在心理学上被称为超限效应。

19. 责任分散效应
责任分散效应也称为旁观者效应，是指对某一件事来说，如果是单个个体被要求单独完成任务，责任感就会很强，会做出积极的反应，但如果是要求一个群体共同完成任务，群体中的每个个体的责任感就会很弱，面对困难或遇到责任往往会退缩。因为前者独立承担责任，后者期望别人多承担一点责任。责任分散的实质就是虽然人多但没有人负责，责任不落实。

20. 配套效应
配套效应指人们在拥有了一件新的物品后不断配置与其相适应的物品，以达到心理平衡的现象。

21. 马太效应

《圣经》中,"马太福音"第二十五章有这么几句话:"凡有的,还要加给他叫他多余。没有的,连他所有的也要夺过来。"1968 年,美国科学史研究者罗伯特·莫顿用这几句话来概括一种社会心理现象:"对已有相当声誉的科学家做出的科学贡献给予的荣誉越来越多,而对于那些未出名的科学家则不承认他们的成绩。"莫顿将这种社会心理现象命名为"马太效应"。

22. 詹森效应

有一名运动员叫詹森,他平时训练有素,实力过人,但在体育赛场上连连失利。人们借此把那种平时表现良好,但由于缺乏应有的心理素质而在竞技场上失败的现象称为詹森效应。

23. 鲇鱼效应

沙丁鱼捕捞后如果没有刺激和活动,很快就会死去。挪威渔民每次从海上归来,为了不使鱼在途中死去,都在鱼舱里放几条鲇鱼,以挑起它们与沙丁鱼之间的摩擦和争端,使大量沙丁鱼在紧张中不停地游动,其结果是不但避免了沙丁鱼因窒息而死亡,而且能保证它们一条条活蹦乱跳地抵达港口。这种现象后来被人们称为鲇鱼效应。

24. 瓶颈效应

瓶颈效应反映的是一定社会心理过程中各个因素、环节的相互关系。社会角色扮演者在进行某项创造活动时,或在从事某一学习、工作和生活的角色行为时,要求与之相关的各因素、环节配合与协调并进,如果其中某一因素或环节跟不上,就会成为"瓶颈",影响整个活动或某一行为的正常进行。

3.4 营销学理论

> **牛人课堂**
>
> 营销 4.0,以数字化(大数据、社群等)为基础,企业将营销的中心转移到如何与消费者积极互动,尊重消费者作为"主体"的价值观,让消费者更多参与价值创造。
>
> ——现代营销学之父 菲利普·科特勒

作为重要的营销工具,公共关系活动在市场营销行为中的参与程度较深,在市场营销活动中发挥着重要作用。因此,营销学的基本原理和公共关系理论之间也存在着非常重要的互相补充的关系。

3.4.1 从 4P、4C 到 4R

1. 4P 营销理论

4P 营销理论是由美国营销学家麦卡锡在 1960 年提出的,这是营销理论中占重要地位的概念,由此确定了营销的 4 个组合因素,即产品(product)、价格(price)、渠道(place)和促销(promotion)。这 4 个因素的英文单词都以 P 打头,所以习惯称其为 4P。4P 营销理论作为营销教育和实践的重要基石,其地位的稳定长达 20 多年。

2. 4C 营销理论

1990 年,美国学者劳特朋教授从消费者角度出发,提出了与传统营销的 4P 营销理论相对应的 4C 营销理论,即消费者的需求与欲望(customer's needs and wants)、消费者愿意付出的成本(cost)、购买商品的便利(convenience)和沟通(communication)。在 4C 营销理论的指导下,越来越多的企业更加关注市场和消费者,试图与消费者建立一种更为密切和更富有动态的关系。这一理论强调,企业必须首先了解和研究消费者,然后根据消费者的需求来提供产品。

3. 4R 营销理论

4R 营销理论是由美国整合营销传播理论的鼻祖舒尔茨在 4C 营销理论的基础上提出的新营销理论。4R 分别指关联(relevance)、反应(reaction)、关系(relationship)和回报(reward)。该营销理论认为,随着市场的发展,企业需要从更高层次上,以更有效的方式在企业与顾客之间建立起有别于传统的新型的主动性关系。企业必须通过某些有效的方式在业务、需求等方面与顾客建立关联,形成一种互助、互求、互需的关系,把顾客与企业联系在一起,减少顾客的流失,以此来提高顾客的忠诚度,赢得长期而稳定的市场。4R 营销理论的最大特点是以竞争为导向,着眼于企业与顾客的互动和双赢,在新的层次上概括了营销的新框架。

3.4.2 大市场营销理论

在 20 世纪 80 年代,美国著名的市场营销学家菲利普·科特勒教授创立了"大市场营销理论",先后提出了 6P 营销理论和 11P 营销理论。

1. 6P 营销理论

6P 营销理论与 4P 营销理论的不同在于加上的两个"P":权力(power)和公共关系(public relations)。科特勒认为,企业能够而且应当影响自己所在的营销环境,而不应单纯地顺从和适应环境。在国际和国内的市场竞争都日趋激烈,各种形式的政府干预和贸易保护主义再度兴起的新形势下,要运用政治力量和公共关系打破国际或国内市场上的贸易壁垒,为企业的市场营销开辟道路。同时他还发明了一个新的单词"mega marketing"(大市场营销),来表示这种新的营销视角和战略思想。

2. 11P 营销理论

1986 年 6 月,菲利普·科特勒教授又提出了 11P 营销理论,即在 6P 之外加上调研(probe)、区隔(partition)、优先(priorition)、定位(position)和员工(people),并将产品、价格、渠道、促销称为战术 4P,将调研、区隔、优先、定位称为战略 4P。该理论认为,企业在战术 4P 和战略 4P 的支撑下,运用员工和公共关系这 2P,可以排除通往目标市场的各种障碍。

3.4.3 关系营销理论

1985年,美国著名营销学专家巴巴拉·本德·杰克逊提出了关系营销的概念,使人们对市场营销理论的研究又迈上了一个新的台阶。关系营销理论一经提出,迅速风靡全球。所谓关系营销,是把营销活动看成一个企业与消费者、供应商、分销商、竞争者、政府机构及其他公众发生互动作用的过程,其核心是建立和发展与这些公众的良好关系。

3.4.4 整合营销传播理论

20世纪末,在广告界和营销界流行整合营销传播,即IMC,IMC是英文integrated marketing communication的缩写。目前对它的中文表达不完全一致,但就其主要含义而言,采用"整合营销传播"这一表述更贴切。在国际上IMC已成为进入21世纪以来的大趋势,正如该理论的倡导者舒尔茨教授的代表作《整合营销传播:创造企业价值的五大关键步骤》一书的副标题所示,IMC是"21世纪企业决胜之关键"。整合营销传播,即以消费者为核心,综合运用各种手段来传递"一个声音",以求给消费者传递统一而清晰的信息,从而实现自己的传播目的。这里的各种传播手段,常用的主要是新闻、广告、公共关系活动、促销等,整合营销传播是一个系统工程,追求 1 + 1 > 2 的效果。

1. 以消费者为核心

在整合营销传播中,消费者处于中心地位。一方面,唯有消费者才是组织生存的根本,一切传播活动必须围绕消费者而展开;另一方面,消费者在处理组织所传递的信息时有很大的主动权。如果哪些信息与已有的信息不相关或是互相冲突,那么他会拒绝这些信息,从而造成传播的失败。因此,传播者必须了解消费者,或是让消费者对传播者的信息有所了解。

2. 以资料库为基础

整合营销传播是公共关系调研与信息管理在营销领域的延伸,有赖于组织在长期的营销过程中所建立的资料库。消费者的方方面面,包括人口统计特征、心理统计特征、购买历史、购买行为、使用行为和习惯等,都是整合营销传播的基础。建立资料库之后,还必须不断地分析流入和持续加强的信息,从消费者的反应中分析走向、趋势变化和消费者的关心点。

3. 以建立消费者和品牌之间的关系为目的

整合营销传播的一个核心是培养真正的"消费者价值",与那些最有价值的消费者保持长久的紧密联系。这意味着从消费者第一次接触品牌到品牌不能再为其服务为止,组织都必须整合运用各种传播手段,使其与品牌的关系越来越密切,从而互相获利。

4. 以"一种声音"为内在支持点

现在的组织能在相当程度上控制消费者对其产品信息的接触。组织可能通过付费和非付费的媒介来控制信息的流动。随着信息的大量增加,消费者获得产品和服务信息的机会也更多,接下来的趋势就越来越明显,消费者因自身的需求主动接触信息,而不是经过现行的由组织主导和控制的信息流通系统。因此,组织不管用什么媒介,其中的产品或服务的信息一定要清楚一致。如果经过多样的媒介传递的信息相互矛盾,就很可能会被消费者忽视。

5. 以各种传播媒介的整合运用为手段

消费者可以通过各种接触方式获得信息，即通过各种各样的媒体接收各种形式、不同来源、种类各异的信息。这些信息只有保持"一种声音"才能发挥最大的作用。

整合营销传播与传统的营销传播运作模式不同，我们清楚地发现，整合营销传播是以整合、优化、合力、一致性和完整性等为优点，综合、协调地使用各种形式的传播方式，传递本质上一致的信息，以达到宣传目的的一种营销手段。我们可以将这一新鲜的理论应用到公共关系的实际工作中，以实现组织树立良好形象的传播目标。

📖 **拓展阅读** 营销进化论，从整合营销到全链路营销

资料来源：新媒体之家，营销进化论：从整合营销到全链路营销，2020-12-3，https://www.cnwebe.com/articles/161254.html。

本章小结

与公共关系存在密切关联的营销学、传播学、心理学、管理学以及社会学等学科的基本原理，共同形成了公共关系的理论体系。公关活动作为组织众多的管理活动之一，必须严格以科学的管理理论和管理方法进行。本书介绍了一些经典管理理论和当代管理新理论。经典管理理论介绍了人性假设理论、期望理论和公平理论。当代管理新理论介绍了企业文化、学习型组织、核心竞争力、战略联盟、创新和柔性管理。传播作为公共关系活动的主要手段，对公关活动的最终效果起到关键作用。传播学的基本原理主要介绍了5W传播模式、香农–韦弗的信息论模式、施拉姆的双向循环传播模式、"枪弹论"、两级传播模式、"把关人"理论、沉默的螺旋理论、议题设置理论和培养理论的基本观点。要想获得公众的理解与认同，必须把握公众的心理及其规律，心理学理论主要介绍了需求层次理论、受众选择"3S"理论和公众心理效应。作为重要的营销工具，公共关系活动在市场营销行为中的参与程度较深。营销学理论主要介绍了4P营销理论、4C营销理论、4R营销理论、大市场营销理论、关系营销理论和整合营销传播理论的基本观点。

热词加油站

鸿沟理论

鸿沟理论是指高科技产品在市场营销过程中遭遇的最大阻碍——高科技企业的早期市场和主流市场间存在着一条巨大的"鸿沟"，能否顺利跨越鸿沟，进入主流市场并赢得实用主义者的支持，决定了一项高科技产品的成败。

破坏性创新

破坏性创新是指推出非连续性创新的功能。破坏性创新中的"破坏"，是指资源较少、规模较小的公司，成功挑战行业中成熟的企业。具备破坏力的后起之秀，倾向于瞄准被巨头忽略的市场，利用低价格、高性能的产品取得立身之地，蛰伏静待反击。

混搭创新

混搭是指将不同品牌的功能和价值主张混合成新的组合。越来越多的消费者倾向于尝

试不同风味混搭、小众猎奇的产品。在这里，"混搭"是指将不同的原材料、功能、产品、价值主张等进行混合创新，跨界融合。

文化资本渗透

文化资本渗透是指企业或品牌将上层社会的品位和理念，以更加标准化的形式逐步渗透至更为广泛，人数众多的中下层群体。

社会断裂

每一次重大的历史更迭演变及社会结构的调整变化，都会使现有品牌和产品所提供的文化意义与表述形式被彻底重塑，这就是"社会断裂"。这一现象的发生可以归类为四种影响因素：一是人口变迁，二是经济发展，三是社会运动，四是大众传媒。社会断裂中断了消费者与传统品牌之间的既有连接，消费者急需新的文化表述来展现自我价值，新的商机也在这类时刻顺势崛起。

口红效应

口红效应是指因经济萧条而导致口红热卖的一种有趣的经济现象，也叫"低价产品偏爱趋势"。

巴纳姆效应

巴纳姆效应是指人很容易相信一个笼统的、一般性的人格描述，认为它特别适合自己并准确地揭示了自己的人格特点，即使内容空洞。

宜家效应

它是指消费者对于自己投入劳动、情感而创造的物品的价值产生高估的价值判断偏差现象。消费者对于一个物品付出的劳动（情感）越多，就越容易高估该物品的价值。

幸存者偏差

它是指当取得资讯的渠道仅来自幸存者时，此资讯可能会与实际情况存在偏差。

● 思考讨论

1. "学会做事，首先要学会做人"与松下幸之助"制造松下产品，先制造松下人"的思想有什么异同？
2. 营销纯粹是一个市场问题吗？为什么？
3. 如何看待经济危机时期公共关系的作用大于广告？
4. 新媒体时代营销传播正在发生哪些变化？这些变化对公共关系实践的影响有哪些？
5. 海尔集团里有这样一句话："企业文化不是一个企业搞得很好的时候，或到一定的高度才要搞的一种奢侈品，而是每个企业都应该搞的必需品。"到底什么是企业文化？企业文化是怎样形成的？请谈谈你的理解。

● 能力实训

王中是一个冷冻食品厂的厂长。该厂专门生产一种奶油特别多的冰激凌。在过去的4年中，冰激凌每年的销量都稳步递增。但是，今年的情况发生了较大的变化，截至8月，累计销量比去年同期下降17%，生产量比计划少15%，员工缺勤率比去年高20%，迟到早退现象也有所增加。王中认为这种情况的发生很可能与管理有关，但他不能确定出现这些问题的原因，也不知道应该怎样去改变这种情境。他决定去请教管理专家。假如你们分别是王中请教的具有科学管理思想、行为管理思想、学习型组织思想的三位专家，你们将如何诊断这一管理问题？该企业的问题出在哪里？如何解决？

社会热题大讨论

课外导读

[1] 福加斯. 社会交际心理学：人际行为研究 [M]. 张保生，李晖，樊传明，译. 北京：中国人民大学出版社，2012.

[2] 科特勒，卡塔加雅，塞蒂亚万. 营销革命3.0：从产品到顾客，再到人文精神 [M]. 毕崇毅，译. 北京：机械工业出版社，2011.

[3] 舒尔茨D，舒尔茨H. 整合营销传播：创造企业价值的五大关键步骤 [M]. 王茁，顾洁，译. 北京：清华大学出版社，2013.

[4] 陆和平. 赢得客户的心：中国式关系营销 [M]. 北京：企业管理出版社，2010.

[5] 张云. 公关心理学 [M]. 4版. 上海：复旦大学出版社，2010.

[6] 小约翰. 传播理论 [M]. 陈德民，叶晓辉，译. 北京：中国社会科学出版社，1999.

[7] 德鲁克. 德鲁克管理思想精要 [M]. 李维安，王世权，刘金岩，译. 北京：机械工业出版社，2007.

[8]《哈佛商业评论》增刊，《打造竞争对手难以复制的商业模式》. 杭州：浙江出版集团数字传媒有限公司，2017.

[9] "变革三部曲"系列图书，包括《工业4.0大革命》《跨界战争》《时代之巅》，作者水木然.

第 4 章　公共关系的主体：社会组织
第 5 章　公共关系的客体：公众
第 6 章　公共关系的互动过程

第 2 篇

基本要素篇

第 4 章

公共关系的主体：社会组织

学习目标

掌握：掌握公共关系公司、公共关系部的职能与优缺点。
理解：社会组织的基本内容。
了解：公共关系人员应具备的各种素质。

引 例

敲门服务队

浙江省庆元县有许多独居老人和留守儿童。为解决"空心村"留守老人与儿童生活困难问题，近些年来，庆元县组建了"敲门服务队"。每支服务队由 3～5 名中共党员和有一技之长的热心志愿者组成，定时上门看望独居老人、留守儿童，通过开展"敲门服务""跑腿服务""代办服务"等，为群众提供即时服务。

敲门服务队带上螺丝刀、电灯泡、急救包等服务工具，敲开百姓的门，为群众提供修理家电、打扫房间等敲门服务。另外，针对留守村民购买生活用品不方便及农产品滞销问题，他们主动开展跑腿代买代卖服务。比如，"跑腿郎"为留守群众代买生活日用品，代卖土鸡、土鸭等特色农产品；"采茶郎"深入各村茶厂，帮助采摘茶叶，有效缓解劳动力短缺难题。他们还建立"周末代办"机制，利用党员干部的周末时间帮助群众代办业务。外出群众在工作日通过电话、微信等方式，讲清自己所需代办的业务，并预约党员干部的服务。代办党员上门取"件"，次周周一带回乡镇办理，并于次周周末送至群众手中。

到 2021 年 8 月，"敲门服务队"已完全覆盖该县 102 个"空心村"，为群众服务达

3 000 余次，解决实际问题 1 800 余个，上门代办事项 900 余项。

资料来源：搜狐网：时政评弹，"敲门服务队"敲出服务新境界，2021-08-25，https://www.sohu.com/a/485495488_208629，引用时有删改。

4.1 公共关系的主体

> **牛人课堂**
>
> 一个向上的品牌，一定是坚守核心价值观，努力承担社会责任，创造社会价值的品牌。
>
> ——17PR 创始人　银小冬

公共关系是社会组织与公众之间相互作用的关系，而不是个人行为。在这样的关系中，组织是相互作用的积极一方，是公共关系工作中的主体，它们是公共关系活动的实施者和承担者。

4.1.1 社会组织的含义

社会组织是人类社会中的一种群体形式，是在共同目标的基础上，按照一定的方式相互合作结成有机整体，并与公众发生密切关系的社会机构。它包括社会上存在的各类工商企业，政治机构，教育、医疗等事业单位及各种民众团体等。每一个社会组织都处在一定的社会环境中，为了完成自己的任务，实现自己的宗旨，它需要不断地优化环境，努力去营造一个有利于自己生存、发展的最佳环境。但是，社会组织在运行的过程中必然会涉及诸多方面的因素，这就要求必须处理好组织与各类公众的关系，争取社会的理解、信任和支持。

4.1.2 社会组织的划分

在现实生活中，社会组织的数量众多、形式多样，缺乏统一的分类标准。国内外学者提出了多种分类方法，从不同角度对社会组织进行了分类和阐释。比较权威的分类方法是按照社会生活的基本领域来划分，把社会组织分为经济组织、政治组织、文化组织、群众组织和宗教组织五大类型。

1. 经济组织

经济组织以实现所有者和经营者的经济利益为目标，包括工商企业、营利性的服务组织等，是人类社会最基本的社会组织，担负着向人们提供衣食住行和文化娱乐等物质生活资料的任务，履行社会的经济功能。经济组织所承担的公共关系任务就是树立一个良好的生产经营者形象，争取各类公众的认同和支持，以增强自己的竞争能力。目前，经济组织是公共关系运用最多、最充分且受益最大、最明显的群体。

2. 政治组织

政治组织包括政党组织、国家政权组织、各种军事组织和国家司法机关等。其特点是具有各种政治职能,代表着占统治地位的阶级的利益,组织社会的经济文化建设,保卫国家政权,处理与他国的关系。政治组织所面对的公众比其他任何组织都要广泛得多,它所要履行的公共关系任务是力争树立一个良好的领导者、管理者、保卫者和服务者的形象,以便得到公众的拥护和支持。

案例

深圳市公安局宣传处更名为警察公共关系处

广东省深圳市公安局宣传处于 2010 年 8 月 5 日正式更名为警察公共关系处。深圳市公安局在其官网上表示,宣传处更名为警察公共关系处,标志着深圳警队从传统公安宣传工作模式到现代警察公共关系建设的全面转变。具体而言,是要实现理念的转变、机制的转变、工作模式的转变,从以往单向的宣传向积极与市民进行双向互动、沟通交流转变,向信息公开、建设和谐警民关系方向转变。警察公共关系处在原有职能的基础上,增加了警察公共关系建设、舆情处置及构建警民和谐关系三项职能,负责策划、组织、指导、协调全局的警察公共关系建设,指导全局警察公共关系联络员队伍开展工作;负责公安机关与相关政府部门、人大、政协、社会组织、群众团体联络,拓展沟通交流平台,积极构建和谐警民关系;组织、协调、指导和管理全市公安机关的新闻发布工作,与各级媒体建立畅通的沟通渠道;完善网络发言人机制,通过现代网络传播手段拓展网络沟通平台;组织、指导全市公安机关开展警营文化建设等工作。

香港是全世界最早拥有警方公共关系机构的城市。香港警务处警察公共关系科(2022 年 8 月升格为公共关系部)下辖"社区关系科"与"新闻及宣传科",负责整合对外发布信息、宣传、沟通等功能,24 小时为本地和境外传媒提供服务。2003 年 4 月,武汉率先试水,成立了内地公安机关的首个公共关系处。2010 年 7 月,北京市公安局"公共关系领导小组办公室"正式揭牌,这是内地第一个省级公安机关的公共关系部门。

资料来源:新浪财经,深圳市公安局宣传处正式更名为警察公共关系处,2010-08-05,http://finance.sina.com.cn/roll/20100805/17298430582.shtml?qq-pf-to=pcqq.c2c。

讨论:谈谈各类政治组织公关意识的转变。

3. 文化组织

文化组织是以满足人们的各种文化需求为目的,以从事文化活动为其基本内容的社会团体,如文化艺术团体、各类学校、科研团体等,它履行着文化教育的功能。其公共关系的任务是宣传、塑造优秀的精神文明建设者和文化教育事业服务者的形象,争取社会众多公众的关心、支持和参与。

案例

三亚学院 5 000 名师生同框拍摄国内最大规模毕业照

2017 年 6 月 6 日,三亚学院举行 2017 届毕业典礼,全体毕业生集体拍摄的全景毕业照热辣"出炉",整张相片洗印出来将近 10 米长,近 5 000 名毕业生的"同框合影"不仅是海南高校首创，同时也成为当时国内高校参与人数最多、规模最大的毕业照。

三亚学院2017届毕业典礼上拍摄的5 000名师生同框的"全家福"，引发了社会媒体的热烈关注，《人民日报》、团中央学校部、《环球时报》《中国青年报》等的微信客户端，新华网、人民网、新浪网、凤凰网、腾讯、网易等国内有影响力的媒体平台，以及海南电视台、《海南日报》、南海网、三亚市人民政府网、《三亚日报》等岛内媒体先后进行大篇幅报道转载。各类媒体报道转发累计超60余篇次。其中，头条快报、今日头条、网易、新浪网等app客户端同时予以推送。仅新浪微博热搜话题的阅读量就累计达810万次，加上其他社会媒体的报道及转载，媒体总阅读量和关注度累计破千万。另外，该毕业照"刷爆"了各类社交平台，在校师生、广大校友、学生家长以及其他社会人士纷纷留言转发，盛赞三亚学院2017届毕业典礼的用情、用意和独具匠心。

资料来源：三亚学院网，国内最大规模毕业照"出炉"，2017-06-05，http://www.sanyau.edu.cn/newsDetails.asp?did=4138，引用时有删改。

讨论：高校公共关系的动力有哪些？

4. 群众组织

群众组织的任务是广泛团结社会各个阶层、各个领域的人民大众，代表他们的利益，反映他们的需求，并组织他们开展多种有益的社会活动，典型的群众组织如工会、俱乐部、协会、社区等。其公共关系的任务是在群众的心目中树立社会利益和群众利益的忠实捍卫者的良好形象，以求得社会各方和公众的关心与支持，不断扩大其活动的规模和范围。

5. 宗教组织

宗教组织是以某种宗教信仰为宗旨而形成的组织。宗教组织的公共关系任务是在信教公众和宗教界人士心目中树立一个宽和的组织形象，与不同的信仰和平共处，力求取得信教公众和宗教界人士的拥护与爱戴。

4.1.3　各种社会组织的公共关系

1. 企业公共关系

企业是一个营利性经济组织。企业的公共关系指企业在运营过程中，有意识、有计划地与社会公众进行信息双向交流及行为互动的过程，以增进社会公众的理解、信任和支持，达到企业与社会协调发展的目的。对企业公共关系概念的理解，要从以下几个方面去考虑。

（1）企业公共关系是有意识、有计划的活动。企业公共关系活动并不是盲目、随意的，而是主观上有明确的意识、正确的观念与具体的目标，并且以严密、具体、可操作的系统计划方式去完成，才能收到良好的效果。

（2）企业公共关系是一个信息双向交流的过程。企业与社会公众之间通过信息、情感、观念等方面的沟通，一方面使企业能够依据社会公众的愿望与要求，实现正确的经营；另一方面使社会公众通过企业的正确引导，达到提升生活质量、改进生活方式的效果。

（3）企业公共关系必须付诸切实的行动。社会公众对企业的理解、信任与支持，并不是依靠甜言蜜语或口惠而实不至的"承诺"来达到的。换而言之，信息的沟通与交流仅仅是企业公共关系活动的一个方面。更重要的是，企业必须做出切实的行动，来解决自身在经营与管理中引起社会公众不满的种种问题，并不断改进、完善与提高自身的经营和管理水平，这样才能够取得社会公众的信任与支持。

（4）企业公共关系应将公众的利益置于重要地位。企业要想与社会、经济环境相协调，实现共同发展，就必须将社会公众的利益置于首位，不断用实际行动增加公众的利益。在此基础上，企业才能获得一个良好的生存与发展环境，社会公众不仅理解和信任企业，而且会大力支持企业的发展。

案例

三星 Note 7 频发爆炸，中国市场并未召回引争议

2016年9月，有一个关于智能手机比较火的段子。小米：我出5；苹果：我出7；华为：我出9；三星：我出炸。如此令人哭笑不得的对话源自三星手机的爆炸事件。

2016年8月2日，三星举行 Galaxy Note 7 新品发布会，据报道，发布会比往常提前约10天，就是为了抢先于苹果7发布。8月19日正式发售之后，销量喜人。令人没想到的是，8月末和9月初，三星 Note 7 爆炸事件频现。随后，多国监管部门开始介入调查该款手机的安全问题。

有新闻称，三星 Note 7 自燃烧毁了用户的一辆车，甚至有航空局开始对 Note 7 进行特殊管理。比如，2016年9月4日，中国民航局就对三星 Note 7 的运输进行了限制，提醒旅客不得在飞机上使用或充电，且不允许三星 Note 7 作为货物运输。

虽然网络上时不时就会出现智能手机自燃或爆炸的新闻，但三星 Note 7 刚上市不到一个月，产品就出现质量问题，严重降低了全球消费者的信任。陆续发生手机爆炸事件原本就已经对三星品牌造成了很大的伤害，而三星对中国区的差别对待又引起了中国消费者不小的争议。

9月2日，三星方面宣布因为电池安全问题，对全球发售的250万部 Note 7 进行召回。可是三星仅更换了中国区的1858部三星 Note 7 体验机，而不对从9月起销售的手机进行全面召回，并表示国行版因电池配置不同，没有相关危险。

然而，中秋节之后，贴吧里就有消费者表示自己的国行版三星 Note 7 电池爆炸，图片中还附有京东平台开出的发票。随后，京东承认是自己卖出的手机，并紧急停止线上销售。但三星中国官方表示该产品产生损坏是外部加热所导致的，事件变得更扑朔迷离。

国行版 Note 7 是否有质量问题有待考证，但三星此次出现的质量问题，以及它对中国市场的态度与行为，确实成为埋在中国消费者心中的一枚"定时炸弹"。

资料来源：参考网，事件一：三星 Note 7 频发爆炸，中国市场并未召回引争议，2016-11-17，http://www.fx361.com/page/2016/1117/714549.shtml。

讨论：三星将中国消费者的利益置于首位了吗？

2. 政府公共关系

政府公共关系是指以政府作为行为主体，利用各种手段与公众进行互动，以争取公众的支持、信任与合作。它体现的就是一般公共关系在政府工作中的具体运用，是一种行政管理和综合协调职能。

随着市场经济的不断发展和政府职能的转变，政府公共关系在很多方面显示出越来越重要的作用，如了解民情民意、争取民众支持和信任、凝聚民心、创造良好的施政环境和加强国内国际合作等。政府公共关系在实务操作上有自己独特的方式，具体方式如下。

（1）政务公开。这是政府公共关系的主要形式。政务公开就是政府将自己的决策和行为向公众公开（涉及军事、外交等机密事项除外），主要内容包括政策法令公开、财政公开、重大事务公开、工作职责公开等。政务公开有许多种方式，可以利用新闻媒体宣传，也可以印发文件和各种宣传材料，召开各种形式的会议进行宣传发布并层层落实贯彻，另外还可以采用公示的方式公布人事变动等。

> **案例**
>
> #### 最高人民检察院官方微博荣获"十佳政务公开案例"奖
>
> 2017年7月28日，在《人民日报》、新浪网、微博三方联合主办的"新标准·新模式·新起点——2017政务V影响力峰会"上，最高人民检察院官方微博以及时发布"最高人民检察院派员调查于欢故意伤害案"而荣获"十佳政务公开案例"奖。
>
> 2017年3月24日，"儿子刺死辱母者被判无期"一案引发舆论关注。3月26日，最高人民检察院发布微博"最高人民检察院派员调查于欢故意伤害案"，及时回应民众关切的问题，引导网友理性思考。该微博一经发布，即登上当日热门微博头条，截至2017年7月末，阅读量已达6 560万人次。
>
> 最高人民检察院官方微博在舆论关切的"于欢案"中，遵循"能公开、尽公开"的原则，针对社会公众和舆论关切的具体问题主动、及时进行回应，根据事件发展和工作进展发布动态信息，进行综合全面、细致的情况说明，切实妥善地做到了解疑释惑、澄清事实，赢得了公众的理解、谅解和支持，从而获评"十佳政务公开案例"奖。
>
> 资料来源：正义网，http://www.spp.gov.cn/zdgz/201707/t20170728_197088.shtml。
>
> 讨论：谈谈目前我国各级政府的政务公开实施情况以及改进方向。

（2）惩治腐败。反腐败是世界各国政府的一项重要任务，也是树立政府形象的主要手段。自从人类社会有了国家和政府以后，古今中外，腐败问题始终是与之相伴的一个毒瘤，并且是影响政府形象和公信力的最重要的因素。腐败的政府没有形象，没有公信力可言。在世界上，腐败的政府往往是国际制裁的对象。这些国家想要招商引资或得到关键的技术和设备需要承受巨大压力，而且经常不能实现。

> **案例**
>
> #### 湖南严肃查处衡阳破坏选举案件
>
> 2012年12月28日至2013年1月3日，衡阳市召开第十四届人民代表大会第一次

会议，出席会议的代表共有527名（本届人民代表大会共有529名代表，有2名代表因故未出席会议），从93名代表候选人中差额选举产生76名湖南省人大代表。会议期间，部分候选人为当选湖南省人大代表送钱拉票，56名候选人以1.1亿元向518名代表行贿，涉案人员之多，涉案金额之大，影响之恶劣，可说是新中国成立以来第一案。该案受到了中央及地方相关部门的高度重视，在彻底调查之后对涉案人员及相关单位进行了严惩，并以此案为反例，对全国各级政府及相关工作人员进行教育提醒，要求警钟长鸣。

资料来源：中国共产党新闻网，湖南严肃查处衡阳破坏选举案件，2013-12-29，http://cpc.people.com.cn/n/2013/1229/c64387-23969305.html。

讨论：你所知道的政府反腐公共关系及其效果。

（3）构建畅通的沟通渠道。政府公共关系成功与否，很大程度上取决于沟通的渠道是否畅通。畅通的渠道能够使政府及时准确地了解民情民意，公众正确地认识和理解政府的各项决策，增进了解，形成互动，也能使公众的意见及时传达到决策机构，政府的决策充分体现民意。

案例
浙江宁波大港工业社区建立"烦恼指数"数据库

为了给企业做好服务，浙江宁波北仑的大港工业社区创新建立了企业"烦恼指数"平台，企业、员工通过线上线下十大途径畅通诉求渠道，社区工作人员主动走访企业，并对线上平台的舆情等信息进行及时汇总、分析。社区还充分发动党群力量，组建了社工、网格员分片区服务，并在企业中发展区域职工代表179名，信息员、民情观察员3 200多名。这些都充实了企业"烦恼指数"数据库。

企业在发展过程中，会遭遇一些"自己不能解决的问题"，这才有了企业的"烦恼指数"。通过搜集"烦恼指数"、分析"烦恼指数"、破解"烦恼指数"，企业发展更顺畅、创业更舒畅、成功更通畅，企业的发展少了"前行路上的烦恼""发展路上的苦恼"和"成功路上的懊恼"。

社区会根据数据展开分析，重点关注企业普遍关心的问题，并设法通过"法管家工作室""政企互动会""红明有约"等平台帮助企业解决问题。

资料来源：百度百家号：抽屉视频，中国宁波网｜北仑工业社区深入破解企业"烦恼指数"，2021-08-25，https://baijiahao.baidu.com/s?id=1709039757070503175&wfr=spider&for=pc，引用时有删改。

（4）接受社会各界监督。政府接受人民代表大会的依法监督，政治协商会议的民主监督，新闻媒体的舆论监督和公众的社会监督。对政府的监督是为了督促政府高效廉洁地行使手中的权力，为公众谋取利益，政府接受监督也是社会多方面力量沟通协调的过程。对于监督，政府应该采取积极的态度、主动出击、沟通协商、听取意见、争取支持。

（5）举办大型活动。举办各种大型活动是政府的重要公共关系手段，具有影响力大、效果显著的特点，是政府树立形象、促进各地经济发展和社会进步的重要手段。最明显的例子就是各国政府对奥运会、足球世界杯等大型体育赛事主办权的争夺，充分表明它们在政府公共关系中的地位和作用。各国地方政府都利用一切机会争办大型体育赛事和举办各种特色活动，以树立形象，比如大家都知道的西班牙斗牛节、巴西狂欢节。国内许多城市也举办有地方特色的活动，比如哈尔滨冰灯展、大连服装节、长春电影节等，通过这些活动与外部世界进行多层次、多渠道的沟通交流，以提升人气，全方位地树立地方形象。

> **案例**
>
> ### 2021年世界互联网大会·乌镇峰会
>
> 2021年世界互联网大会·乌镇峰会于9月26日至28日在浙江乌镇召开。本次大会采用"线上+线下"的方式举办。除在浙江乌镇设置实景会场举办各项活动外，近2 000名来自各国（地区）政府、国际组织、行业机构、中外互联网企业、高校智库、科研机构的代表将通过线上、线下形式展开交流。大会围绕全球网络空间焦点和热点共设置20个分论坛，在保留企业家高峰论坛、"一带一路"互联网国际合作论坛、互联网国际高端智库论坛和网络空间国际规则论坛等传统特色论坛的基础上，还聚焦5G、人工智能、开源生态、下一代互联网、数据与算法等网络技术新趋势、新热点设置议题，充分回应国内外各方对数据治理、网络法治，以及对互联网企业社会责任、互联网公益慈善与数字减贫、全球抗疫与国际传播等问题的普遍关切。
>
> 资料来源：百度百科，2021年世界互联网大会·乌镇峰会，https://baike.baidu.com/item/2021年世界互联网大会乌镇锋会/58191636?fr=ge_ala，引用时有删改。

（6）加大对公益事业的投入和宣传。政府的根本职能是为公众服务，政府的公共关系关注公众的利益，具有非营利性特点。根据当地经济水平对公益事业逐渐加大投入并进行宣传，是政府公共关系的重要方式。2021年，我国脱贫攻坚战取得了全面胜利，完成了消除绝对贫困的艰巨任务，这既是我国社会发展和改善人民生活水平的需要，也可以看成我国政府对外和对内公共关系的需要，它提升了政府的国际形象和声誉。

> **案例**
>
> ### 全国脱贫攻坚总结表彰大会
>
> 2021年2月25日，全国脱贫攻坚总结表彰大会在北京人民大会堂隆重举行。大会庄严宣告：我国脱贫攻坚战取得了全面胜利，现行标准下9 899万农村贫困人口全部脱贫，832个贫困县全部摘帽，12.8万个贫困村全部出列，区域性整体贫困得到解决，完成了消除绝对贫困的艰巨任务，创造了又一个彪炳史册的人间奇迹！
>
> 这场表彰大会共约3 000人参加，其中2 600人是来自基层的代表。2021年2月10日至2月14日，《人民日报》曾用13个整版刊发了"关于全国脱贫攻坚先进个人先进集体拟表彰对象的公示"。公示显示，共1 982人为全国脱贫攻坚先进个人拟表彰对象（含追授61人）、1 501个集体为全国脱贫攻坚先进集体拟表彰对象。受表彰的先进集体中，有不少各地基层的帮扶工作组、扶贫办等，也有不少国企、部队名列其中，同时还有中央脱贫攻坚专项巡视组等"中"字头的集体。当然，还少不了民营企业，拼多多、美团

这样的互联网公司也名列其中。

> 资料来源：中国政府网；全国脱贫攻坚总结表彰大会隆重举行，习近平向全国脱贫攻坚楷模荣誉称号获得者等颁奖并发表重要讲话；2021-02-25；http://www.gov.cn/xinwen/2021-02/25/content_5588866.htm#1，引用时有删改。

🔑 **拓展阅读** 习近平在全国脱贫攻坚总结表彰大会上的重要讲话全文

> 资料来源：光明网，习近平在全国脱贫攻坚总结表彰大会上的讲话，2021-02-26，https://dangjian.gmw.cn/2021/02/26/content_34644745.htm。

（7）走访交流。例如，国家之间、地方政府之间互访。政府对有关方面的走访是政府公共关系的重要内容和手段。重要事件发生（比如自然灾害、重大事故）、重要节假日、科技文化产生重要成果、重大体育赛事期间都需要政府出面对有关人员进行走访慰问。春节前后，政府一般需要走访贫困人群、老干部、专家和劳动模范、军队、民主党派、群众团体、大企业、交通和公安等方面的代表，教师节期间走访教师，劳动节走访劳动模范。这类走访都是政府的公共关系内容，新闻媒体会进行报道，以产生良好的社会影响。

（8）构建协作组织。在某一方面有共同利益需求，或地域相近、特点相似的国家、地区、城市之间建立协作组织是现代政府公共关系的突出特点。第一次世界大战和第二次世界大战的交战双方都是类似的组织。现代的趋势是国家之间、地区之间的经济协作越来越紧密，组织越来越多，影响力越来越大。欧盟、亚太经合组织都是当代重要的经济协作组织。国内有计划单列市协作组织、辽宁中部城市协作组织等。这些组织的成员关系有的比较紧密，如欧盟，已经统一货币；有的比较松散，但交往频繁，大大促进了国家、地区、城市之间的交流合作。

🔑 **拓展阅读** "一带一路"国际合作高峰论坛

> 资料来源：搜狗百科，"一带一路"国际合作高峰论坛，2022-08-22，https://baike.sogou.com/v158570224.htm。

3. 事业组织和团体组织的公共关系

事业组织是指为适应社会需要而由国家提供资金设立的专门性机构，如学校、博物馆、图书馆等。团体组织是指具有共同利益或背景的人为实现某种社会理想而自愿结合形成的非营利性组织，如专业学术团体、少数民族团体、宗教团体、残疾人团体、妇女团体、消费者协会等。事业组织和团体组织在"非营利性"上是一致的，我们放到一起来论述。事业组织和团体组织公共关系的主要内容有以下四个方面。

（1）为组织的相关公众谋取合法权益，使组织的使命得到社会认可。如学术团体旨在促进学术交流，工会旨在维护工人权益，消费者组织旨在保护消费者权益。事业组织和团体组织担当着崇高的社会道义责任，具有可贵的奉献精神，利用大众传播媒介，通过公众的切身体会，使组织的使命得到公众的认可。其中，最为重要的是为组织的相关公众谋取合法权益，彰显组织宗旨，扩大组织影响，树立组织的良好形象。如2004年度美国《商业周刊》评选的全美和全球最佳商学院是就业状况最佳的西北大学凯洛格商学院。该商学院的 515 位毕业生中有 423 位有理想的就业去向，这主要归功于新院长迪帕克的推广举措。为了"推销"应届毕业生，迪帕克约见了全球 23 个城市的 145 位招聘人员和上千位校友，并和大公司的 14 位总裁及 CEO 单独会谈。这种推广行为为毕业生谋取了利益，同时也为该商学院树立起良好的社会形象。

（2）建立与公众沟通的渠道。事业组织和团体组织与公众沟通，除了大量运用大众传播媒介外，还可以运用组织自身的传播媒介，以弥补大众传播媒介信息传递方面的不足。自身传播媒介的利用形式很多，如通过事业组织和团体组织的刊物提供自身的详细信息和报道；用信函通知公众公共关系活动的举办；出版专著介绍自身的历史、创建过程及历年大事等；设发言人负责对外的言论发表；利用多媒体导览系统进行组织环境介绍；利用互联网资源如电子布告栏、电子信箱、全球信息网网站等。另外，组织可以举办各种各样的公共关系活动与公众沟通，如利用各种典礼或颁奖仪式等邀请知名人士参加，通过重要的公众人物的推荐达到拓展公共关系的目的；成立本组织的展示厅，陈列自身发展的史料、活动报道以及与从事的事业相关的展品，从而加深对事业组织和团体组织的认识；可与其他领域的组织机构策划并联合开展赞助活动，以获得扩大宣传的机会；举行专业会议，争取政府和公众代表的支持，利用会议中的经验交流开展公共关系等。

（3）积极参与和组织各种社会活动。这类社会活动主要围绕某个公益目标进行，参加原则是自愿、平等，没有功利色彩，所以公众对此有着普遍接受的心理基础。事业组织和团体组织一般财力有限，在活动中主要起领导、发起、组织、联络的作用。这类活动既使广大社会公众受益，又扩大了组织的影响，还能在与社会各界公众的沟通中得到帮助和支持。

案例

2021 广州读书月阅读盛典

2021 广州读书月紧密联动 30 余家单位，广泛发动全市各大实体书店、图书馆、公益阅读组织，推出"书香羊城阅读日历"，共举办 400 多场阅读活动。

2021 广州读书月重点突出各类红色主题阅读活动，进一步弘扬红色文化，传承革命精神。如开卷广州"重温红色经典"系列讲座；市总工会"悦读圆梦·同心奋斗百年路，匠心启航新征程"主题阅读活动，通过邀请劳模工匠、文化学者围绕工匠精神开展沙龙、书评、晒书房等活动；市妇联、市教育局"童心向党，幸福成长"主题宣传活动，以线上学习党史教育知识，线下实地"打卡"等形式，追忆英雄人物、重温英烈故事；"岭南好书荟""羊城木棉别样红""争当红色诵读达人，高举红色文化火炬"主题朗诵大赛、"书香童行——我是小作家"征文比赛等活动。

2021 广州读书月还特别关注未成年人阅读、亲子阅读、家庭阅读等，保障少年儿童及其他特殊群体的阅读权益。如广州市妇联开展"阅读伴成长，书香飘万家"——广州市线上亲子阅读系列活动；广州少年儿童图书馆举办"沐浴书香，茁壮成长"——国际儿童图书日暨广州读书月未成年人阅读嘉年华系列活动。

读书月期间，除书香羊城十大好书评选、羊城学堂、羊城少儿学堂等品牌阅读活动外，还将开展"探索阅读新领域"——2021 年世界读书日粤港澳创作比赛优秀作品展、

2021年粤港澳"共读半小时"、第三届"广佛同城共读"活动、2021年第十一届广州学术季系列活动之广府新语系列讲座、《广州大典》普及书系"广府名人读本系列"新书首发式等富有地方特色的阅读活动。

此外，整个4月，广州购书中心、广州新华书店等各大门店还将推出"幸会文化节""城市阅读计划""书纽学堂"等阅读单元，邀请陈鲁豫、辫子姐姐郁雨君、黄灯、姜二嫚、牟艾莉等名人名家与羊城读者近距离接触。

资料来源：百度百家号：广州日报；2021广州读书月今日开启：400多场主题活动等你来；2021-04-01；https://baijiahao.baidu.com/s?id=1695831326328046702&wfr=spider&for=pc，引用时有删改。

（4）保持和发挥自身在社会舆论中的独特优势作用。事业组织和团体组织在社会利益关系格局中处于较特别的地位，其对社会中各种问题的看法往往会受到社会各个方面的重视，并影响社会舆论的导向。因此，事业组织和团体组织的公共关系主要在两方面发挥作用：一是通过参政议政来显示自身价值，争取社会各界的理解与认同；二是以身作则，在社会各界公众中带头建立一种良好的社会行为作风，并对不良风气勇于抨击。

案例
妇女组织的羊毛毡木偶动画

现实生活中，女性育儿生子就意味着脱离了领导层，当她们重返工作岗位时，不少人都发现自己错过了职业发展黄金期，薪资比同职业段、相同受教育程度的父亲低12.5%。长久以来的文化发展让我们忽视了当下女性（特别是母亲）面临的工作歧视，国际妇女节为大众提供了一个契机，围绕女性现实状况以及面临的问题展开讨论。2021年，新西兰全球妇女组织（Global Women）就发起了名为"choose to challenge"的战役，以工作场所为情境制作了一支"幽默"的羊毛毡木偶定格动画，暴露女性在工作场所所遭受的职业限制，希望引导大众及社会机构着手修改相关制度、工作结构，改变偏见。

资料来源：数英网；妇女组织羊毛毡动画：伤害性不大，侮辱性极强；2021-03-20；https://www.digitaling.com/projects/155211.html，引用时有删改。

拓展阅读 打击非法社会组织"鸠占鹊巢"，净化社会风气

资料来源：百度百家号：齐鲁壹点，打击非法社会组织"鸠占鹊巢"，净化社会风气，2021-08-31，https://baijiahao.baidu.com/s?id=1709592026476160721&wfr=spider&for=pc。

4.2 公共关系机构

牛人课堂

技术与公关的结合将成为大势所趋，缺乏技术、产品和运营思维的公关公司将面临生存性风险。

——蓝标数字副总裁 郭耀峰

公共关系工作是一项长期的、复杂的、具有较强专业性和技术性的工作。随着我国市场经济的不断发展和市场经济体制的不断完善，这项工作的职业化特征越来越明显，因此需要专门的组织机构来从事这项工作，以保证组织公共关系工作的专业化、职能化和战略化。目前，专门从事公共关系工作的组织机构可分为公共关系公司、公共关系部，以及公共关系行业组织三大类。

4.2.1 公共关系公司

1. 公共关系公司的概念

公共关系公司是公共关系咨询公司、公共关系顾问公司、公共关系事务所、公共关系服务公司等独立的公共关系服务机构的统称。公共关系公司是由各具专长的公共关系专家组成的，是专门从事公共关系咨询服务或受理委托为客户开展公共关系活动的营利性服务机构。世界上最早的公共关系公司诞生于20世纪初的美国，被誉为"现代公共关系之父"的艾维·李于1904年首创了具有公共关系公司性质的宣传顾问事务所。1920年，美国人艾尔正式开办了公共关系公司，开启了公共关系咨询行业和公共关系公司在全球发展的新篇章。1986年，我国第一家专业性公共关系顾问公司——中国环球公共关系公司正式成立，我国公共关系咨询行业从此快速发展。

> **拓展阅读** 全球知名十大公关公司
> 资料来源：搜狐网：TIME时代，全球知名｜国际十大公关公司，2021-03-23，https://www.sohu.com/a/456918765_383036?spm=smpc.author.fd-d.3.1632889626966thwYI1i。

2. 公共关系公司的基本类型

（1）综合服务型公共关系公司。综合服务型公共关系公司通常可提供多种公共关系服务。此类公司一般拥有先进的信息收集系统和信息存储与分析系统，通过多种途径广泛采集世界各国的政治、经济、文化、法律、社会政策、风俗习惯以及市场动态等多方面的信息。通常，此类公司拥有一大批擅长处理不同方面问题、协调不同方面关系的经验丰富的专家。综合服务型公共关系公司一般具有较大的规模，联系广泛、实力雄厚，可为同类型的客户提供服务。

（2）专项服务型公共关系公司。专项服务型公共关系公司是指仅为客户提供特定项目服务的公共关系公司。其服务项目一般仅局限于一种或几种，例如，专门为客户提供公众调查服务，专门策划某种类型的公共关系活动等。专项服务型公共关系公司的人员通常都是某一领域的专家，或在该领域有广泛的联系和丰富的经验。这种类型的公司跟综合服务型公司相比较，其规模与业务范围要小得多。

（3）顾问型公共关系公司。从某种意义上说，顾问型公共关系公司也是一种专项服务型公司。它所开展的服务一般仅限于为客户提供咨询，作为客户的"参谋"，对其公共关系运作提出意见、建议和策划方案等。顾问型公共关系公司的组成成员一般都是具有一定声望的某一公共关系领域的专家，例如，公共关系专家、新闻传播专家、社会心理分析专家、公共关系协调专家、市场分析预测专家等。这些专家知识渊博、阅历丰富、思维深邃，不仅能为客户提供决策咨询，还可对公共关系的各种具体业务进行指导。

拓展阅读 在中国，公关公司未来发展趋势
资料来源：知乎；在中国，公关公司未来发展趋势；2017-10-04；https://zhuanlan.zhihu.com/p/29874430。

3. 公共关系公司的业务范围

由于公共关系公司的规模、类型不同，故其所经营的业务范围也有所不同。一般来说，公共关系公司的业务范围主要包括以下几个方面。

（1）媒体传播。为客户提供各种媒体传播服务，例如，为客户撰写新闻稿、选择新闻媒体、协调与新闻媒体的关系、举办记者招待会（或新闻发布会）；为客户设计、印刷宣传资料和纪念品以及有统一标志的物品等；为客户制作宣传片、录像带或光盘等视听资料；设计制作产品广告及公共关系广告；协助客户推广产品信息，营造有利的市场氛围等。

（2）顾问咨询。公共关系公司根据客户的要求，凭借现代化的通信、办公技术，以及广泛的人脉关系为客户提供社会政治、经济、文化、教育等多方面的情报，还可以为客户提供市场信息、公众态度、消费倾向、社区文化习俗的分析资料等；为客户进行公共关系问题的分析与诊断；为客户的组织形象设计、公共关系战略或决策等提供咨询建议。

（3）活动组织。协助客户与相关的公众进行有效的联络与沟通，帮助客户与政府、社区、媒体等公众建立并维持良好的关系；为客户安排、组织重要的交往活动，如贵宾和各级领导的参观访问等；为客户策划组织各种专题活动，如剪彩仪式、庆典、联谊会、公益赞助活动等；组织各种会议，如信息交流会、产品展销会、业务洽谈会、合作谈判会等；针对企业、产品、品牌等形象受损时产生的各种危机，提供专业的危机公共关系服务，使其快速摆脱困境，维护和提升公众形象；针对企业的各类产品做出行之有效的市场营销策划方案，协助企业开拓广阔的市场，创造更大的经济效益和社会效益。

（4）网络公关。随着社会化媒体的快速、深入发展，以及在公共关系行业方面日益广泛的应用，网络营销、危机公共关系、微博和微信沟通等已经成为公司和客户都非常认可的重要传播手段，部分公司的新媒体业务已经成为重要的增长点。

（5）人员培训。公共关系公司可代替客户对公司的各类人员进行知识和技能培训，使其具备必需的公共关系理论知识和实际操作技能，以适应岗位的需要。

4. 公共关系公司的选择

组织在选择公共关系公司代理业务时必须依据一定的标准，策略性地进行选择。组织主要需要考虑以下四个方面的因素。

（1）公共关系公司的信誉状况。一个组织在选择专业的公共关系公司时，应有侧重性地考察该公司成立的时间、现有规模、所提供的服务项目、组织和开展过哪些公共关系活动、产生了什么效果以及社会公众对该公司的评价等。

（2）公共关系人员的素质。公共关系人员的素质决定着一个公共关系公司的业务水平，组织在选择公共关系公司时要考虑该公司的工作人员是否经过专门训练、专业技术水平如何以及能否胜任客户委托的公共关系工作等。

（3）公共关系公司的客户情况。了解公共关系公司的客户情况即考察该公司现有哪些

客户、评价如何以及客户对公司提供的服务满意度如何等。

（4）公共关系公司的收费标准。通常，一家公共关系公司的实力越强、服务水平越高，其客户的市场地位也越高，收费也相应越高。所以，组织在选择公共关系公司时，要将公司的实力水准、服务质量、信誉口碑等与公司的收费方式和收费标准等进行综合考虑，以做出最优的选择。

> 🔑 **拓展阅读** 如何挑选一家专业的公关咨询公司
> 资料来源：搜狐网：TIME 时代，如何挑选一家专业的公关咨询公司，2021-01-18，https://www.sohu.com/a/442870839_383036?spm=smpc.author.fd-d.4.1635250966244oIoawtP。

4.2.2 公共关系部

1. 公共关系部的概念

公共关系部是组织内部针对一定的目标，开展公共关系工作而设立的专业职能部门，它又可以称为公共事务部、公共信息部、公共广告部等。

2. 公共关系部的设置方式

公共关系部在企业内部的设置方式，直接影响到公共关系工作的开展和公共关系功能的发挥。在实际工作中，公共关系部在企业中的设置主要有以下几种类型。

（1）直接隶属型。在这种模式中，公共关系经理直接向总经理报告工作，对总经理负责；也有一些组织，由最高领导（总经理）直接兼任公共关系经理，其组织结构如图 4-1 所示。

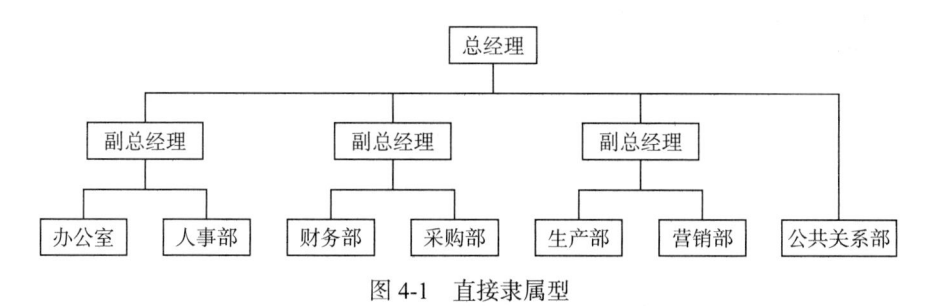

图 4-1　直接隶属型

（2）部门并列型。在这种模式中，公共关系部作为企业的一个普通职能部门，与人事部、财务部、营销部等业务部门处于并列地位，公共关系经理向其主管领导报告工作，其组织结构如图 4-2 所示。

（3）部门隶属型。在这种模式中，公共关系部受某一职能部门如办公室或营销部门的领导，其组织结构如图 4-3 所示。

在这三种模式中，直接隶属型是比较理想的模式，它明确地表明了公共关系的重要地位。公共关系部既可直接与最高领导联系，又可直接参与决策；既可直接反馈各种意见给最高领导和各个部门，又可直接传达领导的意图给各个部门；既可与各个部门有密切的联系，又是相对独立的部门。但领导者亲自负责公共关系活动容易分散精力，因而除非十分必要，一般的组织都不会采用这种设置模式。部门并列型表明公共关系部与其他职能部门一样，但又有自己的专门工作内容，同时也表明了公共关系部的意见也能较直接地影响决策，但相对于直接隶属型来说，部门并列型的公共关系部负责人则处于低一级的层次。部门隶属型可以说是三种模式中最不理想的，这种模式往往使公共关系部偏重于边缘性的外围职能，而被排除在决策层之外，这样就难以全面发挥公共关系的功能。

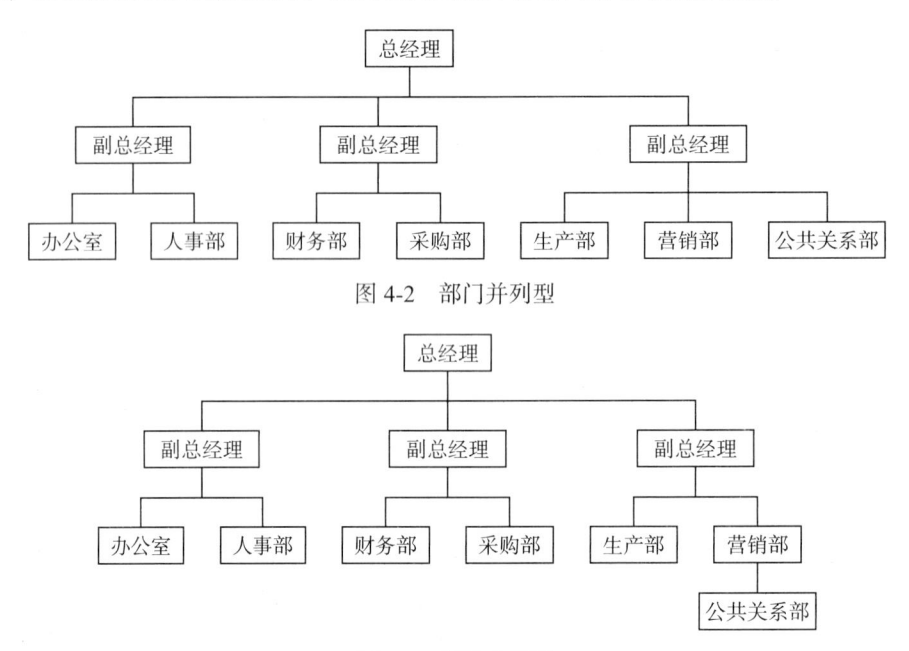

图 4-2　部门并列型

图 4-3　部门隶属型

3. 公共关系部的内在结构分类

（1）过程型。按照公共关系部决策的过程设置内在结构，如图 4-4 所示。

图 4-4　过程型

（2）对象型。按照公共关系工作的对象来确定公共关系部的内在结构，如图 4-5 所示。

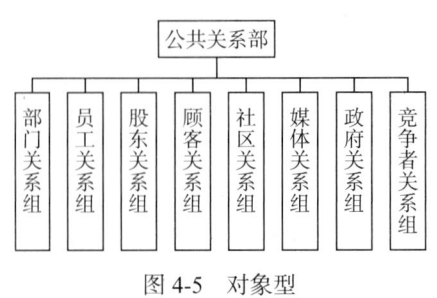

图 4-5　对象型

（3）区域型。按照工作区域来确定公共关系部的内在结构，如图4-6所示。

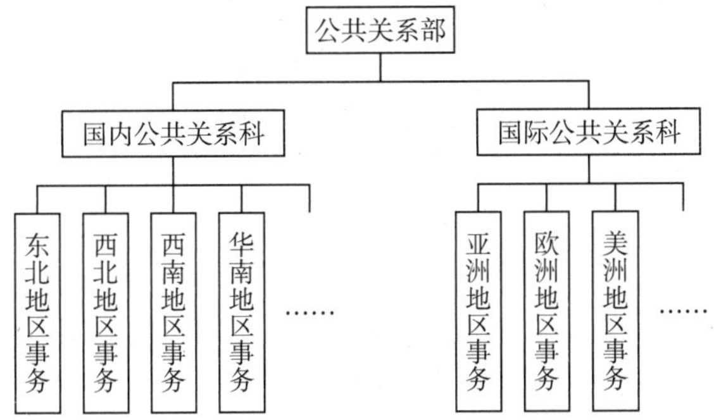

```
                    公共关系部
                   /          \
         国内公共关系科        国际公共关系科
        /  /  |  \  \         /  |  \  \
    东北 西北 西南 华南  ……   亚洲 欧洲 美洲  ……
    地区 地区 地区 地区       地区 地区 地区
    事务 事务 事务 事务       事务 事务 事务
```

图4-6 区域型

4. 公共关系部的优势和局限

公共关系部的优势主要体现在三个方面：第一，由于公关关系部设立在组织内部，因而熟悉本单位的内部情况，也就容易抓住组织存在问题的症结，可以有针对性地开展工作；第二，由于公共关系部的工作人员就在组织内部，因而能够及时提供公共关系服务，随时为决策者提供咨询建议，并可对突发事件提供快速有效的对策；第三，由于公共关系部有专人负责，因而可以保持公共关系活动的连续性和公共关系政策的稳定性，并且还可以兼顾其他部门的情况，有利于组织内部公众的沟通和协调。

当然，自设的公共关系部也存在一些局限，比如，受组织内部人事关系的制约，其对情况的反应和处理可能不尽客观和公正；工作人员的经验范围较狭小，公共关系工作的创新性不足；此外，在协调本组织与外部公众的利益冲突时，由于其自身角色及立场，很难得到公众的信任与合作等。

> **案例**
>
> ### 从销售部到公共关系部
>
> 一本著名的商战小说里的女主人公是美丽干练的销售精英，没有她拿不下的订单。美丽的女销售员遇上竞争对手兼过去的恋人，终于倾诉衷肠："我不会再做你的对手了，我就要转到公共关系部做总监了。"故事看到这里，有人感慨地说："人家销售女精英为公司立了汗马功劳，老板是让她去公共关系部享清福了。"
>
> 资料来源：任焕琴.公共关系实用教程[M].北京：北京大学出版社，2012：31.有删减整理。
>
> 讨论：要是把你从销售部调到公共关系部，你觉得是提拔还是降职？

4.2.3 公共关系行业组织

公共关系行业组织是一种由会员自发成立的、会员制的、以公共关系行业为标识的非营利性社会组织，主要包括公共关系学会、公共关系协会、公共关系研究会、公共关系俱乐部等。

公共关系行业组织产生于第二次世界大战之后。当时，美国进入了战后经济的恢复时期和繁荣时期，经济的发展又推动了公共关系的迅速发展并趋向成熟。1935年，美国公立学校公共关系协会（NSPRA）成立。1948年，美国公共关系理事会和全国公共关系理事协会合并，在纽约成立了美国公共关系协会（PRSA）。

中国内地的第一个公共关系组织是1986年1月由中山大学公共关系研究会、广州青年经济研究协会、广州经贸管理干部学院共同发起成立的公共关系民间团体——广东地区公共关系俱乐部。同年11月，第一家由官方组织的公共关系机构——上海市公共关系协会在上海联谊俱乐部诞生，揭开了我国公共关系行业化发展的序幕。1987年6月，中国公共关系协会成立，由公共关系专业机构、新闻媒体、教育与科研机构、政府有关机构和企业界人士等自愿组成，是经国家民政部批准成立的全国性、学术性、广泛性的非营利性社会团体组织。

1. 公共关系行业组织的特征

（1）人员组成的广泛性。公共关系行业组织的组建以公共关系行业为基础，不受部门、地区和组织性质的限制。因而人员组成相当广泛，包括新闻、科技、文教、法律、党政机关等单位的人士，也包括公共关系行业中有代表性的单位，具有行业分布的广泛性和人员构成的多层次性。

（2）组织结构的松散性。公共关系行业组织是按照一定章程组建的群众性团体，没有统一的组织模式，结构上有明显的松散性。其内部结构可根据自身发展需要而灵活设置，组织之间也没有隶属关系。会员自愿加入协会，也可以随时退出协会。

（3）管理手段的民主性。组织采用民主协商的方式来处理事务，为公共关系同行和企业提供服务。

（4）工作内容的服务性。服务是公共关系行业组织的宗旨，通过提供及时、实用、优质、高效的信息咨询服务，促进各种公共关系组织、企事业单位和其他社会机构与社会及公众之间的相互沟通和有效合作，满足社会对公共关系的需求。

（5）工作目标的非营利性。公共关系行业组织不是经济实体，不以营利为目的。它的使命是推动公共关系行业整体水平的不断提高，为本行业的共同利益服务。所谓不以营利为目的，并不是说不能创收或不能开展经营活动，而是指其工作人员不得私分以行业组织名义所获得的收益，也不得给个人返还由此而筹集的资金。

2. 公共关系行业组织的职能

（1）联络会员。公共关系行业组织既要与自己的会员建立经常性的联系，把行业组织办成"会员之家"，为会员企业争取政府在立法、政策、行政等方面的支持，同时又要与其他公共关系行业组织建立起横向联系，形成网络系统，建立合作关系，开展广泛的学术交流，研究公共关系理论与实践，以此来促进公共关系事业的发展。

（2）制定行业标准、职业道德准则，规范行业行为。每一个行业都有自己的行规行约，公共关系行业也不例外。制定、宣传、执行公共关系的行业规范与职业道德准则，也是衡量公共关系行业组织正规化程度的重要标准。这些行业规范和职业道德准则在本行业内具有很高的权威性和约束力，能有效地推动公共关系行业的健康有序发展。

（3）提供公共关系信息咨询服务。组建公共关系信息网络，检测社会环境，收集信息，为国内外组织、企事业单位、个人提供形象设计、公共关系咨询，发挥中介服务作用。

（4）交流从业经验。行业组织通过召开各种专业会议为会员提供一个相互联系、交流经验的平台。同时，组织与国外公共关系界人士互访，加强与世界各个国家公共关系组织的联系与交流，参与国际公共关系组织及活动，不断扩大我国及我国的公共关系事业的国际影响。

（5）普及公共关系知识，提高公众对公共关系行业的认识。虽然公共关系已进入我国多年，但在社会上，还有很多人对公共关系存在一定的误解，例如，认为公共关系就是"宣传促销""拉关系""服务接待"等。因而，行业组织的一个重要职能就是向公众宣传和介绍公共关系知识，例如，开展公共关系的系列讲座，出版公共关系的刊物、书籍，以使社会公众能够正确地理解公共关系。

（6）培养专业人才。培养公共关系专业人才，特别是要培养一批能够与国际接轨，适应经济全球化需要的职业化的高级公共关系人才，逐步形成一支优秀的公共关系人才队伍。这对于我国公共关系事业的发展是至关重要的，也是行业组织的一个重要职责。

4.3　公共关系人员

> **牛人课堂**
>
> 　　成功的公关从业人员的十大特征：对于紧张状态做出恰当反应；具有个人主动性；具有好奇心和学习意愿；有精力、活力和抱负；客观的思考；灵活的态度；为其他人提供服务；友善；多才多艺；缺乏自我意识。
>
> ——美国公共关系专家　坎托

拓展阅读 公共关系从业人员的职业准则大全

　　资料来源：百度百家号：TIME 时代，公共关系从业人员职业准则，2020-12-18，https://baijiahao.baidu.com/s?id=1686394791080795657&wfr=spider&for=pc。

　　在一些行业外的人看来，公共关系工作对人的要求就是"俊男靓女"加"口若悬河"，这其实是对公共关系工作的极大误解。公共关系工作是一项专业性很强的工作，对其从业人员也有特殊的要求。俊男靓女固然好，口若悬河亦所求，综合素质若不佳，两者齐备也枉然。中国社会科学院新闻研究所公共关系课题组编著的《塑造形象的艺术：公共关系学概论》一书中提出，公共关系人员应具有"企业家的头脑""宣传家的技巧"以及"外交家的风度"，即作为一名专业的公共关系从业人员，首先应具备合理的知识结构和专业技能，其次应有较强的综合能力，此外还必须有良好的心理素质和道德素质。

案例

张晔说错了吗

　　单位总经理在欢迎新员工的联谊会上念新员工的名单，当念到"张晔"时，总经理读成了"张华"。张晔马上站起来,当场给予纠正:"经理,我的名字不叫张华,那个字读作'晔',我叫张晔。"全场愕然。就在此时,总经理秘书马上站起来打圆场,对总经理说:"经理,不是您读错了,是我在打字的时候把'日'字旁丢掉了。"他又回头对那位新员工说:"张晔同志,对不起,这件事责任在我。"

资料来源:任焕琴.公共关系实用教程[M].北京:北京大学出版社,2012:48.

讨论:1. 张晔的做法是对还是错?为什么?
　　　2. 如果你是张晔,你会如何处理这件事?为什么?

4.3.1 公共关系人员的知识结构

1. 公共关系的基本理论知识

公共关系的基本理论知识主要有公共关系的基本概念和职能作用,公共关系的由来和历史沿革,公共关系工作的方法和原则;公共关系的三要素及其相互关系,公共关系工作的基本程序等。

2. 公共关系的基本实务知识

公共关系是一种实践性强,重视经验积累和公共关系基本实务知识与技巧的职业。事实上,公共关系调研知识、公共关系策划知识、公共关系谈判技能、公共关系传播方法等,是每个公共关系从业人员都应该掌握的实务知识。

3. 相关学科专业知识及开展特定公共关系工作所需的专业知识

公共关系从业人员为了更好地开展工作,还应该掌握一些相关学科的理论知识。与公共关系学科联系最紧密,对公共关系理论和实务影响最大的学科有管理学、传播学、社会学、心理学、行为科学,而市场营销学、广告学、人际关系学则因为与公共关系学科的理论和实务有相当多的交叉而颇具借鉴意义。除此以外,公共关系从业人员在接受特别的公共关系业务如国际市场公共关系、行业公共关系时,还要了解相应的地区文化传统、风俗习惯以及特定行业的基础知识。

4.3.2 公共关系人员的能力要求

案例

挑剔的外国顾客

一次,某家宾馆来了几位美国客人,或许是不了解中国,或许是抱有偏见,他们对宾馆的客房设备和饭菜质量都过于挑剔。在5天的住宿时间里,他们几乎每天都打电话给宾馆的公共关系部反映问题。一开始,该公共关系部的某接待人员还能够心平气和地倾听他们的意见,并给予回答和解释,但在之后接二连三的电话和毫不客气的指责下,她终于忍耐不住了。当几位客人要离开宾馆回国时,他们又拿起了电话打给公共关系部说:"我们这几天要求您解决的问题,您一件也没能解决,真是太遗憾了。"听了这话,这位接待人员反唇相讥:"倘若你们以后再来中国,请到别的宾馆试一试!"于是一场激烈的舌战在电话里爆发了。当美国客人离开宾馆后,客房服务员在他们住过的房间写字台上发现了一张纸条，上面用英文写着"世界第一差"。

<small>资料来源：兰州商学院，公共关系案例集锦（2007年修订）。</small>

讨论：1. 美国客人的评价与公共关系人员的态度有什么关系？

2. 通过阅读本案例，你认为公共关系人员必须具备哪些素质和能力？

3. 该事件发生后，宾馆应该如何做才能减少负面影响，以利于以后进一步发展？

一般来说，合格的公共关系人员应具备以下几个方面的能力。

1. 表达能力

表达能力包括口头表达能力与书面表达能力。口头表达能力就是通常所说的口才。口头表达是公共关系工作中实现信息双向交流沟通最主要、最直接、最迅速的传递手段。书面表达能力就是写作能力、文字能力。公共关系人员在工作中涉及写作的范围非常广，从日常的信件、公文告示到公关计划、调查报告、总结报告，从新闻稿、演讲词、广告语到公关手册、公关策划书，都需要公共关系人员有较强的文字功底和写作技巧。

2. 社交能力

公共关系人员的大量工作内容是直接面对各方面、各类型的社会公众，去迅速建立双向的有效沟通，赢得好感、认同与合作。这就要求公共关系人员必须具备较强的与人打交道的本领，即社交能力。只有这样，公共关系人员才能在各种社交场合从容应付，广交朋友、广结良缘，树立自己的良好形象，也为组织赢得更多的发展机会。

3. 组织管理能力

公共关系人员要善于调动、组织和协调组织内外公众的力量与关系；善于制订公共关系工作的日常计划和专题计划，并适当有效地组织实施与评价；善于组织和参与各种有关公共关系原理与实务的常见会议和活动，并恰当有效地选择和运用多种传播手段，推动组织预期目标的实现与完成。

4. 应变能力

公共关系人员在公共关系活动中常会遇到各种意想不到的突发事件和问题，要能做到镇定自若、头脑清醒、正确判断、机智应变，圆满地解决问题。

5. 创新能力

公共关系工作在某种程度上讲就是以变促变，不同时间、不同地点、不同对象，同一内容的工作方式也会不尽相同。因此，公共关系人员的工作是一种富于创造性、创新性和开拓性的工作，它要求公共关系人员思维活跃、激情勃发，摒弃陈规陋习，不断开创公共关系工作的新境界。

4.3.3 公共关系人员的生理和心理素质要求

公共关系作为一种职业，需要从业人员具备一定的生理和心理素质，这些生理和心理素质是可以培养出来的。只要通过一定努力，使自己具备或努力培养以下几方面的心理素质，成为一名合格的公共关系人员并非难事。

1. 兴趣广泛

公共关系人员的职业特点决定了他必须与各种专业、各方面、各层次的人打交道，具有广泛的兴趣是建立交往的基础，是寻找共同点和接近点，实现与公众沟通、交流的主要手段。同时，对于公共关系人员来说，具有广泛的兴趣可以使其博采众长、见多识广，在复杂的环境和关系中机智应变，顺利开展工作。

2. 意志坚强

公共关系人员应该在错综复杂的公共关系活动中，在面临诸多棘手的困难时，保持较强的心理承受力、忍耐力和自制力，保持很强的自信心、上进心，敢于承担责任、承认错误，善于利用自身力量从容处置、迎难而上，以达到既定目标。

3. 性格开朗

人的性格在公共关系交际中具有重要意义。开朗外向型性格的人，常常充满热情、富于朝气，可以使人感到亲切，易于创造交流思想、交流感情的环境，并且他们能够在困难面前保持乐观向上的情绪，形成宽容豁达的精神。因此公共关系人员具有开朗、开放的性格，是促进公共关系工作开展的重要心理条件。

4. 保持良好的仪表和风度

生理素质是指公共关系人员的体形、长相、外表、风度等方面。公共关系工作要求从业人员经常与公众打交道，从生理的角度看，较好的体形、强健的体格、端正整洁的仪表和潇洒飘逸的风度，会对公众产生天然的吸引力和首因效应，为进一步发展交往、增进友谊、开展工作打下相应的基础。

案例

聪明的业务员

秘书恭谨地把名片交给董事长，一如预期，董事长厌烦地把名片丢了回去。秘书无奈地把名片退给立在门外看似尴尬的业务员，业务员又把名片递给了秘书说："没关系，我下次再来拜访，所以还是请董事长留下名片。"

秘书拗不过业务员的坚持，硬着头皮再进办公室，董事长火了，将名片一撕两半，丢回给秘书。秘书不知所措地愣住了，董事长生气地从口袋里拿出十块钱说："十块钱买他一张名片，够了吧！"

岂知，当秘书将名片与钱递还给业务员后，业务员很开心地高声说："请你跟董事长说，十块钱可以买两张我的名片，我还欠他一张。"随即他又掏出一张名片交给秘书。

突然，办公室里传来一阵大笑，董事长走了出来说："这样的业务员不跟他谈生意，我还找谁谈？"

资料来源：屹尔.十块钱买一张名片[J].企业管理, 2009（3）：89.

评论：当你不顺着设局者的逻辑思考时，你才能用自己的招数去破解对手的招数。

本章小结

社会组织是公共关系活动的实施者和承担者，是公共关系的主体。本章对社会组织的含义和分类进行了说明；介绍了公共关系公司的类型、业务范围和选择公共关系公司的标准；讲述了公共关系部的设置方式、优势与局限；同时对公共关系行业组织的类型、特征和职能进行了介绍；最后对公共关系人员的知识结构、能力要求以及生理和心理素质要求进行了阐述。

热词加油站

网红经济
网红经济是指以年轻貌美的时尚达人为形象代表，以红人的品位和眼光为主导，进行产品选择和视觉推广，在社交媒体上聚集人气，依托庞大的粉丝群体进行定向营销，从而将粉丝转化为购买力的一个过程。

头部企业
头部企业是指在某个行业中，对同行业的其他企业有影响力和一定的示范、引导作用，并对该行业、该地区乃至国家做出突出贡献的企业。

下沉市场
下沉市场是指产品或品牌向低一级的目标人群拓展，从一二线城市向三四线城市扩展，由高端向中低端发展的一种做法。

宅经济
宅经济是随着网络兴起而出现的一个新词，主要的意思是在家中上班，在家中兼职，在家中办公或者在家中从事其他商务工作，同时，在家中消费也是宅经济必不可少的一部分。外卖和快递的便利性催热了"宅经济"，只要能够送货上门，很多人甘愿"宅"在家中。

错位竞争
错位竞争是指企业避开竞争对手的市场优势，以己之长击彼之短而确立相对优势竞争地位的一种竞争策略。

思考讨论

1. 有人说，与人交往最重要的是率真、自然，没有必要掌握礼仪与规矩。你怎么看待这个问题？
2. 在一些企业中，公共关系部是作为一个三级机构而存在的（即部门隶属型）。你认为公共关系部应隶属于哪个部门，是办公室、宣传部、营销部，还是市场开发部？为什么？
3. 小张是某大学公共关系专业的学生，但是她一直认为自己性格内向，身材及长相一般，所以不具备成为成功公共关系人员的条件。你如何评价这种看法？你认为性格和容貌在成为一名优秀的公共关系人员中起到多大作用？你理想中的公共关系"达人"是怎样的？
4. 假如你是刚毕业的大学生，到公共关系公司应聘，你如何向招聘人员展示你的知识、能力及其他素质？

5. 若以后不从事公共关系相关工作，是否还要学习公共关系？

能力实训

1. 工作交接模拟。由两位同学分别扮演交者和接者的角色，先由交者说清楚：①原规定的事务；②已完成和尚未完成的事务；③困难所在；④注意事项。然后由接者复述要点。具体的任务可由教师拟定。主要训练学生的责任心和良好的工作习惯。

2. 某一生产电子产品的公司现有员工1 500人，经济效益较好。随着其产品的增加和经营范围的扩大，公司的公共关系问题也越来越突出。现公司决定成立一个专门机构，即公共关系部，全权负责处理公司的公共关系事务。请帮助设计一个公共关系部的组建方案，就机构的设置、人员的配备、职责的确定等内容做出详细分析说明。

社会热题大讨论

课外导读

[1] 吴加录. 成为公关高手：我在奥美、联想、美团的15年公关经验总结 [M]. 北京：机械工业出版社，2019.

[2] 贾哲敏. 新媒体时代政府公共关系案例精编 [M]. 北京：清华大学出版社，2021.

[3] 大龙，王庐霞，尹涛. 中国式公关 [M]. 北京：中信出版社，2006.

第 5 章

公共关系的客体：公众

学习目标

掌握：针对企业常见目标公众的公共关系工作内容。
理解：公众的不同分类。
了解：公众的概念和特征。

引 例

BOSS 直聘无条件取消大小周

2021年8月17日，BOSS直聘宣布将从2021年9月1日起取消"大小周"。恢复双休后，员工薪资中的"周末加班费"仍正常发出，薪资总额不变。在BOSS直聘的薪资结构中，"周末加班费"部分约占员工年薪的20%，此举也相当于变相全员涨薪。

最近两个月，互联网大厂纷纷加入"反内卷"行列，先是腾讯迈出第一步：强制员工周三健康日9点半上班，下午6点下班，周三以外的工作日也必须在晚上9点前离开公司，周末双休，节假日按照国家法定节假日休息。紧接着快手宣布7月将取消"大小周"，员工按需加班，公司按照相关规定向员工支付加班工资。在7月9日，字节跳动宣布取消"大小周"，直接降薪15%。

资料来源：网易号：程序员小乐；BOSS直聘无条件取消大小周，薪资总额不变，能打消员工的顾虑吗；2021-08-27；https://www.163.com/dy/article/GID1UITF0531A3HQ.html，引用时有删改。

讨论：BOSS直聘明确表示员工的薪酬总额不变，能打消员工的顾虑吗？

> **拓展阅读** 40家互联网公司陷"996"工作制风波
> 资料来源：深圳新闻网，搜狗、华为、京东等40家互联网公司陷"996"工作制风波，2019-04-05，http://news.sznews.com/content/2019-04-05/content_21603584.htm。

公共关系主体的工作对象就是公众。组织开展公共关系工作，就是为了使自己与公众建立相互支持、彼此合作的良好关系。公众是公共关系工作的出发点，也是衡量公共关系工作好坏的重要标准。本章将分别介绍公众的含义和特征、公众的分类，并对企业常见目标公众进行介绍和分析。

5.1 公众概述

> **牛人课堂**
>
> 这是一个人人都能当15分钟明星的时代。社交媒体逐渐释放着用户的表达欲，人人都有自己的舞台，都乐于经营自己的"人设"，比起做沉默的观众，公众越来越乐于自己做"演员"。
>
> ——波普艺术大师 安迪·沃霍尔

5.1.1 公众的含义和基本特征

1. 公众的含义

公众是与公共关系主体利益相关并相互影响和相互作用的个人、群体或组织。公众作为公共关系的基本构成要素，是公共关系学中最基本的概念之一。

（1）公众是公共关系主体传播沟通对象的总称，它与人民、群众、大众、受众等概念是有区别的。

（2）公众是相对特定组织而存在的。一个组织诞生了，就意味着与之息息相关的内外部公众形成了；反之，组织消失了，与之相关的公众也会消失。

（3）公众是因共同的利益、问题等联结起来并与特定组织发生联系或者相互作用的个人、群体或组织的总和。

（4）公众是客观存在的。公众作为主体的作用对象与主体存在着客观的、不以主体的主观意志为转移的关系。

2. 公众的基本特征

公众的基本特征主要表现为以下四个方面。

（1）整体性。公众不是单一的群体，而是与某一组织发展有关的整体环境。任何组织的生存和发展都离不开一定的公众环境。组织在开展公共关系活动时，不能只注意其中某一类公众，而忽略了其他公众。组织开展公共关系工作必须将面对的公众视作一个完整的系统，用全面系统的观点来分析自己所面对的公众。

（2）共同性。公众不是一盘散沙，而是具有某种公共特性的群体。当某一群人、某一社会阶层、某些社会团体因某种共同性而发生内在联系时，便成为一类公众。这种共同性即相互之间的某种共同点，例如，共同的背景、共同的兴趣、共同的利益、共同的需求、共同的问题等。这样一些共同点，让一群人或一些团体有着相同或相似的态度和行为，从而成为某一组织的公众。

（3）多样性。公众的存在不是单一的，而是复杂多样的。"公众"仅是一个统称，具体的公众形式可以是个人、群体、团体或组织。日常的公共关系对象包括各种各样的个人关系、群体关系、团体关系、组织关系等。不同形式的公众，要选择不同的沟通渠道和不同形式的沟通手段。公众形式的多样性，决定了沟通方式和传播媒介的多样性。另外，多样性还表现在不同的公众具有不同的需求和目的。虽然作为特定组织的公众，他们都面临着一个共同的问题，但在解决这一问题的过程中，他们所表现出来的利益追求和价值取向存在一定的差异。

（4）可变性。公众不是封闭僵化、一成不变的对象，而是一个开放的系统，处于不断变化发展的过程中。一方面，公众的形成取决于共同问题的出现，一旦这个问题解决了，那么作为公共关系意义上特定问题的公众就不存在了；另一方面，任何组织面临的公众，其性质、形式、数量、范围等均会随着主体条件、客观环境的变化而变化。公众环境的变化，必将导致公共关系工作的目标、方针、策略、手段的变化。可见，组织必须以发展的、动态的眼光来认识和把握自己的公众。

5.1.2 公众的分类

公众是组织赖以生存的基础，是公共关系活动的对象。在现实生活中，公众不是一个简单的整体，而是一个极其复杂的网络系统。每个组织在开展公共关系活动之前，都必须根据不同的需要、从不同的角度、按不同的方法对复杂而广泛的公众进行分类，这样才能做到有的放矢地确定公共关系目标，制订公共关系计划。因此，一般来讲，对公众进行必要分类，把握其内在规律性，是公共关系人员必须掌握的基本功。

1. 按与组织的关系分类

根据公众与组织的关系可以将公众分为内部公众与外部公众。

（1）内部公众。内部公众即组织内部的成员群体，包括员工、股东和员工家属等。

（2）外部公众。外部公众即组织的外部沟通对象群体，包括消费者、政府部门、社区居民等。

2. 按对组织的重要性分类

根据公众对组织重要性程度的不同，可以把公众划分为首要公众和次要公众两类。

（1）首要公众。首要公众是与组织关系密切，对一个组织的生存和发展具有重要影响力或起决定性作用，还影响和制约着其他公众的公众。一般而言，所有组织的员工和股东、商店的顾客、宾馆的旅客、工厂的客户都是首要公众。首要公众是组织生存和发展的"生命线"，是公共关系对象中最关键的公众，因此，组织的公共关系部门应该投入最多的人力、财力和物力来维持与改善同这类公众的关系。

（2）次要公众。次要公众是对一个组织的生存和发展有一定影响，但这种影响尚不具有决定性作用的公众，如社区公众、新闻界公众。由于组织的人力、财力、物力资源总是有限的，因此对此类公众所开展的公共关系工作应放在次要地位，以突出公共关系工作的重点，提高效益。但应该注意的是，次要公众虽然不是组织公共关系的重点对象，但如果完全忽视了他们的存在，则会造成组织公共关系恶化，因为在一定条件下，次要公众也可能转化为首要公众。

> **案例**
>
> ### 被消保委点名后，腾讯视频将支持"跳集解锁"
>
> 2021年8月19日，腾讯视频对《扫黑风暴》启动"超前点播"模式。用户只可以按照顺序点播，不能自由选择。因此，在之前的解锁模式下，如果想看《扫黑风暴》大结局第28集，用户需要先成为视频会员，然后按顺序购买第25、26、27集，才能观看28集。超前点播需要额外付费，这意味着只想看第28集的用户，需要额外再花12元。
>
> 对此规则，不少用户表达了强烈不满。在微博上，"买了会员还要花钱超前点播合理吗"的话题屡上热搜，阅读次数超过3亿次，愤怒的用户认为，腾讯"吃相太难看了"。
>
> 而针对这一情况，8月26日，上海市消费者权益保护委员会（简称消保委）公开发文，质疑腾讯视频关于超前点播的设置。上海市消保委认为：既然腾讯视频针对《扫黑风暴》的超前点播是"按集收费"，那消费者就有权选择他要观看的那一集。"所谓按顺序解锁观看涉嫌捆绑销售，是对消费者选择权的漠视。"被上海市消保委点名后，事件进一步发酵，引发广泛关注。如今，腾讯视频给出了新的回答：将调整超前点播模式。随后，上海市消保委再发文，表示对腾讯视频的承诺改进表示支持，同时希望优酷、爱奇艺也能够积极跟进。对此，爱奇艺也在官方微博发文称，此前已关注到用户对于超前点播、单集点播可选的建议，相关功能已在开发中，预计当月15日前上线。
>
> 据艾媒草莓派数据调查与计算系统显示，网民普遍认为付费VIP会员免广告是可以理解的，但是对于VIP会员再收费的做法绝大部分网友表示反对，并认为侵犯了其合法权益。
>
> 资料来源：百度百家号：艾媒网 iimedia；"超前点播"频引争议！被点名后，腾讯视频将支持"跳集解锁"；2021-09-02；https://baijiahao.baidu.com/s?id=1709767465464235224&wfr=spider&for=pc，引用时有删改。

3. 按公众本身的发展过程分类

根据公众发展过程的不同阶段，可以将公众划分为非公众、潜在公众、知晓公众和行动公众四类。

（1）非公众。非公众是指处在某组织的影响范围中，但其观点、态度和行为不受这个组织的影响，也不对这个组织产生影响力的群体。在组织的视野中，他们就成了非公众。

（2）潜在公众。潜在公众是指已经同组织发生了某种利益关系，由此引起了某种问题，但其本身暂时未意识到这种问题存在的公众。

（3）知晓公众。知晓公众一般是由潜在公众发展而来的。当公众面临着由一个组织的行为引起的共同问题，而且他们本身已经意识到这种问题的存在时，他们就成了知晓公众。知晓公众一旦形成，就会急切地想了解问题的真相、原因和解决办法。

（4）行动公众。行动公众是由知晓公众发展而来的。当公众不仅意识到由组织行为引起的问题，而且准备采取或已经采取行动以求问题的解决时，他们在组织的视野中就成了行动公众。

案例

大亚湾核电站工程指挥部的公关策略

在 20 世纪 80 年代末期，我国政府经过科学的分析和调查，决定在深圳大亚湾修建一座核电站。然而在建设之初，工程指挥部对外封锁消息，公众被蒙在鼓里，处在潜在公众的位置。1986 年，苏联发生了切尔诺贝利核电站爆炸事故，造成了严重后果。核电站，这一攸关人类生存的重大问题引起了世界各地人民的广泛关注。在大亚湾建核电站的消息也成为我国香港地区各界公众的热议话题，此时潜在公众发展成知晓公众。与此同时，反对在大亚湾修建核电站的呼声越来越高。香港地区公众组织了反核的专门机构，还将有 125 万香港地区公众签字的请愿名单送至北京，此时，知晓公众发展成行动公众。工程指挥部经过分析，认识到风波产生的原因在于对大亚湾核电站的修建缺乏宣传，于是指挥部采取了以下对策。

（1）立即组建核电站公共关系处，由一位高级工程师任处长，以增强公共关系宣传的针对性。

（2）通过新华社、中新社等新闻媒介如实报道苏联切尔诺贝利核电站爆炸事故调查及救援工作开展的情况，指出该事故是由于操作人员操作不慎所造成的，并非技术问题。

（3）由具有权威的核科学家和核电专家在香港地区举办关于核电知识的讲座。

（4）组织香港地区人士参观大亚湾核电站基地，增加工程的透明度。

通过以上公共关系活动的开展，一场轩然大波终于平息了。

资料来源：韩宝森.公共关系理论、实务与技巧[M].北京：北京大学出版社，2009：51.

4. 按公众对组织的态度分类

一个组织面临的公众，由于他们所处的地位、环境，扮演的社会角色，主观认识水平，以及利益追求等条件的不同，从而形成对组织的不同态度。按公众在公共关系中对组织的不同态度，可将其分为顺意公众、逆意公众和边缘公众。

（1）顺意公众。顺意公众对组织的政策、行为和产品持赞成、支持与认同态度，他们是推动组织发展的基本工作对象。这类公众对美化、宣传组织，提高组织的知名度和美誉度，有着极为重要的作用，应该把这类公众作为组织宝贵的财富悉心维护。

（2）逆意公众。逆意公众对组织的政策、行为或产品持批评、反对甚至敌视态度。这类公众是公共关系工作的重要对象，他们之所以产生逆意，一定是事出有因。组织的公共关系人员要全面调查逆意公众产生的背景条件，主动进行适时有效的沟通，促使其改变敌对态度，由逆意向顺意转化，多交友、少树敌。

（3）边缘公众。边缘公众对组织持中间态度，观点和意向不明朗。这类公众介于顺意公众和逆意公众之间，他们对组织缺乏感情定向，既可能成为顺意公众，也可能成为逆意公众，是公共关系工作争取的对象。

5. 按组织对公众的态度分类

组织根据自己的需要，对不同公众也会形成不同的态度。按组织对公众的好恶程度，可以把公众分为受欢迎的公众、被追求的公众和不受欢迎的公众。

（1）受欢迎的公众。受欢迎的公众是指完全符合组织的需要，并主动对组织表示兴趣和沟通意向的公众，例如，自愿的投资者、捐赠者、赞助者、主动为组织采写正面宣传文章的记者等。

（2）被追求的公众。被追求的公众是指符合组织的利益和需求，但对组织不感兴趣、缺乏交往意愿的公众，例如，著名的记者、社会名人等。

（3）不受欢迎的公众。不受欢迎的公众也称需要回避的公众，是指那些违背组织的利益和意愿，对组织构成潜在或现实威胁的公众。例如，各种对组织抱有敌意的人士，或对组织构成额外压力和负担的团体等。

> **案例**
>
> ## 美团与饿了么互告不正当竞争
>
> 2021年7月底，青岛市中级人民法院做出判决，要求美团立即停止涉案互联网不正当竞争行为，并赔偿原告饿了么经济损失及合理开支100万元。此前，美团分别于金华和淮安地区因"二选一"被判赔偿100万元及35.2万元。除此之外，值得注意的是，近日，安徽省滁州市中级人民法院就饿了么不正当竞争行为做出判决。法院认定，饿了么强迫商户"二选一"，遭拒后饿了么登录商户账号强制关闭其店铺，因此判定饿了么赔偿美团经济损失8万元。
>
> 资料来源：搜狐网：财视传媒：美团与饿了么两败俱伤：互诉对方不正当竞争，最终双双被罚；2021-09-14；https://www.sohu.com/a/489733348_131976，引用时有删改。

6. 按公众构成的稳定程度分类

公众受客观环境、外在条件变化的影响，其稳定性和组织性程度也有很大差异。按照这一标准，可以把公众分为临时性公众、周期性公众和稳定性公众。

（1）临时性公众。临时性公众是指因某一临时事件、活动或某一共同问题临时聚集在一起的公众，例如，舞会的来宾、球场、剧院、展览会、运动会的观众，因飞机航班晚点而滞留机场的乘客。

（2）周期性公众。周期性公众是指按一定规律和周期出现的公众，例如，每逢节假日出游的游客、购买节假日货物的顾客、招生时节的考生和家长等。

（3）稳定性公众。稳定性公众由于兴趣、爱好、习惯的影响，比较集中地与某些组织发生稳定的联系，是组织的基本公众，例如，定期到医院体检的老年人、经常购物的顾客、组织的内部公众、社区的居民等均属此类。

从以上分类的方法和标准可以看出，公众的分类是多维度的，每一类公众都可以按各种分类标准细分为相应的类型。但实际上，任何现实生活中的具体公众都不纯粹属于某种类型。某一个公众或某一类公众可能同时承担或被赋予多重公众身份。例如，某一类公众既是外部公众，同时也可能是首要公众、顺意公众、行动公众等。在具体的公共关系实践中，应有针对性、有重点地选择公众对象，在符合公众利益的前提下进一步对公众施加影响，并取得公众的信任和支持。

5.2 企业常见的目标公众

> **牛人课堂**
>
> 以爱为凝聚力的公司比靠畏惧维系的公司要稳固得多。
> ——美国西南航空公司总裁 赫布·凯莱赫

每个组织都有特定的目标公众对象。组织的性质、类型不同，具体的目标公众对象也就不完全相同。本章所列的只是一般社会组织较为常见的带有一定共性的目标公众，下面简要分析其内容、传播意义和相关方法。

5.2.1 内部公众

企业内部公众主要包括员工、股东及员工家属。因为员工家属与员工的利益有着高度的一致性，所以，一般把组织与员工家属的关系并入组织与员工的关系中。要塑造良好的组织形象，就必须做好组织内部公众的公共关系工作。

1. 员工

员工是企业的"细胞"，即企业的最基本构成单元，没有员工，就没有企业。企业与员工关系的处理既需要科学的管理方法，又需要精湛的管理艺术。企业处理员工关系的方法与技巧有如下几种。

（1）尊重员工的合理需求。根据马斯洛的需要层次理论，员工的各种需要，无论是低级需要还是高级需要，都是公共关系应关注并尽力解决的。此外，公共关系人员要善于抓住有利时机，知道员工正在追求哪个层次的需要，并用这种需要来激励他们，以取得更好的激励效果，调动员工的积极性。

（2）建立和完善内部沟通交流网络。由于组织的内外环境处于千变万化之中，这必然会对组织内部员工的思想、情绪、心理产生影响，并使组织所面临的问题更加复杂；同时组织为了适应这些变化，也必须把有关的信息、要求等传播给员工，因此，建立正常、有效的沟通交流网络是必要的。常见的内部沟通交流方式有员工会议、公告牌、员工意见箱、各种员工活动、电子渠道、内部刊物、员工手册、报告会等。

（3）提供员工全面发展的平台。员工的全面发展就是指提倡员工在组织环境中全面发展自然素质、业务素质和心理素质，是一种综合的发展方式。通过教育、培训，不断提高员工的科学文化、技术和管理素质，增强员工对新的生产方式、新的社会要求的适应能力，同时给员工提供晋升机遇，对表现优秀并具有较好的适应性和潜力的员工，通过职位晋升来表示对其能力的认可和尊重。

💡 **案例**

女性可能会遇到哪些就业性别歧视

职场中存在的性别歧视由来已久。劳动和社会保障部在 2021 年对 62 个定点城市的调查结果显示，有 67% 的用人单位提出了性别限制，或明文规定女性在聘用期不得怀孕生育。从招聘女生时提出"不结婚不生子"的"附加协议"，到感叹聘用女生"增加了企业成本"，就业市场上总会呈现出"男强女弱"的明显态势。虽然男女平等已成为我国的基本国策，但社会上歧视女性，特别是在就业上歧视女性的现象还非常普遍。智联招聘于 2018—2020 年连续 3 年公布的《中国女性职场现状调查报告》显示，2020 年女性整体收入相较男性低了 17%，薪酬差距明显。58.25% 的女性在求职时被询问婚育问题，而 90.4% 的女性求职者则遭遇过年龄歧视。

此外，据盖茨基金会公布的一组数据，在新冠疫情发生前，女性平均每天花在无偿劳动上的时间就是男性的 3 倍，而疫情之下，女性每日的无偿工作时间增加了 50% 以上；她们失业的可能性则是男性的两倍。从用人单位的招聘要求上，我们也可以看到五花八门的性别歧视。比如光明正大的"男性优先""女性需要开具未婚未育证明"，以及对男女求职者的学历要求不同。当然也包括在面试时询问婚育情况、将妊娠测试作为入职体检项目、以限制女性生育作为录用条件、同工不同酬等。

资料来源：凤凰网；反就业性别歧视规定来了，你还担心找不到工作吗；2021-01-07；https://gongyi.ifeng.com/c/82pkpvhj8Z8，引用时有删改。

📖 **拓展阅读** 2021 中国女性职场现状调查报告

资料来源：黄鹤云，2021 中国女性职场现状调查报告，2021-03-05，http://www.whtv.com.cn/p/890274.html。

2. 股东

股东是指出资经营公司并对公司债务负责的人，他们是公司股份的所有者或投资者。股东是企业内部公众的重要组成部分，对公司的生存和发展具有重要的影响，有时甚至会起到决定性的作用。要处理好与股东之间的关系就要做好以下几个方面的工作。

（1）了解股东的需求，维护股东的正当权益。广大股东投资于组织的最直接的目的是获得相应的收益，因而他们自然对组织能给他们带来多大的经济利益十分关心。组织处理股东关系最好的办法就是尊重并保障股东的权益。尊重股东的权益就是要尊重股东作为组织所有者的资产受益权、重大决策权和选择管理者权等。组织应及时或定时将组织运行发展的宏观状况和有关的个体情况向股东通报，并应经常收集股东对组织提供的信息的反馈意见，并把处理情况再及时反馈给股东。还应定期或不定期地询问股东的意见、建议，邀请股东对组织进行实地考察、出席股东大会、阅读组织相关文件，并请他们收集有关外部公众、社会各界对组织的意见和建议。

（2）开展多种多样的公共关系活动。如运用人际关系处理的技巧直接与具体的股东打交道；开展组织与股东之间、股东与股东之间的各种联谊活动；利用股票发行的时机开展宣传活动；利用组织庆典或者组织重大活动的机会，邀请机构投资者的代表参加组织的成就展或座谈等活动；等等。

5.2.2 外部公众

外部公众包括顾客、社区、新闻媒介、政府、竞争对手、金融界等各类与组织的生存和发展有着某种联系的公众。任何社会组织都生存于一定的社会环境中，都需要与外界各方面的公众发生广泛的联系，因此，建立良好的外部公共关系是社会组织生存发展的必要条件。

1. 顾客

顾客即消费者，泛指购买、使用本组织提供的产品或服务的个人、团体或组织。它是指与组织具有直接利益关系的外部公众，是组织沟通传播的重要目标对象。针对顾客公众的公共关系内容主要包括两个方面。

（1）提供适合顾客的一流的产品和服务。提供一流的产品和服务，并提供一流的配套服务，是发展良好的顾客关系的基础。顾客选购产品或接受服务时，一般希望选购到喜欢的商品或享受到热情周到的服务，受到良好的待遇并获得心理上的满足。

（2）重视与顾客的信息交流。加强组织与顾客之间的信息交流，是赢得顾客信任的重要途径；一方面，组织要通过各种途径及时向顾客传播有关信息，包括对顾客的消费引导；另一方面，组织要注意搜集和处理顾客的信息反馈，如处理顾客投诉、维护顾客利益、争取顾客更多的信任、维持组织和顾客之间水乳交融的关系。

案例

淘宝特价版上线"省心版"

2020年12月4日，淘宝特价版上线"省心版"，这是一款专为老年人群体设计的版本。淘宝特价版上线"省心版"，首先调大了字号和产品信息图区，方便老年人群体准确读取信息，然后简化了购买跳转链路，用户打开淘宝特价版，输入"省心版"口令完成页面切换，即可进入专区进行筛选。同时，该版本专区上还根据老年人群体高频消费的产品推出了1元、5元、10元细分区。可见，针对老年人群体，淘宝本次精心设计了符合该用户群体购物习惯的产品。

资料来源：胖鲸网；淘宝特价版上线"省心版"，拥抱老年群体；2020-08-04；https://socialone.com.cn/taobao-daily-news-1207-2020/，引用时有删改。

2. 社区

社区是指组织所在社区内的地方政府、社会团体、单位、居民等。社区是由特定的活动空间、生活空间所确定的，区域性、空间性很强，是社会组织生存和发展的根据地。同时，社区的类型繁多、涉及面广，在社区范围内对组织的评价和看法极易传播，对树立什么样的组织形象，可以说起到重要的作用。因此，良好的社区关系能为组织创造一个稳定的生存环境。针对社区的公共关系内容主要包括以下几个方面。

（1）积极融入社区，承担必要的责任。社会组织必须从观念上、行动上将本组织定位为"社区的一员"，才能搞好与社区的关系。社会组织要做到入乡随俗，尊重社区的风俗、习惯，有时为与社区打成一片，还要有意识地将自己的产品、服务、员工本地化和社区化。例如，美国的麦当劳快餐店，一般都用当地人做主管。麦当劳快餐店是希望通过这种方式使企业融入社区生活，得到社区公众的支持。

（2）门户开放，增进相互的了解。组织要与社区保持良好的关系，就必须让它们知道本组织是干什么的。本组织的状况、规模、运行、生产、经营等情况，除了确实应该保密的以外，应尽量让社区知晓，特别是一些极容易引起误会的组织，例如，化工厂、医院、兵营等。让公众知晓的方式有开放参观、组织座谈、媒介宣传等。

（3）惠及邻里，寻求共同的发展。组织应该实实在在地把社区作为组织生存和发展的基础，加以苦心经营、精心维护，并为它的繁荣昌盛做出应有的贡献。例如，开放组织的食堂、餐厅、浴室、运动场、礼堂、电影院等福利设施，优先增加社区的投资项目，积极支持社区的公益事业等，为社区的发展和繁荣尽力。

（4）与民同乐，促进情感的交融。为了最大限度地争取社区的理解、支持，组织还必须增加与社区的感情交流，例如，组织庆典、节假日在社区开展各种大型活动，或直接参加社区的庆祝活动，通过布置环境、摆放花木、组织文艺演出等形式渲染喜庆气氛。社会组织可经常性地开展与社区的交流，如邀请社区领导参加组织的活动，开展组织与社区的文体交流活动等。

> 案例

投资社区建设，培养良好环境

IBM 在我国台湾地区的子公司曾荣获公共关系基金会评选的年度"最佳社区关系奖"，其得到的评语是：长期而具体地策划社会公益活动，受益阶层广泛，是组织落实本土化之典范。它的社区关系工作主要有以下几个方面。

（1）先进的社区建设理念——取之于社会，用之于社会。公司成立专门的公共服务部，每年编制公益预算，专项从事公益活动。

（2）强调社区公益活动的前瞻性与典型性。IBM 有计划地选择并组织策划了一些能引起公众共鸣，且广受社区关心的主题活动，并予以长期坚持。

（3）社区公益活动的多维化。如 IBM 通过与当地社团合作成立"软件工程研究班"，帮助培养中、高级人才；与台湾大学合作引进生产自动化技术；将我国台湾地区学子送到 IBM 本部受训；举办大学院校企业个案研讨比赛等，显示其为社区技术与人才培养的无私奉献之心。

（4）对慈善事业的热心倡导与积极投入。IBM 连续三年举办救助弃婴慈善音乐会；连续五年独家赞助由台北市主办的"台北市音乐季"；提供台湾地区专科、大学及研究院资讯科学相关专业的绩优学生奖学金；赞助社区居民的慈善游园会、慈善义卖晚会、残障青年科技之旅等活动。

正是这些科学、有序的社区公益活动，使 IBM 公司在台湾地区公众心目中树立起良好的正面形象，赢得了公众的喜爱与支持。

资料来源：MBA 智库文档，公共关系案例分析，2020-08-05，http://doc.mbalib.com/view/c13e2f8d397ca3a09aad2f68f22d1e61.html，引用时有删改。

3. 新闻媒介

新闻媒介是指新闻传播机构及其工作人员，如报纸杂志社、广播电台、电视台及其编辑、记者。新闻媒介是公共关系工作对象中最敏感、最重要的一部分。记者、编辑、节目主持人、专栏作家等新闻工作者消息灵通、能言善辩、思维敏捷，对社会舆论有重要的影响力。发展良好的新闻媒介关系，有利于争取新闻传播界对本组织的了解、理解和支持，以便形成对本组织有利的舆论气氛，并通过新闻媒介实现与大众的广泛沟通，增强组织对整个社会的影响。针对新闻媒介的公共关系工作内容主要包括四个方面。

（1）熟悉新闻媒介。组织应了解新闻媒介的背景、特点、种类、工作流程以及行为规范，只有这样，组织才能借助于新闻媒介来提高知名度，宣传产品和服务，树立组织的信誉和形象。

（2）信守交往原则。正确处理与新闻媒介的关系应注意相关原则，如要以礼相待，态度热情；以诚相待，主动向新闻媒介提供有价值的素材；不论其机构规模如何，要平等对待，对前来采访的新闻机构和记者要不管名望高低一视同仁。

（3）正视批评报道。尊重新闻界的自身权利。一般来说，组织总喜欢接纳那些给予自己赞扬的记者或新闻机构，而不太欢迎批评组织自身行为的报道。公共关系工作要求必须正确看待新闻机构传播的不利于本组织的信息。如果本组织确实存在问题，舆论批评正确，应及时接受，及时纠正错误，并把本组织所做的相关调整、纠正、补救工作的情况通报给新闻媒介。如果舆论批评失实，组织也要在高度重视的情况下，真诚地与新闻媒介沟通，做出解释、说明。

（4）加强情感交流，着眼长期关系。由于新闻媒介对组织公共关系的重要性，组织应着眼长远，通过种种努力加深双方的情感关系，从而实现长期合作。

案例

社会组织不得不重视传媒的"态度"

1974年11月，美国Mobil石油公司的副总裁致函《纽约时报》，指出在过去两年中，《纽约时报》已发表了20篇纽约州司法部控告Mobil公司的报道，其中有10篇上了头版，事实上其中有两次控告被州法院否决，但《纽约时报》未做任何报道，此后Mobil公司曾反过来向法院控告纽约州司法部，结果《纽约时报》还是未做报道。"为什么Mobil公司被控告是新闻，而Mobil公司控告他人就不是新闻了呢？"这一问题值得深思。

资料来源：黄昌年.公共关系学教程[M].2版.杭州：浙江大学出版社，2007.

讨论：1. 为什么Mobil公司被控告是新闻，而Mobil公司控告他人就不是新闻了呢？
   2. 你觉得美国Mobil石油公司的副总裁致函给《纽约时报》的做法对吗？如果你是美国Mobil石油公司的副总裁，你会怎么做？

4. 政府

政府一般指掌握公共权力的一切机构、中介或个人，它包括行政、司法及其他执掌公共事务管理权的组织及其成员。良好的政府关系可以使组织获得某些政策方面的优惠与支持，能使组织得到人、财、物以及信息资源方面的支持，并能使社会组织获得良好的舆论环境。针对政府的公共关系工作内容主要包括四个方面。

（1）认真研究、准确掌握、坚决贯彻政府的政策法令。组织要认真研究、掌握并贯彻政府的政策法令，要使一切活动保持在政策法令允许的范围内，并注意政策法令的变动情况，随时修正本组织的政策和行动。遵纪守法、执行政策、服从领导是取得政府信任的前提。

（2）积极进行上行沟通，扩大组织的影响，取得政府的信赖。组织要想扩大影响，取得政府的信赖，应采取有效的沟通手段，例如，呈报有关计划、总结，邀请上级领导参加有关新建项目的落成典礼、新产品发布会以及重大庆典活动等，请求政府部门负责人就遇到的问题及时给予指导和帮助等，使政府了解组织的成就和组织对社会、国家的贡献，从而增强对组织的信任。

（3）熟悉政府机构的具体设置、职责分工。政府内部分工复杂，有许多业务分工互相渗透、交叉，若分不清职责范围，违背管理权限，就很难分清主次，这样往往会导致不必要的麻烦。

（4）领会政府部门和领导的意图。意图就是为实现某一目标或完成某一任务而做的设想、计划。协助政府部门和领导完成共同的事业，必须了解这项事业的目的、设想、方法及与此相联系的各种行为动机，这就是领会意图。领会意图是配合政府工作、协同动作的重要基础。而且，政府部门的不同领导者，其工作设想、工作方式、性格特点、气质类型和特定条件下的心理状况等也不同，组织的负责人科学地了解这些方面的特征，有利于组织开展工作，协调好和政府部门的关系。

案例

工信部要求腾讯等平台解除屏蔽网址链接

工信部有关业务部门于2021年9月召开了"屏蔽网址链接问题行政指导会"。参会的企业包括阿里巴巴、腾讯、字节跳动、百度、华为、小米、陌陌、360、网易等。会上，工信部提出有关即时通信软件的合规标准，要求限期内各平台必须按标准解除屏蔽，否则将依法采取处置措施。此举意味着，微信或将很快解封淘宝；抖音、淘宝也有望接入微信支付。对此，有业内人士表示，工信部提出的相关合规标准有助于维护用户合法权益，营造开放包容、公平竞争的生态环境，夯实互联网行业长远发展基础。

资料来源：搜狐网；前瞻网；工信部出手整顿！腾讯阿里等平台9月17日前解除屏蔽网址链接；2021-09-12；https://www.sohu.com/a/489342962_114835，引用时有删改。

5. 竞争对手

竞争对手是指在同行业中为了取得有利的产销条件而与本企业进行相互较量的其他企业。同行竞争是商品经济的必然现象，企业经营总是在一定的竞争环境下进行，并在竞争中发展的。同行之间既是竞争者，又是互助者，只有这样才能取长补短，共同发展。所以，处理与竞争者之间关系的目标不是展开你死我活、不择手段的不正当竞争，而是在推动我国经济繁荣的大前提和共同利益下展开正当竞争。同行之间首先应看作伙伴关系，然后才是竞争对手关系。

（1）光明正大，避免不正当竞争。企业应该以科学经营管理、改进技术设备、提高产品或服务质量等正当方式展开竞争，从而使胜者坦然地不断进取，使败者心悦诚服地奋起直追。切忌借助官方的或其他有关方面的"看不见的手"来打压对方。要用合乎道德、人格的方式展开正当的竞争，而避免在广告宣传、产品宣传或其他途径上贬低、打击对方，乘人之危，落井下石。

（2）差异发展，避免恶性竞争。企业应采取高明的对策，利用"你好我比你更好"的良性方式展开竞争，要做到人无我有、人有我优，避免用价格战等形式造成两败俱伤。

（3）求同存异，竞争不忘合作。衡量组织公共关系艺术水平高低的关键在于能不能化异为同、化敌为友、化消极为积极。在市场经济环境下，竞争是为了增强各自的力量，合作可以使双方都变得更加强大。因此，组织应该努力探索与竞争对手共同发展的新途径，并以积极的真诚努力和巧妙的艺术方法把这种可能变为现实。

案例

腾讯与抖音又"掐架"了

《扫黑风暴》于2021年8月9日在腾讯视频全网独播，截至8月17日12时，《扫黑风暴》在腾讯视频上的播放量超过9.5亿次。剧里正邪激战正酣，剧外的版权纠纷也拉开了大幕。

腾讯视频称在抖音平台上存在侵犯其独播电视剧《扫黑风暴》著作权的视频，并以著作权侵权及不正当竞争为由，将抖音平台诉至北京知识产权法院，同时要求抖音赔偿经济损失及维权支出共计1亿元。此起诉讼案件已于8月17日由北京知识产权法院立案。根据腾讯视频的统计数据，涉嫌侵犯《扫黑风暴》著作权的相关影视合集在抖音平台发布，合集包含几十条剪切视频，播放量高达百万次，个别合集播放量甚至已超过2 000万次。

目前，针对腾讯视频提出的《扫黑风暴》的相关投诉内容，抖音已经及时处理并做出回应。抖音回应称，此前《扫黑风暴》已经与抖音建立了合作关系，并在抖音开通了作品官方账号，其发表的相关作品及营销话题已获得近千万次点赞，目前仍在更新中。另外，针对《扫黑风暴》的相关投诉，抖音已经采取行动，及时处理了相关侵权视频，下架视频共计超8 000个。但说到底，此次的版权之争实际上是长、短视频之争，腾讯与抖音的"掐架"不止一次了。从2016年腾讯以侵犯著作权的名义发起针对字节跳动（抖音平台的持有公司）的第一轮诉讼开始，这两家公司在短短5年里互相诉讼了将近40次。双方的版权之争从文章到音乐、游戏，再到剧集等多个内容维度。

资料来源：百度百家号：新浪财经；因为《扫黑风暴》腾讯与抖音又"掐架"了！腾讯索赔1亿，抖音这样回应；2021-08-18；https://baijiahao.baidu.com/s?id=1708418022627793972&wfr=spider&for=pc，引用时有删改。

6. 金融界

金融界是指通过一定形式或途径向组织注入资金或提供服务的专业银行、外汇银行、证券公司、保险公司、商业性投资公司、会计记账公司等。组织要实现生产经营的职能，必须具备充足的资金，这种资金单靠企业自身解决比较困难。同时，组织在生产经营过程中，尤其是在与其他组织的业务往来中，所涉及的结算、汇兑等问题也不是单靠组织就能处理好的，必须依靠金融机构作资金后盾和相关运作的中间桥梁。针对金融界的公共关系工作内容主要包括三个方面。

（1）实事求是，帮助金融界了解真实情况。针对金融机构对组织情况、资信程度、还贷能力的关心，组织必须提供真实情况，以建立基本的信任度。

（2）积极主动，配合金融界实施有效监督。组织要取得金融机构的信任，除了提供真实情况外，还必须使它们能参加到组织的生产、经营之中，发挥必要的监督作用。组织的产、供、销、存等系统不仅要让金融机构熟悉，而且要主动征求它们对资金使用的建议、要求。同时还要就组织的整体发展、市场开拓等情况主动征求它们的意见和建议。

（3）真心诚意，争取金融界给予必要的资金和信息支持。金融机构放贷一般都要考虑风险问题，它们对没有市场前途的项目或市场前景不明朗的新项目一般都十分慎重，这时就需要组织的公共关系人员予以说服，争取理解和支持。另外，由于金融机构面对各类组织，处在市场网络的敏感地带，所了解和掌握的信息十分丰富，如果为社会组织所用，必然会产生巨大效益。所以，这就要求组织的公共关系人员通过开展有效的公共关系活动，争取金融机构在信息方面的支持。

7. 社会名流

社会名流是指那些对公众舆论和社会生活具有较大影响力和号召力的有名望的人，如政府要员，工商界和金融界的重要人物，科技、教育、学术界的专家和知名学者，文化、艺术、影视、体育界的名人，以及其他社会生活中的知名人士等。这类公众虽然数量有限，但具有显赫的地位和重要的影响，往往具有意见领袖的作用。组织借助社会名流可扩大公共关系网络，增强其在公众中的影响作用，同时借助社会名流的知识特长，为组织的经营管理提供有益的建议，为组织增添知识财富和信息财富。

🔘 本章小结

公众是与公共关系主体利益相关并相互影响和相互作用的个人、群体或组织。公众具有整体性、共同性、多样性、可变性等基本特征。每个组织在开展公共关系活动之前，都必须根据不同的需要、从不同的角度、按不同的方法对公众进行分类。根据公众与组织的关系，可以将公众分为内部公众与外部公众；根据公众对组织的重要性程度，可分为首要公众和次要公众；根据公众发展过程的不同阶段，可分为非公众、潜在公众、知晓公众和行动公众；根据公众在公共关系中对组织的不同态度，可分为顺意公众、逆意公众和边缘公众；根据公众构成的稳定程度，可分为临时性公众、周期性公众和稳定性公众。每个组织都有特定的目标公众对象。一般组织较为常见的目标公众包括员工、股东、顾客、社区、新闻媒介、政府、竞争对手、金融界等各类与组织的生存和发展有着某种联系的公众。针对不同的公众对象，公共关系内容有所不同。

🔘 热词加油站

峰终定律

人们对一段体验的评价是由两个因素决定的，一个是过程中的最强体验（峰值），一个是结束前的最终体验（终值），过程中的其他体验对人们的记忆几乎没有影响。

新中产群体

新中产群体的特点：年轻，即以"80后""90后"为主力军，25～40岁的人群占比高；教育背景良好，本科以上学历占比高；多居于国内一、二线城市，年收入在10万元以上；追求有品质、有态度的生活。据统计，新中产群体人数已经超过 2 亿人。

共享员工

它是指不同用工主体之间为调节特殊时期的阶段性用工紧缺或富余，在尊重员工意愿、多方协商一致且不以营利为目的的前提下，将闲置员工劳动力资源进行跨界共享并调配至有用工需求缺口的用工主体，实现社会人力资源优化配置、员工供给方降低人力成本、员工需求方解决"用工荒"、待岗员工获得劳动报酬的多方共赢式新型合作用工模式。

996 工作制

它是指"早上 9 点上班，晚上 9 点下班，全天总计工作 10 小时以上，每周工作 6 天"，代表着互联网企业盛行的加班文化。它也被用来指代一系列资方要求劳方延长工时而不额外付酬的工作制度，涉嫌违反《中华人民共和国劳动法》。

思考讨论

1. 如何理解"顾客总是正确的"这一口号？
2. 如果你是一家企业的员工，请从心理需求出发，谈谈该企业如何做才能使你满意。
3. 如果你是一家企业的公共关系部经理，你将如何利用媒介的"把关人"角色。

能力实训

1. 以自己的身份和经历为例，列出你曾经是哪些组织的哪几种类别的公众。
2. 请展开联想，为你所在院校列一份 10 人的名流公众名单。
3. 以你的班级为单位设计一项公益活动，特别注意如何有效兼顾不同类别公众的利益和需求。

社会热题大讨论

课外导读

[1] 卢毅刚. 认识、互动与趋同：公众舆论心理解读 [M]. 北京：中国社会科学出版社，2013.
[2] 李普曼. 舆论 [M]. 常江，肖寒，译. 北京：北京大学出版社，2018.
[3] 勒庞. 乌合之众：群体时代的大众心理 [M]. 杨献军，译. 北京：台海出版社，2019.
[4] 曾静平，王友良. 全媒体素养 [M]. 西安：陕西师范大学出版，2021.

第 6 章

公共关系的互动过程

📝 学习目标

掌握：公共关系的三种基本互动方式（塑造形象、协调关系和传播管理）的具体应用。

理解：组织与公众之间形成互利关系的方法和手段不仅限于传播管理，还包括塑造形象和协调关系。

了解：相关基本概念的含义和作用等。

📝 引 例

快秀出你的爱国 style

新中国成立 70 周年之际，《人民日报》新媒体联合腾讯集团、腾讯微视发起"快秀出你的爱国 style"活动，用户只要通过活动页面上传照片，就可以在线穿上维吾尔族、满族、壮族、回族等 56 个民族的服装，为祖国 70 岁华诞送上祝福。这次活动以晒出民族服装照的形式凸显了 56 个民族是一家的民族凝聚力，增加了节日喜庆气氛。不少年轻人比照着民族服饰，了解少数民族的习俗。在创意上，"爱国 style"H5 充分降低用户参与的门槛，用户只需在活动页面上传照片，就能在线穿上各个民族的特色服装。随机选择和自主选择的设计满足了人们想要多次尝试的心理，再加上腾讯的技术支持，使输出的作品精良好看，"爱国 style"在朋友圈成功"刷屏"。这次活动让网友心中共同的爱国情感得到释放，民族归属感凝聚融合。活动既有娱乐性，又有很好的教育意义。

资料来源：中关村在线，人民日报联合微视推出一键换装民族风爱国照活动，2019-10-03，https://news.zol.com.cn/728/7284466.html，引用时有删改。

互动是指社会上的人与人、群体与群体之间，通过直接或间接的联系而发生的相互作用、相互依赖的过程。互动的双方有利益关系和相互合作的需求，相互依赖和相互作用是互动建立的基础，也是互动的目的。公共关系是组织与公众之间通过互动而构成的一种社会关系。组织与公众之间的互动有以下几点含义。第一，互动发生在组织与公众之间。第二，互动可以是直接的、面对面的，也可以是间接的。直接的互动发生在组织与公众的代表人或当事人之间，比如双方代表直接会面、谈判等；间接的互动可以通过通信工具、传播媒介、某些物体（如礼物）等进行。公共关系不仅包括传播，还包括运用多种渠道、方法、手段、工具来开展工作。这是公共关系活动可以多策略、多渠道、多方法开展的理论依据之一。社会组织通过塑造形象、协调关系、传播管理等方式与各类相关公众互动，使各类相关公众对组织产生了解、理解、认同，进而与组织进行合作，形成互助互利的关系，如图 6-1 所示。

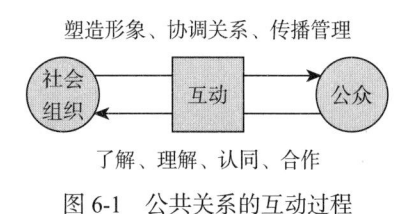

图 6-1 公共关系的互动过程

> **案例**
>
> **唯品会和百度联合推出"撒娇神器"助阵撒娇节**
>
> 特卖电商网站唯品会举办的"撒娇节"于 2014 年 8 月 14 日至 16 日隆重开幕，预热期除了有送红包、免邮费等各种活动之外，唯品会还联合百度推出了一款"撒娇神器"，鼓励女人敢于撒娇，好好维护女人撒娇的权利，做个幸福的撒娇女王，将"撒娇"进行到底。
>
> 在百度上，只要在搜索框输入目的或者想要说的话，譬如"给我做饭""接我下班""送我七夕礼物"等这样的要求，点击"撒娇一下"，此款"撒娇神器"就会自动"吐出"很嗲的撒娇式内容。这款应用简单又好玩，对"撒娇"这一看起来很俗套的话题进行了重新解读，成为一股鼓励女性解放天性、关注内心真正需求的正能量。
>
> 资料来源：王晓辉. 唯品会撒娇节："她经济"下，做有温度和有高度的营销[J]. 广告主，2014（9）：67.
>
> 讨论：结合案例，谈谈组织与公众之间的互动技巧。

6.1 塑造形象

> **牛人课堂**
>
> 一个成功的人格化的品牌形象就是其最好的公关，能够促使品牌与消费者的关系更加密切，使消费者对品牌以及其内在文化的感情逐渐加深。最终，品牌在消费者心中的形象，已经不仅仅是一个产品，而渐渐演变成了一个形象丰满的人，甚至拥有自己的形象、个性、气质、文化内涵。
>
> ——现代营销大师　菲利普·科特勒

6.1.1 组织形象的含义和作用

1. 组织形象的含义

形象是客观事物的形状相貌之意,是人们对客观世界的主观认识和反映。同其他客观事物一样,每个组织也有自己的形象。那么,组织形象是什么呢?所谓组织形象,就是公众对组织进行综合评价后所形成的总体印象。组织形象包括很多内容,如组织精神、价值观念、行为规范、道德准则、经营作风、管理水平、人才实力、经济效益、福利待遇等。组织形象是这些要素的综合反映。理解和把握组织形象的含义应包括三个要点:第一,组织形象感觉的主体是公众;第二,组织形象塑造的主体是组织自身;第三,组织形象是公众对组织所形成的综合印象。

> **案例**
>
> 三只松鼠的品牌形象
>
> 三只松鼠是一个互联网食品品牌,诞生于2012年,是一家从事坚果、干果、茶叶等森林食品的研发、分装及网络自有B2C品牌销售的现代化新型企业。从创立开始,三只松鼠的名字就有非常天然的品牌联想:是活生生的三只松鼠,而且是两男一女——鼠小酷、鼠小贱和鼠小妹。企业让品牌动漫化、"萌"化,并通过社交工具以松鼠的口吻拟人化沟通,让品牌形象深入人心。"主人么么哒,有什么需要为您服务,欢迎吩咐小鼠",刚进入三只松鼠旗舰店,就有这样一行字弹出来,让人会心一笑。物流箱上写着"你好,主人",顾客接到的包裹不再是冷冰冰的,而是有生命的、能够跟他对话的包裹。三只松鼠从品牌形象整体定位到很多细节塑造上,都做了很多跟主人有关的、比较偏情感化的设计,使其很快深入人心。
>
> 资料来源:彭佳宇."三只松鼠":网络原创品牌塑造策略分析[J].电子商务,2014(9):23-24.引用时有删改。
>
> 讨论:谈谈你所知道的三只松鼠品牌形象塑造细节。

> **拓展阅读** 2021年度国潮新消费品牌势力榜
>
> 资料来源:艾媒网,艾媒咨询 | 2021年中国国潮品牌崛起研究报告,2021-05-11,https://www.iimedia.cn/c400/78527.html。

2. 组织形象的作用

在市场经济条件下,组织的社会形象对其生存和发展直接产生作用。良好的组织形象是组织最重要的无形且无价的资产。组织形象的作用具体包括以下四点。

(1)组织形象创造消费信心。良好的组织形象就像社会颁布给组织的"信用证"一样,它可以使消费者对组织及组织的产品和服务产生信赖。这种信赖不仅使消费者放心选择、购买该组织的产品,接受该组织的服务,而且具有奇妙的"传导"作用,能为组织新产品、新服务的推出,寻找到潜在的市场。

(2)组织形象是适应竞争的需要。随着时空缩短和产业结构改变,特别是市场竞争的国际化、自由化趋势,顾客对商品的品质要求提高,顾客指定品牌购买的比例也将增加。

在这种情况下，良好的组织形象就成了竞争的利器。

（3）组织形象形成人和环境。组织形象是理念与精神文化合一的具体表征，只有全体员工认可和接纳了同样的理念与文化，组织形象才能建立起来。良好的组织形象可以使员工产生归属感、优越感、自豪感，同时可以吸引人才、稳定人才，形成良好的组织气氛和强大的凝聚力，从而使组织始终保持高昂的士气和旺盛的生命力。

（4）组织形象创造适宜的外部经营环境。良好的组织形象具有强烈的磁力作用，它能够成为组织吸引资金的先决条件。一旦一个组织在社会公众心中形成良好的形象和声誉，它就会使公众乐意购买组织的股票，银行乐意为组织提供优惠贷款，政府乐意为组织提供优惠的经营条件，甚至保险公司也乐意为它的经营作保。同时，良好的组织形象也有利于组织寻求到稳定的经营销售渠道。这些都可以为组织创造一个优于其他组织的外部经营环境。

> **拓展阅读** 2020 中国制造强国发展指数报告
> 资料来源：央广网，《2020 中国制造强国发展指数报告》发布——中国成为制造业整体提升最快的国家，2020-12-25，http://www.cnr.cn/china/NewsFeeds/20201225/t20201225_525374591.shtml。

3. 组织形象塑造的程序

很多组织都把塑造良好的组织形象，作为公共关系部门和全体人员的头等大事。如何才能塑造良好的组织形象呢？塑造良好的组织形象一般包括的程序是深入的分析、准确的定位、科学的系统设计、有效的传播与推广，以及根据实际情况进行形象更新与矫正。

6.1.2　组织形象的定位

组织形象的定位是指组织根据环境变化的要求、本组织的实力和竞争对手的实力，选择自己的经营目标及领域、经营理念，为自己设计出一个理想的、独具个性的形象位置。随着竞争的日益激烈，组织形象定位显得越发重要，只有塑造出具有独特风格特征、个性化、差别化的组织整体形象，组织才能在市场竞争中占有一席之地。组织形象的定位方法有很多，这里主要介绍以下三种。

1. 个性张扬的定位方法

个性张扬的定位方法主要指充分表现组织独特的信仰、精神、目标与价值观等。它不易被人模仿，是自我个性的具体表现。这既是组织形象区别于其他组织的根本点，又是公众认知的辨识点。因此，组织形象定位时一定要注意把这种具有个性特征的组织哲学思想表现出来。例如，太阳神集团就以"健康、向上、进取、开拓，以人为中心"的经营管理理念为个性特征；美国 IBM 公司也以"科学、进取、卓越"的独特定位来表现组织的哲学。

2. 优势表现的定位方法

在这个"好酒也怕巷子深"的年代，组织要想在激烈的市场竞争中立于不败之地，除了利用个性的张扬之外，还必须扬其所长而避其所短，重视表现组织的优势。公众对组织形象的认识实质上是对其优势性的个性形象的认识。组织只有给予公众这种优势性形象的定位，才能赢得公众的好感与信赖。

> 案例

英国连锁超市 Waitrose 的定位

Waitrose 始创于 1904 年，在 1983 年成为首批出售有机食物的连锁超市之一，经过不断的发展和扩张，提供优质的自有品牌产品，成了英国最受欢迎的超市之一。在这个超市采购的人"非富即贵"，英国女王都给 Waitrose 点赞。拿着 Waitrose 的购物袋上街，就是身份、地位与财富的象征。2009 年，Waitrose 全力向高端市场冲刺，主推自有品牌商品，是英国唯一一家获得皇家授牌（Royal Warrant）的超市。毫无疑问，皇家授牌是至高无上的荣誉，更是品质和信誉的标志。后来，查尔斯还联合 Waitrose 创办了有机食品品牌"公爵原味"（Duchy Originals），一路将 Waitrose 这股"有机风"推向了高潮。据英国 BBC 的一份统计，周围有 Waitrose 超市的楼盘，价格会比同区域的其他楼盘贵 12%。《镜报》则宣称，只要你的房子靠近 Waitrose 超市，平均能够升值 40 000 英镑。难以想象，一个超市可以成为购房投资的指向标。

资料来源：（1）JONES B，TEMPERLEY J. Waitrose：an emporium for the middle classes broadens its appeal[J]. International journal of management cases，2011，13（3）：341-346；

（2）搜狐财经，这家超市年入 100 亿，2017-09-19，www.sohu.com/a/192921657-481735，引用时有删改。

3. 公众引导的定位方法

公众引导的定位方法指组织通过对公众从感性上、理性上、感性与理性相结合上进行引导来树立组织形象的定位。感性引导定位法主要是指组织对其公众采取情感性的引导方法，向公众诉之以情，以求消费者能够和组织在情感上产生共鸣，进而获得理性上的共识。理性引导定位法主要是指针对消费者采取理性的说服方式，用客观、真实的组织优点或长处，让顾客自己做出判断，进而获得理性上的共识。感性与理性相结合的引导定位综合了感性与理性的双重优势，可以做到"情"与"理"的有机结合，在对公众"晓之以理""动之以情"的过程中完成形象定位。

> 案例

树上长的水

"树上长的水"——唯他可可天然椰子水。椰子水含有丰富的天然电解质，可以为运动后水分大量流失的人快速补充身体水分。"树上长的水"清晰传递了产品特性，塑造了椰子水天然健康的形象，并向消费者传达并科普"树上长的水"概念，填补其对概念的认知空白，加深品牌印象。为了深化"树上长的水"这一概念，增强产品认知度，唯他可可借助场景化营销手段，不断在 TVC、户外、社会化媒体等多种传播载体中露面，通过养生、健身以及时尚三个维度，分别从加班、健身和街拍三个场景建立入口，并在一个个虚拟场景与现实场景的切换之中，让消费者有强烈的代入感和深刻的体验。

资料来源：搜狐财经，"树上长的水"天然饮品：健康生活有态度，2017-02-16，http://www.sohu.com/a/126440589_563435。

讨论：谈谈"树上长的水"在公众引导和形象定位上的高明之处。

6.1.3 组织形象的系统设计

组织形象的系统设计就是根据组织形象定位的指导思想把重要的形象要素视觉化、符号化，或者进行系统的形式化形象要素设计。组织形象识别系统（corporate identity system，CIS）是从欧美国家兴起并发展起来的，现已成为世界各国所仿效运用的经营管理策略和组织形象设计的一种具体方法。CIS 由三部分构成，即理念识别系统（mind identity system，MIS）、行为识别系统（behavior identity system，BIS）和视觉识别系统（visual identity system，VIS）。

1. 理念识别系统

企业理念（MI）是企业长期发展中形成的基本精神和独具个性的价值体系，是企业精神形象的象征，是企业发展的原动力。理念识别赋予了企业或组织生动的人格魅力，从经营观念上与别的组织区别开来，并指导和规范着组织的行为识别系统和视觉识别系统。理念识别系统是一种意识形态的深层组织文化，是 CIS 战略的实施基础，是塑造企业形象与传播的原点，是 CIS 的核心所在。企业理念是一个总体概念，不同的企业在建立自己的识别语汇的过程中，会选择不同的切入角度。因此，企业理念的确立会涉及不同的范畴。下面简要介绍几种主要范畴。

（1）企业使命。这是指企业由社会责任、义务所承担的或由企业自身发展所规定的任务。企业使命是企业形象的一个颇为直接的描述。企业通过向社会传达自己的使命，可以树立自己的企业形象，让公众更了解企业，产生信任和好感。如 IBM 宣称 "IBM 就是服务"，这一使命伴以良好的公共关系事件的支持，公众就容易相信这家企业是在很好地完成自己的使命。美国杜邦公司提出 "为了更好地生活，制造更好的产品"，这一使命带有不断用新产品、好产品来改变人类生活的含义。

（2）企业精神。这是企业内在本质的集中体现，它不是经营上的某一具体做法，而是企业经营的高度概括。企业精神通常是针对企业内部，通过公共关系活动使公众了解企业精神的内容，同样会使其产生信任感。日本著名的松下公司在创业之初提出的 "松下精神"，就是企业精神的良好典范。"松下精神" 是指产业报国、光明正大、友好一致、奋斗向上、礼节谦让、感激、适应形势。松下公司所获得的成功与 "松下精神" 有密切关系。

（3）企业性格。企业性格是企业从上到下在经营活动中所表现出来的一贯的总体倾向和偏好。企业性格常常与企业的各项活动联系在一起。企业的性格越独特、越强烈，引起的效果往往越明显。广州番禺的 "丽江花园" 是广东房地产界一个成功的典范，该住宅小区的开发商把 "丽江花园" 塑造成 "白领人士的优质生活小区" 的形象，该形象得到当地消费者的普遍认同。这是广东房地产开发中成功塑造企业性格的一个例子。

（4）经营策略。这是企业为了达到自己的目标而采取的具体的战术。策略要明显体现出 "做什么，怎样做"。策略对于公众来说，不是企业形象的直接展示，但策略具体的 "怎样做" 能吸引广大公众。比如，德国大众汽车公司奉行的策略是 "不做外形的改变而注重内部的改良"。有的汽车公司很注重外形款式的改变，来迎合一部分追求新异的人的品位，但可能给人以只注重外表而性能不佳的感觉。德国大众的理念与此正相反，不做外观上的改变的做法使持有相同价值观、注重内在品质的消费者对企业产生信赖，成为企业的忠实客户。

MIS 设计应以务实、集思广益为原则，企业理念要体现民族化、个性化和概括化，具备导向力、凝聚力、辐射力、稳定力等基本功能。

2. 行为识别系统

企业行为识别系统是指在企业理念的指导下，逐渐培养起来的、全体员工自觉遵守的行为方式和工作方法，是显现企业内部的制度、管理、教育等行为，并扩散回馈社会公益活动、公共关系等的动态识别体系。企业行为识别系统是由企业内部和外部行为识别子系统构成的。

（1）企业内部行为识别子系统。企业内部行为识别子系统是通过企业组织管理、员工教育培训、员工工作环境、员工福利待遇、良好股东关系、员工行为规范等方面的策划而构建起来的，它能使员工对企业理念达成共识，并在企业理念的指导下形成全体员工共同遵守、自觉执行的行为准则，增强企业的凝聚力和向心力，从根本上改变企业的运营机制，树立良好的企业内部形象。

（2）企业外部行为识别子系统。企业外部行为识别是指企业通过市场营销、公共关系和社会公益活动等，向社会公众和消费者、金融界、政府主管部门、销售网络等传播企业信息的行为。企业通过一系列的传播行为，有计划、按步骤地传播统一的企业信息，构建企业外部行为识别子系统，使传播对象了解企业的经营理念、价值观念、经营方针、产品和服务信息、企业现状和发展规划，以求得到社会公众的认同，为企业的经营创造理想的外部环境，从而达到提高企业知名度、美誉度和信任度，树立企业良好的社会形象的目的。

> **案例**
>
> ## 钱大妈，不卖隔夜肉
>
> 钱大妈品牌诞生于 2012 年，以"不卖隔夜肉"为经营理念，从成立之初便通过"日清"模式及"定时打折"的清货机制，落实"不隔夜销售"的宗旨。它的经营特点是，所有门店每晚 7 点开始打折，每隔半小时再降一折，免费派送时间直到晚上 11 点半。
>
> 资料来源：新京报网；钱大妈"不卖隔夜肉"引发抢购心理，急速扩张或存隐患；2021-04-26；https://www.bjnews.com.cn/detail/161940151515884.html，引用时有删改。

3. 视觉识别系统

视觉识别系统包括组织的识别标志、品牌商标、广告宣传和企业的主色调等。企业的视觉识别系统是 CIS 的静态识别符号，是指以视觉传播为主体，将企业的理念、文化特质、服务内容、企业规范等抽象概念转换为具体符号，以标准化、系统化、统一性的手法塑造独特形象，凸显企业个性。视觉识别系统设计的基础主要包括以下四个方面。

（1）组织名称。组织名称应突出个性，有美感，容易记忆，有良好的语感和美好的寓意。例如，太阳神：突出生命力。奔驰：形象展示超越常规的速度。金利来：体现喜庆吉祥、王者风范。

（2）组织标志。组织标志包括文字标志、图案标志和复合标志。组织标志以简洁明快、新颖独特、巧妙精致和优美典雅为原则。

（3）组织标准字。组织标准字是指将组织的名称进行整体组合之后所形成的字体。组织标准字的设计以强化公众视觉感知、展现组织文化理念为原则，并根据组织性质、产品特性和公众心理进行。标准字不同于普通字体，除了造型上的美观和突出的视觉效果外，还在于标准字之间的连贯性，这种连贯性对企业的形象特质做了极好的诠释，整体上体现了组织的个性特征。在组织标准字的设计中，古典字体多用在工艺和艺术商品中，现代科技产品多用现代体字体，而化妆品上的字体多体现秀丽、纤细，五金工具使用方头、粗壮字体，玩具则使用"童体"字体。

（4）组织标准色。标准色是视觉识别系统设计中最主要的部分之一。组织标准色是指组织运用色彩来创造美感效果，以渲染组织形象的优美和谐。如 IBM 被称作"蓝色巨人"；提起柯达、富士，人们就会想到黄色和绿色，这就是色彩的识别功能。组织标准色的设计以强化审美意识、增强艺术感染力、突出组织风格、体现组织理念和展现组织个性为原则。

企业视觉识别系统是基础系统各要素在生产、经营、管理等不同领域中的统一应用，包括办公及接待用品、产品包装、广告宣传、建筑外观、运输系统、衣着制服和展示陈列。

💡 案例

圣八礼品牌的文化表达

圣八礼清高干红是山东皇尊庄园于 2018 年推出的山楂酒产品。圣八礼以传承和发扬中华民族传统酒礼文化为己任，在品牌塑造上注入诸多"礼"元素。品牌名称是中国传统的"八礼"文化的直接体现，再冠以古代对于尊贵身份称呼的"圣"字，构成了"圣八礼"。品牌 logo 采用古代圣旨的形状，字体则是中国古代官方沿用的宋体。

资料来源：搜狐网：皇尊庄园，"圣八礼"清高干红中秋礼盒体现了哪些中国传统文化元素，2019-08-21，https://www.sohu.com/a/335222317_143566，引用时有删改。

6.1.4 组织形象的传播与推广

组织形象的传播与推广必须要经过周密的策划，拟订详尽的计划，通过对内宣传和对外推广，使崭新的组织形象能够尽快得到社会公众的认同，达成组织形象建立的目的。

📖 **拓展阅读** 中国航天 IP 该如何破圈

资料来源：知乎；神舟十二号发射成功，航天 IP 该如何玩；2021-06-17；https://zhuanlan.zhihu.com/p/381686258。

1. 组织形象对内的宣传

组织形象对内的宣传是组织形象推广的第一步。这是因为组织形象的建立是靠全体员工共同努力做到的。内部员工不仅是组织形象的传播者，更是组织形象的缔造者，他们的言行和对组织的态度直接影响组织的形象。正如施乐公司的领导人马库罗所说的："以设计来统一企业的印象，必须由最高经营层级至基层员工彻底实施，内部统一之后，方能对外诉求。"所以，组织在向外推广形象之前，一般都要对组织的员工做一次详细的宣传，使他们成为组织形象向外推广的主力军。

（1）对内宣传的主要内容。对内宣传主要就是向员工传递两个最关键的信息。一是组织的前景如何，组织未来运行的方式以及组织必须达到的目标。向员工传递这个信息是为了提供给员工组织发展的目标，使员工有努力的方向。二是组织目前的处境、我们应采取何种行为以及组织将如何进行变革。告知员工组织目前的处境，是要给员工敲响警钟，而组织的变革涉及员工利益、行为的调整，因此要说明这部分内容。

（2）内部宣传的方式。勒温曾就组织变革提出了"变革三部曲"。第一阶段：明确变革的必要性。在这一阶段主要收集令人不满意的证据，与其他组织进行横向比较，发现自身的差距，认清变革的形势和紧迫感。第二阶段：实施变革的过程。在这一阶段要向员工提供变革的资料，鼓励员工参与变革计划的拟订和执行，并向员工提供变革咨询，随时解决变革中的新问题。第三阶段：巩固变革成果。此时要采取各种方法强化员工的新价值观念、行为规范及行为方式，并使之持久化。由此可见，要使组织形象对内宣传成功，还必须加强宣传。在宣传过程中要注重自上而下的宣传，强调自下而上的反馈，还要深化横向沟通方式。

2. 组织形象对外的推广

组织形象建立的总目的，就是通过周密、系统的策划，从复杂的内外关系中整理出秩序，从而建立一个统一且独特的组织形象。因此，在对外推广组织形象时，必须针对组织不同的关系对象，选择与之相适应的传播媒体和手段。其中，人际传播是人类社会进行交流和传递信息的一种最普遍、最常用、最直接的方式，对于组织形象的推广，特别是组织美誉度、和谐度的建立，具有极大的作用。大众传播是通过一定的传播媒介，向公众进行的组织形象的宣传。在现代社会，对于组织形象的推广，大众传播是最快捷、最有利的手段。对外推广可以用以下形式：一是信息发布，如CIS成果发布、股票上市发布等；二是广告，如企业形象广告、产品广告、人才招聘广告等公共关系活动；三是组织宣传册等。

组织形象在对内的宣传得到了员工的理解和支持，对外的推广得到了公众的认同和拥护之后，就可以说得到了很好的建立。

◉ 案例

某女星代言蕉内，推广舒适自然风格

某知名女星的演技和气质都让人感觉和邻家女孩一样，十分潇洒自在。在穿衣风格上，她最显而易见的特点就是常穿百搭和基础款式，所以，强调自然和舒适的蕉内品牌衣服就成了她比较喜欢的类型，两者合作也就自然而然。蕉内品牌衣服主打的就是穿起来自然和舒适。这名女星成为蕉内产品的推广者，这种强调时尚、自然和舒适的新锐国货品牌，也让人更加期待。

资料来源：腾讯网，蕉内首位品牌代言人诞生，2021-05-29，https://new.qq.com/rain/a/20210529a0d71u00，引用时有删改。

6.1.5 组织形象的更新与矫正

使企业在公众心中一直保持良好的形象，需要不断地加以强化和修正。

1. 巩固

企业之间的形象竞争非常激烈，每一个企业都必须不断地巩固和加强自身的形象，才能保证原来的形象地位，否则将落后。形象建设也如逆水行舟，不进则退。从世界著名企业发展的历史中我们可以看到，曾有多少红极一时的名牌纷纷衰落，最后被人们淡忘。即使目前排在全世界前50位的名牌企业，也无不几经风雨，不断地进行形象的巩固和更新，最后方才成功巩固形象。要想巩固组织形象，要做好两方面的工作。

（1）不断改进与提升产品和服务的品质。如果产品和服务的质量上不去，组织形象的巩固也就是一句空话。所以，组织形象的巩固必须包括产品和服务质量水准上的提高与创新。

（2）利用恰当时机进行组织形象的传播。巩固时期的形象传播活动有两种方式：低姿态传播方式和高姿态传播方式。低姿态传播方式是通过各种媒介，以较低的姿态，持续不断地向社会公众传送企业的信息，使企业的形象潜移默化地在公众的长期记忆系统中发挥作用，一旦需要，公众就可能首先想到并接受。高姿态传播方式是通过各种媒介，以较高的姿态传播信息，以求在公众心中强化原有的形象，如举行盛大的周年庆典活动。

2. 更新

组织形象是以企业理念为内涵而建立的，企业理念要随着企业的发展、进步而不断地加以调整、修正，以体现出企业精神、企业价值观、企业目标，以及创造出能征服公众的组织形象。虽然对企业理念的丰富和补充过程是十分艰辛的，但企业理念的更新带给组织形象的升级，其威力像原子弹一样，是不可估量的。

> **案例**
>
> ### 支付宝的形象更新
>
> 2003年支付宝上线，支付宝成立初期致力于为中国商务平台提供"简单、安全、快速"的在线支付解决方案。而随着移动支付的需求迎来爆发式增长，支付宝的定位也随之发生转变。2004年，支付宝从淘宝网独立出来，开始从第三方担保平台逐渐向在线支付平台转变。从2015年开始，支付宝不断与国内各大银行建立战略合作关系，巩固自己独立支付平台的身份。这样一款现象级移动支付平台并不满足于自己的定位，而是想成为"数字化生活平台"。2018年，支付宝上线小程序主界面。为了聚焦商业和生活服务，支付宝全新升级了"未来医院3.0"数字化解决方案，基于支付宝小程序，为用户提供挂号、就诊、缴费、复诊数字就医"一条龙"服务；此外，还上线了商家服务进度卡片功能，使用户能直接看到其所使用的服务的进度，包括订购外卖、看电影、打车、订购机票和火车票、预订酒店等。可见，支付宝已不仅仅是一款移动支付平台，它已经从一款工具型软件变为本地生活服务平台。
>
> 资料来源：上游新闻；支付宝变身，从首页到定位都改了；2021-03-11；https://www.cqcb.com/wealth/2020-03-11/2247177_pc.html，引用时有删改。

3. 矫正

组织形象的塑造不是一蹴而就的，也不是一劳永逸的。组织不仅要在其形象稳步提升时全力维护已经建立的良好形象，还要在其形象遭到侵害、发生偏差时，注意矫正和修补。组织形象发生偏差和不尽如人意的原因有很多，我们必须查找原因，对症下药。组织形象在发展中常常会因自身失误损害公众利益，导致公众的不满，或公众对组织的认识不够全面、有所误解，从而影响公众对组织的认可度和美誉度，此时就必须对组织形象加以矫正。

> **案例**
>
> #### 360 安全卫士推出"无弹窗广告"极速版
>
> 2021年7月18日，江苏省消费者权益保护委员会发布《PC端应用软件网络弹窗调查报告》，从官方渠道下载的30款应用软件中，有13款出现网络弹窗，占调查总量的43%。也就是说，下载的近一半软件都会出现弹窗信息，一些色情低俗广告更是防不胜防。同样，作为国内免费杀毒"鼻祖"的360安全卫士软件也是弹窗广告的"重灾区"。在被点名的问题软件中，360安全卫士就名列其中。此外，同属360旗下的360安全浏览器更是15分钟弹窗9次。
>
> 一方面源自舆论压力，另一方面为了优化提升用户体验，2021年7月20日，360安全卫士正式发布"极速版"，主打"永久免费、无弹窗广告"。同时，极速版也并未削减杀毒软件的基础功能，包括木马查杀、网络安全、电脑清理、系统修复等杀毒软件的核心功能都进行了保留。此外，极速版还简化了功能界面。永久免费、无广告弹窗、核心功能提供到位且页面简化——360正朝着提高用户体验方向努力。
>
> 资料来源：澎湃新闻网；360推出无广告极速版，用户会买账吗；2021-07-27；https://www.thepaper.cn/newsDetail_forward_13751387，引用时有删改。

6.2 传播管理

> **牛人课堂**
>
> 虽然我们并不清楚，文字还是视频才代表了人类文明的进步，但从个人表达以及消费程度来说，时代正在向视频化表达方向发展。
>
> ——微信创始人 张小龙

6.2.1 公共关系传播的含义和特点

1. 公共关系传播的含义

公共关系传播是社会组织利用各种媒介，将信息或观点有计划地与公众进行交流的沟通活动。传播的目的就是要与传播对象共享信息内容，以达到相互了解、相互信任、相互支持，实现互动。

2. 公共关系传播的特点

公共关系传播有其自己的特点，具体表现在以下几个方面。

（1）传播行为的受制性。公共关系传播是一种重要的组织行为，是为实现组织目标服务的，因而要受到组织特性的制约。它从时间上和空间上、内容上和形式上，都要受组织目标、组织制度、组织规范等的制约。

（2）传播内容的求实性。公共关系传播必须讲求其内容的真实性和态度的诚实性，要使公众感觉到组织的公共关系传播是客观的、实在的和公正的，这样才能赢得公众的信任和支持。

（3）传播渠道的多样性。公共关系传播的对象是公众，公众是一个类型复杂、层次多样的社会群体，他们各自喜欢的信息渠道也不相同。因此，公共关系传播必须针对目标公众，采用多种传播渠道进行，保证公共关系传播的针对性和影响面。

（4）传播方式的策略性。公共关系是一门科学，也是一门艺术，公共关系传播在遵循传播规律和原则、确保传播内容真实和客观的前提下，还要掌握传播的技巧和谋略，创造性地运用各种传播的技术与方法，巧妙地向公众传播公共关系信息，从而有效地影响公众，取得最佳的公共关系传播效果。

（5）传播活动的高效性。在公共关系传播中，组织要确保公共关系传播目标公众的指向性和针对性。注重选择传播时机，注重选择传播通道，确保公共关系传播的高效性。公共关系传播要由人们追求最佳效益的欲望所驱动，并以传播的最佳效益为原则。

案例

今后你能在《王者荣耀》里看到三星堆

2021年5月28日，"走进三星堆，读懂中华文明"活动在三星堆博物馆举行。活动中，三星堆博物馆与腾讯达成新文创战略合作，双方将通过游戏、网络文学、音乐等手段，探索三星堆文化 IP 的共建方法。通过腾讯平台在内容、技术上的助力，进一步挖掘三星堆文化 IP 价值。双方将推动三星堆文化与时代接轨，以新颖、广受年轻人喜爱的表现形式，更好地将三星堆呈现在国人及全世界的视野中。

具体来看，腾讯与三星堆博物馆的合作，将从游戏、音乐、网文三个领域展开。在游戏方面，三星堆博物馆将与腾讯游戏旗下天美工作室群展开充分联动，以《王者荣耀》《QQ飞车》《乱世王者》等产品为介质，通过 IP 授权、内容定制等方式，让游戏成为三星堆文化 IP 触达、影响广大年轻用户群体的新媒介，让玩家在体验游戏的同时，对三星堆建立更多了解，产生更大的兴趣。

在音乐领域，腾讯将依托 QQ 音乐平台与三星堆博物馆共同打造更具特色的国风音乐赛事——三星堆原创国风歌曲征集大赛，以音乐形式激活、传递三星堆文化。同时，腾讯也为三星堆博物馆量身定制 2021"三星堆文化年度国际推广曲"，带动海内外更多人参与到以三星堆文物为核心元素的国风音乐创作中来。

在网络文学方面，腾讯旗下阅文集团将牵头联动旗下 QQ 阅读、起点中文网、起点国际等平台共同发起三星堆网络文学征集计划，向全网征集以三星堆文化为主题的优质网文作品，充分展现社会大众对神秘三星堆文化的无限遐想。

资料来源：百度百家号；川观新闻；是的，今后你能在《王者荣耀》里看到三星堆；2021-05-29；https://baijiahao.baidu.com/s?id=1701076047055911622&wfr=spider&for=pc，引用时有删改。

6.2.2 公共关系的传播类型

传播学中有一句名言"你不得不传播"。这说明传播是人类特有的一种基本的社会行为。公共关系传播是一种综合性的传播行为，它基本上属于组织传播层次，但又具备各种传播类型的特点。从这个角度上讲，研究一般传播的不同类型，将有助于公共关系传播活动的开展。

1. 人内传播

人内传播又称自身传播，指传播双方为一体的信息交流沟通方式，如个人自我反省、回忆思考、自言自语、自我发泄、自我安慰、自我陶醉、思想斗争、内心冲突等。凡是心智健全的人，都存在着自身传播现象。人通过自身传播，可使其在受到外界的各种冲击时，达到自我心理调节，从而实现成功和谐的对外传播沟通。人内传播是人类一切传播行为的基础。

2. 人际传播

人际传播指人与人之间直接的信息交流沟通方式。人际传播是人类社会中进行得最为频繁、传播的信息总量最多、传播的实际影响也可能最大的一种传播。这种传播的双方参与度高、符号多样、手段丰富、信息反馈灵便且感情色彩强烈，但是，这种传播范围小、速度慢。人际传播的具体形式很多，如与员工的交谈，与客户的交流或电话联络，企业举办的报告会、恳谈会、洽谈会、联欢会、演讲会、座谈会等。组织应当根据不同的传播目的、对象、内容、情境等具体情况选择恰当的人际传播形式。人际传播的主要形式有两种：面对面传播和非面对面传播。面对面传播是人际传播最基本和最主要的形式。非面对面传播是个人与个人之间通过一定的中介进行信息沟通，如通过电话、电报、书信、电传、E-mail等。

3. 组织传播

组织传播指组织机构同组织机构之间、同公众之间、同社会环境之间的信息交流。这种传播的主体是社会组织。当组织利用其封闭沟通时，是组织的内部传播，具有层次性、有序性等特点。当组织利用其开放沟通时，是组织的外部传播，具有公众性、大众性等特点，但必须借助传播媒介来进行。可以用来进行外部传播的组织媒介和形式有：宣传手册、新闻稿、户外广告、赠品、新闻发布会、企业的识别系统、各种报表与报告、展销会和其他业务或专业性会议、联谊会等。无论是内部传播还是外部传播，组织传播都具有明确的目的性，即为了实现组织的目标；具有严格的可控性，即为了服从组织的总目标而有良好的控制性能；具有综合性的特点，即由于传播对象既有个体、群体，又有更广阔的公众，故其传播手段集人际传播、组织传播、大众传播和国际传播之大成，这是典型的公共关系传播。

4. 大众传播

大众传播指职业的传播者通过大众传播媒介将大量的信息复制并传递给分散的受众的传播方式。大众传播与人际传播最重要的区别在于，大众传播是通过大众传播媒介进行传播的。比如，两个人的书信往来不算大众传播，公共关系人员在集会上演讲亦不算大众传播，但如果书信、演讲稿通过报纸、杂志、电视、广播、互联网登载播出了，那就是大众传播。这种传播方式的优点是能够在最短的时间内获得最大的传播面。由于职业新闻工作者作为"把关人"，大众传播媒介具有"过滤性"，所以传播的信息权威性大、说服力强，个人情感因素介入较少，有高度的公开性。这种传播方式的缺点是信息反馈缓慢、零散，评价传播效果的工作量较大。鉴于大众传播量大面广，影响力强，对迅速建立组织形象、扩大组织的知名度有重要的作用，因此它是公共关系传播的主要手段。

5. 国际传播

国际传播指国家与国家之间的信息和观念的交往与传递。国际传播具有多方面的作用：第一，为了交换各方所需要的情报，如科学技术的引进和输出，学术观点的交流和探讨；第二，为了宣传自己的主张，如发表声明，递交照会，制造国际舆论等；第三，为了建立和加强国与国之间的关系，如进行国事访问，参加国际活动，开展文化和艺术交流等。正因为国际传播作用巨大，"两国交战，不斩来使"几乎成为自古至今一条不成文的规定，所以即使在兵戎相见之时，国家与国家之间信息的交流也是必须保障的。在国际传播中，一定要充分考虑语言、文字、风俗习惯、伦理观念、宗法道德、政治经济等跨文化因素的影响。搞好国际传播对一个国家塑造良好的国际形象、营造良好的国际环境十分重要，是开展国际公共关系的重要手段。

6.2.3 常用的公共关系大众传播媒介

大众传播媒介是在信息传播过程中处于职业传播者和大众之间的媒介体，指复制和传递信息的机械、传播组织和团体及其出版物、影视和广播节目。大众传播媒介可分为印刷品媒介和电子媒介。

> 💡 **案例**
>
> ### 懂梗①更懂套路的网易跟帖，铺了一条心机楼梯
>
> 2017年5月，网易新闻的广告语从"有态度"变成了"各有态度"，新闻人把投射的目光从作为媒体的自己身上，转向了更多用户的表达，同时也开启了从专业媒体向多元资讯平台的转变。
>
> 作为网易新闻的产品——网易跟帖，向来是互联网圈里表达态度的阵地，而其中的"盖楼"设计，起初为更直观地呈现网友间的连续讨论而生。如今，视觉上的"跟帖盖楼"气势磅礴，而且信息连贯，陌生的网友默契地将评论写成连载小说，也不是什么新奇的现象。

---

① "梗"作为网络用语，原是"哏"的讹字，指笑点、伏笔，或是有特别指涉含义或讽刺含义的内容。"梗"一字在网络中使用广泛，含义不断丰富，在日常生活中也经常使用。

所以，对网易新闻来讲，为了更好地延续"各有态度"的品牌呈现，跟帖是绝不能轻易割舍的好材料。最近广州和上海的几处户外楼梯，就被"跟帖盖楼团"扎扎实实地抖了一把机灵。他们把当下热议的"话题梗"辅以精彩跟帖，并将"盖楼"的形式和户外楼梯巧妙结合，连网友也感叹"这个楼梯也太会给自己加戏了"。

通过在人流集中地"盖楼"的方式，网易新闻试图将网友对"爆款流行梗"的态度呈现出来，以表达对于年轻人关注爆款标题、排行榜（toplist）、头部生活这样的一种主流生活状态的关注。

把跟帖搬上户外楼梯，其实只是网易新闻最近提出的"声浪计划"的第一步。随时还会有"浪上快餐盒""浪上车身"等节目。"声浪计划"作为网易新闻发掘和呈现当下青年态度的品牌活动，每一个"浪"都将主动聚集不同资讯内容、不同话题主张，以将观点态度转化成价值主张或行动的系列事件策划，吸引不同圈层的年轻用户群体参与到活动中来。

资料来源：数英网；懂梗更懂套路的网易跟贴，铺了一条心机楼梯；2017-07-31；https://www.digitaling.com/projects/22342.html。

讨论：介绍你见闻的最新奇的传播媒介。

1. 印刷媒介

印刷媒介是指将文字、图片等书面语言、符号印刷在纸张上以传播信息的大众传播媒介，主要指报纸、杂志、书籍等。印刷媒介的信息容量较大，能对信息进行详尽、深入的报道，且易于保留、查找，便于读者选择阅读，但其时效性较差，受到读者文化水平的限制。

（1）报纸。报纸作为一种大众传播媒介，出现于广播、电视、电影之前。它是以客观事实报道和评论为主要内容，利用印刷文字，以比较短的间隔定期发行的媒体。报纸作为公共关系的传播媒介具有许多优点。报纸造价低廉，而且制作简便；能给予受传者更大的主动权，可以让读者自己控制阅读速度和选择阅读的时间与地点；报纸的信息量有时大大超过广播、电视；便于保存信息，能把各种事实、数字信息有效保存起来。报纸的不足之处是即时性感染力差。制约报纸发行的因素较多，读者层次的限制影响了它的传播范围等。

（2）杂志。杂志是报纸向深度和广度发展的印刷品媒介，当人们对报纸所发布的信息力求做更深更广的了解，或者对某类信息有浓厚的兴趣时，杂志便应运而生。杂志具有以下优点。其一，突破报纸的地域性限制。杂志可以在全国公开发行，不受地域的限制，甚至还可冲破国界的限制。其二，传播信息比报纸更全面、准确。由于杂志的发行周期较长，因此有充分的时间采集信息、收集资料，版面的制作也有更多的时间准备，因此能给读者留下完整、深刻的印象。其三，便于储存。其四，在特定范围内，传播效果明显。大部分专业性杂志的读者群比较固定，而且对该专业很有兴趣、深有研究，因而阅读时精力集中，领悟力较强，较易对传播的信息留下深刻的印象。杂志也具有一些本身无法克服的缺点：因出版周期太长而导致传播速度慢；因专业性太强，无法照顾一般读者的阅读水平而限制了读者群。这就使公共关系人员在选择杂志作为传播媒介时不得不思虑再三。

2. 电子媒介

电子媒介是使用电子技术，通过无线电波或导线发出声音、图像节目，接收者要借助接收器接收的大众传播媒介。电子媒介主要包括广播、电视、电影、互联网等。电子媒介传播迅速，具有纪实性、生动性，感染力强，对信息接收者没有文化水平的限制。这里着重介绍一下广播、电视、电影和互联网。

（1）广播。广播以语言、音乐、音响等作为传播的符号来传播信息，特点是有较强的写实性与表现力，制作播出简便、快捷。在新闻报道中，广播是传播速度最快的传播媒介，而且很容易与电话等其他媒介连接，与听者双向交流。广播的频道多、容量大。它诉诸听觉的单通道传播可使听众注意力集中，同时有较大的想象空间。广播电台有播出新闻、教育、服务、娱乐等各类节目的综合台，也有只播出一类节目的专业台，如新闻台、音乐台、教育台等。

拓展阅读 2021H1 中国在线音频产业运行监测调研报告

资料来源：艾媒网，艾媒咨询：2021H1 中国在线音频产业运行监测调研报告，2021-08-10，https://www.iimedia.cn/c400/80243.html。

（2）电视。电视使用各类视听符号进行传播。其特点是视听兼备、声画并茂、真实生动，具有最强的写实性与表现力。在各类新闻媒介中，选择率最高的是电视。电视可以速报，可以深入分析新闻事件，并且娱乐功能最强。目前电视与卫星结合，有线电视迅速发展，为电视发展开拓了广阔的空间。但是电视节目制作播出的设备、技术都比较复杂，节目制作费用较高。

拓展阅读 定制晚会，到底是不是一场巨型直播带货

资料来源：网易；晚会穿屏破局，湖南卫视"618超拼夜"何以成为电视圈带货领头羊；2020-06-18；https://www.163.com/dy/article/FFC8LK4P05148MKI.html。

（3）电影。电影和电视一样也是一种综合性的大众传播工具，也是文字、图像、声音三者的巧妙组合。组织可以用纪录片的形式展现自己的发展历程，介绍目前的状况，勾勒美好的前景；可以通过提供拍摄环境、提供道具赞助，甚至让员工参与拍摄这样一些方式来增加上镜率，吸引观众的注意，获得更多观众的认知和了解。电影超过电视的地方在于它的内容高度凝练集中，画面十分清晰，善于表现宏大场面和纵深场景，音质也比电视更好，并且大家聚集在一起观看电影，受众的情绪更易相互感染。电影不及电视之处是生产成本高、生产周期长，观看时需要专门场所。

（4）互联网。互联网拥有丰富的信息资源，人们可以方便快捷地查询和使用，例如人们在网上可以发送电子邮件、访问网上的其他用户、点播电视节目等。一些国家的新闻媒介向网络用户发行电子报纸，开设网络广播。一些商家在网络中开设了虚拟超市，顾客不用出门就能在网上商场中购买到自己所需要的商品。许多组织都建立了自己的网站或网页，将本组织的详细资料输入网络，向新闻机构和公众提供本组织的相关信息，宣传本组织的良好形象，公众只要轻轻点击便可一览无余。因此可以说，网络吸取了报纸、广播、电视、电影的诸多长处，越来越成为人们获取信息的重要渠道。网络的缺点是容易遭受破

坏性程序——"病毒"的侵袭，并且由于信息量太大，因而无法绝对确保信息的真实性，一些重要信息的保密工作也亟待加强。

> **拓展阅读** 腾讯新闻出品如何将时下热门内容推向大众视野
> 资料来源：搜狐网；注意力稀缺时代，腾讯新闻如何开拓内容营销新价值；2021-12-20；http://news.sohu.com/a/510236489_120099884。

6.2.4 有效的公共关系传播技巧

1. 建立良好的人际关系

人际关系是建立良好公共关系的重要手段，增强人际吸引力，善于同素不相识的人建立良好的人际关系是公共关系人员应具备的基本素质之一。如何正确地认识他人，排除各种外在因素的干扰，尽快地接受公众，是公共关系人员在接待工作中要注意的问题。一般来讲，人际交往的误区有：以貌取人、主观判断、晕轮效应、个人状态产生认识偏差。公共关系人员应避免陷入这些误区，并且掌握以下建立良好人际关系的技巧。

（1）利用邻近性因素。"近水楼台先得月"，可利用同学关系、老乡关系等。

（2）利用相似性因素。找到共同经验区，如社会经历、社会地位、籍贯、受教育程度、态度与价值观、生活环境等，产生"自己人"效果。

（3）利用需求互补效应。补偿性吸引力是最强的人际引力，可利用气质、性格、能力互补来吸引对方。

（4）利用仪表的魅力。"有礼走遍天下"，以卓越的仪表来打通人际关系。

（5）培养独特的人格魅力。多才多艺、诚信、风趣、机智敏锐的人更具人格魅力。

（6）会说更会听。善于聆听、善于微笑，并善于交谈。

2. 与新闻记者联系建立良好的关系

与新闻记者联系是公共关系人员的重要工作。记者在传播学上被称为"把关人"，他们对传播的内容及传播的实际效果会有很大的影响。一般来说，记者在报道新闻时要具有正直、说真话的职业道德以及专业写作技巧，除此之外，记者本人的情绪、感觉、工作状态都会影响报道的内容。因此，要处理好与新闻记者的关系，公共关系人员可从以下几个方面入手。

（1）对待记者要尽量提供基本情况，并给予热情周到的接待服务。

（2）对记者还要注意平等相待，一视同仁。

（3）要给记者提供真实素材。

（4）要持尊重与重视的态度。

3. 做好会议组织与联系接待工作

（1）会议组织。会议是公共关系人员开展内外沟通的常用形式，组织召开会议是公共关系工作的内容之一。会议的种类很多，有报告会、讨论会、联谊会、新闻发布会、展览展销会等，形式通常较为正规，有组织，有一定规模。

（2）联系接待。联系接待工作一般包括接待来访者、拜访别人、写信、打电话等。做好联系接待工作，首先要求公共关系人员具备良好的公共关系素质，要能够吸引对方，使之愿意与组织打交道。其次，在联系接待中，应掌握一些特殊的沟通技巧，来达到建立联系的目的。

4. 营造良好的传播环境

公共关系传播是在一定的空间环境中进行的。不同的环境条件营造出不同的传播氛围，会影响传播效果。比如座位的设计布置、音响设备、灯光照明、色彩、室内湿度等，都要仔细选择，以创造良好的环境效应。

5. 正确选择公共关系语言

公共关系传播中常使用的公共关系语言包括以下几个方面。

（1）自然语言，是信息传递的主要承担者，如口头语、书面语、广播语。

（2）非自然语言，如表情语言、动作语言、体态语言等。

（3）实物，如样品、商标、组织标志等。

在公共关系信息传播中，为取得较好的传播效果，要合理运用公共关系语言，充分发挥各种语言的优势，提高信息的传播速度，扩大信息的传播范围，提高信息的接收率。

6. 利用"名人效应"

在选择人际传播方式进行公共关系信息传播时，与形象良好的政界要员、影视明星、体育明星等名人结合起来，常常能起到比较好的传播效果。公共关系活动与名人结合在一起，通过名人引起公众的注意、兴趣与好感，从而达到对组织形象、组织产品的认可，这就是名人效应。

> **案例**
>
> ### 利用总统当推销员
>
> 美国的一个出版商有一批滞销书久久不能脱手，他忽然想出了一个主意：给总统送去一本书，并三番五次去征求意见。忙于政务的总统不愿与他纠缠，便回了一句："这本书不错。"该出版商便大做广告："现有总统喜爱的书出售。"于是，这些书被一抢而空。不久，这个出版商又有书卖不出去，又送了一本给总统，总统上过一回当，想奚落他，就说："这书糟透了。"出版商闻之，脑子一转，又做广告："现有总统讨厌的书出售。"不少人出于好奇争相抢购，书又售尽。第三次，出版商将书送给总统，总统吸取了前两次的教训，便不做任何答复，出版商却大做广告："现有令总统难以下结论的书，欲购从速。"书居然又被一抢而空，总统哭笑不得，商人大发其财。
>
> 资料来源：郭静.巧借总统做广告[J].金融经济，2003（9）：62.
>
> 讨论：请问这个案例说明了一个什么原理？

7. 善于"制造新闻"

在媒介上刊播新闻是进行大众传播的有效方式，借助媒介来为组织宣传，可信度和有效性高，容易被人接受。什么样的事件才能成为新闻？组织在选择时主要看事件的新闻价值。新闻价值是指该事实本身所具有的重要性、新鲜性、接近性、及时性和趣味性。公共关系人员应具备相当的新闻素养、新闻敏感度，善于发现有价值的事实并及时报道。

8. 合理运用公共关系广告

公共关系广告也叫组织形象广告，目的是建立组织信誉，促进公众对组织的了解，沟通公众与组织的感情，它有以下几种形式。

（1）组织广告。组织广告指以组织自身作为宣传主体的广告，它可以从以下四个方面开展。第一，宣传组织的价值观念，如"海尔真诚到永远"。第二，介绍组织的情况，如"TCL招聘2 000名高级人才"。第三，贺谢广告，如"全球海尔人恭贺北京申奥成功"。第四，联姻广告，如"'伊利杯'我最喜爱的春节晚会节目"。

（2）征集广告。征集广告包括向社会广泛征集组织名称、产品名称、商标设计、组织口号等，以吸引社会的注意及公众参与。

（3）竞猜广告。竞猜广告指组织刊登广告并开展有奖猜谜活动。猜谜内容多为有关组织及产品的知识，问题一般很简单。这种活动可多次见诸新闻媒介，如通告抽奖结果、采访获奖者等。

（4）服务广告。服务广告指开展与本组织产品有关的社会服务活动，并通过广告向社会宣传，如化妆品企业举办美容培训班等。

（5）馈赠广告。馈赠广告指为组织举办、赞助的社会公益性活动而做的广告，如四通集团的"四通之友世界名曲专场音乐会"等。

> 案例

毛姆的征婚广告

某一天，英国各大报纸不约而同地登出一则征婚广告，广告只有寥寥数语："本人喜欢音乐和运动，是个年轻而又有教养的百万富翁，希望能和毛姆小说中的女主角完全一样的女性结婚。"这则征婚广告一时间在英国引起颇大的轰动，那些日夜想嫁给"年轻而又有教养的百万富翁"的小姐，纷纷将毛姆小说购回藏于香闺；那些时刻惦记女儿命运、千方百计要给女儿安排个好归宿的太太，则遍索毛姆小说赠送女儿作礼品或"教本"。几天之内，伦敦各书店的毛姆小说被抢购一空，并在畅销书中独占鳌头。其实，刊登这则"征婚广告"的不是别人，正是毛姆自己。

资料来源：改编自《当代修辞学》杂志"知识林"栏目文章"毛姆的'征婚启示'"，1992（5）：49。

讨论：请结合案例说明公共关系广告的运用技巧。

6.3 协调关系

> **牛人课堂**
>
> 人们对事物的判断，并不完全等同于事物自身的属性，并不是照相似地反映事物的形象，而是在很大程度上取决于观察者实际获取的相关信息及其具体的视角、经历、知识、价值观乃至情感。
>
> ——电子科技大学教授 管文虎

所谓协调,就是协商、调整,缓解和化解各子系统、各要素之间的矛盾与摩擦,以期达到步调一致、和谐统一的状态。公共关系协调指组织为争取公众的支持与合作而开展的各种协调公共关系的工作。协调工作的主要目的是追求组织与公众关系的和谐,以创造和谐的公共关系环境。

案例

上海迪士尼,请收回你的"霸王条款"

上海迪士尼主题乐园于2016年6月16日起,在4处寄存柜使用这样的告示:请妥善保管好个人物品,如有遗失,上海迪士尼乐园不承担任何责任。因违反《合同违法行为监督处理办法》第九条第(二)项规定"经营者不得免除故意或者重大过失造成消费者财产损失的责任",迪士尼乐园被上海浦东新区市场监督管理局于2021年9月罚款5 000元,并因此引起了网友的关注。网友随后盘点了迪士尼的"霸王条款",从禁止游客自带食物到翻包事件,再到存包免责声明。

资料来源:百度百家号:中国青年报;上海迪士尼,请收回你的"霸王条款";2021-09-02;https://baijiahao.baidu.com/s?id=1709759523207935169&wfr=spider&for=pc,引用时有删改。

6.3.1 公共关系协调的形态

公共关系协调的形态主要有三种:服从、调整、合作。

1. 服从

服从是指组织自愿地或主动地按照公众的需求而行动,一般表现为组织为主动适应公众的需求而提供某种产品或服务。例如,铁路交通部门为满足高校学生的需要,在寒暑假加开学生专列,主动上门售票。

2. 调整

调整是指组织根据相关公众的情况,改变自己原有的态度、方案或目标,避免、平息冲突或争执,以维系双方和谐的关系,一般表现为让步、修正、协商。例如,某住宅小区挤占绿地建房,引起居民的不满,经协商由建房单位出资,在小区内加大绿化力度,并修建了一些文化娱乐设施,使纠纷得以化解。

3. 合作

合作是指组织与相关公众为某个共同利益而相互配合、联合行动,协同完成任务,一般表现为联合主办、协办等。例如,麦当劳、迪士尼与可口可乐携手合作、共谋发展,在迪士尼乐园内设立麦当劳店,在各地的麦当劳店里均可销售可口可乐和迪士尼的电影票,而可口可乐公司在销售自己产品的同时,也帮助麦当劳和迪士尼做宣传。

6.3.2 公共关系协调的内容

公共关系协调涉及诸多内容,主要包括利益协调、态度协调和行为协调。

1. 利益协调

利益是指组织与公众所获得的物质或精神上的需求和满足。组织与公众之间存在着利益上的互补关系，利益协调是实现这种互补关系的主要途径。利益协调在操作上，首先双方要清晰认识各自的利益所在，其次要寻找双方共同利益的结合点，最后要调整利益目标，在双方共同接受的前提下实现各自利益的最大化，以实现互利合作，促进互利互惠。

案例

谷歌允许员工申请永久远程办公，薪酬按当地费率调整

谷歌公司在 2021 年 6 月推出了一款名为"工作地点工具"（Work Location Tool）的软件，允许员工提出更换办公地点的要求或申请成为永久远程办公者。如果员工要求转移到新的办公地点，他们的补偿将根据当地的费率进行调整，该软件将向员工展示因工作地点改变而可能发生的薪资变化情况。

资料来源：百度百家号：新浪财经：谷歌允许员工申请永久远程办公，薪酬按当地费率调整；2021-06-23；https://baijiahao.baidu.com/s?id=1703309272045403911&wfr=spider&for=pc，引用时有删改。

2. 态度协调

态度是人们对某一事物所持的看法和行为倾向，它包括认知、情感和意向。认知是人们对事物的认识、理解和评价；情感是对事物好恶的内心体验；意向是行为的思想倾向和准备状态。态度建立在利益基础之上，它主要取决于人们的价值观。所谓态度协调，是指组织为了实现与公众的互利合作，自觉开展转化公众的消极态度和强化积极态度的各种工作。态度协调是公共关系协调的关键，有效的态度协调可以使逆意公众、边缘公众转化为顺意公众，增进组织与公众之间的友谊和合作意愿，为行为协调奠定良好的基础。态度协调的操作一般从认知、情感和意向三个方面入手。认知协调主要是做好与相关公众的信息交流，引导公众树立正确的价值观，使公众全面了解组织并消除某些误会与偏见。情感协调主要是增进公众对组织的信任与友谊，化解公众对组织的冷漠、敌视等不利于建立和开展良好公共关系的感情障碍。意向协调主要是在认知协调和情感协调的基础上，进一步培育公众与组织互助合作的意愿和倾向，防范与化解不利于合作的消极情绪。

3. 行为协调

行为协调是指组织及其公众自觉地对自身的行为进行调整和调节，以便于双方的相互配合与互助合作。行为协调是公共关系协调的实际步骤和最终结果，其主要目的是将组织的潜在公众、知晓公众转变为行动公众，使组织与公众之间的互助合作意向转变为实际行动。组织通过防范与化解可能出现的矛盾和冲突，最终达到公共关系的和谐状态。

案例

快手电商的"小店信任卡"正式上线

2021 年 6 月 7 日，快手电商面向诚信消费者正式上线"小店信任卡"，用户可以在快手任一卖货直播间查看。"小店信任卡"内含消费者购物保障、平台优惠券和商家提供给消费者的系列体验保障，包含退款不退货、退货补运费、假一赔十、七天无理由、极速退款、极速发货等权益，在不同的快手主播直播间，用户可享受不同梯度的信任卡权益。

资料来源：品阅网，快手电商正式上线"小店信任卡"，2022-06-24，https://www.q578.com/s-5-1739411-0/，引用时有删改。

6.3.3 公共关系协调的方法

1. 建立交流渠道

要建立合理的信息管理制度和信息交流网络，有效进行信息的收集、储存、使用、发布与反馈，确保信息能够通畅地上传下达、平行交流、内外沟通，使组织与内外公众之间相互了解，减少误会。

2. 提高预测能力

要经常性地开展信息监测和环境监察工作，预测各种可能出现的不协调因素，如内外公众可能产生的态度变化，信息发布与广告宣传可能造成的误解，与合作伙伴及竞争对手可能发生的摩擦等，提前采取相应的措施，以避免或减少冲突。

3. 及时收集和分析反馈信息

要注意收集反馈信息，并加以分析、利用，及时调整组织的策略和行为，以化解不协调因素，防止矛盾激化。

4. 加强感情联络

组织应当开展丰富多彩的联谊活动，如举办由领导、员工、外部公众、新闻媒体参加的聚会、竞赛、联欢、参观、文化日等活动，以增进各方的感情交流，加深友情，营造相互信赖和相互支持的团结气氛。

5. 安排有矛盾冲突的各方进行会谈协商

通过对话协商，各方可以充分表达自己的意见和愿望，进而加深相互理解，有利于缓和矛盾，相互谅解，达成共识。

本章小结

公共关系是组织与公众之间，通过互动而构成的一种社会关系。组织与公众之间的互动方式主要有三种：塑造形象、传播管理、协调关系。塑造组织形象一般包括的程序是分析、定位、系统设计、传播与推广、更新与矫正。传播管理是社会组织了解公众、公众认知组织的中介和桥梁。公共关系传播管理具有行为的受制性、内容的求实性、渠道的多样性、方式的策略性、活动的高效性等特点。公共关系的传播类型主要包括人内传播、人际传播、组织传播、大众传播和国际传播。公共关系大众传播媒介可分为印刷媒介和电子媒介。有效的公共关系传播技巧包括建立良好的人际关系、与新闻记者联系并建立良好的关系、做好会议组织与联系接待工作、营造良好的传播环境、正确选择公共关系语言、利用"名人效应"、善于"制造新闻"、合理运用公共关系广告。公共关系协调的形态主要有服从、调整和合作。公共关系协调涉及诸多内容，主要是利益协调、态度协调和行为协调。公共关系协调的方法有建立交流渠道、提高预测能力、及时收集和分析反馈信息、加强感情联络、安排有矛盾冲突的各方进行会谈协商。

热词加油站

定制晚会

定制晚会通常为品牌定制打造，从主题、嘉宾、表演、舞美到互动都围绕客户品牌设计,晚会现场一般采用"现场晚会+电视/线上直播+app抽奖"互动模式,打破传统晚会和电视节目内容形态,融入了大量商业元素。

流媒体
流媒体是指一种新的媒体传送方式,是指将一系列媒体数据在互联网上分段发送,在互联网上即时传输视频和音频以供观看的技术与过程;此技术使数据包得以像流水一样发送,浏览者可以一边下载一边欣赏。

兴趣电商
兴趣电商是指一种基于人们对美好生活的向往,来满足用户潜在购物兴趣,提升消费者生活品质的电商。兴趣电商对整个电商生态有很大价值,会有越来越多的从业者转向兴趣电商。对消费者而言,兴趣电商能满足其潜在的购物需求,帮助其发掘新的商品和服务,进而提升生活品质;对商家而言,能更精准地找到自己的消费者,更多被激发出的消费需求会带来更多机会,形成更大的市场。

原生内容
原生内容指产品本身提供的主要内容,比如视频产品提供的视频、小说产品提供的小说。

衍生内容
衍生内容是指基于原生内容的二次生产和演绎,如转发、点赞、评论、分享等通用产品模块。

个性化推荐
个性化推荐是指基于大数据和算法,为每个用户推荐适合他本人的内容。

专题推荐
专题推荐是指将类型/主题相似的优质热门内容聚合成专题,根据不同用户的喜好,推荐给匹配度更高的专题用户。

● 思考讨论

1. 小微企业适合选择何种传播方式和传播媒介与公众互动?
2. 你认为互联网会取代电视吗?如果这一天真的到来,会对公共关系提出哪些挑战?
3. 谈谈你对炒作、作秀和包装的理解,你觉得成功的公共关系应该如何炒、如何秀、如何包装?
4. 组织形象识别系统是否适合所有组织?为什么?

● 能力实训

1. 某企业为新产品上市组织了一个新闻发布会,其中邀请了《中国日报》《中国青年报》《服装时报》《服饰导报》《新民晚报》《上海时装报》、上海电视台等媒体记者参加。请按不同标准将这些媒体加以分类。
2. 根据自己所在学校、分院、专业或者班级的真实情况,为其设计一套组织形象识别系统，包括整个组织形象识别系统的规划、设计，涵盖理念识别系统、行为识别系统和视觉识别系统三大系统的所有内容，并解释说明设计思路。

社会热题大讨论

课外导读

[1] 璟天.形象决定命运[M].北京：中国时代经济出版社，2011.
[2] 易圣华.新闻公关营销实战[M].北京：机械工业出版社，2013.
[3] 赵杰.新媒体跨界交互设计[M].北京：清华大学出版社，2017.
[4] 闫岩.互联网+：整合与跨界[M].北京：台海出版社，2016.
[5] 赫罗德，萨拉穆诺维奇.公关思维：口碑攀升的底层逻辑[M].张德众，译.天津：天津科学技术出版社.

第 7 章　公共关系调查
第 8 章　公共关系策划
第 9 章　公共关系实施
第 10 章　公共关系评估

第 3 篇

活动过程篇

第 7 章

公共关系调查

📝 学习目标

掌握：公共关系调查的程序和方法。

理解：各种公共关系调查的内容（社会环境状况调查、组织内外相关公众的调查、组织自身形象调查、传播媒介状况调查）。

了解：公共关系调查的含义及作用。

📝 引　例

爆火的"熬夜水"，凭什么能吸引年轻人

被追捧的"熬夜水"究竟是什么？据网络资料，"熬夜水"是一款流行的养生饮料，主要配料是滋补类型的中药材，如蜂王浆蜂蜜、红枣、胎菊、葛根与人参等。据不完全统计，目前已经推出了"熬夜水"的有同仁堂、张仲景、王老吉等传统品牌，以及新茶饮品牌"椿风·养身茶饮""荷田水铺""若遇江南·国风茶""炖物 24 章·古法茶饮""花梨元气研究所"等。它们的营销概念如出一辙，都是以中式养生茶饮或草本养生的概念活跃在市场上。

1. 用户长期熬夜的习惯，让养生文化产品有了市场

据 CBN Data 发布的《年轻人养生消费趋势报告》显示：超过 90% 的年轻人已经有了养生意识；超过 50% 的"90 后"出现了健康状况下降的信号，如脱发或掉发、视力减弱等；超过 95% 的用户对健康养生的态度明确；24% 的年轻人已经开始养生。据《2020 年

中国人健康状况报告》显示，以"90后""00后"为主的年轻人是现在的熬夜主力军，他们的日均睡眠时长低于7小时，也是目前身体呈现亚健康状态的主要群体。

从另一个角度看，现在品牌卖的养生产品，更是一种养生文化。有养生意识的年轻人同时有着喜欢熬夜的生活习惯，这种冲突的养生意识与生活习惯，让不少年轻人想要找一个平衡这两者矛盾的桥梁，于是"朋克养生"成为消费者抚平内心焦虑的重要方式，这才让"熬夜水"越来越受市场欢迎。

2. 抓住悦己经济，满足用户精神需求

"熬夜水"主要以中式养生茶饮或草本养生的概念走进用户心中，核心是"养生"。它能够让年轻人在保持自身熬夜生活习惯之余，又能够缓解自身的焦虑。在更多的年轻人看来，中药有一类重要的功效就是"滋养"，如美容养颜、养胃等。

虽然层出不穷的新功能可能因为人体的吸收能力、产品本身的原料配比等问题，很难满足用户的预期，但是有了品牌营造的卖点与熬夜一族的追捧，已经给了更多人心理慰藉，让以养为主的有中药成分的产品成为用户取悦自己的时尚单品。

悦己经济讲究的是"更爱自己"的价值观，在消费者看来，喝"熬夜水"正是健康养生的方式，这也让"熬夜水"成为取悦自己的方式之一，让买"熬夜水"演变成了用户为自己的健康快乐买单的潮流生活费方式，并平衡了消费者生活习惯与心理需求之间的矛盾，使其身心愉悦、幸福感倍增。不知不觉中，消费者也渐渐养成了喝那些拥有健康理念的水的习惯。

3. 细分产品赛道，以"熬夜"为商业噱头更吸引人

在更为细分的健康饮品赛道上，前有主打"0卡0脂"收割市场红利的元气森林，现在异军突起的"熬夜水"则开辟了新的健康赛道，以差异化的产品去吸引用户，让自身的营销概念有别于抢占先机的元气森林。

资料来源：搜狐网：美食吃吃；爆火的熬夜水，凭什么吸引年轻人；2021-09-01；https://www.sohu.com/a/487191241_121124449，引用时有删改。

7.1 公共关系调查概述

> **牛人课堂**
>
> 如今，大众消费者已不再纯粹消费商品本身，而是在消费符号。同时社会依靠符号区分阶层，而整个消费社会，是一个依靠具有差异性的符码组织起来的动态结构，对它的任何抵抗，只会成为消费的重新推进器。
>
> ——法国哲学家 让·鲍德里亚

我国有句妇孺皆知的老话："知彼知己，百战不殆。"公共关系调查其实就是为了给社会组织管理部门提供参考依据，达到"知彼知己"的状态，以保证组织有效开展各项公共

关系事务活动而做的工作。公共关系调查是公共关系活动的起点与基石。

7.1.1 公共关系调查的含义

公共关系调查是社会调查的一种表现形式，是在特定的时间与地域范围内，运用相关调查方法和工具，收集并分析与本组织相关的公众的观点、态度和行为信息，了解和掌握自身公共关系状况的过程。在这个过程中所获得的信息可以用于制定长远的战略性规划，也可以用于制定某阶段或针对某问题的具体政策或策略，不仅有助于组织把握目前的公共关系状况与问题，还有助于组织及早发现潜在的威胁，为具体公共关系活动目标和方案的正确制定提供客观依据，让公共关系人员可以"对症下药""量体裁衣"，使问题尽快得到解决。

7.1.2 公共关系调查的意义

1. 能够帮助组织准确地为产品和形象定位

公共关系调查可以帮助组织了解公众真实的消费需要，明确界定组织的产品和服务，也可以帮助组织准确地了解其在公众中的形象定位。组织的形象定位是指组织明确以什么样的形象出现在其公众面前，形象定位取决于组织的战略定位和组织的竞争优势。通过产品和形象定位调查，组织可以测量出自我期望的形象与其在公众中实际形象的差距。组织可针对这个差距策划有效的公共关系活动方案，以缩小差距。

2. 能够为组织管理决策提供科学依据

公共关系活动的主要功能是系统阐释组织目标及其贯彻落实举措，为组织决策层制定实现组织目标的各种战略提供咨询建议。它既非推销也非广告，严格地讲也不属于促销，它是管理职能、管理行为的一个组成部分。公共关系调查的主要任务就是及时地为组织提供决策依据，并有效地预测和检验决策的正确性。因为只有通过调查，组织才能了解公众的要求和愿望，才能做出符合公众要求和愿望的决策，最终才能使组织在公众的心目中树立起良好的形象。

3. 能够帮助组织监测公众舆论

舆论指具有共同利益的人群、团体对某些问题所持态度的表达。在信息传播极其迅速的现代社会，舆论是一种非常重要的力量。舆论的力量像一阵风，当我们尚未辨明其来源时，就已经能感觉到它的影响，并受到它的影响。积极的公众舆论有利于组织塑造良好形象，消极的舆论则会损害组织的形象，甚至会造成组织形象危机。因此，通过公共关系调查，监测公众舆论，并使组织及时扩大积极舆论、缩小消极舆论的影响是十分重要的。

7.1.3 公共关系调查的原则

公共关系调查是一项包含大量科学性和技术性内容的工作，因而要遵循以下几条原则。

1. 客观性原则

客观性原则指公共关系人员在进行调查的过程中要从实际出发，严格按预定程序开展调查工作，尊重客观事实；在调查结束后的材料整理过程中，要区分公众的主观臆想和客观态度，也要防止公共关系人员自身将猜测成分加进去。只有这样，才能保证调查结果的真实性和可靠性。

2. 伦理性原则

公共关系调查的有效性是建立在伦理性原则基础之上的。公共关系组织委派公共关系人员进行调查，不可能逐一进行监督。因而，公共关系调查人员必须本着一种职业道德，自觉、规范地进行调查，对调查对象不得以欺骗或胁迫为手段，更不能为获取某种有价值的资料而不择手段。只有坚持伦理性原则，才能既维持组织的声誉，又获得公众的好感。

3. 时效性原则

公共关系调查是有其时机和时限的，这既包括公共关系组织自身发展过程中的有利时机，也包括社会上的重大节日等契机。公共关系调查必须做到坚持时效性，才能准确及时地掌握市场信息，对市场变化及时做出反应或调整，才能始终使公众感觉到社会组织对他们的关注与关心，更好地协调与公众的关系。

7.2 公共关系调查的内容

> **牛人课堂**
>
> 人类将经历四个不同的消费时代。其中，在第三消费时代，欧美奢侈品牌开始在（日本）国内流行，人们追求品牌倾向，重视个性。而到第四消费时代，人们回归朴素、休闲，更倾向于采取共享的模式，追求无品牌倾向。
>
> ——日本消费社会研究专家 三浦展

作为一项系统的公共关系研究工作，公共关系调查的内容相当广泛而丰富，涉及组织公共关系的目标、主体和客体，也涉及公共关系的传播媒介、社会环境等。但公共关系调查的关键还是要围绕组织展开深入调查，把握公众对组织的认识和评价，研究分析组织所处的环境。一般来说，公共关系调查主要包括以下四个方面：社会环境状况调查、组织内外相关公众的调查、组织自身形象调查及传播媒介状况调查。

7.2.1 社会环境状况调查

社会环境的公共关系调查涉及的内容极其广泛，大致来说有四个方面。

1. 国家有关的政策和法律、国家政治经济发展规划

其中包括国家和地方政府的中长期发展战略规划、宏观政策，与社会组织有关的政治、经济、科技、社会文化等发展变化趋势，与社会组织有关的地方政府机构和法律部门颁布的地方性法律、法规和方针政策，以及国家根据发展需要新出台的行业调整计划、新颁布的法律和法规。

> **拓展阅读** 平台经济领域反垄断指南
> 资料来源：中国连锁经营协会官网，平台经济领域反垄断指南发布（附指南全文），2021-02-08，http://huiyi.ccfa.org.cn/portal/cn/xiangxi.jsp?id=442432&type=2。

> **案例**
>
> ### 腾讯针对小学生推出游戏未成年人保护"双减、双打"新措施
>
> 2021年8月3日，腾讯在其官方账户"鹅厂黑板报"发文称，推出游戏未成年人保护"双减、双打"新措施。腾讯称，在刚刚结束的第19届中国国际数码互动娱乐展览会上，有关主管部门对全行业主动开展未成年人保护工作、履行社会责任提出了更多希望与要求。腾讯对此高度重视，将以《王者荣耀》为试点，逐步面向全线游戏推出"双减、双打、三提倡"的七条新举措。
>
> "双减"包括如下内容。
>
> （1）减时长：将执行比政策要求更严厉的未成年用户在线时长限制，非节假日从1.5小时降低至1小时，节假日从3小时减到2小时。
>
> （2）减充值：未满12周岁未成年人禁止在游戏内消费。
>
> "双打"包括如下内容。
>
> （1）打击身份冒用：针对未成年人冒充成年人游戏的情况，将原来的"零点巡查"升级为"全天巡查"，要求可疑账户全部重新认证。
>
> （2）打击作弊：积极配合政策，打击用户通过加速器登录及部分第三方平台买卖成年人账号的行为。
>
> "三倡议"包括如下内容。
>
> （1）倡议全行业进一步强化游戏防沉迷系统，控制未成年人游戏总时长。
>
> （2）倡议深化对游戏适龄评定和实施机制的研究。
>
> （3）倡议全行业讨论全面禁止未满12周岁未成年人进入游戏的可能性。
>
> 资料来源：快科技网；腾讯又下狠手！推出游戏未保"双减、双打"新措施，禁止小学生在游戏内消费；2021-08-04；https://news.mydrivers.com/1/773/773936.htm，引用时有删改。

2. 行业发展趋势

对某一组织的发展战略而言，关注本行业的发展趋势是至关重要的。比如，在加入世贸组织之前，影响各行业的变化趋势的一个重要因素就是加入世贸组织问题，因此，加入世贸组织后对我国各行各业的影响分析，是调查各行业发展趋势中的一出重头戏，调查工作也会围绕着加入世贸组织后该行业面临的机遇和挑战等问题展开，为组织自己将要制定的对策搜集参考资料和依据。

3. 同行业情况和竞争对手的情况

通过调查当前本行业呈现的主要竞争态势，竞争对手的优势与劣势、经验与教训，从

而找到自己各方面的参照系,掌握企业的发展机会,消除潜在的威胁。

> **拓展阅读** 2021年中国新经济独角兽与准独角兽标杆企业研究报告
> 资料来源:百度百家号:艾媒咨询,2021年中国新经济独角兽与准独角兽标杆企业研究报告,2021-07-28,https://baijiahao.baidu.com/s?id=1706523886872995969&wfr=spider&for=pc。

4. 社会问题调查

面对纷繁复杂的现实社会,社会热点、重大事件等一切社会调查的内容都在此列。引人关注的社会问题是否可以成为本组织借势的契机,必须经过充分的调查研究才能决策,没有积蓄和准备容易错失良机,调查研究不到位也可能弄巧成拙。

7.2.2 组织内外相关公众的调查

在公共关系工作中要想获得成功,必须"知彼知己",而"知彼"更为关键。因此,公共关系调查必须将相关公众状况调查作为其工作的重点。

1. 组织外部公众的调查

(1)背景资料。背景资料包括被调查者的姓名、年龄、性别、籍贯、住址、文化程度、职业、收入情况、家庭情况等。

(2)知晓度资料。知晓度资料指的是被调查者对某一问题、某一事件、某一形势、某项计划、某段时间的知晓程度。

(3)态度资料。态度资料指被调查者对各种对象的态度。

(4)行为资料。行为资料指的是被调查者就某个问题正在或者已经采取的行动的情况。

> **拓展阅读** 未来已来,Z世代引领新消费
> 资料来源:和讯网;未来已来,Z世代引领新消费;2022-06-02;http://news.hexun.com/2022-06-02/206071500.html。

2. 组织内部公众的调查

公共关系的宗旨是内求团结,外求发展。因此,除了了解外部公众的状况外,还应掌握组织或企业内部公众的心理气氛、人际关系及凝聚力的状况。组织内聚力主要反映组织内部所形成的集体意识、相互合作的气氛,以及其成员对组织产生的向心力,这是衡量一个组织的战斗力高低的尺度。公共关系人员可以通过各种方式收集内部员工的意见,把握员工的思想脉搏,了解员工的情感情绪。

7.2.3 组织自身形象调查

组织自身形象指的是相关公众对组织的看法与评价的综合情况。这是公共关系调查的重要内容,因为形象对于任何一个社会组织的意义都变得越来越重要,特别是对于从事产

品生产与经营的工商企业来说更是如此。良好的形象能帮助企业赢得更多顾客、投资者及社会各界的合作与支持。组织自身形象包括自我期望形象和实际社会形象两个方面。

1. 自我期望形象

自我期望形象即一个组织自己所期望建立的社会形象，这是一个组织公共关系工作的内在动力、方向、目的和标准。公共关系工作首先需要通过组织内部的调查分析，了解组织的自我评价，了解组织对公共关系工作的期望值，这是公共关系调查的一个重要环节。自我期望形象调查包括以下几个方面。

（1）组织实态的调查。组织实态即组织客观的实际状态和基本条件。组织自身形象调查首先要了解组织客观的实际状态和基本条件。比如一个组织，它正在做什么，能够做什么，做得怎么样，具备哪些有利条件和不利条件。比如一个企业，它生产什么产品，提供什么服务，其生产状况、技术状况、财务状况、产值和利润、市场销售状况、组织人事状况等，都需要进行客观、准确的分析，从而为公共关系目标定位和策划提供客观依据。

（2）员工阶层的调查。其目的是了解本组织广大基层和一线人员对组织的看法与评价。一个组织的目标和政策需要得到其广大成员的认同与支持，才可能有效地转化为该组织的实际行动。因此，需要通过内部调查（如员工座谈及员工问卷调查）了解员工的权利要求和各种批评建议，以及他们对领导层提出的总目标的信心和支持程度，发动全体成员寻找组织公共关系的薄弱环节及改善措施，鼓励大家积极参与公共关系目标和计划的拟订。

（3）管理阶层的调查。行政和技术业务管理阶层是一个组织的核心力量，他们对组织的看法既对基层员工产生影响，也对决策上层产生影响。因此需要重点了解和分析管理阶层的观点、意见和态度，从而分析本组织的优势和劣势。

（4）决策阶层的研究分析。一个组织的形象蓝图最终源于决策阶层。决策阶层决定着组织的总体目标，从而决定着组织形象的基本定位，决定着公共关系的总政策。决策阶层的价值观和行为方式，也影响着组织形象的个性和风格。在进行组织形象调查时，必须尽可能领会和熟悉决策阶层的观点、意见与态度，以此作为组织自我形象规划的重要依据。

2. 实际社会形象

实际社会形象指的是外部公众对组织现实行为与政策的评价和看法，涉及相关公众对组织的认知、态度和行为倾向。调查组织的实际社会形象主要通过两个重要的指标：知名度和美誉度。

（1）知名度。知名度是公众对组织信息的知晓程度，即公众对社会组织的名称、方针政策、基本职能、产品服务、经营状况等基本信息知晓与了解的情况。

（2）美誉度。美誉度即公众对组织在产品服务、经营管理、社会责任承担、行为活动等方面的表现所持的满意、支持、信任与赞誉的程度。

（3）知名度和美誉度比较分析。根据不同时期组织知名度和美誉度的比较，便可以知道社会舆论环境对组织有利或不利的程度。

1）高知名度／高美誉度。组织处于这种形象地位，属于最佳的组织形象管理状态。但同时要注意，知名度越高，美誉度的压力就越大。如果知名度超过了美誉度，就更应该警觉，以防美誉度跟不上而造成知名度方面的负面压力。

2）高美誉度／低知名度。组织处于这种形象地位，属于较为稳定、安全的一种组织形象管理状态。由于美誉度是形象的客观基础，因此这种状态具有良好的形象推广基础。其缺陷是知名度偏低，美誉度的社会价值得不到应有的体现，因此组织形象管理工作的重点是在维持美誉度的基础上提高知名度，扩大其美誉度的社会影响面。

3）低知名度／低美誉度。这表明组织形象管理处于不良状态，既没有名气，公众评价也不好。组织应首先改善美誉度的问题，即提高业务质量，改善工作效率和服务态度等。

4）低美誉度／高知名度（臭名远扬）。组织处于这种形象地位，属于较差的组织形象管理状态。组织应从提高美誉度方面下手，之后再提高知名度。找出差距、发现问题，是组织形象管理工作程序中的重要步骤。

除了知名度和美誉度，公共关系人员还可对公众的行为倾向情况做出分析与预测，即努力了解与把握公众对组织的产品、服务、政策、行为已经或准备采取什么样的行动。

7.2.4 传播媒介状况调查

1. 大众传播媒介情况调查

大众传播媒介是公共关系信息传播的支柱性媒介，它们跨越空间大、影响范围广、传播效率高，深受社会组织重视。对大众传播媒介的情况进行调查的基本内容包括以下三方面。

（1）大众传播媒介的分布情况。如地域、行业、类型、数量等的分布情况。

（2）大众传播媒介的功能作用情况。如涉及大众传播媒介功能作用的传播范围、传播内容、传播特色、传播效果、传播者的威信等方面的情况。

（3）大众传播媒介所需信息的情况。如一定时期内大众传播媒介的报道中心、新栏目的开辟、编辑和记者需要的内容等方面的现实状况。

2. 专题活动媒介情况调查

在现代社会中，专题活动已经成为一种重要的社会信息交流通道，是现代公共关系工作中一种具有特殊作用的信息传播媒介。组织掌握有关专题活动媒介的情况之后，可以决定是否参加某种专题活动，或自办有关专题活动。专题活动媒介情况调查的主要内容有以下两方面。

（1）专题活动的筹办情况。如某次专题活动是由何种组织机构主办的，将在何时何地举办，拟办活动的主题、内容、规格、规模、参加活动的人数与估计影响等。

（2）专题活动效果评价情况。如某次专题活动的经验教训和利弊得失、经济效益与社会效益、主办单位的自我评价、活动参与者的印象、权威人士的看法、局外人士的见解、新闻媒介的报道情况等。

● 案例

喜来登长城饭店的"全方位"调查

一提到喜来登长城饭店的公共关系工作，人们立刻会想到那举世闻名的里根总统的答谢宴会、当地副市长证婚的95对新人的集体婚礼、颐和园的中秋赏月和十三陵的野外烧烤等一系列使其声名鹊起的专题公共关系活动。喜来登长城饭店的大量公共关系工作，尤其是围绕为客人服务的日常公共关系工作，首先源于它周密系统的调查研究。喜来登长城饭店日常的调查研究通常由以下几个方面组成。

（1）日调查，包括问卷调查和接待投诉。

（2）月调查，包括顾客态度调查和市场调查。

（3）半年调查。喜来登总部每半年召开一次世界范围内的全球旅游情况调研会，其所属的各饭店的销售经理从世界各地带来信息，互相交流、研究，使每个饭店都能了解世界旅游形势，站在全球的角度商议经营方针。

这种系统的全方位调研制度，宏观上可以使饭店决策者高瞻远瞩地了解全世界旅游业的形式，进而可以了解本地区的行情；微观上可以了解本饭店每个岗位、每项服务乃至每个员工工作的情况，从而使他们的决策有的放矢。

综合调查表明，任何一家饭店光有较高的知名度是远远不够的，要想保持较高的"回头率"，主要靠优质服务，使客人满意。怎样才能使客人满意呢？经过调查研究和策划，喜来登集团面对竞争推出了"SGSS"方案，中文直译为"喜来登宾客满意系统"，意译为"宾至如归方案"。喜来登集团提出要在3个月内对该集团所属饭店上至总经理，下至基层服务员进行强化培训，不准请假，合格后发证上岗。在每人每年100美元培训费的基础上另设奖金，奖励先进。随着这一方案的推行，喜来登长城饭店更加闻名遐迩了。

资料来源：韩宝森.公共关系理论、实务与技巧[M].北京：北京大学出版社，2009：95.有删减整理。

讨论：面对激烈的市场竞争，喜来登长城饭店为何能赢得长久的"回头率"？这个案例给我们提供了什么启示？

7.3 公共关系调查的程序和方法

牛人课堂

洋酒品牌从线下走到线上，在电商化过程中，要分析掌握类目趋势及优势；洞悉品牌市场渗透现状，判断品牌所处梯队；分析品类价格带，优化各价格带运营策略；对比竞品行为及效果，深入了解竞品动向；寻找跨类目拉新流量机会点，实现跨类目拉新；打造针对性竞品策略，锁定核心追打竞品；重点优化品牌老客价值，挖掘品牌高价值老客营销机会点，才能在激烈的市场中找到增长的机会。

——一多奇思创始人　王欣欣

7.3.1 公共关系调查的程序

所谓公共关系调查的程序，一般地讲，指的是对社会组织客观存在的公共关系现象进行科学调查的基本过程。具体地说，公共关系调查的一般程序可以分为以下五个基本阶段。

1. 公共关系调查的课题确定

确定课题是公共关系调查工作的开端，选定题目之后，调查工作才可能按部就班地展开。调查课题要经过慎重考虑才能决定，首先，应明确调查的领域和范围，以选定调查的类型；然后，通过实地考察、文献研究和专家咨询等方式及方法，确定具体的调查研究课题。调查课题是对调查工作所要解决的重要问题的高度概括。课题符合组织需要才有必要，但仅有需要和必要还不够，如果调查主体限于知识结构、能力结构等素质和能力条件，不能驾驭该项工作也不行；即使调查主体能够胜任，而财力不济的话，调查工作也完不成。

2. 公共关系调查的方案设计

公共关系调查的方案设计是对调查的全部内容和全过程各个环节的总体安排。调查方案设计是关系到调查信度、效度的一个关键因素。因此，方案设计务求详细、周密，符合客观实际。公共关系调查的方案设计包含如下一些内容。

（1）说明本项公共关系调查的目的。明确调查的目的就是搞清调查要解决什么问题，然后才能考虑怎样去解决问题。调查内容、范围和方法都是根据目的而来的。

（2）说明公共关系调查的空间范围。明确调查总体、调查对象和调查单位，即确定采用何种调查方式。调查的空间范围和总体是由某种性质相同的许多调查单位所组成的，调查单位就是所要进行调查总体中的个体。比如，为了调查某市各公共关系公司的经营情况，要对全市公共关系公司进行全面调查，那么，该市的所有公共关系公司就是调查总体，它们都被列为调查对象，每一个公共关系公司都是调查单位。调查方案要明确调查是在某个社区，还是全市、全省或全国等空间范围上进行的。比如，对生源均来自市区的某中学进行调查，或对产品销售仅限市区的某小型食品厂进行调查，调查范围就是本市区，根本没有必要把调查范围扩大到外市或全省。不同的调查方式有不同的调查对象，比如，如果采取全面调查方式，那么调查总体内的所有单位都是调查单位；如果采取抽样调查方式，则由抽样决定的样本单位作为调查单位。调查的方案设计要确定采用何种调查方式进行调查，最重要的是确定调查规模，即样本数量。

（3）说明公共关系调查采用的方式之后，方案中还要说明采用何种方法向调查单位收集资料，如访谈、文献、观察、问卷、实验等。

（4）确定调查项目的内容，即所要调查的主要内容，或者说准备向调查对象调查哪些问题，制定各项调查的提纲和问卷。

（5）确定时间进度和人员安排。详细计划各环节具体的时间、进度，制定出工作流程，并确定各环节所需专家和工作人员的数量。

（6）确定调查资料统计、整理和分析的方法。

（7）确定调查报告的提交方式，主要有报告书的形式、保密级别、调查报告的基本规模，以及报告书提交的期限、份数。

（8）调查的预算。

3. 公共关系调查的实施

在实施调查阶段，调查人员深入现场与调查对象接触，进行收集第一手资料的工作，并按照方案要求完成收集各类资料的任务。从某种意义上说，这是整个调查的一个核心环节。收集资料就是要按照设计方案，运用访问、座谈、问卷、观察等方法和适当技巧展开调查工作，从调查对象那里获取系统、客观、准确的调查材料。这个阶段要进入调查对象所在的区域，要事先安排好交通问题。在实地调查阶段投入人员最多，花费也最大，由于头绪多、情况复杂，这也是最容易出现差错的阶段。这时要注意做好两方面的工作。

（1）根据实际调查的需要，对原来的计划进行必要的调整和修改。在实地调查现场，很可能出现一些意外情况或发现原来的设计方案与实际情况不符，此时要及时与调查负责人取得联系，对原来的计划进行必要的调整和修改，以保证调查任务按时保质完成。

（2）争取多方的支持与合作。为了确保资料搜集工作的顺利进行，真正搜集到真实、准确、可靠、全面的信息资料，公共关系调查者必须有效协调各种关系，争取多方支持。一方面，要争取被调查者的支持与合作，让被调查者主动反映情况，而不是消极接受；另一方面，也要协调好与有关组织及人士的关系，他们有可能影响和阻碍调查者向被调查者采集信息，也可能支持和帮助调查者向被调查者采集信息，因此应争取他们的帮助和支持。

4. 公共关系调查的资料整理与分析

公共关系调查的资料处理，包括资料整理和资料分析两个方面。

（1）公共关系调查的资料整理。除了在调查资料回收过程中对到手的资料进行检查、整理之外，还要统计和登录收集回来的原始资料，按照设计方案和整理方案的要求，进行审核、订正、分类、汇总，把调查所得各类资料的目录列出分类明细表，使之条理化和系统化。

（2）公共关系调查的资料分析。针对文字资料和数字资料进行综合的分析研究，从感性认识到理性认识，揭示调查对象的表面特征、数量特征和本质特征。资料分析还包括运用归纳、演绎、综合、逻辑、历史、统计、比较、系统等各种分析方法，揭示被调查对象各部分之间的关系，以及对该调查对象的发展变化规律做出判断性结论。

5. 公共关系调查的总结报告

最后阶段的工作是总结与评估本次调查，对调查全过程做出说明，包括本次调查的目的、方法、时间、地点、主要调查人数、调查表回收情况，以及对全部资料进行的客观分析，同时，做出实事求是的总结，特别是对信度和效度做出评估。调查的总结报告是该项调查工作成果的集中体现，在报告中除了交代调查的观点、结论，还应提出解决问题的建设性意见。

7.3.2　公共关系调查的方法

在公共关系调查中有很多方法，我们可以根据调查的目的和调查对象的特点选择相应的有效方法。其中，使用较多的有抽样调查法、访问调查法、文献研究法、问卷调查法、观察分析法等。

> 案例

2021年我国大学生消费行为调研分析报告（节选）

我国大学生消费基础及发展潜力

我国在校大学生数量逐年增长。数据显示，2020年我国高等教育在学总规模达到4 183万人。同时，随着生活水平的逐渐提高，大学生群体的月均生活费也随之增加，月均收入中位数为1 516元，预计2021年我国在校大学生的年度消费规模约为7 609亿元，消费潜力巨大。因此，了解大学生消费特征，推及未来市场的变迁和发展，对刺激消费、拉动经济增长具有现实意义。

2021年我国大学生兴趣爱好分布情况

艾媒咨询调研数据显示，虽然当代大学生兴趣爱好较为广泛，但游戏依旧最受当代大学生欢迎。近六成大学生热爱打游戏，近五成大学生热爱健身，此外二次元、付费自习室、追星、剧本杀、看直播等也是大学生群体中的热门兴趣爱好。艾媒咨询分析师认为，游戏爱好者占比之所以大，原因不仅仅在于游戏本身，也在于其社交属性。

2021年我国大学生使用平台偏好及目的

艾媒咨询调研数据显示，近四成大学生更爱使用微信、微博等社交类的app，其次是淘宝、京东等购物类app，而对于工具类以及生活类app，大学生的偏好程度较低。而社交需求是大学生上网最主要的目的，这也与社交类app最受大学生偏好的事实相符。

2021年我国大学生对不同渠道广告注意力

艾媒咨询调研数据显示，36.2%的大学生表示最能够被抖音等短视频平台的广告吸引；其次是微信以及微博、小红书，占比均在两成左右；而网页广告和垂直电商平台的广告对大学生的吸引力并不强。艾媒咨询分析师认为，相对于平面图形或者文字，视频等动态形式的广告传播性更强，更容易引起大学生群体关注，因而商家可以通过内容制定、内容植入、日常发视频互动加强品牌认知等途径进行短视频渠道营销。

2021年我国大学生超前消费情况分析

艾媒咨询调研数据显示，有54.9%的大学生赞成超前消费。在有超前消费行为的大学生中，近四成超前消费金额在500～1 000元。艾媒咨询分析师认为，由于大学生对新鲜事物的接受能力较强以及大学生消费需求的增加，因此大学生的超前消费行为日益普遍和流行。但值得注意的是，虽然超前消费可以在一定程度上缓解当前的资金压力，但也容易使人陷入消费陷阱，因而大学生群体应当树立正确的消费观，花钱应"三思"而后行。

2021年我国大学生购物狂欢节消费情况分析

艾媒咨询调研数据显示，相较于平时次均在线消费100～200元居多的情况，在类似"618""双11""双12"等大型购物狂欢节中，大学生消费水平有明显的提高。近五成在线消费的大学生在狂欢节中的消费金额为300～600元，此外消费金额在600元以上的接近三成。艾媒咨询分析师认为，类似"618"购物狂欢节等活动对大学生消费能起到明显的刺激作用。

2021年我国大学生消费决策时长调研分析

艾媒咨询调研数据显示，近六成受访大学生在线购物时长为30～60分钟，此外有18.0%的人为60分钟以上。艾媒咨询分析师认为，大学生购物时间的增长与其获取商品信息渠道的增多以及商品种类的增多有关，虽说传统电商平台上的商品介绍是主要参考渠道，但社交媒体上各种KOL的意见也能对大学生起到不小的影响作用，无形之中也会增加大学生的购物时长。

2021年我国大学生常用购物平台分析

艾媒咨询调研数据显示，在国内电商购物平台中，淘宝/天猫依旧是大学生群体购物的首选，获得了七成以上大学生群体的青睐；其次是京东/京喜，其占比也超过了五成，此外拼多多和抖音在大学生群体中也较受认可。

2021年我国大学生消费品类主要包括：①饮食及日用品消费；②形象消费；③社交娱乐消费。

我国大学生消费特点总结：①个性化、多元化消费；②追求性价比高的产品。

我国大学生消费趋势分析：①消费"无性别化"；②超前消费。

资料来源：艾媒网，2021年中国大学生消费行为调研分析报告，2021-07-28，https://www.iimedia.cn/c400/79943.html。

1. 抽样调查法

抽样调查法是指从调查对象的总体中按照一定的比例抽取一部分作为样本加以调查，并把样本的调查结果近似地等同于总体的调查方法。抽样调查可以分为随机抽样调查和非随机抽样调查两大类。随机抽样调查是在总体中随机抽取一定数目的个体进行调查的方法。非随机抽样不是根据概率原理抽样进行调查，它是按照调查者的主观意愿，有意识地在总体中选择一些单位作为样本进行调查的方法。抽样调查法用部分代替整体，获得的数据是近似的，但由于它省时、省力、可操作性强，因而得到了广泛应用。

2. 访问调查法

访问调查法是指调查人员根据事先预定的主题和内容与调查对象进行面对面的访问和谈话，以获取所需要的信息、资料的方法。访问调查法有多种多样的形式，我们应根据调查的目的、内容、调查对象的需要，来选择个人访问法、集体访问法、来信来电法等不同方式的访谈。

3. 文献研究法

文献研究法是指搜集有关调查对象的文献资料并进行研究分析的方法，这是一种有效的调查方法。该方法具有信息可靠、内容翔实、说服力强、成本低等特点。其局限性是速度慢、耗时多。所以，调查人员在广泛收集、积累资料的基础上，必须深入分析和研究，从中获取有价值的信息和结论，为组织决策提供信息支持。

4. 问卷调查法

问卷调查法是指调查者根据调查的目的将所要调查的内容和问题设计成统一的问卷量

表，选择相应的群体发放问卷，让他们根据各自的情况作答。问卷调查法成本低、答案标准化、结果数量化，便于统计分析，容易控制，获得的信息详细可靠。由于它具有这些优点，故被广泛用于调查。问卷调查法的问卷设计有开放型、半开放型和封闭型，我们可以依据不同的需要选择不同类型的问卷。

5. 观察分析法

观察分析法是指公共关系人员在自然条件下有目的、有计划、有重点地借助于自己的感观或各种测量仪器观察和研究他人的言行表现，把得出的结果按照一定的次序做系统的记录、分析和整理，并写出报告的研究方法。观察分析法主要适用于描述调查对象在自然条件下的具体状态，或需要对正在进行的一些活动过程做出描述的研究，如研究消费群体的购买行为，考察消费者的消费心理等。若观察分析法运用得当，可以获得其他调查方法难以得到的具有较高真实性与准确性的第一手资料，并且操作简单、费用较低。但是，观察分析法有时会受到调查者的主观意志的影响，获得的信息不一定有说服力。

本章小结

公共关系调查是社会调查的一种表现形式。它是指社会组织采用科学合理的方法，准确、翔实地搜集有关组织形象、公众需求、社会环境及发展趋势等方面的信息，为组织开展公共关系工作提供条件和基础，也为组织进行公共关系策划提供科学依据的公共关系步骤。公共关系调查能够帮助组织准确地为产品和形象定位；能够为组织管理决策提供科学依据；能够帮助组织监测公众舆论。公共关系调查要坚持客观性原则、伦理性原则、时效性原则。公共关系调查的内容包括社会环境状况调查、组织内外相关公众的调查、组织自身形象调查和传播媒介状况调查。公共关系调查的一般程序可以分为公共关系调查的课题确定、公共关系调查的方案设计、公共关系调查的实施、公共关系调查的资料整理与分析和公共关系调查的总结报告这五个基本阶段。公共关系调查可采用抽样调查法、访问调查法、文献研究法、问卷调查法、观察分析法等多种方法。

热词加油站

耳朵经济

耳朵经济是指人们用耳朵消费信息的能力。在网络时代，一旦我们把网上的可视信息变成可听信息，那么不仅可以缓解注意力短缺的压力，而且可以使倾听力资源发挥作用，从而就找到了网络经济的另一个增长点。

粉丝经济

粉丝经济泛指架构在粉丝和被关注者关系之上的经营性创收行为，是一种通过提升用户黏性并以口碑营销形式获取经济利益与社会效益的商业运作模式。起初被关注者多为明星、偶像和行业名人等，比如在音乐产业中，粉丝购买歌星的专辑、演唱会门票，以及歌星所喜欢或代言的商品等。由于互联网突破了时间、空间上的束缚，因此粉丝经济被宽泛地应用于文化娱乐、销售商品、提供服务等多领域。商家借助一定的平台，通过某个兴趣点聚集朋友圈、粉丝圈，给粉丝用户提供多样化、个性化的商品和服务，最终转化成消费，实现盈利。

● 思考讨论

1. 怎样理解"'小事不小'的公共关系意识是树立企业良好公共关系形象的关键"这句话？
2. 如何理解"准确的企业形象定位是其成功开展公共关系活动的第一步"？
3. 以求教的方式进行公共关系调查，满足了公众的什么心理？试举例分析。

● 能力实训

1. 为了方便教师对本专业同学加以了解，进一步深化教学改革，请针对本专业同学做一次关于专业认知的情况调查，结合本章学习过的公共关系调查的内容及工作程序，完成调查方案。
2. 请设计一个小型公共关系调查模拟问卷。

● 社会热题大讨论

● 课外导读

[1] 艾媒咨询研究院，张毅. 数据为王·颠覆营销：移动时代的大数据精准营销 [M]. 北京：人民邮电出版社，2017.
[2] 里弗拉. 用户画像：大数据时代的买家思维营销 [M]. 高宏，译. 北京：机械工业出版社，2018.
[3] 风笑天. 现代社会调查方法 [M].6 版. 武汉：华中科技大学出版社，2021.

第 8 章

公共关系策划

学习目标

掌握：公共关系策划的程序。
理解：公共关系策划的含义以及在公共关系活动中的地位。
了解：公共关系策划的特征和原则。

引 例

红豆"三伏天里卖鹅绒服"京东众筹公益活动

1. 项目背景

（1）品牌背景。红豆集团是一家成立于1992年的老字号服装品牌，多年来以优异的销售业绩稳居我国服装业百强前列。但主流消费人群多为30～60岁的中老年人群，随着"80后""90后"已逐渐成为消费主体，红豆在年轻消费群体中的品牌形象急需更新。

（2）产品背景。随着服饰的年轻化和消费升级，红豆品牌进行了一次产品上的创新，通过采用科技面料和高端白鹅绒打造了一款主打"轻、弹、暖"的高性价比鹅绒服，希望通过产品的调整能够改变产品的传统形象，让更多年轻人接受。

2. 活动目标

（1）完成红豆新品上市的销量转化，营销目标2 000万元；
（2）改善红豆品牌在年轻消费群体中的品牌形象，拓展年轻消费群体市场。

3. 活动策略

（1）根据产品卖点定制"社交内容"，定向吸引目标用户，结合"场景化公益营销"带动流量、刺激购买，并选择高流量、高匹配度的京东众筹实现销售转化。以"三伏天里卖鹅绒服"为事件，配合"为大凉山留守孩子们献爱心"的公益活动高调开启众筹预热。

（2）从红豆新品鹅绒服"轻"的卖点入手，打造病毒视频，配合场景化公益H5发起"内容轰炸"，配合微博话题，引爆社交媒体传播，同时有效利用社群资源，在特定微信群进行传播，配合朋友圈实现二次扩散，并将流量全部导流至京东众筹平台完成销量转化。

（3）在以抖音为主的社交平台上发布病毒视频，进行话题炒作，并通过知乎等平台进行品牌和产品背书，持续造势，达到长尾营销的效果。

4. 具体活动计划

（1）众筹预热期（2018-08-08—2018-08-14）。

以"国内著名的服装品牌红豆联手京东众筹，要搞一件大事儿——三伏天里卖鹅绒服"为事件，发起第一轮传播，在数个微信公众号上发布预热稿。同步发起微博话题，并以"为大凉山留守孩子们献爱心"的公益众筹收尾，以公益活动带动众筹流量。

（2）上市引爆期（2018-08-15—2018-09-15）。

以"内容轰炸"引爆社交媒体传播。①发布病毒视频《让衣服飞出天际》，借消费者喜爱的创意视频，在社交媒体上引起广泛关注和传播，为众筹导入流量，完成了大量的转化。②发布趣味H5"为爱'拼'一次，你敢吗？""10秒钟测试你的生活负重""官宣！冬季穿衣的进化指南"。以消费者乐于分享的话题，将消费者带入情境，引发情感共鸣，并以公益带动流量，将其引导至京东众筹完成转化。红豆轻鹅绒京东众筹项目郑重承诺，每十人参与众筹，就捐出一件羽绒服；同时有效利用社群资源，在特定微信群进行传播，配合朋友圈进行二次扩散，并将社媒吸引到的流量全部导流至京东众筹平台完成销量转化。

（3）口碑发酵期（2018-09-16—2018-11-11）。

发布病毒视频《熊出没》及抖音短视频《魔性集体舞》进行话题炒作，持续发声，并通过知乎等平台进行品牌和产品背书，为品牌和产品持续造势，达到长尾营销的效果。

5. 活动效果

（1）传播效果。

微博：阅读量超过804万次，曝光量超过8 883万次。

微信：阅读量超过125万次，曝光量超过1 915.8万次。

抖音：点赞量超过11万次。

垂直媒体：200余家社交媒体转载，累计发布相关文章162篇。

视频平台：点击量超过1 000万次。

社群：曝光量超过504万次。

（2）销售效果。

众筹总额超过3 394万元，进度完成率共计3 398%，是京东众筹金额最高的设计类产品之一。

（3）品牌效果或行业影响。

① 品牌效果：本次营销吸引了大批年轻用户参与和购买，为企业注入了逐渐成为消费主流的"80后""90后"年轻群体的新鲜血液，成功突破了品牌发展老化的瓶颈，使品牌调性年轻化；同时，树立了红豆集团具有社会责任感和号召力的正面企业形象。② 行业影响：红豆是服装行业第一个做众筹的品牌，红豆的成功为传统制造业做了一次互联网营销的成功示范。

（4）社会影响。

红豆联手京东众筹积极响应"精准扶贫"号召，开展公益众筹活动。众筹结束后，红豆股份及时履行承诺，在寒冬到来之际，将5 000件羽绒服捐赠给大凉山的孩子们。为大凉山的留守孩子们献爱心，产生了良好的社会影响。

资料来源：搜狐号：游戏行业观察，红豆"三伏天里卖鹅绒服"京东众筹公益活动，2019-08-23，https://www.sohu.com/a/335956277_483768。

8.1 公共关系策划概述

> **牛人课堂**
>
> 爆品就是具备三高品相的产品。
> 爆品公式：爆品＝高需求度 × 高传播性 × 高转化率。
> 高需求度：产品与需求的匹配效率。
> 高传播性：编码与媒介的放大效率。
> 高转化率：决策与动机的因果效率。
> 上面这三大品相分别对应产品、流量、变现。
> 产品的本质，就是拉升目标客户高欲望需求。
> 流量的本质，就是建立高维多元的商业机会。
> 变现的本质，就是客户轻度决策 × 对手轻度竞争。
> ——灰度认知社创始人 曹升

8.1.1 公共关系策划的含义

策划，即策略的谋划，是人们为取得未来的成功而进行谋划的活动。换言之，策划也就是预先决定做什么、何时做、如何做、谁来做。公共关系策划就是公共关系人员根据组织的现状和目标要求，通过调查、分析和谋划，设计最佳行动方案的过程。人们常将公共关系策划形容为点石成金的"魔杖"。

8.1.2 公共关系策划的地位

1. 公共关系策划是公共关系活动中的最高层次

一场成功的公共关系活动，需要有全面的市场调查资料，并从中得出合理的结论；需要运用策划人的聪明才智，提出合理、新颖、实用的公共关系设计；还需要有周密的动作和安排将活动的方方面面落到实处，保证整个策划方案能按预期设计充分实施，其难度不亚于一场成功的军事战役。在这个过程中，公共关系策划是最高层次的，凝聚着最高层次的智慧和创新。

2. 公共关系策划是公共关系价值的集中体现

公共关系策划最能体现公共关系传播信息、协调关系、塑造形象的作用。成功的公共关系策划能迅速提高组织的知名度，在组织的危难之际能够挽救其形象。

3. 公共关系策划是公共关系运作中的飞跃

公共关系运作应该像演奏交响乐，有起有伏有高潮，即通过一些典型策划在公众（包括组织内部公众）心目中引起震荡，产生高潮，使公共关系运作登上一个新台阶，产生一种巨大的飞跃。

4. 公共关系策划是组织形象竞争的法宝

现代组织的竞争主要表现为形象竞争，哪个组织的公共关系策划做得好，哪个组织就能树立更好的形象，就能赢得公众，赢得发展。

8.1.3 公共关系策划的特征

公共关系策划不是单纯的思想点子，而是一种有着鲜明的谋略性、创新性、系统性和超前性特征的高水平的智力活动。

1. 谋略性

公共关系策划的谋略性指策划者在策划活动中善于审时度势，做到抓住时机、把握机遇、以智取胜。

2. 创新性

> **拓展阅读** 2021 戛纳国际创意节官方解读
> 资料来源：搜狐网：现代广告杂志社；2021 戛纳国际创意节官方解读：七大创意趋势，创意仍是第一生产力；2021-07-13；https://www.sohu.com/a/477265335_120088046。

公共关系策划的创新性指策划者突破定式思维的局限，有新颖独到的创新思维和科学的操作规划。正如美国杰出的石油地质学家华莱士·普拉特在《找油的哲学》中写道："真正找到石油的地方是在人们的脑海里。"创新思维是墨守成规的对立面，只有活跃敏锐的心灵，才能结出新奇独特的智慧之果。

在公共关系策划中，兴趣、灵感、想象、好奇心是策划者不断创新的心智条件。第一，兴趣。兴趣是人们积极探求某种事物或从事某项活动的意识倾向或选择性态度。这种倾向和态度与一定的情感体验有着直接的联系，与创造力有极大的相关性。如果一个人对自己从事的工作有兴趣，则工作主动性强，可以发挥创造才能的 80%～90%；如果其对从事的工作没有兴趣，则工作积极性低，且会表现出不悦、厌恶等否定情感，抑制创造能力，只能发挥全部创造才能的 20%～30%，可见，兴趣是创造活动成功的动力。第二，灵感。灵感是划破夜空的闪电，是紧张思维活动之后的顿悟，也是创新的突变过程。第三，想象。想象是创新的源泉，是人们在已经积累起来的知觉材料的基础上，经过加工而创造出新形象的心理过程。通过想象，人们把所观察到的现象、材料，经过分析思考，建立起一个新的、完整的形象。第四，好奇心。好奇心是人的天性，表现为对新事物的特别注意。善于利用公众的好奇心理，能使策划者的设计、计划和方案达到出奇制胜的效果。对策划者来说，永不满足的好奇心能引导他们不断地选择新目标，进行新的构思、新的设计，制订新的方案。

案例

支付宝"打气糖"上线，这波暖心操作"甜"进了心里

2019年12月，随着"12·12支付宝生活节"到来，支付宝深入到现代人的生活语境之中，发掘了用户想要什么的内心诉求，巧妙地触摸到大众在生活中的情感软肋，推出创意实体概念产品——支付宝打气糖，为他们带来了独特的精神抚慰。31颗糖分别代表31种问题或情绪，用户挑选任何一颗糖放置到礼盒中间的声孔上，装置会随机播放一句打气语音，这一暖心创意本身就极具情感穿透力。支付宝借此传递出自我品牌主张：遇到生活的问题，才能找到生活的答案；你经历过的，都会变成生命里的糖。支付宝用31种口味切入大众熟悉的不同生活场景，并高度还原了那些细腻的日常情绪，用打气糖与当代群体展开了一场甜蜜的情感对话。虽然不是每个人都能拥有，但支付宝希望能将"给生活多点甜"的主张传递给每个人，告诉大家：生活的问题都不是问题。

资料来源：360个人图书馆；支付宝推出会说话的"打气糖"？这波操作有点甜；2019-12-12；http://www.360doc.com/content/19/1212/19/20960430_879331678.shtml，引用时有删改。

3. 系统性

公共关系策划是智力型的工程，是在系统思维科学指导下的复杂理性行为。虽然公共关系策划的内容丰富多样，形式千差万别，作用各不相同，但它们必须服从组织的战略规划，服从全局需要，而不能满足于获得零星的、孤立的公共关系效益。公共关系策划是一项"系统工程"，高层次、亚层次、表层次的活动之间应相互协调、互补发展，并且按照一定的程序展开，承前启后、环环相扣，不能只是一次灵感突发的"点子"。

4. 超前性

公共关系策划能确保公共关系活动的高水平、高质量。其超前性反映在为塑造组织形象、推销品牌而主动谋划的全部过程中。任何公共关系策划活动都如同弈棋，不是走一步看一步，而是必须事先做充分的准备，周密部署、未雨绸缪。

案例

莫扎特80岁音乐会

2020年9月22日，辉瑞公司策划了一场史无前例的音乐会。音乐会上乐团、指挥家正常演奏，似乎与常规音乐会没什么区别。但在当晚的5首曲目中，有3首为AI模拟生成，模拟出莫扎特之后的人生中将会创作出的音乐。该创意基于一个大胆的猜想：莫扎特35岁死于细菌感染，假如当时能有药物延续他的生命，人类的音乐史是否会更加

壮丽？基于此猜想，辉瑞公司开启全球共创模式，利用谷歌深度神经网络 Open AI 进行创作，结合莫扎特的作品风格和时代特征，编写了莫扎特在 40 岁、60 岁、80 岁的三首交响乐，于上海交响乐团音乐厅开启了一场奇幻音乐盛典，实现了新技术与想象力的完美联姻。

资料来源：数英网；辉瑞：黑科技复活莫扎特，一场史无前例的音乐会；2020-09；https://www.digitaling.com/projects/135988.html，引用时有删改。

拓展阅读 有影响力的策划大赛

金鼠标数字营销大赛：金属标官网，金鼠标数字营销大赛首页，https://www.goldenmouse.cn/html/about.html#Adsjj。

数英奖：数英网官网，数英奖首页，https://www.digitaling.com/dawards。

TMA 移动营销大奖：TMA 移动营销大奖官网，TMA 移动营销大奖首页，https://www.tma999.com/。

IAI 传鉴国际广告奖：IAI 传鉴官网，IAI 传鉴国际广告奖主页，https://www.iaiad.com/cn/。

8.1.4 公共关系策划的原则

公共关系策划关系到整个公共关系活动的成败。为了确保策划的科学性与可行性，公共关系策划必须遵循以下原则。

1. 服务公众原则

对公共关系活动来说，公众永远是"上帝"，公众利益是压倒一切的，服务公众是公共关系策划的基本原则。因为公共关系的根本目的是通过有效的信息传播，实现组织与公众之间的双向沟通，使公众对组织产生良好的印象，进而为组织的生存与发展创造有利的内外环境。这种良好的印象只能建立在服务公众及维护公众利益的基础上。当然，服务公众不仅表现在对公众物质利益的主动捍卫上，也表现在对公众精神需求的满足上。

2. 求真务实原则

公共关系之父艾维·李倡导的"说真话，讲实情""公众必须被告知"原则，是公共关系活动的最基本的准则。公众作为公共关系活动的诉求对象，有权力知晓与其正当利益相关的组织信息。任何社会组织都不能隐瞒事实真相，更不能弄虚作假，欺骗公众。

3. 灵活机动原则

公共关系活动设计是根据组织形象的现状和目标要求，设计最佳行动方案的过程。组织形象的现状是由一系列变量组成的复合体，如成本有升降，技术会反复，人员难免有闪失，公众偏好不稳定等；即使成本、技术、人员和公众偏好因素不发生变化，组织自身也可能因环境变化而调整目标。这就要求在进行公共关系活动设计时，既要制定明确的活动流程，又要充分考虑各种变化的可能，给计划留出一定的伸缩空间，以备适时调整。

4. 连续与创新原则

良好的组织形象不是靠一两次成功的公共关系活动就能"功德圆满、一劳永逸"的。因此，一项完善的公共关系活动设计不仅要考虑一次活动的前因后果，还要关注该次活动在组织整体发展链条上的前后衔接问题，把公共关系活动的阶段性和连续性有机地统一起来。与此同时，公共关系活动要想取得预期的效果，还必须根据内外条件的变化，在内容和形式上不断创新，使每一次活动都超越自己的过去，永不停步地刷新纪录。

5. 利益驱动原则

公共关系策划必须事前明确组织公共关系行为的深层次动机。利益是公共关系策划和公共关系行为的原动力。公共关系组织的利益由组织的经济效益和社会效益两方面组成。公共关系行为虽不表现为经济效益的直接获取，但组织良好形象的塑造和公众环境的协调，必定给组织带来有利于生存与发展的优越条件，以及由此而产生的更为深远的经济效益和社会效益。因此要记住，公共关系行为不是慈善施舍行为，更不是一掷千金、花钱如流水，公共关系遵循的宗旨应是每一分投入都有产出。高明的公共关系策划总是在有利于公众的同时也有利于自己，要使公众觉得组织的利润不是竭力争得的，而是服务公众后自然得到的。

案例

哔哩哔哩的"浪潮三部曲"

五四青年节时，哔哩哔哩网站（简称 B 站）以《后浪》献礼当代青年；毕业季又以歌曲 MV《入海》鼓励莘莘学子；最后《喜相逢》将中老年群体和年轻一代融合，献礼 B 站创立 11 周年。三部曲层层推进，实现了主流化营销。

《后浪》：一段来自老一辈的慷慨激昂的演讲。以强烈的主观性观点诠释当代年轻人的生活，经央视等主流媒体的宣传，引起巨大争议，从而获得了超乎寻常的关注度。"后浪"成为朝气蓬勃的年轻一代的代名词。因强大的影响力和争议，后浪也不再单纯只是一个词，更是一种话题土壤、一个情绪载体，是 2020 年年度关键词之一。

《入海》：B 站献给年轻人的毕业歌。不同于《后浪》的宏大叙事，《入海》浅吟轻唱，以年轻人的视角诠释他们的平凡与梦想、遗憾与成长，表达出更懂年轻人的理念，稳住了现有用户，同时给话题热度保温。

《喜相逢》：一部集合了悬疑、玩梗的黑色幽默宣传片。继《后浪》说教、《入海》煽情之后，《喜相逢》开始一本正经地搞笑了，整部片子用充满喜剧色彩的手法讲述了一位"老年 UP 主"的励志故事，最后以"学××上 B 站"的卖点做结尾，总结性地输出了"B 站，是一个学习 app"这一品牌价值。

"后浪入海喜相逢"——一个完整的策划，三部风格迥异的片子，从融入圈层到突破圈层，实现了用户对其从认知到认同再到追随的过程，逐渐把小众文化推向主流文化，让原本只被年轻人喜欢的小众网站，跃升为崇尚年轻精神的人都可能喜欢的网站。

资料来源：知乎，2020 十大"social"营销案例，2020-12-26，https://zhuanlan.zhihu.com/p/339716427，引用时有删改。

拓展阅读 64 个策划思维模型

资料来源：广告狂人：木木 MuMu；64 个策划思维模型合集；2021-12；https://www.socialmarketings.com/articldetails/19303。

8.2 公共关系策划的程序

> **牛人课堂**
>
> 广告算法成为创意演变的推动力,投放更看重后链路转化能力。企业应以全链路智能营销和数据驱动的增长策略,加快营销创意迭代速度与试错效率,让创意既产生情感共鸣,也能达成优质转化,即数字营销内容化,内容营销数字化。
>
> ——致维科技创始合伙人 栾一闻

公共关系策划是公共关系人员通过调查研究和综合分析,确立公共关系目标,制订公共关系活动方案与战略的过程。按目前国内通行的做法,公共关系策划分三个阶段,十个步骤。

8.2.1 准备阶段

在公共关系策划之前,公共关系人员应把握情况,做好调查分析,对搜集的材料、信息进行研究,为策划工作做充分的准备。准备阶段的工作可分为分析形象和确立目标这两个步骤。

1. 分析形象

分析形象实际上是公共关系人员对策划所依据的调查材料进行整理,从中找出有价值的信息进行汇总分析的过程。公共关系人员首先要确认调查材料的真实性与可靠性,其次针对组织形象的现状及产生原因,寻找其实际形象与应有形象、期望形象之间的差距和相关问题,最后将问题按照轻重缓急排队,理出头绪,为公共关系目标的确立做好准备。

2. 确立目标

目标是指在一定的环境和条件下,通过公共关系方案策划及策划的实施所希望达到的理想结果,即明确要做什么,达到什么程度或什么状态。目标既是公共关系策划的依据,又为评价公共关系活动效果提供标准。确立目标就是在调查分析和确认问题的基础上建立公共关系目标系统。公共关系目标系统可以从不同的角度进行分类:从内容上可分为总目标和分目标;从时间上可分为长期目标、中期目标和短期目标;从规模上可分为战略目标和战术目标;从目的上可分为传播信息目标、沟通感情目标、改变公众态度目标、引起行为目标等;从作用形式上可分为进攻型目标和防守型目标;从性质上可分为一般目标和特殊目标。确立目标就是根据轻重缓急选择其中的一个或多个目标。目标的确立一般要遵循三个基本要求。

(1)目标的确定性。目标是结果式而非过程式,是可以明确评估和测量的。例如,本次公共关系活动的目标是"召开一次新闻发布会"——过程式;"将本厂的新产品在全国的知名度从现在的20%提高到50%"——结果式。

(2)目标的具体性。目标不应是一个抽象的概念或空洞的口号,而是有定性或定量方式的具体描述。例如,定性描述形象塑造目标:以服务的新颖、周到而著称,以实力的雄厚、稳固而扬名。定量描述形象塑造目标：知名度、美誉度要提高多少，有多少人支持、理解。

（3）目标的可行性、可控性。目标是在现实条件下通过努力能够实现的，并且有一定的激励性、挑战性。同时，目标还应该有一定的弹性、应变措施和保障。

8.2.2 实际策划阶段

准备工作就绪后便可进入实际策划阶段。

1. 设计主题

主题是指围绕公共关系目标，针对特定公众对象，对整个公共关系活动的策划和操作起到指导、规范作用的中心思想。公共关系活动的主题是整个活动的灵魂，是对公共关系内容的高度概括。它提纲挈领，是公共关系宣传的重点。主题的设计是否精彩、恰当，对公共关系活动的成效影响很大。如某大学公共关系专业的学生策划种植"公共关系树"活动，活动设计了"以人喻树，塑高尚正直的品质，用树比人，学勤奋向上精神"的主题，培植了一行挺拔伟岸的翠柏作为该专业的纪念树，使同学受到教育，同时也引起媒介的关注。

公共关系主题的表现方式多种多样，它可以是一个口号，也可以是一句陈述或一个表白。要设计出一个好的主题，必须满足下列四个要求。

第一，公共关系主题必须与公共关系目标相一致，并能充分表现目标。

第二，公共关系主题要适应公众心理的需要，既要富有激情，又要使人感到亲切。

第三，公共关系主题应独特新颖，富有个性，突出活动的特色，使人留下深刻的长久印象。

第四，公共关系主题的表述应做到简短凝练，易于记忆和传播。

设计主题还要考虑到不同阶段公共关系目标的特点，使之具有针对性。

2. 分析和确定目标公众

任何一个组织都有其特定的公众，公共关系策划必须针对目标公众。公共关系工作以不同的方针针对不同的公众而展开，目的是建立受公众欢迎的有效形象。为此，组织必须对公众进行深入的分析研究，以确定目标公众。

（1）确定公众的方法。不同组织在每次公共关系活动中确定目标公众时，很难有一个统一的标准，基本的原则就是考虑组织的目标、需要和实力三个方面的因素，由各个组织灵活确定。第一，以活动目标划定公众范围。这种划分主要强调的是公众的关联性。比如某学校为宣传自己的办学成果组织了一场人才交流会，那么与人才交流会相关联的公众主要是应届毕业生、招聘单位、新闻单位、人才交流部门、毕业生家长及部分教职工，而非毕业班的学生和他们的家长、实习基地等则明显与此次活动关联性较低，不应该是此次活动的目标公众。第二，以组织实力划定目标公众。这种划分主要强调的是重要性。在公共关系活动中，有时组织面对的公众范围极广，若面面俱到则人力有限、经费不足，忙于应付。这时候应将有关公众按与组织关系的密切程度、影响的大小程度、相关事情的急缓程度等因素进行排队，选出最为重要的作为目标公众。第三，以组织需要决定目标公众。这种划分主要强调的是影响度。当组织出现形象危机的时候，目标公众应首指逆意公众和行动公众，以防止危机的扩散和加剧。

（2）鉴别公众的权利要求。确定目标公众还要了解公众的要求，因为不同的目标公众总是从各自的特殊视角来观察组织的形象。对目标公众的各种权利要求进行概括和分析，找出哪些是公众的共性要求，哪些是公众的特殊要求，哪些与组织的信念和发展目标相符，哪些相悖，以便分出轻重缓急，区别对待，谋求组织与公众利益的共同发展。

3. 项目设计

公共关系活动项目是指围绕公共关系目标在不同时期开展的各种形式的具体活动。任何一个成功的公共关系活动都是由一系列活动项目组成的系统工程。设计出能有效影响目标公众、实现公共关系目标的公共关系活动项目，是公共关系策划中至关重要的一环。

4. 时机选择

所谓"机不可失，时不再来"，公共关系策划要取得好的效果，必先捕捉时机。一般来说，组织可预先选定利用的时机主要有以下几种。

（1）组织创办或开业之时。
（2）组织更名或与其他组织合作、兼并、资产重组之时。
（3）组织内部改组、转型以及品牌延伸之时。
（4）组织迁址之时。
（5）组织推出新产品、新技术、新服务之时。
（6）组织举办周年庆典或周期性纪念活动之时。
（7）组织新股票发行之时。
（8）国际、国内各种节日和纪念日之时。

另外，组织需要及时捕捉、稍纵即逝的时机主要有以下几种。

（1）重大的社会活动和社会事件出现之时。
（2）组织形象出现危机之时。
（3）组织或社会突发性灾害爆发之时。
（4）国家或地方政府新政策出台或新领导人上台之时。
（5）公众观念和需求发生转变之时。
（6）组织经营出现困难之时。
（7）国际、国内的政治和经济大环境转变之时。
（8）组织内部资源条件发生变化之时。

时机具有不可逆转性，"难得者时，易失者机"。公共关系策划必须抓住不可复得的机会，迅速果断地采取对策。时机又具有机会的均等性，它公平地赐予每一个组织和公共关系策划者，谁先抓住了它，谁就将在竞争中获得先机，谁就可能获得成功。

> **拓展阅读** 2021年9月营销热点
> 资料来源：广告狂人：木木MuMu；广告狂人9月营销热点日历，秋天的第一波热点来了；2021-09；https://www.socialmarketings.com/articldetails/17567。

5. 选择媒介

传播媒介多种多样，各有所长，只有恰当选择媒介才能事半功倍、成效显著。媒介选择应该慎重，符合以下四个基本要求。

（1）与组织的经济条件相符合。成功的公共关系策划应"量身定做"，选择适当的媒介与方式，争取以最小的支出取得最好的效果。

（2）与组织活动目标相适应。如果组织活动目标是提高知名度，则可选择大众传播媒介；如果是协调主雇关系，则通过群体传播、人际传播，以对话、交谈等方式加以解决。

（3）与公共关系传播内容相一致。每种传播媒介都有鲜明的特点和一定的适用范围，而且优缺点都很明显。例如，广播覆盖面广、传播速度快，但稍纵即逝；电视传播生动逼真，能引人入胜，但时空限制性强。所以内容简单的快讯可选择广播媒介，形象生动的内容可选择电视媒介，复杂、抽象的内容可组选报刊、广播、户外广告等多重媒介。

（4）适用于目标公众。例如，对出租车司机可采用广播，对教师可采用报刊，对儿童可采用电视。根据目标公众的职业、年龄、受教育程度、生活方式以及接收信息的习惯，使用不同的传播媒介，使信息有效地传递给目标公众。

> **拓展阅读** 品牌如何找到适合自己的 KOL
> 资料来源：艾瑞网，品牌选择 KOL 的正确方式，2019-12-05，http://news.iresearch.cn/yx/2019/12/310626.shtml。

6. 确定预算经费

预算经费是确保公共关系活动顺利实施的必不可少的物质条件，一般包括行政开支和项目开支两部分。行政开支主要有工资、房租、水电费、办公用品、通信费用、管理费用等；项目开支是该项公共关系活动单列的支出，如调研费用、咨询费用、广告费用、招待费用、赞助费等。公共关系活动经费额度的确立，可根据活动目标内容的需要来确定，也可先限定可支付总额，再据此安排公共关系活动的规模。

7. 审定方案

公共关系活动设计通常要求同时设计两三种思路各异的方案，因此应对其加以比较鉴别，通过考察各方案的目标设计、操作过程及经费预算情况，择优而从。如果只设计一种方案，必须对其进行完善，使活动设计具有可行性、可控性和高效性。

（1）论证分析。其主要内容有：第一，可行性分析，即评价不同的行动方案在人力、物力、财力和内外条件约束下是否可以、合理；第二，目标系统的限制性因素和潜在问题的分析。

（2）预期效果综合评价，即对公共效益和社会效益的评价。

（3）风险预测，即对潜在问题进行分析，预测方案在实施时可能遇到的风险和可能带来的负面效应。

（4）优化方案。根据既定目标，从各种可供选择的行动方案中进行择优。择优的方法有重点法、反向增益法、优点综合法等。优化过程中应尽可能考虑各个方案的成本效益比，以最小成本获得最佳效益，同时预测环境背景的变化，增加策划方案的弹性，提高策划的抗风险能力。

8.2.3 撰写策划书

公共关系论证后，必须形成书面报告——策划书。策划书的写作应简明扼要地说明背景，引人入胜地描绘策划主题，详细地描述整体形象，严谨科学地说明预算，尽量条款化和图表化。

一份完整的公共关系策划书应包括以下十个方面的内容。

1. 封面

注明策划的形式与名称、策划的主体（公司或部门）、策划日期、文件编号。此外还可加上简短新颖的内文说明。

2. 序文

简明扼要地说明策划背景，概括提炼策划书的要点，篇幅不宜超过400字。

3. 目录

提纲挈领地将策划内容列出，体现策划精髓，给人一目了然之感。

4. 宗旨

说明策划的重要性、活动目标、社会意义、操作实施的可行性，展示策划的合理性和必要性。

5. 内容

这是策划书的主体，说明策划项目的具体内容，但切忌拖沓冗长，应一目了然、层次分明、逻辑性强。

6. 预算

按策划方案的设计，列出开支细目，计算所需经费。

7. 策划进度表

这是指策划活动全部实施过程的时间安排表，标明各时间段的实施内容，使活动进展清楚明朗。

8. 人员目标责任分配表

为避免责任不清、权力交叉造成混乱，相关人员的责、权、利应明确，每项目标、任务应由专人负责，并根据目标管理原则细化成表。

9. 策划所需物资及活动场地安排

何时何地、提供何种物资以及场地布置的规格必须事先周密安排，并逐项落实。

10. 附件

这是指与策划相关的资料，一般包括有关的背景材料、前期调查结果、类似项目及竞争对手情况等，可为策划的参与者和审查者提供决策参考。

本章小结

公共关系策划是公共关系人员根据组织的现状和目标要求，通过调查、分析和谋划，设计最佳行动方案的过程。它不是单纯的思想点子，而是一种有着鲜明的谋略性、创新性、系统性和超前性特征的高水平的智力活动。公共关系策划坚持服务公众、求真务实、灵活机动、连续与创新和利益驱动五个原则。公共关系策划的整个进程包括分析形象、确立目标、设计主题、分析和确定目标公众、项目设计、时机选择、选择媒介、确定预算经费、审定方案、撰写策划书十个步骤。

热词加油站

场景营销

网民的上网行为始终处在输入场景、搜索场景和浏览场景这三大场景中，针对这三种场景，以充分尊重用户网络体验为先，围绕网民输入信息、搜索信息、获得信息的行为路径和上网场景，构建以"兴趣引导＋海量曝光＋入口营销"为线索的网络营销新模式，即场景营销。用户在"感兴趣、需要和寻找时"，企业的营销推广信息才会出现，充分结合了用户的需求和目的，是一种充分满足推广企业"海量＋精准"需求的营销方式。

宠粉营销

宠粉营销是指让粉丝群体的利益和需求得到充分满足，从而与粉丝建立一种长久、稳固的信任关系，进而实现营销目的。

全链路营销

全链路营销注重全触点渗透，把企业的营销影响力渗透至"从用户接触第一个广告触点开始，到他最终形成购买转化"的全链条中，并在关键节点、关键时刻影响用户的决策。

全域营销

它是由阿里巴巴在2016年提出的数据驱动、以消费者为中心的数智化营销方法论。全域营销设计的初心是全洞察（人、货、场多维度的消费者全洞察）、全渠道（线上线下全渠道的数字化营销渗透）、全触点（全媒体触点的规模个性化触达）、全链路（品牌全链路营销从局部到整体的效率提升），以数字化"AIPL消费者运营"为方法论，助力品牌全面加速营销数字化的升级。

智能营销

智能营销是指通过人的创造性、创新力以及创意智慧，将先进的计算机网络、移动互联网、物联网等科学技术融合，应用于当代品牌营销领域，是采用新思维、新理念、新方法和新工具的创新营销新概念。

整合营销

整合营销是从"以传播者为中心"到"以受众为中心"的传播模式的战略转移，不同的触点保持同一种营销姿势，发出同一种声音，持续影响受众的心智。

思考讨论

1. 策划新闻事件的关键是"新"，跟在别人后面，就会失去新闻价值，公众不会产生新鲜感，也就失去兴趣。因此，公共关系人员应善于开动脑筋，充分发挥创造性和想象力，出奇制胜，方能奏效。你怎么理解这段话？
2. 组织在策划公共关系活动时，往往借助名流的知名度扩大组织的公共关系网络，增强组织的公众影响力，丰满组织的社会形象。请举例说明。
3. 选择某个你感兴趣的电视广告，具体分析一下这则广告的公共关系策划方法。

● 能力实训

1. 请以小组为单位，为你熟悉的学校或企业设计一项公共关系活动，并撰写公共关系策划书。
2. 假定你所在的学校近日有一次重要的公共关系活动，但由于恶劣的天气，活动不能如期开展，请拟订一个应急方案，以消除或减少不利影响。

● 社会热题大讨论

● 课外导读

[1] 甘布尔. 视觉内容营销：利用信息图表、视频和互动媒体吸引和留住客户 [M]. 邱墨楠, 译. 北京：中信出版社, 2017.
[2] 狄勒. 首席内容官 [M]. 孙庆磊, 译. 北京：中国人民大学出版社, 2016.
[3] 胡柯柯. 活动策划实战案例大全 [M]. 北京：清华大学出版社, 2019.
[4] 刘华敏. 168招玩转活动策划 [M]. 北京：化学工业出版社，2020.
[5] 张贵泉, 张洵瑒. 文案策划：撰写技巧与经典案例 [M]. 北京：化学工业出版社, 2019.
[6] 杜鸣皓. 无公关, 不品牌：公关36计思维训练与实战进阶 [M]. 北京：团结出版社, 2017.

第 9 章

公共关系实施

学习目标

掌握：公共关系方案的实施过程，包括实施的准备阶段、实施的执行阶段、实施的结束阶段。
理解：公共关系实施的特点。
了解：公共关系实施的含义、作用和原则。

引 例

吉利博越 100℃ 温差挑战项目

吉利博越 100℃ 温差挑战项目，跨度之最，从金鸡之冠到南海之疆；路况之最，穿越五大复杂路况；人数之最，线下 6 000 多人参与、20 多场吉家宴、50 多场车友会；温差之最，−35℃ 极寒到 70℃ 极热。2017 年 6 月 10 日《人民日报》新媒体中心为该项目颁发"中国汽车界马拉松开创者"奖杯。该项目从中国最北的漠河开始，挑战者接受 −30℃ 下 48 小时急冻挑战，成功破冰而出，一路向南，历时 108 天，行驶 15 000 多公里，跨越寒温带、亚热带、热带 3 大气候带，穿越 21 个省（直辖市）、60 多个市，于 6 月 10 日抵达海南博鳌，并成功挑战 70℃ 高温暴晒，顺利完成了从 −35℃ 到 70℃ 的超过 100℃ 温差的大跨越。6 月 26 日博越带着挑战 100℃ 温差的无畏精神和所经 21 个省（直辖市）的人民的祝福，登抵三沙，致敬驻守三沙的将士，为建军 90 周年献礼。项目进度及执行细节如下。

（1）2 月 24 日漠河：冰雪启程。在神州北极，我们在 −35℃、冰封 48 小时后见证一颗跳动的心。

（2）3月15日杭州：首保。坚持"关爱在细微处"的服务理念，为用户带来无微不至的高品质服务体验。

（3）5月3日杭州：智能领航南征。5月3日，吉利博越100℃温差挑战项目杭州站发车，作为人工智能高峰论坛的战略合作伙伴，汽车智能互联开拓者吉利博越，见证世界围棋第一人柯洁与AlphaGo的世纪对决。

（4）5月7日：长沙电竞水友赛。全国首支LOL车友电子竞技战队成立，电竞狂人"饼干狂魔"直播，近400万人在线观看。

（5）5月14日成都"博阅"读书会：我们只因纯粹的热爱。资深传媒人及专栏作家曾颖、博越温差挑战见证官及摄影师文靖、车主赵女士分享热爱的故事。

（6）5月20日昆明摄影沙龙：热爱是一种生活美学。邀请华盖、视觉中国等摄影大师体验花艺茶道以及分享摄影，诠释博阅人生的生活态度。

（7）6月10日琼海70℃暴晒挑战："博越之夜、让爱沸腾"圆满收官。暴晒极限挑战再现博越"热度"，一个博越车主的激情与狂欢之夜。

（8）6月26日三沙：为建军90周年献礼。博越带着挑战100℃温差的无畏精神，和所经21个省（直辖市）的人民的祝福，登抵三沙，致敬驻守三沙的将士，为建军90周年献礼。

资料来源：搜狐公众平台，吉利博越100℃温差挑战项目，2017.09.05，http://mt.sohu.com/20170905/n509775044.shtml，引用时有删改。

讨论：吉利博越100℃温差挑战项目的正式实施经历了6个多月，实现了距离跨度最长、路况最复杂、参与人数最多、温差最大等"之最"，谈谈这些"之最"背后可能会遇到的各种实施困难及处理方案。

9.1 公共关系实施的含义和作用

> **牛人课堂**
>
> 细节的不等式意味着1%的错误会导致100%的错误。对于细节来说，很多时候，100减去1不是等于99，而是等于0。由此可以得出这样一个结论：1%的错误会导致100%的失败。
>
> ——《细节决定成败》作者 汪中求

经过调查和策划，公共关系就进入了实施阶段，本节主要介绍公共关系实施的含义和作用。

9.1.1 公共关系实施的含义

公共关系实施是整个公共关系活动的中心环节，是社会组织为了实现既定公共关系目标，充分依据和利用实施条件，对公共关系创意策划进行策略、手段、方法设计并进行实际操作与管理的过程。因此，公共关系计划的实施就是公共关系计划被采纳以后，把公共关系计划的内容转变成现实的过程。公共关系的实施过程是公共关系工作法中的第三个环节，也是多变、复杂的环节，它关系着公共关系策划方案的成败。

9.1.2 公共关系实施的作用

公共关系实施是整个公共关系计划实现的关键。事实上，只有把优秀的公共关系策划方案付诸实施，才能为组织塑造良好的社会形象、影响公众舆论，以优化组织环境。

1. 实施是实现公共关系目标的关键环节

一个公共关系的计划要达到预期的目标，公共关系的实施是关键环节，公共关系的计划不管设计得多么完善，如果不进行实践，就无法达到预期的效果。实施公共关系方案，要根据不同类型的公众对象、不同类型的组织机构及其发展过程中的不同阶段，分别采取适合的工作方式，才能实现预期的目标。

2. 实施过程中可以及时检验和调整公共关系计划

在公共关系活动的实施过程中，如果实施人员能够选择最有效的途径和手段，采取多种技巧和方法，并且能够利用创造性的努力及时调整和完善公共关系计划方案，以此来弥补计划的不足，那么不仅可以圆满地完成计划中确定的任务，实现计划目标，甚至还可以重塑组织在公众中的良好形象；一旦公共关系实施人员思想懈怠或者操作失误，不仅不能实现计划目标，有时还可能使计划中要解决的问题更加恶化，甚至完全与计划背道而驰，使公共关系实施失败。公共关系的实施效果不仅决定了计划能否实现，而且也决定了计划实现的效果。

3. 实施结果是制订后续方案的重要依据

一项公共关系计划的实施过程无论成功与否，都会对组织制订后续方案，甚至对日后开展公共关系各项工作造成一定的影响。实施成功了可以以此为突破口再接再厉，制订下一轮的公共关系计划；若实施失败，应该在最短的时间内找出问题的所在，重新调整或者修订公共关系计划。

9.2 公共关系实施的特点和原则

> **牛人课堂**
>
> 把一件简单的事做好就不简单，把每一件平凡的事做好就不平凡。
>
> ——海尔集团创始人 张瑞敏

公共关系计划的实施是极为复杂、多变的过程。公共关系人员在具体操作过程中，必须把握其动态多变的特点，发挥创造性，实现方案目标。

9.2.1 公共关系实施的特点

公共关系实施是一种行动的过程，具体地说，公共关系实施具有以下一些特点。

1. 实施过程的动态性

一项公共关系策划方案无论制订得多么周密、具体和细致，它总免不了与实际情况存在一定的差异。另外，随着时间的推移、实施的进展、环境的变化，实施过程中也会遇到一些新情况和新问题。因此，不断地改变、修正或调整原定的实施方案、程序、方法、策略等，则是实施活动中不可避免的正常现象。实施过程的动态性，并不意味着实施人员可以随意以一些无关大局的变化为借口而不按原计划去实施。公共关系实施的动态性与实施人员的主观随意性不可混为一谈。

2. 实施过程的创造性

由于计划的实施是一个不断变化和需要调整的动态过程，因此公共关系实施的过程绝不是一个简单的照章办事的过程，而是一个由一系列不同层次的实施者发挥主观能动性的过程。实施人员应该充分发挥自己的积极性、主动性和创造性。从这个意义上说，公共关系实施的过程也是一个对原计划进行艺术再创造的过程。

3. 实施影响的广泛性

公共关系实施产生的影响主要表现在以下两个方面。一方面，公共关系实施会对公众产生深刻的影响。一项公共关系策划方案成功实施后，常常会使该社会组织的异己力量变为自己的合作者和支持者。另一方面，公共关系策划方案的实施有时还会深刻地影响整个社会的文化、习俗，甚至改变某些观念，从而对整个社会的进步产生推动作用。

9.2.2 公共关系实施的原则

公共关系实施原则是公共关系实施的工作准则，是公共关系管理者和操作者在错综复杂的实施环境中，排除各种实际困难，完成公共关系实施的各项工作，实现公共关系目标的成功法则。

1. 目标导向原则

目标导向原则要求公共关系人员在公共关系策划方案实施过程中，不断利用目标对整个实施活动进行引导、制约和促进，以保证实施活动不偏离公共关系目标。在实施过程中，由于环境的变化，公共关系人员需要对公共关系策划方案做一些调整，但这些调整不能改变原来的目标，否则就要重新制订公共关系策划方案。

2. 控制进度原则

由于公共关系人员的分工不同、能力差异和环境影响，在公共关系实施时，会出现不同工作进度快慢不一致的情况，有时会造成工作的脱节。控制进度，就是要使工作同步协调，防止超前或滞后情况的发生，使各项工作内容按计划协调、平衡地发展，并确保按时完成。公共关系人员要做好预测，及时发现各种可能影响工作实施进度的因素，针对关键原因采取有效的预防和应急措施。

3. 整体协调原则

整体协调原则是指在公共关系实施过程中，使工作所涉及的方方面面达到和谐、合理、配合、互补和统一的状态。公共关系实施是一个系统工程，各项工作只有相互配合才能达到整体最佳的效果。协调不同于控制，控制是针对一个组织的计划实施过程中与公共关系计划的目标有差异或背离之处，而进行纠正或克服；协调则强调在实施过程的各个环节之间、部门之间及实施主体和公众之间和谐化、合理化，尽量避免矛盾的发生。各自为政只能增加内耗，严重时导致公共关系实施的失败。

4. 反馈调整原则

由于公共关系实施的环境和目标公众是复杂多变的，因此在实施过程中，必须不断地把公共关系实施的结果与策划方案的目标相对照，发现偏差后，及时对方案、实施行动和目标做出相应的调整。在计划实施阶段，这种反馈调整始终不断地进行着，直至计划目标的实现。

5. 选择时机原则

在公共关系计划的实施过程中，选择正确时机是提高公共关系计划成功率的必要条件。公共关系计划实施时机的选择，一方面要服从组织整体公共关系策划，另一方面又要使公众的心理期望得到满足。正确地选择时机是实施公共关系计划的一种技巧和方法。它不能按一种固定的模式去进行，而应具体问题具体分析，从具体的公共关系计划的目标出发，正确地选择时机、把握时机和运用时机，以达到预期效果。

案例

北京冬残奥会的无障碍设施建设

2021年10月27日，国务院新闻办举行新闻发布会，介绍北京冬奥会和冬残奥会筹办情况。"目前北京冬奥会场馆建设进展情况如何？"相关负责人回应南都记者提问时表示，北京冬奥会、冬残奥会共有各类场馆项目39个，其中由北京市负责组织协调建设的北京赛区、延庆赛区的项目有30项，目前包括竞赛场馆和冬奥村在内的28个项目已经完工，测试赛也已经用上了，在施工的还有2项。

"提供无障碍的赛事环境"是北京冬奥会和冬残奥会申办承诺与筹办工作的一项重要内容。目前首都核心区、冬奥和冬残奥赛事服务保障相关区域已经基本实现了全域无障碍化，全市范围累计整治整改无障碍设施的点位28.9万个，精心打造了100个无障碍精品示范街区、100个"一刻钟无障碍便民服务圈"和900多个无障碍示范工程。

资料来源：新京报；冬奥村何时开村？冬奥会筹备工作如何？这场发布会回答了；2021-10-27；https://www.bjnews.com.cn/detail/163531581114173.html，引用时有删改。

9.3 公共关系实施的过程

> **牛人课堂**
>
> 让流程说话，流程是将说转化为做的唯一出路。
>
> ——战略专家　姜汝祥

公共关系实施的过程是一个解决问题的过程。公共关系实施过程包括以下环节：首先是公共关系实施的准备阶段，包括制订实施方案，制订对各类公众的行动、沟通计划，确定实施的措施和程序，建立或组成实施机构，训练实施人员；其次是公共关系实施的执行阶段，实施单位按照已经设计好的实施公共关系策划的程序，来落实各项措施；最后是实施的结束阶段，为下一阶段的效果评估做好相应的准备。

9.3.1 公共关系实施的准备阶段

公共关系活动是一项时效性很强的活动，一般在公共关系策划方案正式实施之前，就必须做好各种实施准备工作。实施准备是公共关系活动实施成功的基础和前提条件。公共关系实施前的准备工作主要有以下几个方面。

1. 人员培训

对相关工作人员进行培训，使他们不仅明确活动的内容、意义、作用、目的和要求，明确自身的工作与责任范围以及相关的工作纪律、考核标准和奖惩办法，还要掌握活动所需要的知识、方法与技能，在工作能力和心理状态方面都做好准备。要组织相关工作人员认真学习研讨公共关系方案实施的操作方法，反复体会、彻底弄懂、绝不含糊。对于重要的方法可以通过讲解、讨论、答辩、模拟训练来促使其正确掌握；对于有使用风险的方法要反复模拟演习，切实提高操作的把握度，把失误率降至最低；对于重要的实施内容应做好预案，确保当某种方法失败时有备用的其他方法。

💡 案例

北京冬奥会、冬残奥会志愿者的赛前培训内容

冬奥会、冬残奥会志愿者申请人报名时间为北京时间2019年12月5日至2021年6月30日24：00，录用工作于2021年9月30日全部完成。本次招募2.7万名冬奥会赛会志愿者，1.2万名冬残奥会赛会志愿者。赛会志愿者将为北京冬奥会和冬残奥会开闭幕式以及各项比赛提供志愿服务，分布于北京赛区、延庆赛区、张家口赛区及其他场所、设施等地，服务类别包括12类：对外联络服务、竞赛运行服务、媒体运行与转播服务、场馆运行服务、市场开发服务、人力资源服务、技术运行服务、文化展示服务、赛会综合服务、安保服务、交通服务、其他。据了解，北京、延庆、张家口3个冬奥村（冬残奥村）的志愿服务覆盖30多个业务领域、100多个岗位。

共培训"奥林匹克基础知识""北京冬奥会和冬残奥会筹办工作进展""北京冬奥会竞赛项目概况及相约北京系列赛事介绍""北京冬奥会场馆建设和运行知识""志愿服务通识"等5门通识课程。结合志愿者和赛事服务业务需求开展了分班教学，设置了"大型赛会志愿者工作介绍""观众经历模拟""观众需求与客户群流线解析"等多门实用课程。组织开展了工作分享、桌面推演、分组讨论等，确保了培训落地有效。

培训工作是广大志愿者为北京冬奥会提供高标准、有特色志愿服务的重要基础和保障。赛会志愿者服务岗位主要涉及礼宾接待、语言翻译、交通运输、安全保卫、医疗卫生、观众指引、物品分发、沟通联络、竞赛组织支持。场馆通用培训的主要内容是介绍

奥林匹克知识、国情市情、传统文化和礼仪规范，志愿者的权利和义务，应对紧急情况等方面的知识，培养志愿者的大局意识、服务意识、形象意识和责任意识。奥组委组织专家学者编写相关文本教材和多媒体教程课件，依托互联网远程教育或课堂教学方式进行培训。专业培训的主要内容是根据服务岗位的具体要求，培训志愿者相关的专业知识和技能。专业培训以面授为主，主要由奥组委及指定的培训机构来组织实施。岗位培训的主要内容是介绍岗位的基本情况，工作任务、业务流程、工作场地的相关情况，紧急情况的处理措施和志愿者团队管理等方面的内容。

资料来源：哔哩哔哩弹幕网，冬奥志愿者赛前培训有哪些内容，2021-03-06，https://www.bilibili.com/read/cv10156903/，引用时有删改。

2. 财物准备

根据方案要求，购置或租赁相关物品和材料，一般包括音响器材、摄影摄像器材、交通工具、场地布置物品和宣传材料等。

案例

北京冬奥会的奖牌

北京2022年冬奥会奖牌由圆环加圆心构成牌体，形象来源于中国古代玉石同心圆挂件，共设五环，五环同心，表达了"天地合·人心同"的中华文化内涵，也象征着奥林匹克精神将人们凝聚在一起，冬奥荣光，全球共享。造型质朴简洁，体现了北京2022年冬奥会"简约、安全、精彩"的办赛原则。与北京2008年夏季奥运会奖牌"金镶玉"相呼应，展现了"双奥之城"的文化传承。

奖牌正面中心刻有奥运五环标志，周围刻有北京2022年冬奥会英文全称（XXIV Olympic Winter Games Beijing 2022）。圆环做打凹处理，取意传统弦纹玉璧，上面浅刻装饰纹样，均来自中国传统纹样，其中冰雪纹表现了冬奥会的特征，祥云纹传达了吉祥的寓意。奖牌背面中心刻有北京冬奥会会徽，周围刻有北京2022年冬奥会中文全称（北京2022年第24届冬季奥林匹克运动会）字样。圆环上刻有24个点及运动弧线，取意古代天文图，象征着浩瀚无垠的星空，人与自然的和谐，也象征着第24届冬奥会上运动员如群星璀璨，创造佳绩。奖牌背面最外环镌刻获奖运动员的比赛项目名称。奖牌挂带采用传统桑蚕丝织造工艺，冰雪底纹上印有北京冬奥会会徽、核心图形以及"Beijing 2022"字样等相关信息。挂带选用红色，与中国春节文化特色相契合，表达对运动员的节日祝福。奖牌盒以大漆和竹子为主要材料制作，既突出中国文化特征，又符合"绿色办奥"和可持续性的理念。

资料来源：百度百家号：环球网；"五环同心"：北京冬奥会和冬残奥会奖牌设计大揭秘；2021-10-26；https://baijiahao.baidu.com/s?id=1714687116044205842&wfr=spider&for=pc，引用时有删改。

3. 对外联络

注意与新闻传播媒介等外部公众的联络，预先确定、邀请活动所需邀请的嘉宾人员，及时将活动安排和宣传计划告知新闻媒介，并提前联系相关的采访、报道、刊登和播放事宜；提前到相关政府部门办理活动所需要的公务报批手续。

4. 实施试验

在公共关系实施之前，有必要的时候需要将实施方案在一个典型的、较小的公众范围做一些试探性试验，目的是验证各项工作的操作方法，取得实施经验。通过试验，针对实施障碍和实施方案的不足进行修改、调整与完善。这也是公共关系实施方案的实践性论证和修改的过程。

9.3.2 公共关系实施的执行阶段

公共关系实施的执行阶段，要对实施中的各要素及其阶段性实施目标进行管理。在具体的公共关系实施过程中，要分析各种实施要素在实施中的重要性，对最重要的要素进行重点管理。

1. 人员管理

在人员管理中，一方面要借助相应的规章制度和激励手段调动人们的工作热情与积极性，监控他们的工作方法和质量；另一方面要通过明确合理的分工安排及合作竞争并行的机制提高工作效率，努力营造团结、和谐、有效的工作氛围。

2. 沟通管理

公共关系实施的过程实际上是传播沟通的过程。传播沟通过程中，常常会因为传播沟通工具的运用不当、方式方法不妥和传播渠道不畅而使实施工作发生传播沟通障碍。实施过程中的沟通并不是一帆风顺的，常见的沟通障碍主要有以下几个。

（1）语言障碍。语言是一种极复杂的工具，要有效地使用并非易事。常见的语言障碍有语音混淆、语义不明、语法错误、用词不当。不同国家、不同民族有着不同的文字，这也会造成文字障碍。对于文盲、半文盲的公众，文字也会造成障碍。

（2）习俗障碍。习俗是在一定的文化历史背景下形成的具有固定特点的调整人际关系的社会因素。常见的习俗障碍有违反道德、礼仪、习惯、传统、风俗等。

（3）观念障碍。观念是由一定的经验和知识积淀而成，在一定条件下为人们所接受、信奉，并用以指导自己行动的理论和观点。常见的观念障碍有保守观念、封建观念、自私观念、极端观念、片面观念等。

（4）心理障碍。心理障碍是指人的认识、情感、态度等心理因素对沟通过程造成的障碍。常见的心理障碍有消费心理、交际心理、政治心理、工作心理等方面的障碍。

（5）机构障碍。由于组织层次不合理，如机构臃肿或结构松散而造成的信息传递失真，或传递速度减慢等问题。

因此，在公共关系实施中，一定要认真研究目标公众的生活方式、价值标准以及利用大众传播媒介的习惯等，尽量避免主客观的干扰因素，并及时针对障碍产生的原因进行化解，努力消除不良影响，使信息完整、客观、清晰地传递给接受者。

💡 案例

博鳌亚洲论坛使用智能翻译机

博鳌亚洲论坛由 25 个亚洲国家和澳大利亚共同发起，于 2001 年 2 月 27 日在海南省博鳌镇召开大会，正式宣布成立。每年的博鳌亚洲论坛现场都有来自世界各地的友人，多种语言和文化在这里交流与碰撞，创新与科技的力量之美得以充分体现。2018年，博鳌亚洲论坛官方首次推出人工智能翻译机，为现场嘉宾提供服务。在现场，500台讯飞翻译机可以进行中文和英语、日语、韩语、法语、西班牙语等多种语言之间的实时互译，中文识别率达到95%以上，性能卓越。

资料来源：软文网；重磅音讯！讯飞翻译机延续两年成为博鳌亚洲论坛官方指定翻译机；2022-08-13；http://www.ruanwen5.cn/news/20190329/8008.html。

3. 进程管理

（1）时机与进度控制。在公共关系实施中主要处理计划进度和实际进度、时间进度和工作任务进度的关系，解决流程控制、时间衔接、操作时机的掌握问题，还要了解与掌握影响进度的因素。

（2）资金物品管理。在公共关系实施中随时需要经费开支，以及使用摄影、音响、通信器材和交通工具等各种物品器材，因此涉及成本控制和物品管理工作。这类工作要管理各种所需物品的选购过程、价格、质量等，并关注各种物品特别是贵重器材的保管、发放、使用和回收问题。一般来说，应安排专人负责并及时登记在册以便有账可查，既要保证供给，满足公共关系实施的需要，充分发挥财物的功效，又要避免不必要的损坏、遗失和浪费。

（3）突发危机事件控制。在公共关系工作中可能发生严重阻碍活动实施并影响组织形象的突发事件，公共关系人员应预先准备危机管理方案，并密切注意实施过程中是否存在各种矛盾和不协调因素，如实施环境有无障碍因素，新闻传媒有无不利报道，工作方法是否存在较大的风险，竞争对手有无对抗行为等，并及时加以化解与调整，以免情况恶化。

9.3.3 公共关系实施的结束阶段

公共关系实施的结束阶段也就是公共关系实施的修正阶段。如果能在第一时间得到公众的反馈，也就为计划的成功实施扫清了障碍。修正阶段的主要任务有两个：第一，及时收集反馈信息和总结效果；第二，进行必要的改进和反馈。

1. 收集反馈信息

收集反馈信息的过程也是一个自我检验的过程。任何一个计划在实施过程中都不可能百分之百实现，肯定会有成绩，也会有问题。所以，成功地将信息收集上来是修正阶段的第一要务。收集反馈信息最重要的一条原则就是不能有好恶观。如果收到好消息就喜上眉梢，收到坏消息就想找碴收拾人，计划的执行肯定就会报喜不报忧，那么公共关系的效果就会大打折扣，甚至因此耽搁了公共关系下一阶段的任务。如果计划的制订者不能以开放的心态去看待一次公共关系活动，那么他所得到的公共关系信息将一次比一次成功，但实际上效果可能一次比一次糟糕。

2. 总结效果

只有收集到正确的第一手信息，才能保证效果的真实可信，并且为下一阶段的反馈奠定坚实的基础。有的项目老板亲自上阵，以确保信息的真实性、可靠性，并及时总结效果，这样做固然好，但老板毕竟不能事必躬亲。所以，依靠合理的制度来保证才是长期有效地收集信息的合理方法。有了正确的方法，总结效果就会好多了。总结效果只能是对执行过程的一个简单理解，不可能是对整体公共关系效果的评估。所以，这里的总结只是对计划的执行所进行的战术上的修改，而不是对整个战略的总结和修正。

3. 计划的改进和反馈

计划实施阶段的改进和反馈，一旦得到完善的执行，那么计划的实施就等于是完美和成功的。公共关系计划的实施，没有实施过程中的改进和反馈肯定是不完美的，也是经不起实践考验的。改进了的计划会更加贴近实际，更富有弹性，也更有利于执行者的执行。这个过程最重要的是要敢于打破计划的框架，勇于实践，让事实来说话，只有这样，最终才会有好的实施结果。

本章小结

公共关系的实施是整个公共关系活动的中心环节，是社会组织为了实现既定公共关系目标，充分依据和利用实施条件，对公共关系创意策划进行策略、手段、方法设计并进行实际操作与管理的过程。公共关系的实施是社会组织实现公共关系的关键环节，实施过程中可以及时检验和调整公共关系计划，实施结果是制订后续方案的重要依据。公共关系实施具有实施过程的动态性、实施过程的创造性、实施影响的广泛性等特点。公共关系实施的原则包括目标导向原则、控制进度原则、整体协调原则、反馈调整原则和选择时机原则。公共关系的实施过程是一个解决问题的过程，它包括以下环节。首先是公共关系实施的准备阶段，包括人员培训、财物准备、对外联络和实施试验。其次是公共关系实施的执行阶段，包括人员管理、沟通管理和进程管理。最后是公共关系实施的结束阶段，也就是公共关系实施的修正阶段。修正阶段的主要任务是及时收集反馈信息，总结效果，进行必要的改进和反馈。

热词加油站

数据融合

它是指打通所有触点的数据，将分散在各个触点的数据连接起来，实现数据拉通，汇聚人本数据、行为数据、感知数据和效果数据等，构建全域数据体系，形成统一的用户画像。

KOL

key opinion leader，关键意见领袖。KOL是在某一领域有话语权的人。在线上营销中，以网红大V为主的流量明星在各类社交媒体平台拥有许多粉丝，成为电商、品牌商争抢的对象。

KOS

key opinion spreader，关键意见传播者。KOS更多地隐藏在某些私域之中，比如朋友圈、社群、贴吧、论坛等。KOS是某一垂直领域的达人，粉丝基数不如KOL，但却有能力引领某个圈层的风潮。比如电子发烧友热衷于使用各种新款手机并测评，能帮助品牌精准触达目标用户。

KOF

key opinion follower，关键意见追随者。KOF更像是一个品牌的忠诚粉丝，比如一些女性用户偏爱某一品牌的口红、香水，一出新品就会去购买，并推荐给她的好友们。

KOC

key opinion consumer，关键意见消费者。KOC便是存在于我们身边，乐于共享各类好物的集体，他们不局限在某一产品或范畴。相较于商业化程度较高的KOL，KOC展现出的营销性较弱，主要影响同类集体的消费决议。

思考讨论

1. 运用公共关系实施的理论谈谈你对"纸上得来终觉浅，绝知此事要躬行"的理解。
2. "计划本身并没有价值，只有当计划付诸实施并经实施，确实给组织带来收益时，计划的价值才得以体现。"谈谈你对这句话的理解和感悟。
3. 老子有句名言："天下大事必作于细，天下难事必作于易。"结合公共关系实施的理论与实践，谈谈你对这句名言的认知。

能力实训

1. 杭州某中档火锅餐厅进行了餐厅开业公共关系策划，针对其目标公众——中档收入居民家庭，提出公共关系策划理念是"公开成本，请顾客自己定价，最低定价不低于成本价"。根据这样一个公共关系策划思想，策划方案主要包括三部分内容。

（1）特殊菜谱。通过菜谱的形式告诉顾客每道菜的原料价格、餐厅成本价格和餐厅市场价格。

（2）宣传工作。要将"公开成本，顾客定价"的消费方式和本餐厅开业、欢迎顾客光临的细节传达给本餐厅附近的居民家庭。

（3）咨询工作。向顾客解释、说明与活动有关的各种问题。

要求：根据上述策划方案分别形成完整的公共关系实施方案。

2. 学校要开展一次"少年强则国强"的国学经典讲堂活动，结合所学的关于公共关系活动策划与实施的相关知识，请你策划这次活动，并拟作一份活动实施流程图和时间进度安排表。

社会热题大讨论

课外导读

[1] 余世维. 赢在执行：员工版 [M]. 2版. 北京：北京联合出版公司，2012.

[2] 汪中求. 细节决定成败 [M]. 2版. 北京：新华出版社，2004.

[3] 章俊. 执行力10项驱动法则 [M]. 北京：九州出版社，2018.

[4] 叶龙. 实战活动策划：文案准备+实施执行+风险防范 [M]. 北京：中国铁道出版社，2020.

第 10 章

公共关系评估

学习目标

掌握：公共关系评估的方法。
理解：公共关系评估的含义和作用。
了解：公共关系评估的内容和程序。

引 例

腾讯与人民网联手打造国庆 H5《我的年代照》

2019 年国庆节期间，一系列为庆贺新中国成立 70 周年而生的优秀传播作品成功"刷屏"，其中就包括了腾讯与人民网联手打造的刷屏 H5《我的年代照》。从上线到收官，这支 H5 不仅获得多家主流媒体的报道，还创下 PV（访问量）超过 4 000 万次、UV（独立访客量）超过 2 600 万次的良好成绩，实现了口碑和数据的双丰收。

在《我的年代照》中，用户只要上传个人照并选择要"穿越"的年代，就能在强大的人脸融合及图像分析技术支持下，生成用户的专属年代照。通过来自不同年代的照片，用户得以跨越时空，回顾熟悉的年代场景与情感记忆。H5 的超强年代感，吸引了包括环球网、央广网、人民政协网等近 50 家主流媒体的关注，并进行了相关报道。除了媒体的报道外，大众用户也对这支 H5 产生了强烈的情感共鸣。微博上，用户就对其进行了热烈讨论，其中"我是亲历者"话题阅读量逾 1.6 亿次，并在国庆期间冲顶话题总榜；"我的年代照"阅读量则超过了 7 000 万次。微博话题下，众多用户自发参与其中，畅所欲言，表达了作为祖国成长亲历者的那份自豪。除了 H5 之外，用户还可通过腾讯微视"我爱你中国"模板生成"动态年代照",通过短视频的形式以更生动的方式表达自己的家国情怀。国庆假期内,大量用户在腾讯微视客户端通过相关模板发布了"年代照"短视频,腾讯微视的产品影响力因此得到了提升。

以"建国"作为切入点,一下子就将公众的思绪带到了怀旧的路上。胶片电影式的短视频叠加效应,让过往的变化在脑海中穿梭,祖国发生的翻天覆地的变化调动了公众的自豪感和荣誉感。制作精良的年代照激发回忆,引发了公众的分享欲望。在多方因素助力下,《我的年代照》H5成功在朋友圈和社群强势刷屏,成为国民喜爱的H5。

资料来源:人民网,人民网"国庆档"新闻报道如何吸睛,2019-10-09,http://media.people.com.cn/n1/2019/1009/c120837-31388214.html,引用时有删改。

10.1 公共关系评估的含义和作用

> **牛人课堂**
>
> 任何公共关系活动都应由如下四要素构成:新闻价值、商业信息、媒体目标、预期目标。
>
> ——美国公共关系专家 艾瑞克·亚威包姆

对于任何公共关系活动都要考虑投入和产出,公共关系工作程序的最后一步就是对公共关系活动的效果进行总结评估。

10.1.1 公共关系评估的含义

公共关系评估指的是有关专家或机构依据某种科学的标准和方法,对公共关系的整体策划、准备过程、实施过程以及实施效果进行测量、检查、评价和判断的一种活动。其目的就是获取公共关系工作过程、工作效益和工作效率的信息,作为决定是否开展公共关系工作、改进公共关系计划的依据。由于公共关系活动是以人为工作对象的,工作效果主要体现为公众的感觉,这使公共关系工作具有较大的弹性,很难对效果进行量化衡量。随着人力资源管理理论的发展,目标管理和绩效评估被引入组织管理的实践,人们认识到,对工作成果进行科学的分析与评价是管理工作的必要环节。

公共关系评估实际上是对整个公共关系活动过程的评估。它贯穿于公共关系活动的整个过程,包括事前、事中和事后的评估。它伴随公共关系活动的进展,根据需要随时进行。

10.1.2 公共关系评估的作用

1. 公共关系评估是改进公共关系工作的重要环节

公共关系评估对一个社会组织的公共关系工作具有"效果导向"的作用。公共关系的先驱者埃瓦茨·罗特扎恩早在1920年就曾经说过,当最后一次会议已经召开,最后一批宣传品已经散发,最后一项活动已经成为历史时,就是你在头脑中将自己和自己所采用的方法重新过滤一遍的时刻。这样你就会整理出经验和教训，供下一次借鉴。这位先驱者所说的"整理出经验和教训，供下一次借鉴"，恰恰说明了公共关系评估对改进公共关系工作的重要作用。对公共关系活动进行全面、客观的事后评估，指出得失、找出原因，可以了解公共关系活动的成绩与不足，使组织可以总结经验，吸取教训，提出修正意见。

2. 公共关系评估是开展后续公共关系工作的必要前提

公共关系工作贯穿于组织生存与发展的整个过程，具有连续性和阶段性的特点。制订新的公共关系工作计划，要对前一项公共关系工作从计划的制订到实施、从效果到环境变迁进行系统的评估分析。因此，对前一项公共关系活动的评估，可以为后一项公共关系活动计划的制订与实施提供决策依据、经验和教训。这是公共关系活动连续性的一种表现。

3. 公共关系评估是鼓舞士气、激励内部公众的重要形式

公共关系工作实施的效果本身往往表现为一种复杂的局面，既涉及公众利益的满足，也涉及公众利益的调整。一般来说，组织内部的领导人员和员工很难对公共关系活动的效果有深刻的认识和全面的了解。只有通过公共关系评估，将公共关系活动的目标、措施、实施的过程和效果向内部员工说明，才能使他们体会到公共关系工作的重要性，同时认清本组织的利益和实现的途径，自觉将实现本组织的利益与自己的本职工作紧密地联系在一起，增强凝聚力。因此，公共关系评估是鼓舞士气、激励内部公众的重要形式。

4. 公共关系评估是有效提高公共关系部门效率的手段

通过公共关系评估，可以评估出经过公共关系工作之后的组织形象的状况，以及组织形象各因素（如员工素质、产品质量、服务方针等）与期望值的差距，为组织的经营管理决策提供参考。公共关系评估还在于使组织领导人看到开展公共关系工作的明显效果，从而使他们能更加自觉地重视公共关系工作。公共关系评估可以通过衡量公共关系活动的效益，来判断公共关系人员的工作水平。尤其是当外聘公共关系公司从事公共关系活动时，公共关系评估是考核它们的重要依据。一项公共关系活动计划的实施涉及计划的制订人员和实施人员，这两方面人员对公共关系计划的实施抱有不同的期望和要求。通过对公共关系活动计划的制订和实施以及实施所取得的效果做出全面具体的评价，可以根据各类人员对信息的不同需求，有针对性地向他们提供所需要的信息。这些信息可以成为开展公共关系活动、改进公共关系工作、制订新的公共关系活动计划的可靠依据。

● 案例

《为什么要有深圳》的公关效果

2020年，一部《为什么要有深圳》的城市精神宣传片呈现出第一代城市"拓荒牛"个体化的生活记录，也彰显出一座城市宏大的精神图像和崇高的价值愿景。在深圳经济特区建立40周年的重要节点，短片回归到个体的价值，不仅刷新了大众对于深圳这座城市的传统印象，也搭建起一个全新的沟通渠道，让"拓荒牛"精神跨代际、跨行业、跨生活方式，重回大众视野，更将"特区使命"的公共议题带入一个更具社会价值的讨论空间。它带来的影响如下所述。

9月23日，本条视频在深圳各大官方媒体首发，一经推出立即引起全网关注，人民网、新华网、中新网、中青网、南方网等超过20家中央、省级媒体广泛转载，覆盖数亿人群,更有超过 100 家自媒体"大 V"自发参与传播及互动。

9 月 24 日,朋友圈广告投放当天,视频曝光数高达 2 310 万次,点击率高达 0.78%,是平均点击率的 4 倍。该广告在发布当天迅速在朋友圈刷屏,影响力渗透全国。

10 月 14 日,习近平总书记出席深圳经济特区建立 40 周年庆祝大会,当日《人民日报》微信公众号在头条位置重磅发布本条视频,随后微博、客户端等陆续跟发,再度刷屏,引发全社会共鸣,网友纷纷点赞。本条视频获得各界一致好评,视频播放量突破 620 万次。

资料来源:数英网;这支 7 分钟的片子,看尽了深圳 40 年的历史;2020-09;https://www.digitaling.com/projects/131018.html,引用时有删改。

10.2 公共关系评估的方法

> **牛人课堂**
>
> 你做不好公关,是你不懂公关也可以精准化。
>
> ——关注互联网创业及业态变化的知名专栏作者 晓枫说

公共关系评估本身是一项研究工作,需要采用各种各样的研究方法。公共关系评估具体采用的方法有以下几种。

10.2.1 自我评价法

所谓自我评价法,是指由主持或参与公共关系计划实施的人员凭自我的感觉来评估工作效果。采用这种方法的前提是公共关系人员在公共关系活动的全过程中,或者在组织的日常活动中坚持记录有关指标和数据的变化。具体而言,可以通过方案与实效的对比进行评估,也可以通过了解公共关系活动对象来评估,还可以通过搜集、对比各种统计数字进行评估。采用这种方法要尽量做到客观、公平、实事求是,尽量消除主观色彩。由于当事人自我心得和心境的特定作用,这种评估的结果往往是比较独特的,通常表现为别人感觉不错的地方自我感觉不好;别人感觉不足的地方自己却相当欣赏;感觉与表达不一致等。

10.2.2 专家评价法

所谓专家评价法,就是聘请公共关系及有关方面的专家,采取调查、咨询、座谈、评估等方法,对组织的公共关系活动做出各自的客观评价。这种方法是指将拟定好的评价项目、评价标准和活动背景资料送至专家手中,请专家就所掌握的资料给出评估结果并列出评估依据。综合汇总专家意见后,形成评价结论。外部专家通过调查访问和分析,能对组织的公共关系工作效果做出较为客观的评价,并能对组织今后的公共关系工作提出有价值的建议和意见。因此,这种评估方法很值得重视。

10.2.3 公众评价法

所谓公众评价法,是指通过公众意见调查来间接推断公共关系活动的效果。如借助于民意测验的形式可以了解公众的态度是否发生变化,可以了解组织在公众心目中的形象如何,可以了解组织公共关系活动中存在的问题和公众的意愿,从而为下一步改善公共关系工作奠定基础。此外,还可以通过公众代表座谈会、深度访问等形式来确认公共关系活动在影响特定公众方面所取得的效果。虽然采用公众评价法有利于从多方面检验组织开展公共关系活动的效果,但一般耗费较大。公众评价法是一种最重要的评价方法,通过调查研究公众的反应,便可以确认公共关系工作在影响特定公众的认知、态度、观点和行为等方面可度量的效果。

10.2.4 新闻媒体推断法

所谓新闻媒体推断法,是通过新闻媒体的报道和传播情况来间接评估组织公共关系活动效果的评估方法,即通过对外发布本组织信息的统计分析,评估组织的信息传播状态。这种评估方法的基本内容有以下几个。

(1)对报道数量的评价和分析,包括某一时段的报道频率;报道媒体的种类和数量;报道的篇幅;报道的次数;报道的范围等。

(2)对报道质量的评价和分析,包括报道媒体的层次、级别;报道的角度和切入点,即所报道的内容是正面的还是负面的,是全面报道还是摘报;报道的版面安排(时间安排)等。

(3)对各方反应的评价和分析,包括各方反应次数的多少;反应媒体的层次、性质、重要性;内容是肯定的还是否定的等。

(4)对报道时机的评价和分析,包括报道的时机是否及时;是否符合公共关系目标的要求;是否恰好配合组织的发展;报道与当前社会舆论主题在性质上的关系;报道是否有可能成为社会舆论关注的中心等。

● 案例

捐血地标,打开导航,哪里缺血即时知晓

我国台湾地区是世界上献血率极高的地方,但这里仍会出现"血荒"的情况。"捐血地标"项目于是将捐血的地标移植到常用的导航型 app 中,当人们用手机找寻地点时,定位标会获得血液中心实时血量库存数据,若发生了"血荒",就会告知人们欠缺的具体血型,并导航至最近的捐血站,如没有缺血的状况,定位系统将保持原状。

项目上线后,大大提升了台湾地区血液募集的效率。这个巧妙的创意帮助最适合的人及时赶到最适合的地点,使人们的善意及时发挥出最大的效用与价值。

(1)"捐血地标"上线后,将台湾地区"血荒"从发生到结束的时间,从平均 35 小时大幅缩短为 7 小时。这代表血液募集更及时、更有效率。

(2)上线后 2 个月,通过此 app 获知缺血信息并进行第一次捐血的人数已超过

11 900 人。

（3）22 家新闻媒体主动报道，其中的宣传语包括：

反转定位标，热血助人从此开始；

让捐血更有效率；

每个停车的地点，都是助人的起点。

（4）这个创意是一个具体有效的永续性做法，其结合捐血中心数据与现有 app，在日常生活中持续性地推送"血荒"信息，帮助捐血中心在对的时间、地点募集到真正欠缺血型，切实解决当地血荒的困境。

资料来源：数英网；我国台湾地区公益项目捐血地标：打开导航，哪里缺血即时知晓；2019-06；https://www.digitaling.com/projects/138901.html，引用时有删改。

拓展阅读 第五届中国国际进口博览会传播影响力报告

资料来源：中国国际进口博览会，细读传播影响力报告，2023-01-11，https://www.ciie.org/2bh/bqgffb/20230111/35878.html。

10.3 公共关系评估的程序

> **牛人课堂**
>
> 按点击数付费的广告模式，将风险从广告客户身上，转移到了媒体身上。
>
> ——《纽约时报》副总裁　Martin Nisenholtz

公共关系评估是一个过程，这个过程将依以下程序进行。

第一，设立统一的评估目标。统一的评估目标是检验公共关系工作的参照物，即使这一评估目标更多的是定性的而非定量的。这需要评估人员就有关问题，比如评估重点、提问要点形成书面材料，以保证评估工作顺利进行。另外，还要详细规定调查结果如何运用。如果目标不统一，则会在调查中搜集许多无用的材料，影响评估的效率与效果。

第二，取得组织最高管理者的认可。评估不是公共关系计划的附属品或计划实施后的事后思考和补救措施，而是整个公共关系计划的重要组成部分。因此，组织应该给予评估足够的重视，对评估的方法、程序等方面予以充分的考虑和周密的筹划。

第三，在公共关系部门内部取得对评估的一致意见。这一部门的负责人要认识到，即使是公共关系人员本身，也不能立刻就把公共关系活动中没有实物性结果的性质和它的可测量效果联系起来，要给他们足够的时间来认识效果评估的作用和现实性，并允许他们通过自己的亲身体验加深这一认识。

第四，从可观察与测量的角度将目标具体化。在项目评估过程中，应该将项目目标具体化，如谁是目标公众、哪些预期效果将会产生以及何时产生等。没有这样的目标分解，项目评估就无法进行。同时，目标分解还可以使公共关系计划的实施过程更加明确化与准确化。

第五，选择适当的评估标准。目标说明了组织的期望效果。如果一个组织将"让公众了解自己并支持当地福利机构，以改善自己的形象"作为公共关系活动的目标，那么，评估这样的公共关系活动的标准就不应是了解公众是否知道当地报纸上哪一个专栏报道了这一消息、占用了多大篇幅，而应该了解公众对组织的认识情况以及观点、态度和行为的变化。

第六，确定搜集证据的最佳途径。调查并不一定是了解公共关系活动影响的最佳途径，有时组织活动记录也能提供这一方面的大量材料。在有些情况下，小范围的试验也是十分有效的。在搜集有关评估资料方面，没有绝对的唯一最佳途径。在这一方面，方法的选择取决于评估的目的、提问的方式以及前面已经确定的评估标准。

第七，保证拥有完整的计划实施记录。这些资料能够充分反映公共关系人员的工作方式和工作效果，尤其重要的是反映计划的可行性程度：哪些策略是有效的，哪些策略是无力的或者无效的；哪些环节的衔接比较紧密，哪些环节还有疏漏或欠缺。

第八，及时、有效地运用评估结果。公共关系活动的每一个周期都要比前一个周期表现出更大的影响力，这是运用前一个周期的评估结果对后一个周期进行了调整的缘故。对评估结果的运用，将会使问题确定及形势分析更加准确，公共关系目标更加符合组织发展的要求。

第九，将评估结果向组织管理者报告。将评估结果向组织管理者报告应成为一项固定的制度，它一方面可以保证组织管理者及时掌握情况，利于进行全面的协调；另一方面可以说明公共关系活动在实现组织目标过程中的重要作用。

第十，提高对公共关系的理性认识。公共关系活动的科学组织与效果评估使人们对这一活动及其效果有更多的理解与认识，效果评估的成果又进一步丰富了公共关系专业知识的内容。对具体项目进行效果评估，将所得到的资料进行抽象化分析，就可以得到对指导这一活动有普遍意义的思想、方法与原则。

10.4 公共关系评估的内容

> **牛人课堂**
>
> 企业为社会创造价值，应对社会挑战，满足社会需求的过程中，将创造出巨大的经济价值。如果一个负责任的企业想解决问题，未必会增加成本，因为它可以通过采用新技术和管理来实施商业模式创新，从而做到自身经营和所在社区等各利益相关方的多赢。
>
> ——著名管理学家 迈克尔·波特

公共关系评估的内容可以从不同的角度进行分类，从理论和实际操作两个角度综合考虑，公共关系评估内容包括以下方面。

10.4.1 公共关系工作程序评估

1. 公共关系调查过程评估

公共关系调查过程评估应着重以下几个方面。

（1）公共关系调查的设计是否合理，能否据此搜集到充分准备的公共关系工作信息。

（2）公共关系调查方法的选择是否恰当，能否据此获得普遍、深层的信息资料。

（3）公共关系调查工作的组织实施是否科学、合理。

（4）公共关系调查的结论分析是否科学。

2. 公共关系计划制订过程的评估

公共关系计划制订过程的评估应着重以下几个方面。

（1）公共关系计划的目标是否正确。

（2）总体计划是否可行、合理。

（3）公共关系战略构思是否科学。

（4）目标公众选择是否正确，有无遗漏。

（5）媒介选择及媒介策略是否得当。

（6）经费预算是否合理。

3. 公共关系计划实施过程的评估

公共关系计划实施过程的评估应着重以下几个方面。

（1）准备是否充分，包括实施方案的准备、组织机构统筹分工准备、信息资料准备、实施人员训练的准备、各种实物准备、沟通协调工作等。

（2）实施过程安排是否合理、细致、周到、灵活、创新。

（3）信息制作效果如何，内容是否准确充实，表现形式是否恰当，数量和质量如何。

（4）信息传播效果如何，发送信息量多大，被采用多少，有多少公众已接收到信息，有多少公众注意到信息。

（5）实施效果如何，包括公众在了解信息、改变观点、改变态度方面的定量分析，引起行为的公众数量、重复行为的公众数量、是否达到目标及解决问题等。

4. 活动影响效果的评估

活动影响效果的评估具体包括以下五个方面。

（1）了解信息内容的公众数量。

（2）改变观点、态度的公众数量。

（3）发生期望行为和重复期望行为的公众数量。

（4）达到的目标和解决的问题。

（5）对社会和文化发展产生的影响。

10.4.2 专项公共关系活动评估

专项公共关系活动的评估研究主要包括以下几类：一是日常公共关系活动成效评估；二是单项公共关系活动效果评估；三是年度公共关系活动效果评估；四是长期公共关系活动效果评估。

1. 日常公共关系活动成效评估

日常公共关系活动成效评估，主要评估以下几方面的问题。

（1）组织的公共关系运作状况如何，领导者内外部公共关系活动开展得怎样，全体员工的公共关系意识和行为表现如何，组织的形象如何，组织和各部门在经营管理的各个环节上的公共关系投入如何，组织是否通过日常活动建立了有利的公共关系网络。

（2）组织的内部公共关系协调状况如何，平时的组织沟通如何，人际关系如何。

（3）组织的外部公共关系协调状况如何，认知度怎样，美誉度如何，外部公众传播沟通效果怎样，公共关系环境是否有利。

（4）公共关系人员的工作是否得力，日常工作的内容是否有利于推动内部和外部公共关系工作的进展，日常工作是否井然有序又灵活创新，日常工作是否确定了长远目标。

（5）公共关系人员与领导者配合得如何，是否经常与领导者沟通，是否为组织决策搜集和提供了大量可靠的信息。

2. 单项公共关系活动效果评估

通过公共关系专项计划开展的公共关系活动，一般均属于重大的公共关系活动。这样的公共关系活动效果如何对企业今后的发展影响甚大，企业必须予以高度重视。对专项公共关系活动效果进行评估，常常针对下列问题来确定评估内容与评估标准。

（1）项目的计划是否合适。

（2）项目的目标与公共关系总目标是否一致，项目的目标是否已经实现。

（3）项目所要求的沟通交往是否达到了目标公众的范围。

（4）在项目活动过程中是否产生了预料之外的影响，其影响方向如何，影响范围有多大。

（5）项目所有的支出是否在预算之内，是否超支，原因是什么。

（6）通过这项活动，企业的公共关系形象会发生哪些变化，其知名度与信誉度是否有所提高。

（7）项目活动出现了哪些预想不到的问题，哪些工作做得不妥。

（8）对于存在的问题和发生的不利于企业的事件，应如何采取措施给予补救，以及如何预防下次发生同类问题。

（9）本次活动对企业的总体发展目标起到了什么作用。

（10）这次活动为下次同类活动公共关系目标的设计提供了哪些有价值的资料和可供参考的依据。

3. 年度公共关系活动效果评估

年度公共关系活动效果评估是指对计划年度内所有公共关系活动进行总体评估，以总结经验，吸取教训，找出存在的问题，提供制订下一年度公共关系计划的依据。对年度公共关系活动效果进行评估，要针对以下问题确定评估内容和评估标准。

（1）年度公共关系计划目标是否实现。

（2）年度公共关系活动开展得是否顺利。

（3）年度内出现了哪些重大的公共关系事件，对此采取的措施是否得当。

（4）年度内开展了哪些重大的公共关系活动，其效果如何。

（5）年度内是否有超出公共关系计划的活动，其效果如何。
（6）年度内公共关系活动有无预料之外的影响，其影响多大，效果如何。
（7）年度公共关系计划预算是否满足了需求，有无超支现象，其原因是什么，效果如何。
（8）年度内公共关系活动有哪些经验和教训。
（9）内部公众对企业的各项公共关系活动有哪些意见和建议。

4. 长期公共关系活动效果评估

长期公共关系活动效果评估包括某一长期公共关系项目及公共关系长期工作的成效分析，这是一个总结过程，需要将日常工作评估结果、专项活动评估结果、阶段性工作评估结果一并吸收进来，进行系统分析，从而获得一个总的结论。另外，还包括对公共关系活动的经历进行客观评估。同时，应将前几种公共关系活动效果评估的内容要点加以归纳整理和分析研究，要特别注重公共关系战略的得失问题、公共关系变动规律问题、公共关系与经营管理者的关系问题等。

10.4.3 传播沟通的评估

对传播沟通的评估，旨在专门分析衡量公共关系中的传播效果，以检测传播沟通工作中的得失问题。传播沟通的评估要点有以下几个。

1. 信息制作的评估

检测公共关系人员的信息制作能力，如在一定期限内的新闻稿件撰写数量、专题报道数量、其他传播资料的制作数量、图片和信件的数量等。检测其制作的表现形式和表现手法是否合适、质量是否很高等。

2. 信息曝光度的评估

若仅仅制作了信息而没有得到足够的曝光，则不会有多大的传播沟通效果。因此，需要对信息曝光度进行必要的评估研究，把握信息传播的覆盖面和数量。比如发稿量、被媒介采用的数量、信息被哪家传播媒体采用效果更好、传播是否充分、传播资源是否浪费等。

3. 信息传播有效性的评估

对信息传播效果的衡量主要是检测这样一些内容：公众对信息本身的了解情况，如有多少公众了解、了解程度如何；公众接受信息的情况，如是否接受、承认信息内容，接受的比例多大；公众接受信息后的态度情况，如有多少公众赞同信息内容，有多少公众形成了对组织的良好印象；公众行为效果的情况，如有多少公众对信息产生相应反应，有多少公众达到公共关系目标的期望水平；传播沟通方案如何，如目标是否得体，策略是否恰当，媒体选择是否合适，信息策略是否合适，目标状况如何等。

> 案例
> ### 第三届中国国际进口博览会的传播效果

2020年11月4日至10日，第三届中国国际进口博览会（简称进博会）在上海成功举办。第三届进博会是疫情防控常态化条件下我国举办的一场规模最大、参展国别最多、线上线下结合的国际经贸盛会。据统计，本届展会共吸引了 124 个国家（地区）的企业踊跃参展，展览总面积近 36 万米^2，共展示新产品、新技术、新服务 411 项，其中全球首发 73 项。按一年计，第三届进博会累计意向成交 726.2 亿美元，比上届增长 2.1%。

总体来看，第三届进博会取得了前所未有的传播效果，尤其是监测期内的总传播量逾 370 万次，展会期间的传播量超 200 万次，均实现历史性的重大突破。数据显示，与前两届相比，第三届进博会的信息总量倍增。其中，微博汇聚的进博会相关信息量最多，占比 66.43%；网媒信息量位居第二，占比 12.36%；微信位列第三，占比 9.57%；客户端位居第四，占比 9.38%。总体来看，微博、微信、客户端等新媒体传播占比颇高，合计占比逾 85%。

国外方面，美通社、美联社、俄塔社、俄罗斯卫星网、法新社、路透社、意大利安莎通讯社、日本共同社、日本产经新闻、韩联社、新加坡联合早报网、印尼安塔拉新闻网、澳大利亚先驱报网、菲律宾时报网、马来西亚光华日报网等多国主流媒体，积极关注第三届进博会的相关信息，助力扩大进博会在海外的影响力。

在众多的进博会相关报道中，"第三届进博会""进博效应""高度期待"等词语频频出现，但是这些词语并不能完全勾勒出第三届进博会的传播全貌。

第三届进博会举办期间，微博平台因广大网友热议，形成了多个阅读量过亿的热门话题。微信平台频现"10 万+"精品文章，获得高曝光度。抖音作为当前最热的短视频社交平台之一，成为舆论热议第三届进博会的话题聚合地。客户端发布的系列报道和"进博好物"系列直播活动，以其新颖的形式生动呈现展区专区的多姿多彩与精彩瞬间，有力提升了网民的阅读体验，广获好评。

在第三届进博会开幕前后，中央级媒体及地方媒体聚焦进博会的诸多亮点，发布了一系列影响力广泛的优质原创报道。除了国内的主流媒体外，海外社交平台方面的热度也十分引人注目。其中，进博会官方在 Facebook、Twitter、Instagram、YouTube 等平台的账号粉丝总量相较去年已增加 40 多万人，现粉丝总数超 99.4 万人。且据不完全统计，第三届进博会前后各平台图文阅读量超过 4 800 万次，视频观看量超 800 万次，各平台互动总量超 130 万次。

资料来源：腾讯网：中国国际进口博览会；数读《第三届进博会传播影响力报告》：最热话题、最亮展品、最火展区；2021-01-29；https://mp.weixin.qq.com/s/5lZH5fzFYyIM3XsYT_F5qQ，引用时有删改。

10.4.4　公共关系状态评估

公共关系状态评估旨在通过各类公众关系的变化来评估以往公共关系工作的成效。公共关系状态评估可以将内部公共关系与外部公共关系区分开来进行。

1. 内部公共关系状态评估

内部公共关系状态评估主要包括评估全体成员的公共关系意识，员工的士气和归属感，组织的凝聚力和号召力；组织的政策在沟通中被全员接受的程度；双向沟通带来哪些生机和活力；影响员工关系的因素测评；沟通渠道需要做哪些改进；传播策略及目标有何欠缺；公共关系贯穿于各种经营管理活动的各个环节中是否有障碍等。

2. 外部公共关系状态评估

外部公共关系状态评估主要考察顾客、媒介、社区、政府等多种目标公众，在接受信息、产生情感、改变态度、引起行为等方面的变化情况。顾客关系评估，即评估组织在顾客信息传播、沟通及人际协调方面的工作成效；媒介关系评估，即看其态度是冷漠还是热情、积极支持与否，采取何种沟通策略及成效如何；社区关系评估，即评估组织在社区中的沟通成效；政府关系评估，即评估组织与政府的沟通协调策略等。

上述公共关系评估类型在内容上互有交叉，区别只在于评估的角度。因此，公共关系评估的工作可视其需要，选取其中一类或几类进行评估。

本章小结

公共关系工作程序的最后一步就是对公共关系活动的效果进行总结评估。公共关系评估是改进公共关系工作的重要环节，是开展后续公共关系工作的必要前提，是鼓舞士气、激励内部公众的重要形式，是有效提高公共关系部门效率的手段。公共关系评估具体采用的方法有自我评价法、专家评价法、公众评价法和新闻媒体推断法。公共关系评估的内容主要包括公共关系工作程序评估、专项公共关系活动评估、传播沟通的评估和公共关系状态评估。

热词加油站

CPM

cost per thousand impression，按展示付费。CPM 广告是一种展示付费广告，只要展示了广告主的广告内容，广告主就为此付费。虽然这种广告的效果不是很好，但是能给有一定流量的网站、博客带来稳定的收入，只做 CPM 广告的广告联盟不是很多。

CPC

cost per click 或 cost per thousand click-through，按点击付费。CPC 广告是一种点击付费广告，根据广告被点击的次数收费。关键词广告一般采用这种定价模式，比较典型的有 Google 广告联盟的 AdSense for Content 和百度联盟的百度竞价广告。

CPA

cost per action，按行为付费。CPA 广告是一种按广告投放实际效果计价的广告，即按收到的有效问卷或订单来计费，而不限广告投放量。CPA 的计价方式对于网站而言有一定的风险，但若广告投放成功，其收益也比 CPM 广告要大得多。国内最先进的 CPA 广告联盟当属 CHANet 成果网。

CPS

cost per sales，按销售付费。CPS 广告是一种以实际销售产品数量来计算广告费用的广告，这种广告更多适合购物类、导购类、网址导航类的网站，需要精准的流量才能带来转化。卓越网站联盟、当当网站联盟当属这种广告形式的典型代表。

CPT

cost per time，按时长付费。CPT 广告是一种以时间来计费的广告，国内很多网站都是按照"一个月多少钱"这种固定收费模式来收费的，这种广告形式很粗糙，无法保障客户的利益。但是 CPT 广告的确是一种很省心的广告，能给网站、博客带来稳定的收入。阿里妈妈的按周计费广告和门户网站的包月广告都属于这种 CPT 广告。

思考讨论

1. 你认为目前公共关系评估在实践中存在哪些误区？如何走出这些误区？
2. 你认为公共关系评估工作必须得到组织最高领导层的支持吗？为什么？
3. 下面是公共关系经理和 CEO 的一段对话。

公共关系经理：我们这个月发了创纪录的 15 万字，超出 ×× 公司 1/3，这是传播剪报！（等待老板的夸奖）

CEO：哦，辛苦了！但 ×× 公司上个月的销售势头很猛，销售部门反映，从经销商和用户端得到的信息是，他们的声音好像比我们强。这是怎么回事？（显得有些烦躁）

你认为为什么会出现上面的对话和情况？

能力实训

肯德基"秒杀门"事件

2010 年 4 月 6 日，肯德基中国公司推出"超值星期二"三轮秒杀活动，64 元的外带全家桶只要 32 元，于是在全国引爆热情。但当消费者拿着从网上辛苦秒杀回来的半价优惠券等待消费时，却被肯德基单方面宣布无效。与此同时，肯德基中国公司发表声明称，由于部分优惠券是假的，因此取消优惠兑现，并向顾客致歉。肯德基"超值星期二"秒杀活动是在全国范围内推出的，北京、上海、南京、成都、广州等地都发生了类似事件，被网友称为肯德基"秒杀门"。消费者认为是肯德基欺骗了大家，在各大论坛发表谴责帖子。秒杀活动突然暂停之后，投诉肯德基的各类帖子开始在网络中盛行，网友对肯德基的这一行为纷纷表示不满。"谁动了我的全家桶""KFC 秒杀门，涉嫌欺诈消费者"成为网络热帖。有网友认为，肯德基之所以停止活动，是因为秒杀活动诱惑力之大导致销售异常火爆。

资料来源：蔡志刚. 公共关系原理与实务 [M]. 西安：西北工业大学出版社，2010：223.

1. 采用舆论和态度调查法对本次 KFC 秒杀门事件进行评估。
2. 分析此次公共关系活动对公众的态度、动机、心理、舆论等方面的影响。
3. 对此次公共关系活动前后 KFC 的知名度和美誉度进行模拟评估。
4. 根据模拟评估结果提出对 KFC 的建议。

社会热题大讨论

课外导读

[1] 西奥迪尼. 影响力 [M]. 闾佳, 译. 北京：北京联合出版公司, 2021.

[2] 沃特莫. 数字公关 [M]. 焦妹, 刘国华, 袁王珏, 译. 上海：上海外语教育出版社, 2022.

[3] 哈伯德. 数据化决策 [M]. 邓洪涛, 译. 广州：广东人民出版社, 2018.

[4] 阿加. 大数据时代生存法则 [M]. 蔡薇薇, 译. 武汉：华中科技大学出版社, 2021.

[5] 刘强. 大数据时代的统计学思维：让你从众多数据中找到真相 [M]. 北京：中国水利水电出版社, 2018.

第11章　公共关系语言艺术应用
第12章　公共关系写作应用
第13章　公共关系专题活动

第4篇

实务应用篇

第 11 章

公共关系语言艺术应用

学习目标

掌握：语言艺术在公共关系谈判和演讲中的应用技巧。

理解：各种公共关系语言沟通传播方法（幽默法、委婉法、暗示法、模糊法、激将法）的作用和用法。

了解：公共关系语言艺术的魅力和能量。

引　例

华为孟晚舟在清华大学的演讲

清华的同学们，你们好！

非常荣幸能有这个机会来清华园和大家交流。

我很幸运，能够在这个伟大时代与华为一同成长；同学们更幸运，因这个伟大的时代才刚刚开始。借用培根的一句话就是：黄金时代，就在眼前。

大学之大在大师，企业之强在强人

首先，我要向清华的大师们致敬。

梅贻琦校长说过，大学之大，不在大楼，而在大师。华为理念也是一样的，"大学之大在大师，企业之强在强人"。一个企业的强大，不在于收入强，也不在于是不是世界500强，而在于它能不能凝聚起全球最顶尖的人才。

清华的校训是"自强不息，厚德载物"。华为也是坚持"艰苦奋斗""大胜在德"的价值导向。

勇敢不是不害怕，而是心中有信念

常常会有人问，华为能够持续成长的原因是什么？

第一条，也是最重要的一条，就是"以客户为中心"。28年来，华为始终坚持为客户创造价值，这也是华为存在的唯一理由。把真理做到了极致，你就已经走在成功的道路上。

在日本地震、尼泊尔地震时，华为人都没有撒腿就跑。你不抛弃客户，不放弃客户，不盯着客户口袋里的钱，才能把钱赚进自己的口袋！

第二条，长期坚持艰苦奋斗的精神。马克斯·韦伯说："任何一项事业背后，必须存在着一种无形的精神力量。"

2011年，日本发生了9.0级地震，引发福岛核泄漏。当别的电信设备供应商撤离日本时，华为选择了留下来，地震后一周，我乘飞机前往日本，整个航班连我在内只有两个人。在代表处开会，余震刚来时，大家脸色骤变，到后面就习以为常了。与此同时，华为的工程师穿着防护服，走向福岛，抢修通信设备。勇敢并不是不害怕，而是心中有信念。

华为在大机会时代，拒绝机会主义，始终聚焦管道战略。过去28年来，华为抵抗住了很多"赚快钱"的诱惑，拒绝今天的快钱，才能持续赚到钱。

华为从不追求当期利润最大化，保持对未来的持续投入。人们看见了我们在经营上的成功，没看见我们在冰山下的努力。2015年，华为的研发投入高达596亿元，占销售收入的15%。过去10年，华为累计投入2 400亿元进行研发创新，17万员工中研发人员占比高达45%。未来几年，华为每年的研发经费会将超过100亿美元，其中15%～30%投入基础技术研究和创新。用今天的钱，建明天的能力。在自我创新的同时，华为坚持开放式创新。华为与全球逾百所高校及研究机构合作，与两位诺贝尔奖获得者、100多位院士、数千名学者同行。

华为坚持"财散人聚"的理念，建立了广泛的利益分享机制。对内，创始人任总只留了1.4%的股份，其余分享给了员工；对产业链"深淘滩，低作堰"，让利给客户和供应商；未来，华为希望建立一个开放共赢的ICT生态圈，共同做大产业、做大蛋糕，但华为只取1%，其余的都留给广大的合作伙伴们。我们以客户为中心，坚持艰苦奋斗，聚焦主航道，保持战略投入，进行开放式创新，坚持利益分享机制。这些都将支撑华为持续成长。

除了胜利，我们别无选择！

ICT技术将驱动人类社会从"物理世界"走向"数字世界"，在向智能社会转型的过程中，将给ICT行业创造15万亿美元的市场空间。

变革，就是勇敢者的新世界

那么，新世界将由谁来主导呢？

每一代人都对下一代人有或多或少的看不惯，比如美国第二次世界大战后的"婴儿潮"，此时出生的人被称为"垮掉的一代"。正是这"垮掉的一代"，改变着科技史的进程！让我们看看"垮掉的一代"里面都有谁？比尔·盖茨、乔布斯！

今天，还有扎克伯格、马斯克也在改变着世界。

钱学森 28 岁时就已经是世界知名的空气动力学家，牛顿 22 岁就奠定了微积分的理论基础，爱因斯坦提出相对论时仅 28 岁。

改变世界的从来都是年轻人！

"70 后"觉得"80 后""不靠谱"，"80 后"认为"90 后""非主流"，90 后认为"00 后""二次元"。每一个时代都有鲜明的特点，每一代人也都有自己的价值观和世界观。华为尊重个体差异，不统一思想，只为共同的目标而群体奋斗！我们认为，"90 后"不是非主流，而是我们这个时代的弄潮儿！

改变世界的就是你们！

我们需要什么样的人才？

胸怀世界：愿意迎接世界性的问题和挑战，在解决难题、面对挑战的过程中，提升自己的视野和胸怀。"最优秀的人解决最大的问题"，真正的人才，不会愿意在一个平庸、安逸、缺乏挑战的环境中虚度光阴。

坚韧平实：不浮躁、不急切，愿意一步一步走向成功。期望一夜暴富、一夜成名的人才，接受不了我们，我们也接受不了。心态浮躁对 ICT 行业有极大的破坏力，我们提倡工匠精神。

洞察新知：变革时代，唯一确定的就是不确定性，我们只有不断地学习、发现、认知和理解，才能驾驭这个世界。

英雄不问出处，出处不如聚处

在华为是"英雄不问出处，贡献必有回报"，但我今天要说的是"出处不如聚处"！"出处不如聚处"是清朝梁同书的名句，是说原产地再好，也要有一个好的聚集地。

人才是因为聚集才产生价值的。清华是一个伟大的人才聚集地，在这里，以知识论英雄。华为更是年轻人的好聚处。因为，只要是敢拼、敢闯，听见枪声就想冲锋的年轻人，华为就给予最好的机会；责任结果好、成长潜力大的年轻人，华为就会给予最好的待遇，我们要的就是"首战用我，用我必胜"的精兵强将。

华为的人才观包括以下几点。

第一，打开组织边界：炸开人才金字塔塔尖。传统战争是机械化集团军作战，现代战争却是"班长的战争"。华为的组织架构就是为了适应现代化作战方式的转型，让听得见炮声的人呼唤炮火。随着华为的组织结构变革的深入，"班长"将有更多的作战能动性和更广的作战半径，以及拥有更高效的炮火支援。

第二，跨越专业边界：人才循环流动。未来世界的创新点将越来越多地出现在边缘科学上，因此，我们也在培养跨界的人才。在华为，我们在人才培养机制方面是"打破专业界限""打破岗位界限"，通过人才的有序流动、跨岗轮换，培养面向未来的"之"字形人才。

第三，突破发展边界：以责任结果为导向。不拼爹，不拼妈，一切看贡献和能力。干部选拔没有年龄、资历标准，只以责任结果贡献为考核标准。

金子其实不发光，选择比天赋重要

"是金子总会发光"，同学们知道是从什么时间开始出现的吗？有人说是尼采说的，如果真是这样的话,世界人民喝这碗心灵鸡汤已经100多年了。

金子并不是发光体,把一块金子放在黑屋子里,哪有光辉呢?清华的同学们,都是精英中的精英,都是学霸中的学霸,你们面临毕业,在人生的岔路口,选择什么样的平台,往往比天赋本身更重要。

华为如何让金子发光?

首先,在华为,可以让你拥有全球视野。近3年,约有700名全球顶级科学家加入华为。加入华为,你将站在公司的全球化平台上工作与思考,与牛人一起共事,你也可以成长为牛人!华为把人才放到全球平台去打磨,金子折射阳光的机会就大了。

在华为,我们不论资排辈,年轻人也能当将军。现在的华为,60%的部门经理是"85后",41%的国家级总经理是"80后",我们还有"80后"的地区部总裁。在华为,3年,从士兵到将军,不是神话。

宰相必起于州郡,猛将必发于卒伍。华为在实战中选拔人才,通过训战结合培养人才。华为的英雄都是在泥坑中摸爬滚打打出来的。华为不论资排辈,所以华为的英雄"倍"出不是一辈子的"辈",而是加倍的"倍"!

华为用最优秀的人,培养更优秀的人。华为的培训体系十分完善,我们像战斗一样训练。新员工培训,帮助你理解公司、快速融入;对于优秀员工,组织战略预备队培训,循环积累专业能力;对于初级、中级管理者,通过干部发展项目完成管理者的转身;还有高级管理者,通过研讨班提升视野,理解战略,践行核心价值观。

按价值定薪:牛人年薪不封顶

华为应届生招聘的定位不是招"学徒",而是招"最优秀"的学生。我们已经不是来简单地补充人手,而是来招聘潜力无限的战略储备型人才,以应对将来的不确定性。

以前,我们是按学历定薪。从今年起,华为将按价值定薪。我们充分考虑优秀学生的潜在贡献价值,特别是牛人年薪不封顶。简言之,你有多大雄心、有多大能力、有多大潜力,我们就给多高薪酬。

在华为,奋斗越久越划算,工资变成零花钱。华为的薪酬水平高于行业普遍水平,除了工资、奖金以外,长期激励计划的收益,随着你的责任及贡献增加,将在你的年收入中占很大比例。到华为,短期暴富是不可能的,但只要你脚踏实地、与华为一起成长,那么分享成长的收益并不是难事。

华为坚持知本主义,知识就是资本,过去资本雇用人才,现在人才雇用资本!

持续奋斗、创造价值是年轻人的责任与义务!

在华为,人人都是合伙人。在华为,你不是为华为打工,你是为自己创造价值。

华为近30年的英雄剧场,演奏的正是"个人英雄"与"群体英雄"的交响乐,我们在群体创造、群体奋斗的过程中,共享成功,共享利益。

持续奋斗、创造价值是年轻人的责任与义务!欢迎大家加入华为,与我们一起领跑。

资料来源:华为官网,孟晚舟清华演讲:改变世界的都是年轻人,2022-08-04,https://www.huawei.com/cn/executives/articles/change-the-world-crowd-young-people,引用时有删改。

11.1 语言和无声语言沟通传播技巧

> **牛人课堂**
>
> 一个人必须知道该说什么,什么时候说,对谁说,怎么说,沟通才能无障碍。
>
> ——现代管理学之父 彼得·德鲁克

11.1.1 语言沟通传播技巧

语言是人类交往的最主要的手段,人们借助语言传递信息、表达情感、协调行为。在公共关系传播中,公共关系人员只有掌握了良好的语言艺术,才能引起公众的注意,形成互相理解、互相协调、互相支持的良好氛围,产生最佳的社会效应。公共关系语言艺术的方法主要有:幽默法、委婉法、暗示法、模糊法、激将法等。

1. 幽默法

幽默不是指一般意义上的"笑话""滑稽",而主要是指语言中最富审美价值的那一层精神现象,指一种风格,以一种愉悦的方式让别人得到精神上的快感。具有幽默感的公共关系人员在实际公共关系活动中容易得到他人的好感并被接受,从而达到良好的沟通效果。幽默法在公共关系交际中的作用主要体现在三个方面:首先,在喜庆欢乐的场合制造愉悦的气氛;其次,当言语交际由于某种原因陷入僵持或难堪的境地时,恰当地运用幽默语言,可以有效地缓和与化解紧张气氛;最后,有助于使人们的感情更加融洽,缩短交际双方的心理距离。

2. 委婉法

委婉法是运用迂回曲折的含蓄语言表达本意的方法。人与人交往常常有许多禁忌,它们是不能被打破的,这成了一种潜在规则。公共关系是一种人际交往的艺术,公共关系人员对此更应当有所了解。公共关系人员在交际中用语犯忌,违反双向沟通原则和礼貌得体原则,便可能致使交际无法正常进行。

> **案例**
>
> ### 礼貌地拒绝
>
> 美国总统罗斯福在就任总统前,曾担任海军要职。有一次,他的一位好友向他打听海军在加勒比海的一个小岛建立潜艇基地的计划。罗斯福很神秘地向四周看了看,压低声音问道:"你能保密吗?""当然能。"罗斯福微笑地看着他说:"那么,我也能。"
>
> 资料来源:共产党员网,小故事大道理,2016-07-13,http://www.12371.cn/2016/07/13/ARTI1468394486252588.shtml。

3. 暗示法

暗示是一种信号化的刺激。从社会心理学的角度看,暗示是在无对抗的条件下用含蓄、间接的方法对人的心理和行为产生影响。暗示法的效果比直接点破的效果可能好得多，正确应用这一方法将在公共关系活动中受益不少。暗示法是一种常用的手法。由于客观环境的需要，不适合用语言直接表达时，公共关系人员常常会通过行为或其他符号把自己的意图传递给对方，并引起反应。暗示法可以通过手势、表情等非语言的表达形式或特定的语境等来实现。暗示法是公共关系语言中很有效的一门艺术。

4. 模糊法

> **案例**
>
> **公关人员的回答**
>
> 德国汉堡银行在招聘公关人员时，出了一道非业务能力的判断题："当国家的利益和银行的利益发生冲突时，你采取何种策略？"答案一："我会坚决站在我们银行的立场上。"银行认为这样的人会捅娄子。答案二："我作为国家的一员，应该保护国家的利益。"银行认为这样的人适合在政府部门工作。答案三："当国家利益和银行利益发生矛盾时，我要尽全力淡化矛盾。"银行认为，这是银行需要的人。
>
> 资料来源：勤学教育，怎么回答面试中的两难问题，2021-09-24，https://www.qinxue365.com/kczx/136854.html，引用时有删改。

模糊法是运用不确定的或不精确的语言进行交际的方法。在公共关系语言中运用适当的模糊法，是一种必不可少的艺术。在交际中出于种种考虑，有时宜用不置可否的模糊语言来回答对方的提问。这样的问答既没有实质性的内容，又能保持沟通渠道的畅通。有时对于不愿、不便回答的问题，也可使用此方法。

5. 激将法

激将法就是指利用别人的自尊心和逆反心理积极的一面，以"刺激"的方式，激起其不服输的情绪，将其潜能发挥出来，从而得到不同寻常的说服效果。激将法是一种很有力的口才技巧，在使用时要看清楚对象、环境及条件，不能滥用。运用时要掌握分寸，不能过急，也不能过缓。过急，欲速则不达；过缓，对方无动于衷，无法触动对方的自尊心，也就达不到目的。激将法是人们熟悉的计谋形式，既可用于己，也可用于友，还可用于敌。

11.1.2 无声语言沟通传播技巧

无声语言是指人际交往中用以表情达意的姿态、神情和形体动作。它作为有声语言的辅助形式，是语言交际的重要辅助手段，甚至可以部分代替有声语言或表达有声语言难以表达的感情和态度。美国心理学家艾伯特·梅瑞宾认为，在一条信息的传递效果中，词语的作用占7%，声音的作用占38%，而面部表情占55%。正如欧文·戈夫曼所说：一个人可能停止说话，但是他不能停止身体习惯动作的传播。所以，要想取得良好的沟通效果，一定要注意无声语言的运用。心理学家甚至认为，无声语言所显示的意义要比有声语言丰富得多、深刻得多，而且在特定的语言环境中，非自然语言的作用是其他载体所无法替代的。"无声语言"常常可以收到"无声胜有声"的效果。

> 案例
>
> ### 肢体语言的文化差异
>
> 有个十来岁的波多黎各姑娘在纽约的一所中学里读书。有一天,校长怀疑她和另外几个姑娘吸烟,就把她们叫去。尽管这个姑娘一向表现不错,也没有做错什么事的证据,但校长还是认为她做贼心虚,勒令她停学。他在报告中写道:"她躲躲闪闪,很可疑。她不敢正视我的眼睛,她不愿看着我。"校长查问时,她的确一直注视着地板,没有看着校长的眼睛。英美人有"不要相信不敢直视你的人"这样一句格言。碰巧有一位出生于拉丁美洲家庭的教师,对波多黎各文化有所了解,他同这个姑娘的家长谈话后对校长解释说:就波多黎各的习惯而言,好姑娘"不看成人的眼睛"这种行为"是尊敬和听话的表现"。幸而校长接受了这个解释,承认了错误,妥善处理了这件事。这种目光视向不同的含义给这位校长留下了很深的印象,也使他记住了各民族的文化是多种多样的。
>
> 资料来源:道客巴巴,肢体语言的中西方文化差异,2012-05-25,http://www.doc88.com/p-9723793982193.html。

1. 表情语言

表情语言指人的面部表情,即通过面部表情来交流情感、传递信息的语言。表情语言的核心是目光和微笑。表情语言不仅能给人以直观印象,而且能给人以艺术感染;它同有声语言配合,能产生极佳的交际效果。

2. 动作语言

动作语言指人身体的部位做出表现某种具体含义的动作符号。在人际交往中,最常用且较为典型的动作语言为首语和手势语(手指语、握手语、鼓掌语、挥手语等),可以表达友好、祝贺、欢迎、惜别、不同意、为难等多种语义。在日常生活中,人们的一举一动、一颦一笑,往往是心灵的显露、情感的外现。人体是一个信息发射站,它发射出的种种动作是无声的"语言",常常可以补充有声语言的未尽之意,从而帮助人们正确、完整地表达自己的思想,理解别人的思想。

3. 体姿语言

体姿语言指通过人身体的姿势和动作来表达情感、传递信息的态势语,主要包括首语、坐姿语、站姿语和行(步)姿语。它可表达自信、乐观、豁达、庄重、矜持、积极向上、感兴趣、尊敬等或与其相反的语义。人的姿态是人的思想感情和文化教养的外在体现。

11.2 语言艺术在公共关系中的应用

> **牛人课堂**
>
> 每一个成功的"大佬",除了战略思维和执行力外,都是非常好的表达高手。
>
> —— 著名企业家 李开复

11.2.1 公共关系谈判

谈判是由涉及某个问题的各方，为解决问题而进行的沟通和磋商活动。谈判，大可以在国家、党派、社会集团之间进行，小可以在个人之间进行，甚至在家庭成员如父母与子女、兄弟姐妹之间进行。现代社会像一张巨大的谈判桌，无论是国家元首、军事首脑、金融巨头，还是普通公民，都不能没有谈判。谈判无时不在，无处不有，任何问题都可以谈判，满足需要是一切谈判的共同目标。因此，我们可以把谈判看作"合作的事业"。谈判时假如双方建立在合作的基础上，则彼此就会朝着公平分享的目标前进。公共关系谈判是一种特殊的谈判，它的目的是改善组织形象，协调关系，而不是压倒对方，你败我胜。它要求公共关系人员坚持自己的观点和原则而又不树敌，令双方满意。这就需要渊博的知识、机智的头脑和高超的谈判艺术。公共关系人员必须掌握谈判的原理和娴熟的谈判艺术技巧，以应付各种错综复杂的局面，创造平和的气氛。

案例
埃及与以色列的领土之争

1967年，以色列发动了中东战争，占领了埃及的西奈半岛。后在美国总统协调下，1978年，两国在美国进行谈判。双方立场根本对立，埃及要求以色列归还领土，以色列坚决不还。谈判进行得很艰难且无果。谈判专家介入之后，厘清了双方的意图：埃及要求归还领土，追求的是民族自尊心和自豪感，而且也符合国际惯例；以色列却更关注安全，西奈半岛的山脉是以色列与埃及之间的唯一屏障，易守难攻，而越过这条山脉，以色列无险可守。据此，专家设计了协议方案，西奈半岛归还埃及，但部分地区划作非军事区，埃及军队不许进入。这一方案既满足了埃及的自尊要求，也满足了以色列的安全需要，双方达成和平协议。

资料来源：费希尔，尤里，巴顿. 谈判力[M]. 王燕，罗昕，译. 北京：中信出版社，2012.

评析：谈判的过程实际上是在双方都对对方有需要的时候进行的一种交流。与传统的"非输即赢"的谈判观念不同，现代谈判大多追求在调节利益关系的基础上的双赢。实事求是地看待对方的要求，充分交流，仔细分析双方的利益共同点，最终找到最佳的双赢方案。

1. 谈判的程序

一般来说，正式谈判活动从开始到结束，可以分为以下几个阶段。

（1）导入阶段。导入阶段就是谈判各方正式直接接触，通过简要介绍相互认识的阶段。这一阶段主要是使谈判双方对对方的基本情况有个概括的了解。导入阶段自然大方的举止和热情适中的寒暄是创造谈判和谐气氛的重要因素。

（2）概说阶段。概说阶段就是谈判各方陈述己方意向，让对方通晓己方的基本想法的阶段。在这一阶段要持十分谨慎的态度，陈述内容要简洁明了，只谈己方的基本想法和意图即可。在对方概说时仔细倾听，注意对方对己方的概说有何反应，并将对方的目的与动机和己方的进行比较，从中找到差别。

（3）明示阶段。在明示阶段，双方都进入实质性问题的磋商洽谈，彼此明确表示各自的要求，提出问题并回答问题，努力达成各自的利益目标。因此，在这一阶段要通过不同方式向对方传递信息，表明自己的意图和所要达到的目标，冷静分析对手，找出自己所求、对方所求和彼此相互的需求。

（4）交锋阶段。交锋阶段就是谈判各方为了获取利益、争夺优势而处于对立状态的阶段。在这个阶段，各方对彼此的要求和意图都有较清楚的了解，都极力坚持自己的立场，竞争明显展开，谈判形成了紧张气氛。各方都列举大量事实数据，证实己方的观点，希望对方理解并接受己方的想法和建议，这时的谈判犹如打乒乓球一样，你来我往，各不相让。

（5）妥协阶段。妥协阶段就是谈判各方经过激烈交锋后，寻求都可以接受的途径的阶段。在妥协阶段，谈判者要科学地分析谈判的发展趋势，对可能妥协的范围、谁先妥协、怎样妥协、在什么地方妥协、妥协到什么程度以及妥协带来的补偿等问题做到心中有数。妥协的关键是把握各方的利益所在。

（6）签约阶段。谈判的协议文字要简洁，内容要具体。切忌在协议中使用模棱两可的词句，以免日后引起不必要的纷争。签字时应详细地、谨慎地予以检查，确认协议书上没有任何陷阱后，方可签字。

2. 谈判的讨价还价技巧

讨价还价是谈判中的一项重要内容。一个优秀的谈判者不仅要掌握谈判的基本原则、方法，还要学会熟练地运用讨价还价的策略与技巧，这是促成谈判成功的保证。以下是讨价还价的一些技巧。

（1）故布疑阵策略。故布疑阵策略是指通过不露痕迹地向对方提供大量无用信息而迷惑对方，从而取得有利的谈判条件。

（2）投石问路策略。投石问路策略是指利用一些对对方具有吸引力的或突发性的话题同对方交谈，或通过所谓的谣言、秘讯，或有意泄密等手段，借此琢磨和探测对方的态度与反应。

（3）抛砖引玉策略。这一策略的基本做法是在对方询价时，己方先不开价，而是举一两个近期达成交易的案例，给出其成交价，进行价格暗示，反过来请对方出价。

（4）吹毛求疵策略。买方对产品和对方的提议尽可能地挑毛病，利用这种吹毛求疵的策略来和卖方讨价还价。运用此策略向对方提出要求时，注意不能过于苛刻、漫无边际，不能与通行做法和惯例相差太远。

（5）价格诱惑策略。价格诱惑策略就是卖方利用买方担心市场价格上涨的心理，诱使对方迅速签订购买协议的策略。价格诱惑的实质，就是利用买方担心市场价格上涨的心理，把谈判对手的注意力吸引到价格问题上来，使其忽略对其他重要合同条款的讨价还价，进而在这些方面争得让步与优惠。

（6）步步为营策略。步步为营策略是指谈判者在谈判过程中步步设防，试探着前进，不断地巩固阵地，不动声色地推行自己的方案。这种策略让人难以察觉，自己的每一微小让步都要让对方付出相当代价。

（7）疲劳轰炸策略。疲劳轰炸策略是指通过疲劳战术来干扰对方的注意力，瓦解其意志并抓住有利时机达成协议。在商务谈判中，如果一方的谈判者表现出居高临下、先声夺人的姿态，那么，即可以采用疲劳轰炸策略。

（8）以林遮木策略。以林遮木策略是指在谈判中故意搅乱正常的谈判秩序，将许多问题一股脑儿地摊在桌面上，使人疲于应付，难以做出正确选择，进而达到使对方慌乱失误的目的。

（9）软硬兼施策略。软硬兼施策略又称"黑脸白脸策略""好人坏人策略"或"鸽派鹰派策略"。该策略是通过"先兵后礼"的举措来感化或压迫对方转变立场，从而打破僵局、促成交易。

（10）权力有限策略。权力有限策略指当双方人员就某些问题进行协商，一方要求对方做出某些让步时，另一方可以向对方宣称，在这个问题上授权有限，他无权向对方做出这样的让步，或无法更改既定的事实。此策略一般是在对方的要求条件过高或己方需要对方在后期做出更大让步的情形下使用。

案例

中韩橡胶谈判

中方某公司向韩国某公司出口丁苯橡胶已一年，第二年中方又向韩方报价，以继续供货。中方公司根据国际市场行情，将价格从前一年的成交价每吨下调了120美元（前一年1 200美元/吨），韩方感到可以接受，建议中方到韩国签约。中方人员一行二人到了首尔该公司总部，双方谈了不到20分钟，韩方说："贵方价格仍太高，请贵方看看韩国市场的价格，三天以后再谈。"中方人员回到饭店感到被戏弄，很生气，但人已来首尔，谈判必须进行。

中方人员通过有关协会收集到韩国海关丁苯橡胶进口统计数据，发现韩国从哥伦比亚、比利时、南非等国进口量较大，从中国进口也不少，中方公司是占份额较大的一家。价格水平南非最低，但高于中国产品价。哥伦比亚、比利时的价格均高于南非。在韩国市场的调查中，批发和零售价均高出中方公司现报价的30%～40%。市场价虽呈降势，但中方公司的给价，是目前世界市场最低的价格。

为什么韩方人员还这么说？中方人员分析，对方以为中方人员既然来了首尔，肯定急于拿合同回国，可以借此机会再压中方一手。那么韩方会不会不急于订货而找理由呢？中方人员分析，若不急于订货，为什么邀请中方人员来首尔？再说韩方人员过去与中方人员打过交道，且执行顺利，对中方工作很满意，这些人会突然变得不信任中方人员了吗？从态度来看不像，他们来机场接中方人员，且晚上一起喝酒，保持了良好气氛。

经上述分析，中方人员共同认为：韩方意在利用中方人员出国心理再压价。根据这个分析，经过商量，中方人员决定在价格条件上做文章。总的来讲，首先态度应强硬（因为来前，对方已表示同意中方报价），不怕空手而归。其次，价格条件还要涨回市场水平（即1 200美元/吨左右）。再者，不必过两天给韩方通知，仅一天半就将新的价格条件通知韩方。在一天半后的中午前，中方人员打电话告诉韩方人员："调查已结束，得到的结论是，我方来首尔前的报价低了，应涨回去年成交的价位，但为了老朋友的交情，可以下调20美元，而不再是120美元。请贵方研究，有结果请通知我们。若我们不在饭店，则请留言。"

韩方人员接到电话后一个小时，即回电话约中方人员到其公司会谈。韩方认为：中方不应把过去的价再往上调。中方认为：这是韩方给的权利，我们按韩方要求进行了市场调查，结果应该涨价。韩方希望中方多少降些价，中方认为原报价已降到底。经过几个回合的讨论，双方同意按中方来首尔前的报价成交。这样，中方成功地使韩力放弃了压价的要求，按计划拿回合同。

资料来源：道客巴巴，经典谈判案例集锦，2017-11-23，http://www.doc88.com/p-9903541137417.html，引用时有删改。

3.谈判的让步策略

谈判是双方不断地让步，最终达到价值交换的一个过程。但是，让步不是轻率的行动，必须慎重处理，成功的让步策略可以起到以局部小利益的牺牲来换取整体利益的作用。谈判时要愿意让步，才能获得对方的让步，但是让步时需要注意一些技巧。

案例

让步不是谈判

伦敦科斯塔洛旅游有限公司的经理与西班牙一家连锁饭店的销售经理就下一年度整包客房的条件进行谈判。一开始，旅游公司的经理就根据旅客的投诉就客房的条件、服务项目与原来协议不符之处提出一张要求改进的长长的清单。连锁饭店的经理逐项看了清单后，对其中的大部分都同意改进。他不禁叹道："天哪！我本来是来谈判的，谁知却做了这么多的让步！"旅游公司的经理答道："谁说不是呀，等你停止了让步，我们再开始谈判。"

资料来源：写写帮，商务谈判经验案例范文，2019-05-14，https://www.xiexiebang.com/all/2019051419/ea26598b9539f220.html，引用时有删改。

（1）互利互惠的让步策略。谈判不会仅仅有利于某一方，一方做出了让步，必然期望对方对此有所补偿，获得更大的让步。争取互利互惠式让步，需要谈判人员具有开阔的思路和视野，能统观全局，分清利害关系，避重就轻，灵活地使己方的利益在其他方面能够得到补偿。

（2）予远利谋近惠的让步策略。对于有些谈判人员来说，可以通过给予其期待的满足或未来的满足而避免给予其现实的满足，即为了避免现实的让步而给予对方远利。

（3）丝毫无损的让步策略。在谈判过程中，当谈判的对方就某个交易条件要求己方做出让步，其要求的确有些理由，而己方又不愿意在这个问题上做出实质性的让步时，可以采取这样一种处理办法。如对方要求我们在某个问题上让步，而我们不能让，但是我们保证在这个问题上给予其他客户的条件，绝对不比给对方的好。

4.谈判的僵局处理策略

（1）低潮回避策略。当谈判陷入僵局，经过协商而毫无进展，双方的情绪均处于低潮时，可以采用避开该议题的办法，换一个新的议题与对方谈判，以等待高潮的到来。

（2）总结休会策略。当谈判陷入僵局而一时无法用双方都能接受的方法打破僵局时，可以采用冷处理的办法,即总结已取得的成果,然后休会,使双方冷静下来认真考虑对方的要求。

(3)多方案选择策略。当对方坚持条件而使谈判陷入僵局时,己方可以由过去是否接受对方的条件改为让对方选择自己的条件来打破僵局,即提出多种谈判条件的组合,让对方从中选择所能接受的条件。

(4)妥协退让策略。当谈判由于各抒己见、互不相让而陷入僵局时,可以采用妥协退让策略打破僵局,即首先在某些条件上做出让步,然后要求对方让步。

(5)以硬碰硬策略。当对方通过制造僵局,给己方施加压力时,妥协退让已无法满足对方的欲望,此时应采用以硬碰硬的策略向对方反击,让对方自动放弃过高的要求。

(6)场外调停策略。当谈判双方话不投机,出现横眉冷对的场面时,僵局已无法在场内打破,只能到场外寻找打破僵局的办法。如请对方人员参加己方组织的参观游览、运动、娱乐、宴会、舞会等活动。在这些活动中,双方可进行不拘形式的畅谈,对某些僵持的问题可进一步交换意见。

11.2.2 公共关系演讲

公共关系演讲是指公共关系人员为了提高社会组织的知名度和美誉度,塑造良好的组织形象,争取内外部公众的支持,在特定的时间和特定的环境条件下,运用语言艺术,向社会公众发表声明、宣传主张、抒发情感,以感召听众的一种社会实践活动,是公共关系实用技巧之一。在生活中,我们会碰到许多场合,需要当众说几句话,在商业环境中,演讲更为普遍。世上没有与生俱来的演讲家,任何人只要加强锻炼和培训,都可以当众说话或即兴演讲,关键是要掌握和运用一些技巧。

● 案例

林语堂巧妙解难题

被称为"幽默大师"的林语堂,一生著作颇丰,其中最畅销的是1937年完成的《生活的艺术》。该书在美国已发行了40版以上,历经数十年不衰。有一次,纽约某林氏宗亲会邀请他演讲,希望借此宣扬林氏祖先的光荣事迹。这种演讲吃力不讨好,因为不说些夸赞祖先的话,同宗会失望;若是太过吹嘘,又有失学者风范。当时,他不慌不忙地上台说:"我们姓林的始祖,据说有商朝的比干丞相,这在《封神榜》里提到过;英勇的有《水浒传》里的林冲;旅行家有《镜花缘》里的林之洋;才女有《红楼梦》里的林黛玉。另外,还有美国大总统林肯,独自驾飞机飞越大西洋的林白,可以说是人才辈出。"台下的同宗听了,都高兴地鼓掌。

资料来源:引自《冶金管理》杂志文章"幽默的林语堂",2001(5):32。

评析:林语堂的演讲听起来是在夸林氏的先贤,但是仔细听会发现林语堂说的大多数是神话故事里面的人物,并非真实存在,而林肯和林白,更与"林"这一姓氏无关。这样既满足了同宗的要求,同时又不失学者风范。

1. 演讲语言的基本要求

演讲语言是人们交流思想的直接手段。演讲语言运用得好与坏直接影响演讲的社会效果。演讲语言有以下几个基本要求。

（1）清晰准确。演讲者要让听众知道你说的是什么，使用的语言一定要确切、清晰地表达出所要讲述的事实和思想。只有准确的语言才能真实地反映出内在的思想，才能为听众所接受，达到宣传、影响听众的目的。

（2）简洁流畅。要做到语言的简洁，必须对自己要讲的思想内容进行认真思考，弄清道理、抓住要点、明确中心。

（3）响亮。话是说给大家听的，除非是悄悄话，有隐私。一般来说，说话要把声音送到他人耳朵里，让人能够听清楚，所以声音要响亮。

（4）通俗易懂。演讲稿是要讲给大家听的，一定要口语化，把生僻的词换成常用的词，恰当地使用方言词语，用明白的语言解释难以理解的术语。

2. 演讲声音的有效利用

声音是语言的载体，有效地利用声音包括六个方面的要素：音量、语调、语速、词汇、发音和节奏。

（1）音量大小合适。要学会准确地控制音量大小的变化。在情感激荡、意思重复之处，音量要大一些，反之则要小一些。音量大小变化要自然、流畅，要是感情的自然流露。

（2）语调贴切、自然、动情。语调要随着内容、环境的变化而不断调整，演讲时的语调起伏不仅能使演讲更生动，而且能传达演讲者丰富的感情信息。

（3）语速松弛结合。语速是指讲话的速度。确定讲稿后，可根据内容以及自己的特点来确定语速。语速通常不要太快，太快不仅让人听不清楚，还会给人一种紧张的感觉；也不能太慢，太慢会显得拖拖拉拉。

（4）词汇生动。尽量运用不同的词汇以增强语言的活力，运用生动形象的语言来表达主题。为了增强气势，可以采用排比句，用重复的词汇加强语言的力量。

（5）发音清晰、准确。正确、清晰、连贯、优美的发音是吸引听众的最有力的法宝。发音要清晰，不要含含糊糊，切记"不要自己把自己的话吃掉"。

（6）节奏起伏结合。演讲要有节奏，该快的时候快，该慢的时候慢，该起的时候起，继而有起伏、有快慢、有轻重。

3. 演讲态势语的技巧

语言除了有声语言外，还有辅助语言，就是态势语。演讲的态势语是指演讲者的姿态、眼神、表情、手势等，它不仅有一定的表情达意的作用，还可以弥补口语表达的不足，使思想感情表达得直观、充分、形象、具体。演讲时，表情要自然，面带微笑，眼睛要直视听众，与听众做眼神交流。在演讲时适当地加入一些姿势，以强调自己的讲话，但不要过分夸张。发言时昂然挺立可以缓解演讲者的局促不安，演讲者不但看起来具有自信的神态，而且自己也会感觉到更加自信。切勿低头垂肩地站立，显出一副没精打采的样子。举止要文雅适度，不可以过分夸张，否则就会令人讨厌。

4. 演讲的情感调动

（1）用巧妙的开场白吸引听众。演讲的开场白是演讲者与听众之间沟通的第一座桥梁，是演讲者给听众留下的第一印象。做演讲，开场白最不易把握，要想三言两语抓住听众的心并非易事。一个能打动听众的开场白要匠心独具，以其新颖、奇趣、敏慧之美，抓住听众的注意力。好的开场白能立即控制场上气氛，从而为接下来的演讲内容顺利地搭梯架桥。在演讲的开头切忌讲一些毫无必要的客套话，也不要东拉西扯、离题万里。开场白必须要注意紧扣主题，适合听众心理和环境，切不可为追求新奇而故弄玄虚。

● 案例

里根的开场白

1984年，美国里根总统访华期间曾到上海复旦大学做演讲。演讲前，里根微笑着说道："我来中国之前，碰到了一位你们复旦大学去美国的留学生，她要我代她向谢希德校长问好。"说着，他把身体转向站在旁边的谢希德女士说："现在这个口信我带到了，请您打个电话告诉那位女同学，她的电话号码是……"这个精彩的开场白，赢得了全场百余名师生代表的热烈掌声，也赢得了人们对"平民总统"里根乃至美国政府的好感。

资料来源：辉浩. 开场白：适用于任何场合的22种开场白[M]. 北京：中国商业出版社，2012.

讨论：1. 里根总统为什么要研究中国礼节，并弄清楚怎样的礼节适合中国人的口味？
2. 你从里根总统的演讲开场白中得到什么启示？

（2）用丰富多彩的语言打动听众。演讲者与听众的信息交流是通过演讲语言来实现的，离开了语言，演讲也不复存在。丰富的学识是演讲成功的基本条件。演讲者必须要经常更新知识，跟上现代科学文化发展的步伐，这样才可以在演讲中旁征博引、妙语惊人，把生动、具体、精彩的事例自如地组织到演讲中，保证演讲充实、新鲜、生动。要成为一名成功的演讲者，除了要有丰富的知识之外，还必须具备敏锐的观察力，能了解听众的表情、心理及场上的气氛变化，及时调整演讲的内容、方式和节奏。演讲者要用丰富的想象力将各种各样的事物与演讲主题巧妙地组合起来，并形成自己的语言风格，如简洁质朴、幽默风趣、严肃冷峻等。

● 案例

闻一多的五四演讲

1945年5月4日，西南联大等四校的学生在云大操场举行"五四纪念大会"。闻一多、潘光旦等教授出席大会，还有记者、盟国友人等，共6 000余人。大会开始后，吴晗开始演讲。这时偏偏天公不作美，下起雨来，有人跑到树下躲雨，会场秩序顿时乱起来。闻一多走上讲台，高呼："热血的青年过来！继承五四精神的青年站过来！怕雨吗？"不少青年同声回答："不怕！"于是，闻一多接着高呼："武王伐纣誓师时也下起大雨。武王说，这是'天洗兵'，是要把蒙在盔甲上的灰尘洗干净，好上战场攻打敌人。今天，我们纪念五四运动，天下雨了，也是'天洗兵'！是青年的都过来，是继承五四血统的青年都过来！这雨算得了什么雨？雨，为我们洗兵！这是行动的时候了，让民主回到民间去！"在闻一多的召唤下，群众稳住了，冒着雨开完了大会。会后，人们举行了万人游行，高呼"立即结束国民党独裁专政""建立联合政府"等口号，走过昆明主要街道。这次游行在昆明乃至全国都产生了重大影响。

资料来源：挂云帆，闻一多的应变口才技巧，2021-02-18，https://www.guyunfan.com/koucaiduanlian/2338.html，引用时有删减整理。

评析：闻一多适应演讲情境，克服不利因素的干扰，取得了良好的演讲效果。

（3）用真情实感引起听众共鸣。演讲特别需要强烈的感情色彩，不仅要说服人，而且要感染人。这种感情的投注，除了语言的抒情、表达时的激情外，更重要的是内容的入情。演讲者阐述自己的主张时，要考虑最佳的表达角度和方式，才能达到预期的效果。演讲贵在打动人心，而要打动人心，离不开演讲者的情感注入，即演讲者的感情流露和情绪表现。无论是演讲的起始、过程，还是推向高潮，乃至结束，演讲者的神情都应随着演讲情节的变化而变化，富有情感性。

（4）用精彩有力的结尾引起无穷回味。演讲的结尾如同演讲的开端，都是演讲中的关键处。演讲的结尾要对演讲的整体内容做个概括后再总结，或对演讲全文要点进行简明扼要的小结，或以号召性、鼓动性的话结束，或以诗文名言以及幽默俏皮的话作为结尾。言简意赅的结尾或意犹未尽时戛然而止都能够使听众精神振奋，并促使听众不断地思考和回味。

拓展阅读 小米 CEO 雷军"我的梦想，我的选择"主题演讲

资料来源：搜狐网：亚布力中国企业家论坛；2021 雷军年度演讲全文：我的梦想，我的选择；2021-08-11；https://www.sohu.com/a/482768347_99947734。

本章小结

公共关系人员只有掌握了良好的语言沟通传播方法和技巧，才能引起公众的注意，形成互相理解、互相支持的良好氛围。公共关系语言艺术的方法主要有：幽默法、委婉法、暗示法、模糊法、激将法等。语言艺术在公共关系中的应用主要包括公共关系谈判和公共关系演讲。一般一场正式的谈判活动从开始到结束，可以分为导入、概说、明示、交锋、妥协和签约几个阶段。商务谈判策略主要包括讨价还价策略、让步策略和僵局处理策略。一场成功的公共关系演讲，演讲者不仅要注意演讲语言的基本要求，还要注意声音的有效利用、态势语的使用技巧和演讲的情感调动。

热词加油站

UGC

user-generated content，网络术语，指用户生产内容。UGC 的概念最早起源于互联网领域，即用户将自己原创的内容通过互联网平台进行展示或者提供给其他用户。UGC 并不是某一种具体的业务，而是一种用户使用互联网的新方式，即由原来的以下载为主变成下载和上传并重。

PGC

professional generated content，网络术语，指专业生产内容。这些内容由传统广电业

者按照几乎与电视节目无异的方式进行制作，但在内容的传播层面，却必须按照互联网的传播特性进行调整。PGC 有时也用来泛指内容个性化、视角多元化、传播民主化、社会关系虚拟化的内容。

土味文化

土味文化是伴随网络直播视频流行起来的一种网络文化。土味文化来自民间的各种奇葩见闻、搞笑段子等。每当看到此类视频，受众更多的是持一种猎奇与嘲讽态度，一方面想要一探其中庸俗的内容，另一方面则是在嘲讽中得到自我满足感。土味文化更像是一种在嘲讽中寻得乐趣而发展起来的网络文化。

思考讨论

1. 在与人进行沟通和交流的过程中，可能涉及下列信息：姓名、性格、特点、职业目标、理想、家庭、在此工作的原因、学历、知识技能、工作经验、身体状况、精力情况、信仰、信用、道德、人际关系、朋友状况。
（1）哪些信息是 5 分钟就可以了解到的？
（2）哪些信息是 10 分钟可以了解到的？
（3）哪些信息是需要较长时间才可以了解到的？

2. 在阿拉伯人和英国人谈话时，常常出现阿拉伯人往前挪，英国人往后退的情形。谈话结束时，两个人离原来站的地方可能相当远。为何会这样呢？

3. 为什么说"世界是张谈判桌，人人都是谈判者"？谈谈你的理解。

4. 为什么说"谈判人员永远没有现成的、固定的、成竹在胸的策略与方法去应付所有谈判"？

能力实训

1. 新学期开始了，班里要改选班干部，请结合自己的实际情况，准备一份"假如我当选为班长"的演讲稿，并在班上进行演讲。

2. 校运动会赞助的模拟谈判。为了成功举办校运动会，校方一直在寻求企业的赞助合作。经过初步接触，目前已经有几家比较合适的企业，假设其中包括 NIKE。校方在和各方的初步接触中介绍了关于竞赛的策划及组织情况，并提出了合作愿景。今晚 7：30，校方与 NIKE 方预约进行谈判，地点为校方会议室。请模拟此次谈判的情景。谈判焦点：赞助方式、赞助费用、长期合作模式。

社会热题大讨论

课外导读

[1] 斯坎奈尔，纽斯特洛姆. 游戏比你会说话：演讲、会议、培训、交际游戏大全 [M]. 吉晓倩，译. 2版. 北京：企业管理出版社，2006.

[2] 卡耐基. 卡耐基口才的艺术与人际关系 [M]. 马剑涛，肖文键，译. 北京：中国华侨出版社，2010.

[3] 肖祥银. 说话的艺术：最有中国味的魅力口才 [M]. 北京：中国华侨出版社，2013.

[4] 加洛. 乔布斯的魔力演讲：珍藏版 [M]. 葛志福，译. 北京：中信出版社，2011.

[5] 黎娜. 精彩的演讲词 [M]. 北京：中国华侨出版社，2010.

[6] 张潜. 软谈判：公关专家不说的谈判技巧 [M]. 海口：南方出版社，2010.

[7] 李维文. 六度人脉 [M]. 长沙：湖南文艺出版社，2012.

[8] 光华. 好饭局是设计出来的 [M]. 广州：广东经济出版社，2012.

第 12 章

公共关系写作应用

📖 学习目标

掌握：公共关系函柬、公共关系致辞、公共关系广告以及公共关系新闻稿的含义、种类和写法。

理解：公共关系礼仪文书和形象传播文书的作用。

了解：公共关系离不开公共关系文书写作的原因。

📖 引 例

2021 年国际公共关系协会主席年度致辞

首先，请接受我在 2021 年给予您与您家人最美好的祝福，祝大家平安、身体健康、幸福快乐。

我非常荣幸能够担任 IPRA 的主席，并且我将尽我所能在建立于过去两年 Svetlana Stavreva-Petrushkova 和董事会杰出工作的基础上，再接再厉。再次感谢 Svetlana 和董事会成员的支持。在遭受新型冠状病毒和全球流感影响的一年里，讲述 2020 年所遇到的挑战会是多余的，我不希望弱化这所有的影响。在过去的 12 个月里，无论是在职业上还是在个人层面上，都非常艰难。在远离家乡的几个月，我在西非、北非和菲律宾抗击病毒，隔离，在严格的安全措施下旅行，以及这些对精神健康的影响，都是我自己 2020 年的一部分。

但是在 2021 年，我想把重点放在接下来的事情上。

值得信赖的沟通

我比以往任何时候都更加相信，合乎道德、公开和值得信赖的交流能够拯救生命，带来和平和打破无知的壁垒。我很幸运地在非洲和亚洲进行了新冠疫情的紧急风险沟通，尽管我们看到了错误和虚假信息、假新闻和直接操纵事实的事情，但我们也看到了良好、及时和真诚沟通的突出事件。让社会采取行动、自助并带来希望的沟通，正是国际公共关系协会将在 2021 年继续鼓励和支持的建立在信任与透明基础上的沟通。

国际多样性

我们应该为自己出色的工作感到骄傲，无论是专业从业者还是自由职业者，无论是在公司部门、公共部门、非营利或者是营利组织中，我们所有人每天都在改变着世界。我想通过国家与区域协会的合作来保护和推动国际多样性发展，我认为 IPRA 作为一个真正的国际组织，应当服务于那些想要与国界之外的人建立联系并拓宽视野的传播从业者和协会。我们知道这个世界比以往任何时候都更加需要相互关联，过去的 12 个月表明，理解与合作仍然是地方和区域性发展交流的关键，一个具有专业性和国际性的网络需要支持这一点。

教育、专业发展和援助

快节奏的社会变革和业务给公共关系从业者提升与学习新的技能带来挑战。我们与 CIPR 和公共关系培训学院达成第一步合作，为我们协会成员提供在线学习的通道和福利，但我们不会就此止步，今年我们将努力增加培训和指导课程。我们的董事会由有在百年企业工作经验的公关从业者组成，我将与董事会一起，在定期的网络研讨会、在线培训和辅导计划中寻找分享知识的不同方式。另一个影响我们的是心理健康。2020 年，从事业和生活层面上说，对于我们中的许多人是艰难的，甚至在新冠疫情大流行之前，已经有几份报告显示许多同事饱受着压力和倦怠之苦，IPRA 将帮助机构和其他协会一道努力采取应对这一重要挑战的举措。

科学性传播

如果过去的 12 个月可以让你对什么事情感到确定，那一定是基于科学性的传播，但同时科学也是难以被传播的。我们看到过很多国家难以传达三个简单的规则：保持一定的物理距离、基本的手部卫生和佩戴口罩。人们苦苦挣扎，不是因为资源匮乏，而是因为人们对人类行为和认知偏见的了解不够。今年，IPRA 将努力加强与学术界同行的合作，使我们能够将社会学、心理学和行为科学的最新发现应用于伦理传播。

全部人从现在开始

我们比以往任何时候都更需要彼此共同努力来让世界回到更积极的轨道上，并且我们知道，应当由专业的公关从业者来创造和传递人们所需要的良好、透明的传播方式。与朋友们和 IPRA 董事会的同事们一起，我们将使 2021 年成为全球成员和协会之间开放合作的一年。如果以上任何一个主题是您特别感兴趣或对您非常重要的，请与我或董事会成员联系。让我们一起分享经验、方法和信息来支持我们的工作。

期待与大家的合作！

主席 Philippe Borremans

2021 年

资料来源：搜狐网：TIME 时代，2021 年国际公共关系协会主席年度致辞，2021-01-13，https://www.sohu.com/a/444300056_383036?spm=smpc.author.fd-d.7.1635250966244oIoawtP。

　　公共关系是由社会组织、公众、传播三个要素构成的。传播是社会组织与公众之间的"桥梁"，公共关系的过程就是一个信息传播的过程，而信息传播的载体是什么？那就是公共关系文书。不管是印刷传播，还是广播、电影、电视等电子传播，大部分都离不开语言，只要是使用公共关系语言的地方，都存在着公共关系文书写作问题。即使是口头表达，为了达到预期目的，许多时候也都要事先打个腹稿，这个腹稿也就是没有形成书面文字的公共关系文书。离开了公共关系文书，信息的传播在很大程度上是一句空话。同时，公共关系成果的巩固，更是以公共关系文书为媒介而实现的。

　　公共关系文书是各类社会组织为了实现自己的公共关系目标、开展公共关系活动而制作的各种书面文字材料，它是文书在公共关系活动中的运用。"内求团结，外求发展"是每一个现代组织开展公共关系活动时所追求的目标。那么，如何实现这一目标呢？途径有很多，但其中极为重要的、不可缺少的一种就是公共关系文书写作。尽管公共关系文书的文体和内容较多，但概括起来可以分为三个层面：公共关系礼仪文书、公共关系形象传播文书和公共关系事务文书。因为篇幅所限，本章主要介绍常用的公共关系礼仪文书和公共关系形象传播文书的写作。

12.1　公共关系礼仪文书写作

> **牛人课堂**
>
> 可千万不能等着"有朋自远方来"，而是要自己"去远方找朋友"。
>
> ——日本思想家　土屋敏明

12.1.1　公共关系函柬

　　社会组织为了与其他组织以及社会公众建立良好关系，体现公共关系礼仪，常常需要运用请柬、邀请函、贺信、慰问信等公共关系柬帖和公共关系函电，这些统称为公共关系函柬。公共关系函柬是社会交往和公共关系活动中经常使用的一种书信体礼仪文书。它可用于个人和个人之间、个人和组织之间、组织和组织之间，对于沟通双方感情，协调发展双方关系，以及争取公众的理解、信赖、支持和合作等起着重要作用。

1. 请柬

　　请柬又称请帖，是一种专门邀请客人参加某项活动的公共关系文书。它的使用者既可以是个人，也可以是社会组织。请柬应用广泛，举行吉庆活动或某种聚会时均可使用。使用请柬既可以表示对被邀请者的尊重，又可体现出邀请者的郑重态度。

请柬的格式如下。

（1）标题。一般直接用"请柬"作为标题。请柬有单面请柬和双面请柬（即折叠式的）两种样式，如果是单面请柬，用醒目的、大于正文的字体在正文上方居中书写标题；如果是双面请柬，则在封面上书写"请柬"二字。

（2）称谓。在第一行顶格书写被邀请的个人或单位。个人姓名后应加上职称、职务名，或"先生""女士""小姐"等称呼；对于发给单位的，则应写明单位全称。

（3）正文。简要写明活动的名称、时间、地点以及其他应知事项。

（4）结语。一般用"敬请光临""恭请莅临指导"等敬语，以示礼貌和尊重。

（5）落款。写明邀请单位名称或个人姓名，并注明具体日期。

2. 邀请函

> 拓展阅读 H5 邀请函案例
>
> 资料来源：搜狐网：未来应用；未来应用：邀请函 H5 案例合集 | 未来，邀你一起创造；2019-10-24；https://www.sohu.com/a/349218927_379442。

邀请函又称邀请书，是社会组织邀请有关单位和个人前来访问、参加活动、开展合作、担任职务等的公共关系文书。大体而分，邀请函有会议邀请函、活动邀请函和事项邀请函。

邀请函的格式如下。

（1）标题。可以直接写"邀请函"，也可在文种前面冠以会议或活动名称，如"医学学术会议邀请函""公共关系策划大赛邀请函"。

（2）称谓。称谓指对被邀请的个人或单位的称呼。发给单位的，应写单位全称。发给个人的，应写个人姓名，前冠"尊敬的"等敬语，后缀"女士""先生""同志"等。

（3）正文。开头部分要说明所召开会议、开展的活动或事项的名称和时间等。主体部分是邀请函的核心内容，要说明会议、活动等的目的、性质及要求等具体事项。为了表达清晰、一目了然，如果涉及内容较多，可以采取标序列述的方法，写明有关事项及要求。在结尾部分，一般要写常用的邀请惯用语，如"敬请光临""欢迎光临"。

（4）落款。写明活动主办单位的全称和发出邀请的具体日期。若是以单位负责人名义发送的邀请函，还要在单位名称之下写上负责人的职务、姓名等，如"会长 ××"。

3. 贺信

贺信是以组织或领导人的名义向有关方面表示祝贺的一种公共关系书信。贺信如以电报的形式发出，则称贺电。贺信的适用范围很广，当个人取得荣誉或有毕业、升职、结婚、生子、乔迁等喜事时，当单位或集体取得骄人成绩，举办隆重的会议、庆典或纪念活动时，都可以发贺信表示庆贺。

贺信格式如下。

（1）标题。贺信标题可以直接是文种名称，也可以由收发贺信双方的名称和文种名称共同组成，如"国务院致中国体操队的贺电"，还可以加副标题，以收发贺信双方的名称和文种名称作为主标题，而以副标题说明内容。

（2）称谓。称谓即对受贺个人或单位的称呼。如果是个人，应在姓名后加上"先生""女士""同志""局长""教授""医生"等尊称或职务职称等，姓名前也可以加上"尊敬的""敬爱的"等修饰语。如果是单位，则应写明单位全称。

（3）正文。贺信的正文要根据内容和对象而定。若发给个人，用于一般私人交往，那么把重点放在祝贺上就行了。若发给单位或集体，在表示祝贺的同时，还应对其成绩、成就等给予肯定、做出评价、提出希望。在正文开头通常要概括说明祝贺的缘由和背景。常用句式有"欣闻贵单位在……取得了……（成绩）""在……（大好形势）指引下，××会议隆重地拉开了帷幕，我们谨向大会致以最热烈的祝贺"等。主体部分要赞扬对方所取得的成绩，或会议、活动举办的重大意义。

（4）结尾。表达热烈的祝贺、热情的鼓励、良好的祝愿或殷切的希望，或者向对方表示美好祝愿，或者预祝庆典、会议、活动等圆满成功，或者鼓励对方再接再厉，再创佳绩。

（5）落款。在正文右下方署上发信单位的名称或个人的姓名，最后注明发出贺信的日期。

案例

广州大学致南海中学的贺信

佛山市南海区南海中学：

2021年普通高考招生录取工作已顺利完成，谨向贵校一直以来为广州大学输送优秀高中毕业生表示衷心感谢！今年贵校共有62位同学被我校录取，特此祝贺！

"十年树木，百年树人"，站在两个一百年的历史交汇点，"未来属于青年，希望寄予青年"，愿我们携手共建优质生源基地，为国家和区域经济社会需求培养更多高素质人才！

广州大学招生办
2021年10月

资料来源：搜狐网，名校贺信：广州大学致南海中学录取喜报，2021-11-28，http://news.sohu.com/a/503980409_121117454。

4. 慰问信

慰问信是以组织或领导人的名义向有关方面表示关怀、问候、安慰和鼓励的一种公共关系书信。它体现了组织的关怀和温暖、社会的爱心和支持、组织与公众之间的深情厚谊，能给人以前进的信心、勇气和力量。当慰问信以电讯的方式传送时，称为慰问电。

慰问信大体可以分为以下三种。

一是节日慰问。在春节、元旦等重大节日里，向有关集体或个人表示问候，肯定他们所取得的成绩或做出的贡献，并联系形势阐述责任和今后的任务，提出希望。

二是慰问受难者。向在自然灾害、战争或事故中遭遇重大损失、巨大困难或意外不幸的集体或个人表示同情、安慰，阐述克服逆境的有利因素，鼓励他们战胜困难、改变困境，并表达爱心和良好祝愿。

三是慰问先进者。向取得重大业绩或做出卓越贡献的个人或集体表示慰问，对他们的成就表示赞扬，并鼓励他们戒骄戒躁、再创辉煌。

慰问信的格式如下。

（1）标题。在第一行居中写"慰问信"或"××致××的慰问信"，字号大于正文。

（2）称谓。另起一行顶格写受慰问的个人姓名或单位名称。如果是个人，应在姓名后加上"先生""女士""同志"等。

（3）正文。另起一行，空两个格写慰问信的内容。首先要写明写慰问信的原因或背景。其次要叙述事实，如是慰问受难者，既要具体叙述对方面临的困境，也要写出战胜困难的有利条件；如是慰问先进者，则应全面叙述对方的模范事迹或卓越贡献，实事求是地肯定其成绩。

（4）结尾。可以用一些慰问和祝愿的话作为结尾。结合不同的情况，或表示共同的愿望和决心，或表达鼓励和祝愿，或提出殷切的希望等。

（5）落款。在正文的右下方写上发慰问信的单位名称或个人姓名，如写慰问信的单位、个人不止一个，要一一写上。最后注明发出慰问信的日期。

案例

汉中机场公司党委致抗击疫情第一线员工及家属的慰问信

全体员工及家属：

鼠年新春，突逢新型冠状病毒感染的肺炎疫情肆虐。在这个特殊的春节里，全体干部员工按照习近平总书记关于疫情防控工作的重要指示精神，在集团公司和市委市政府的正确领导下，闻令而动，始终奋战在抗击疫情工作的第一线，忠实履行职责，切实阻断疫情传播空中链条。在此，公司党委向所有坚守岗位的最美民航逆行者致以亲切的问候和衷心的感谢！

广大干部员工心无旁骛奋战在一线，也离不开家属的理解、支持、帮助和关爱，你们的一个电话、一条微信、一句安慰，解除了一线员工的后顾之忧，增添了他们工作的信心和动力，在这里公司党委也向家属们表示崇高的敬意和诚挚的感谢！

疫情就是命令，防控就是责任。当前，新冠疫情防控正处于关键期，希望全体员工再接再厉，特别是党员干部要充分发挥先锋模范作用，靠前工作，勇于担当，做到守土有责、守土担责、守土尽责，扎实落实防风险、护安全、战疫情、促发展各项措施。职能部门要切实加强防疫防护物品物资保障，积极争取有关部门支持，千方百计为一线岗位提供必要的防护装备。更要关心关爱员工，做好后勤保障，确保上岗无后顾之忧。全体员工要提高病毒防范意识、增强自身防护能力，确保不发生一例因工作原因造成的感染。

让我们坚定信心、守望相助、齐心协力、科学防治，共同打赢这场疫情防控阻击战，守护好空中运输通道！

祝愿同志们在抗击疫情工作中身体安康、再立新功！

汉中机场有限公司党委
2020年2月4日

资料来源：搜狐网，汉中机场公司党委致抗击疫情第一线员工及家属的慰问信，2020-02-04，https://m.sohu.com/a/370639001_692443/。

12.1.2 公共关系致辞

公共关系致辞，亦作"公共关系致词"，是指社会组织的领导人或代表在各种公共关系仪式和典礼中所发表的礼仪性讲话。公共关系致辞应用广泛，常见的有欢迎词、欢送词、祝酒词、答谢词、开幕词、闭幕词等。

1. 欢迎词和欢送词

欢迎词指东道主为了对宾客莅临表示欢迎而发表的热情友好的讲话。它既是对宾客的致意，也是东道主热情好客的体现。欢迎词通常要活泼热情，在语言上富有感染力。它广泛地运用于迎宾、宴请、会议等公共关系场合。

欢送词是东道主在欢送仪式上，或来宾访问结束即将离开时发表的讲话。欢送词要讲述客人到访的成果及对客人的良好祝愿。

欢迎词和欢送词的格式一般由标题、称呼、正文和落款四部分组成。

（1）标题。标题可以单独以文种命名，如"欢迎词"，也可加上致辞人的姓名、致辞场合等，如"××董事长在××晚宴上的欢迎词""在××大会上的欢送词"。

（2）称呼。对于集体成员，一般采用泛称，如"各位来宾""尊敬的女士们、先生们""亲爱的××公司同仁"等。对于个人的称呼，一般采用"姓名+职务"，如"××部长""××董事长"等；如果是欢迎外国贵宾，还可以在姓名后加上"阁下""夫人"等词。

（3）正文。一般由开头、主体和结尾三部分组成。欢迎词的开头通常应说明现场举办的是何种仪式，发言人代表谁对来宾表示欢迎。主体部分是欢迎词的核心内容，旨在对来宾表达欢迎之意，一般要叙述双方的交往和友谊，阐明来宾到访的意义和作用，表达对宾主友谊的珍惜及进一步合作交流的期待。结尾通常是再次表达欢迎之意，或表示感谢和祝愿，如"预祝会议圆满成功""为了美好的明天干杯""祝各位生活幸福"等。

欢送词要表达出东道主热烈的欢送之意，可以回顾来宾到访的情况，指出宾主合作的成果，阐明来宾到访的意义和作用，体现出对双方友好交往的珍惜和重视，并在结尾表达感谢和祝愿，如"再一次向××表示诚挚的感谢""祝××旅途愉快"等。

（4）落款。虽然在演说时不用念出落款，但在书面欢迎词或欢送词中，应署上致辞单位名称、致辞者的身份和姓名，并署上成文日期。

2. 祝酒词

祝酒词用于酒席宴会伊始，是主人向客人表示欢迎、问候和感谢，客人进行答谢、祝愿的应酬之辞。好的祝酒词可以为宴席增添热烈气氛，为个人和组织树立良好形象，赢得社交的成功。在商务、社交、公务场合中，祝酒词是合作往来的重要手段。

祝酒词的格式如下。

（1）标题。可以直接写文种，如"祝酒词"，也可以写出具体祝贺的内容，由"事由＋文种"或"致辞人＋事由＋文种"构成，如"××在××晚宴上的祝酒词"。

（2）称谓。在标题之下第一行顶格书写，以示尊重。对人的称呼一般用泛称，如"各位来宾、各位亲朋好友""同志们、朋友们""女士们、先生们"。对单位则直呼单位或部门名称即可。要注意称呼的先后顺序和亲切感。

（3）正文。正文是祝酒词的核心。由于祝酒词的适用范围和对象不同，在内容和语体风格上各有不同，因此这部分写法比较灵活。但一般都应包含以下几层意思：首先，说明祝贺的缘由，表达祝贺之情；其次，对祝贺的内容进行适当评价，或指出其意义；最后，表示祝愿、希望、祝贺之语，给客人以鼓舞。

（4）结束语。在正文结束之后常用一句礼节性的祝颂语结束全文。

3. 答谢词

答谢词既指在特定的公共礼仪场合中，客人所发表的对主人的热情接待和关照表示谢意的讲话，也指在举行必要的答谢活动时所使用的表示感谢的文稿。

答谢词的格式如下。

（1）标题。在第一行居中书写，或直接写上文种名称"答谢词"，或由"事由＋文种"构成，如"在物资捐赠仪式上的答谢词"，或由"致辞人＋事由＋文种"构成，如"××在××酒会上的答谢词"。

（2）称谓。称谓指对答谢对象的称呼，既可以是某一特定对象，也可以是广泛对象，如"女士们、先生们""同志们""朋友们""各位来宾"等，通常在前面加上"尊敬的""敬爱的"等修饰语。注意要把所有答谢对象都囊括进去。

（3）正文。首先要对答谢对象表示感谢，表达出自己的荣幸与激动，这是答谢词的写作重点。其次，对相关的情况做进一步的介绍，如叙述双方的交往和友谊，强调对方所给予的支持和帮助，并表明希望巩固和发展双方友谊或合作的强烈愿望。最后，再次表示感谢，并表达良好的祝愿。

需要注意的是，答谢词一般都是预先准备好的，但应注意与现场相呼应。如在主人致辞后进行答谢，就要注意与主人的欢迎词在某些内容上相照应，这也是对主人尊重的一种表现。因此，即使预先已经准备好了答谢词，有时候仍需要在现场紧急修改补充或临场发挥，以呼应情境。

4. 开幕词和闭幕词

开幕词和闭幕词是在公共关系活动正式开始与结束时，由主办方身份最高的领导人宣布活动开幕或闭幕所做的讲话。公共关系活动是否举行开幕式和闭幕式，可根据实际需要而确定，即使不举行专门的开幕式和闭幕式，也可致开幕词和闭幕词。

开幕词除了宣布开幕之外，还可以对来宾表示欢迎和感谢，阐述本次活动的目的、任务、意义等，提出希望和要求。闭幕词除了宣布闭幕之外，还可以总结本次公共关系活动取得的成果，对来宾表示欢送和祝福，对有关方面的支持表示感谢。

开幕词和闭幕词一般由标题、称谓、正文和结束语组成。

（1）标题。一般由"事由＋文种"构成，如"××市科学技术协会第×次代表大会闭幕词";或由致辞人、事由和文种构成,如"××同志在××会议上的开幕词""××董事长在年终晚会上的闭幕词";或采用复式标题,主标题揭示会议的主旨或中心内容,副标题则由"事由+文种"构成,如"我们的文学应该站在世界的前列——中国作家协会第四次会员代表大会开幕词"。标题下面一般应用括号注明活动开始或结束的日期。

（2）称谓。一般根据会议或活动的性质及与会者的身份来确定称谓,如"同志们""各位代表、各位来宾"等。

（3）正文。正文包括开头、主体和结尾。

开幕词正文。开头一般开门见山地宣布会议或活动开幕,也可对会议或活动的规模及与会者身份做简要介绍,如"参加这次大会的代表有××人,其中有来自……"并对会议或活动的召开表示祝贺。另外,开头通常单独列为一个自然段,与主体部分分开。主体部分是开幕词的核心内容,主要阐明会议或活动的宗旨、意义、指导思想,说明拟解决的问题和要达到的目的等。结尾提出会议或活动的任务、要求和希望等。

闭幕词正文。开头一般概述会议或活动的进行情况,指出是否圆满地完成了任务。主体部分要写明会议通过的主要事项和基本精神,会议或活动的重要性和深远意义,对整个会议或活动做出高度的总结和评价,有时还要指出会议或活动的不足之处和需要改进的地方。结尾对保障会议或活动顺利进行的有关单位和人员表示感谢,或提出希望、发出号召。

（4）结束语。一般单列一段,常用鼓舞性的语言简短有力地表达祝贺、发出号召,如"预祝大会圆满成功""现在,我宣布,××大会圆满闭幕"。

需要注意的是,闭幕词最好与开幕词前后呼应、首尾衔接。

案例

习近平在2021年中国国际服务贸易交易会全球服务贸易峰会上的致辞（全文）

（新华社北京9月2日电）

尊敬的各位来宾,
女士们,先生们,朋友们：

大家好！我谨代表中国政府和中国人民,并以我个人名义,向参加2021年中国国际服务贸易交易会的所有嘉宾,表示热烈的欢迎和诚挚的问候！

本届服贸会以"数字开启未来,服务促进发展"为主题,相信在各方积极参与下,将成为一届特色鲜明、富有成效的盛会。

服务贸易是国际贸易的重要组成部分和国际经贸合作的重要领域,在构建新发展格局中具有重要作用。我们愿同各方一道,坚持开放合作、互利共赢,共享服务贸易发展机遇,共促世界经济复苏和增长。

我们将提高开放水平,在全国推进实施跨境服务贸易负面清单,探索建设国家服务贸易创新发展示范区；我们将扩大合作空间,加大对共建"一带一路"国家服务业发展的支持,同世界共享中国技术发展成果；我们将加强服务领域规则建设,支持北京等地开展国际高水平自由贸易协定规则对接先行先试，打造数字贸易示范区；我们将继续支持中小企业创新发展，深化新三板改革，设立北京证券交易所，打造服务创新型中小企业主阵地。

女士们、先生们、朋友们！

让我们携手抗疫、共克时艰，坚持用和平、发展、合作、共赢的"金钥匙"，破解当前世界经济、国际贸易和投资面临的问题，共创更加美好的未来！

谢谢大家。

中华人民共和国主席 习近平
2021 年 9 月 2 日

资料来源：中国政府网，习近平在 2021 年中国国际服务贸易交易会全球服务贸易峰会上的致辞（全文），2021-09-02，http://www.gov.cn/xinwen/2021/09/02/content_5635041.htm。

12.2　公共关系形象传播文书写作

牛人课堂

> 随着付费免广告模式的普及和广告屏蔽软件使用率的上升，传统广告在数十年来建立的自吹自擂式、夸大承诺的叙事模式正在遭到肢解。
>
> 随着自吹自擂和夸大承诺的"推"式策略逐渐失去吸引力，越来越多的营销从业者转向行之有效的"拉"式故事策略。市场营销，正在经历从以广告为中心，到以故事为中心的全球性变化。
>
> 故事天然受到人类心智的关注，故事化的思维方式以核心价值为坐标来解读每个事件，而价值观能为故事注入生命力。
>
> ——剧作家　罗伯特·麦基

12.2.1　公共关系广告文案

1. 公共关系广告的含义

公共关系广告是向公众推销组织或组织的某种观念，用以协调组织关系，提升组织形象的广告。它是公共关系实务活动中塑造实体形象、传递新信息的一种宣传方式，公开面向广大公众，具有传播性和告知性。它旨在提高组织的知名度和美誉度，不以营利为目的。

2. 公共关系广告的特征

与商业广告相比，公共关系广告具有以下一些特征。

（1）以宣传组织形象为目的。与商业广告目的不同，公共关系广告的目的不是推销商品，而是推销组织的形象，争取社会公众对组织的了解、支持、赞许和合作。公共关系广告可以形象地称为"攻心广告"。

（2）以长期战略为观念。公共关系广告注重长期性、系统性和战略性，要考虑长远利益，因此在制订方案时切忌急功近利和半途而废，要持之以恒地在公众心目中建立起牢固的形象。

（3）以间接宣传为主要方式。公共关系广告不像商业广告那样直接介绍产品的功能、特性，而是通过间接的宣传手段让公众了解组织及其品牌。

3. 公共关系广告的类型

（1）形象广告。形象广告是以提高组织的知名度和树立良好形象为主要目标的广告形式。如三亚市城市名片"美丽三亚，浪漫天涯"，又如广州白云山制药厂的广告"白云山，白云山，爱心满人间"。

（2）倡议广告。倡议广告是组织以自身的名义率先发起某种社会活动，或提倡某种有意义的新观念的广告。2013年9月，海门市文明办、海门市民政局、海门日报社联合举办"我们的节日·重阳"有奖征文大赛，倡导大力弘扬尊老、敬老、爱老、助老这一中华民族的传统美德，在全社会营造尊老敬老的良好氛围，促进家庭和睦与社会和谐。这一活动无疑有助于营造良好的政府形象。

（3）响应广告。响应广告是对政府的某种活动或社会生活中的重大事件表示响应和支持的广告。2013年1月，习近平总书记在新华社的一份题为《网民呼吁遏制餐饮环节"舌尖上的浪费"》的材料上做出批示，要求大力弘扬中华民族勤俭节约的优秀传统，厉行节约、反对浪费。随后，首都文明办专门设计了一则广告响应这一号召。创意为展示了一个漂亮的青花瓷盘子，盘子中间是汉字"美德"，只要顾客吃完盘中餐，就能"食尽美德现"。

另一种常见的响应广告是祝贺性的广告。如2001年7月13日夜，北京申办2008年奥运会成功，举国欢庆。第二天上午，华龙集团就在石家庄主要的公共场所打出了"华龙面庆祝北京申办奥运成功"的大型横幅，既表达了他们对中国申奥成功的自豪，也将自己的企业形象传播了出去。

（4）致歉广告。致歉广告是向公众表示歉意的广告。常见的致歉广告有两种：一是向公众赔礼道歉的致歉广告，组织以真诚的态度对自己的过错或失误向公众道歉，以期取得公众的谅解，挽回组织形象；二是向公众排除误解的致歉广告，在社会组织的形象被歪曲、造成公众误解时，及时向公众解释事实真相，以纠正被损害的形象，维护声誉。

2012年9月28日，光明乳业在《人民日报》刊登公开致歉信，就公司连续发生的多起产品质量事件，向全国消费者道歉，同时表示公司已成立质量安全监督小组，正在实施包括完善组织保障、排查管理流程、建立问责制、完善产品监察体系、加强冷链配送管理、强化全员责任意识在内的六项整改措施。这是一则典型的致歉广告。

（5）公益广告。公益广告是就某些行为、观念、道德或哲理向社会公众进行告知、提示、劝导和警示的社会性广告。如公共交通公益广告语"实线虚线斑马线，都是生命安全线""心头常亮红绿灯，安全行驶伴人生"；倡导保护环境的公益广告语"除了相片，什么都不要带走；除了脚印，什么都不要留下"。

> 💡 **案例**
>
>
>
> **中国银联，我们都是答卷人**
>
>
>
> 这是一场特殊的考试，
> 你想工作下去，虽然工作很累。
>
> 你想走出条路，哪怕只是探探路，
> 你不想等着，因为你知道很多人也在等着你。
>
> 你想好好经营，你想稳住，
> 你也不知道这事儿靠不靠谱，但你想先干了再说。
>
> 就算一切都停下来，
> 你也不想让自己停下来。
>
> 我们总是相信，
> 哼着歌的时候，就会有光，
> 有光的地方，一切就仍在生长。
>
> 稳住生活的你，不会被生活问住。
>
> 资料来源：数英网，中国银联：我们都是答卷人，2020-05，https://www.digitaling.com/projects/139006.html，引用时有删改。

4. 公共关系广告文案的构成

公共关系广告文案一般包括标题、正文、广告词和随文四个部分。

（1）标题。公共关系广告的主旨体现在标题上，因此标题的拟写在公共关系广告文案的写作中有特殊的意义。公共关系广告的标题要求醒目、通俗、自然、亲切、有吸引力，能有效抓住公众心理。公共关系广告的标题在形式上有直接标题、间接标题和复合标题。

直接标题是把最重要的事实和情况，如宣传什么，直截了当地告诉公众，如"美的，原来生活可以更美的"。

间接标题则不在标题中明确显示广告的主要信息或主题，而是运用艺术手法暗示或诱导公众，激发公众的兴趣和好奇心，使之进一步关注广告正文。如"发光的不完全是黄金"，这是美国一家银器制造商的广告标题，巧妙运用谚语引人注意，正文接着说明他们制造的银器也是发光锃亮的，由此达到宣传的目的。

复合标题在形式上常由两个或两个以上的标题构成，与多行式新闻标题类似，在创意上往往是将直接标题和间接标题有机组合起来，如：

万科城市花园告诉您——（引题）
不要把所有的鸡蛋都放在同一个篮子里（正题）
购买有增值潜力的物业，您明智而深远的选择（副题）

（2）正文。正文是公共关系广告文案的核心，是对广告标题的具体展开，其任务是传递组织、品牌、活动的主要信息和特点，以说服公众。写作时要做到真实可靠、重点突出、简明扼要、通俗易懂。常见的公共关系广告的写作体式有陈述体、说明体、论证体、文艺体。

陈述体，即以陈述作为广告文案的主要表达方式。以陈述性的语言来介绍广告内容，有脉络清晰、交代明白、立见主干的效果。

说明体，这类文案旨在以说明的方法阐释广告内容，往往给公众以客观、实在的感觉。

论证体，主要是展示有关权威的鉴定评价、获奖情况、典型用户的见证、典型的事例，以此来说明广告内容的真实性、可靠性。

文艺体，这类广告文案主要借助文艺的形式，如诗歌、散文、故事等来表现广告内容，具有生动活泼、形象鲜明、感染力强的特点，中央电视台 FAMILY 公益广告"有爱就有责任"就属于此类。

（3）广告词。广告词也可以说是广告口号，它是组织在广告运作中长期而反复使用的、简明扼要的、具有口号性质的、表现组织精神理念或商品特性的语句。它可以独立使用，也可以与标题、正文组合使用。广告词经反复宣传，能不断地强化公众对组织形象及其品牌的一贯印象，因此要精心推敲，认真措辞。如"城市，让生活更美好"，即是2010年上海世博会的主题，同时也是上海世博会的广告口号。

广告词要求简短、独特、易记，"怕上火就喝王老吉"这句广告词曾经妇孺皆知。又如巴黎欧莱雅品牌宣传广告词"你值得拥有"，匹克品牌广告词"我能，无限可能！I CAN PLAY！"。

（4）随文。随文也称附文、结尾语，是广告文案的结尾部分，其功能是对正文的内容做进一步的补充说明。随文中一般写明组织名称、地址、电话、网址、联系人员等信息。这一部分不是广告文案的必备部分，可以根据实际需要决定写或不写。

5. 公共关系广告文案写作的总体要求

（1）主题鲜明。与商业广告不同，公共关系广告文案要突出宣传组织、品牌、活动的特色和亮点，做到主题鲜明、重点突出，避免面面俱到，这样才能给人以深刻的印象。有的组织和品牌已经为人熟知，公共关系广告文案可以形象塑造为主，洗练明快，甚至全篇仅为一个揭示活动名称的标题和一句突出活动理念或主题的广告词。如：

2012年上海世界博览会（标题）

城市，让生活更美好（广告词）

（2）信息真实。真实是公共关系广告的生命。公共关系广告文案传达的信息要有客观依据，材料一定要准确，切忌夸大虚构，并要处理好广告的形式虚构和信息真实之间的辩证关系。在商业广告中阿凡提可以骑着小毛驴向现代小朋友推荐"草珊瑚"，这是艺术上的想象和虚拟手法，而公共关系广告则一般不用这样的虚拟夸张手法。

（3）形式活泼。公共关系广告的写作没有固定的模式，设计公共关系广告贵在创新。在表现方法、结构安排、语言运用和版式设计上，公共关系广告应做到构思新颖、形式活泼、图文互补、动静结合。

12.2.2 公共关系新闻稿

1. 公共关系新闻稿的含义

公共关系新闻稿指某一社会组织将自身新近发生的、广大公众所关心的事实借助新闻媒体报道给社会公众而使用的文稿的总称。

通过及时、适时地编发公共关系新闻稿，社会组织能便捷地与外界沟通联系，能有效地塑造自身的社会形象，提升自身的知名度、美誉度，省时省力而又广泛地赢取公众的信任、理解和支持，营造有益于组织发展的良好社会环境。

> **拓展阅读** 人民日报 2020 年获奖好标题赏析
> 资料来源：腾讯：金台新声，赏析：《人民日报》2020 年获奖好标题都在这了，2021-04-16，https://mp.weixin.qq.com/s?__biz=MzIyMzg1Nzk0Mg%3D%3D&mid=2247503235&idx=1&sn=8e0268d59504d072b95acdd40b786dca&scene=45#wechat_redirect。

2. 公共关系新闻稿的特点

（1）真实性。真实性是一切新闻稿的生命，也是公共关系新闻稿最根本的特征。唯有真实才能取信于公众，也唯有真实才能建设组织的自身形象。

（2）时间性。新闻关键在于一个"新"字，这在极大程度上取决于报道的快速及时。新闻报道的价值与报道的时间呈反比关系，时间越短，价值越大，产生的效果就越好。因此，公共关系新闻稿的编发力求及时迅速，这样才能充分而强烈地获取公众的注意，为组织的发展赢得先机。另外，公共关系新闻稿还应考虑发布的适宜性，即什么时候进行报道最为适宜，既保证良好的效果，又不会产生副作用。公共关系新闻稿编发讲究及时性与适宜性的统一，是其区别于普通新闻稿的显著特征。

（3）通俗性。社会组织编发公共关系新闻稿的根本目的，是要把组织的有关信息向社会公众宣示，这一根本目的决定了公共关系新闻稿必须具有通俗性的特点。一方面，公共关系新闻稿的通俗性表现在内容上，即报道内容在时间、空间、心理、行业、职业等方面贴近公众。心理学研究表明，距离公众越近的事情，越易引起公众的关注与兴趣。因此，公共关系新闻稿的报道内容应与公众的切身利益或思想感情有机地关联起来，最大限度地激活公众的关注热情。另一方面，通俗性还表现在公共关系新闻稿的表达方式上，即要求运用单一的结构、直陈的表述、形象的语言来传播信息，尽可能降低传播的难度系数，排除在表达形式上可能会有的一切传播障碍，达到通俗易懂的效果。

3. 公共关系新闻稿的种类

公共关系新闻稿常见的种类有公共关系消息、新闻发布稿、新闻公报、公共关系通信和广播稿。其中最基本的两种类型是公共关系消息和公共关系通信，其他文种都是这两种类型的变体。

4. 公共关系新闻稿的写作

公共关系新闻稿的结构包括标题、导语、主体、背景和结尾五部分。前三者是主要部分，后两者是辅助部分。

（1）标题。公共关系新闻稿的标题设计非常重要，许多读者往往都是通过扫描新闻标题而获取信息的，因此标题要高度概括，抓人眼球。新闻的标题又有突显主信息的作用，为了增大标题的信息量，新闻标题可以写成几种形式：单行式（正题）、双行式（正题＋副题）、多行式（引题＋正题＋副题）等。

（2）导语。导语即新闻稿开首的第一句或第一段文字。它要求用最精练的语言，简明扼要地把最重要、最精彩的内容，也就是新闻事实的核心及意义概括出来。导语具有吸引读者、引导阅读的作用。导语写作有以下几种形式。

叙述性导语。这种导语采用摘要或综合的方法，直接叙述消息中最新鲜、最主要的事实，是导语写作最常用的一种形式。

描写式导语。这种导语的特点是抓住新闻事实的特色，选择一个有意义的侧面进行简洁生动的描写，使读者产生身临其境的感受。

议论式导语。这种导语的特点是用议论的方式，对所报道的事实进行精辟的评价，以揭示事物的性质、特征或重要价值，从而引起读者对新闻的重视和关注。具体又可分为提问式、引语式和结论式三种。

（3）主体。主体是公共关系新闻稿的主要部分，它承接导语，需要用充分、典型的材料对导语所披露的新闻要素做进一步的解释、补充和阐述，从而突出表达或深化主题。主体的结构通常有以下几种类型。

金字塔式结构。它是指完全按照事实发生的时间顺序来写作，便于对事件发展的各个阶段做明晰的介绍和概括的描述。如果导语已经概括了主要事实，主体部分再按时间顺序表述，称为倒金字塔式和金字塔式组合结构。

倒金字塔式结构。它是指把新闻的高潮或结论放在最前面，然后按事实的重要程度递减的顺序来安排主体的结构，从大到小突出最重要、最新鲜的事实。大部分新闻写作采用倒金字塔式结构。

并列式结构，也叫双塔式结构，如新闻报道的内容是由并列的几个方面组成的，便可采用这种结构方式。

逻辑顺序式结构。它是指将新闻的内容按照事物的内在联系和逻辑层次安排主体部分的结构，或是主次关系，或是因果关系，或是递进关系，或是点面关系。

自由式结构，又称散文式结构。由作者根据内容表达的需要采用多种多样的方式方法组织材料，灵活安排结构，使之具有散文的特点。

（4）背景。所谓背景，即新闻所报道事件的历史和环境条件。背景能对新闻事实起到说明、补充、衬托作用，又称为"新闻背后的新闻"。它有利于读者了解新闻发生发展的来龙去脉，加深对新闻的认识和理解，同时也能深化新闻的主题，并有丰富内容、增加知识性和趣味性的作用。背景大致有对比性背景、说明性背景和注释性背景。背景不是新闻的独立结构单元，它可以独立构成一个自然段，也可以穿插在导语、主体或结尾中，使用自由、灵活。

（5）结尾。公共关系新闻稿的结尾往往是最后一句或一段话。它旨在呼应导语，总结全文，以升华主题，启人遐思，是报道事实与逻辑发展的自然结果。常见的结尾方法有评论式、总结式、启发式、激励式、展望式和补充式等。如果新闻稿本身比较简短，或新闻的全部事实已在主体部分交代得神完气足，也可戛然而止，不再另续结尾，以免画蛇添足。

🎧 案例

深圳大学学子，获得《中国好声音》年度总冠军

2021年10月15日晚，今年刚从深圳大学毕业的学子伍珂玥，获得2021年《中国好声音》总冠军。

伍珂玥1998年8月21日出生于江门台山。初登"好声音"舞台，她用一曲经典粤方言（粤语）歌《蔓珠莎华》征服了全部八位导师和现场观众。

加入心仪的导师团队后，伍珂玥唱着粤语歌，过关斩将，一路闯进总决赛。此次比赛中，伍珂玥创造了每场都唱粤语歌并最终夺冠的纪录，这不但是《中国好声音》十年来的一次，在竞演类音乐综艺中也是首次。

夺冠后的伍珂玥在个人微博上发表了感言，其中感谢了她的母校深圳大学。

今年22岁的伍珂玥就读于深圳大学音乐舞蹈学院流行音乐系（金钟音乐学院），2021年6月刚从学校毕业。比赛当晚，深圳大学艺术学部音乐舞蹈学院流行音乐系师生齐聚一堂，共同为伍珂玥加油鼓劲。

据深圳大学介绍，伍珂玥在音乐上极具个人魅力，而且自律勤奋。

在登上好声音的舞台之前，伍珂玥参加了很多歌唱比赛，成绩斐然。此外，她还推出了一系列普通话、粤语个人单曲。不只是流行歌曲，她对传统民歌也有所涉猎。伍珂玥这一路走来有诸多的幸运，也有数不尽的艰辛，但她凭借自己坚持不懈的努力和强大实力，一步步证明了自己。

资料来源：百度百家号：中国青年报，全国总冠军！深大女生《中国好声音》舞台夺冠，2021-10-21，https://baijiahao.baidu.com/s?id=1714207211336742242&wfr=spider&for=pc，引用时有删改。

➕ 本章小结

公共关系文书是各类社会组织为了实现自己的公共关系目标、开展公共关系活动而制作的各种书面文字材料。现代组织开展公共关系活动的途径有很多，但其中不可缺少的一种就是公共关系文书写作。公共关系文书大概可以分为三个层面：公共关系礼仪文书、公共关系形象传播文书和公共关系事务文书。公共关系礼仪文书主要包括公共关系函柬和公共关系致辞。公共关系函柬主要包括组织为了体现公共关系礼仪，所常常需要运用的请柬、邀请函、贺信、慰问信等公共关系柬帖和公共关系函电。公共关系致辞主要有欢迎词、欢送词、祝酒词、答谢词、开幕词、闭幕词等。公共关系形象传播文书主要有公共关系广告文案和公共关系新闻稿等。

➕ 热词加油站

凡尔赛文学

它是指表述者将一些表达自己超脱于大众生活水平的语句，经过包装之后再表述出来，这样听起来是对现状的不满，没有过于明显的炫耀痕迹，但是，稍微仔细地一品，又能很轻易地感觉到，原来表述者过得如此"高级"，当然这其实也是表述者的真实目的。

废话文学

废话文学是指看似说了一堆话，其实什么信息量都没有的语言表达方式。很难用无聊、跟风、反讽、荒诞中的任何一个词来单独概括它，在大面积传播之后，废话式发言的现象里包含了不同群体的复杂诉求。

种草

网络用语，一是指分享和推荐某一商品的优秀品质，以激发他人购买欲望的行为，或自己根据外界信息，对某事物产生欲望或拥有体验的过程；二是指"把一样事物分享和推荐给另一个人，让另一个人喜欢这样事物"的行为，类似网络用语"安利"的用法；三是指一件事物让自己由衷喜欢。

商业水军

近年来，网络上存在大量黑灰产业从业者，他们依托社交群组招募人员、组织培训、分发任务，采取批量虚设行为主体、虚构商业行为等方式，破坏正常商业秩序、误导消费者、干扰损害执法体系，涉及领域包括网络传销诈骗、污染数据、恶意评价、恶意投诉以及充当"黄牛党""羊毛党"等，覆盖短视频、外卖、电商、社交、生活服务等各类线上平台和线下交易、服务场景，成为危害创业创新、破坏营商环境的商业水军群组。

思考讨论

1. 为什么说公共关系离不开公共关系文书写作？
2. 要提高公共关系文书写作水平应掌握哪些技能？你打算如何提高公共关系文书写作水平？

能力实训

1. 新的一年即将来临，某企业欲给离退休职工写一封慰问信，请你帮助撰写。
2. 某公司的总经理要在公司年会上发表祝酒词，请你代为撰写。
3. 请为某协会撰写一篇旨在介绍该协会良好形象的公共关系广告。
4. 就某项校园活动，练习写一篇公共关系新闻稿，内容自定，题目自拟。

社会热题大讨论

课外导读

[1] 阎杰，高鸿雁.文秘人员工作必备的公关文案写作规范与例文[M].北京：中国纺织出版社，2012.

[2] 胡华成.自媒体文案写作从入门到精通[M].北京：清华大学出版社，2020.

[3] 霍普金斯.顶尖文案：现代广告之父的文案写作技巧[M].张小默，译.北京：北京理工大学出版社，2020.

[4] 日本顾彼思商学院，嶋田毅.商务文案写作[M].代芳芳，译.北京：北京时代华文书局，2020.

第 13 章

公共关系专题活动

学习目标

掌握：各种公共关系专业活动（新闻发布会、展览会、赞助活动、庆典活动）的特点和工作程序。

理解：公共关系专题活动的重要作用和意义。

了解：公共关系专题活动产生的效果及影响。

引 例

中国数字冰雪运动会

由国家体育总局冬季运动管理中心和中国冰雪大会组委会联合主办的首届中国数字冰雪运动会于2020年8月28日开赛。中国数字冰雪运动会主题为"数字跳动，欢乐冰雪"，这项"电竞＋冰雪"的新兴赛事，旨在通过数字科技的力量，落实"带动三亿人参与冰雪运动"和"北冰南展、西扩东进"，带动更多人了解冰雪运动，参与冰雪运动，享受冰雪运动带来的快乐。

资料来源：百度百科，2020中国数字冰雪运动会，https://baike.baidu.com/item/2020%E4%B8%AD%E5%9B%BD%E6%95%B0%E5%AD%97%E5%86%B0%E9%9B%AA%E8%BF%90%E5%8A%A8%E4%BC%9A/53916022?fr=aladdin，引用时有删改。

13.1 公共关系专题活动概述

> **牛人课堂**
>
> 奥林匹克运动和一个国家、一个城市的发展紧密相连,如果有人不相信,站在这个地方环顾四周,看到的就是答案。
>
> ——国际奥委会主席 巴赫

公共关系专题活动是针对某种特定的主题,利用某种特定的时机举办的公共关系活动。公共关系专题活动是公共关系工作重要的有机组成部分,同其他任何传播、沟通方式或活动一样,也属于公共关系的手段。公共关系专题活动能把组织与广大社会公众紧密地联系在一起,增强公众对组织的亲近感,吸引社会舆论对组织的兴趣与注意。

13.1.1 公共关系专题活动的概念

公共关系的专题活动是以公共关系传播为目的,有计划、有步骤地组织众多人参与协调的社会活动。在专题活动的定义里,我们必须掌握三个概念。

第一,专题活动以社会传播为目的。专题活动是借助特定主题而开展的,以传播组织形象、特色、魅力为目的的活动。例如,香港回归时中国银行斥巨资赞助香港维多利亚港的烟花会演,目的就是传播中国银行是香港发钞银行的良好形象。

第二,众多人参与的社会活动是专题活动定义的基本条件。要算得上是大型,要有两个基本条件:一是活动社会化;二是参加活动的人多。公共关系专题活动以人们聚集起来一同活动为基本形式。借助活动形式,人们的生活有了新鲜的情绪体验、良好的思想情感交流、饶有兴致的情趣欣赏、密切的互动关系和感染人的情感氛围。香港烟花会演覆盖香港地区,参加活动的人有上百万,加上电视转播,影响的人就更多了。

第三,活动是有组织、有计划、有步骤的社会协调行动。应注意的是,公共关系专题活动是为协调社会组织与公众之间的关系而组织策划的,假如不是协调的行动,再多人参与也不能算是专题活动。

案例

国际粮食减损大会

2021年9月,来自世界上50多个国家及国际组织、企业、非政府组织的300多名代表,齐聚中国济南,出席"国际粮食减损大会",围绕"减少粮食损失浪费,促进世界粮食安全"主题进行深入交流,取得了行动减损、机制减损、平台减损、生产减损等10项减损共识成果。会议发布的《国际粮食减损大会济南倡议》提出:二十国集团作为全球重要引领力量,将推动粮食减损工作,凝聚全球智慧,与世界各国携手维护国际粮食安全与营养,促进粮食系统转型,加速实现17个联合国可持续发展目标,共同创造零饥饿、无贫困的美好世界。

_{资料来源：中国政府网，国际粮食减损大会：携手合作维护粮食安全，2021-09-13，http://www.gov.cn/xinwen/2021-09/13/content_5636937.htm，引用时有删改。}

13.1.2 公共关系专题活动的策划目的

公共关系人员独具匠心的公共关系专题活动策划可以使公共关系日常工作高潮迭起，为组织创造有利的公共关系时机。策划公共关系专题活动主要为了达到以下目的。

1. 制造新闻

通过举办具有新闻价值的活动，吸引新闻界和社会公众的注意，争取被报道的机会，从而扩大组织的社会影响，提高组织的知名度和美誉度。公共关系专题活动一般都有明确的主题、独特设计的活动内容，因而会成为新闻媒体和社会公众关注的"热点"。当然组织也可以主动与新闻媒体联系，使新闻媒体的参与成为整个活动的组成内容之一。

2. 为促销服务

通过公共关系专题活动，淡化推销的色彩，使社会公众从感情上接受一种新产品、新服务，制造有利的营销气氛，从而为进一步的销售活动开拓道路。

3. 增强好感

利用社会传统的重大节日或组织自身富有意义的纪念日，举办公共关系专题活动，可以表达企业对社会公众的善意，改变企业的社会舆论和关系环境，改善企业内部的人际关系。

4. 联络感情

通过策划和举办公共关系专题活动，与社会各界广泛联络交往，为组织广结善缘。

5. 挽回影响

当组织形象受到损害时，需要运用多种手段加以纠正，通过巧妙的设计和有效的工作，来改善公众原有的印象，使受到损害的形象得以恢复。

13.1.3 公共关系专题活动的基本要求

公共关系专题活动是社会组织围绕某一明确的目的而开展的活动，是一项操作性、应用性和技术性很强的工作。为了确保专题活动的公共关系效果，开展公共关系专题活动必须讲究基本的活动策略，掌握基本技巧，注意工作方法。

1. 明确目标

一切公共关系活动的长远目标，都是为了塑造组织的良好形象，使社会组织的形象深受广大公众的喜爱。但从近期来看，筹办专题活动首先要选择好明确而具体的公共关系专题活动目标，然后才能根据工作目标确定专题活动的主题、内容和范围。公共关系专题活动的工作目标不能过于抽象，更不能含糊其词。一般来说，专题活动只有一个基本的工作目标，这个目标必须具体、明确。常见的专题活动工作目标有以下几个。

（1）让公众接受某个信息。

（2）消除公众对组织的误解和偏见。
（3）让公众知晓社会组织的新发展（如技术革新、管理创新、新产品问世等）。
（4）加强内部公众的相互了解及相互信任，巩固社会组织与社区公众的友好关系。
（5）促成新闻界对社会组织的关注。
（6）鼓动公众支持社会组织的某项决策。
（7）收集公众对社会组织的意见和建议等。

2. 精选主题

公共关系专题活动的主题是公共关系专题活动目标的具体体现。公共关系专题活动有明确的主题，并且围绕这一主题开展特殊形式的活动。它通过引起舆论和公众的关注，引发他们的浓厚兴趣，使组织形象在公众的心目中留下深刻印象。明确的主题可让公众与舆论更好地知晓组织行为的目的及其活动的意义，加强对组织的了解。选择专题活动主题应遵循以下原则。

（1）主题与目标一致。专题活动的主题要与组织的公共关系目标相一致，任何与目标实现相悖的专题活动，无论其设计如何精彩，都应当放弃。

（2）主题与公众心理一致。任何一项专题活动的主题首先必须符合公众的心理要求。其次，主题必须符合社会发展的要求，符合时代的特征。

（3）主题必须富有特色。特色是鲜明的个性，是有别于其他活动的特性，个性是提高知名度的重要因素。

（4）主题易于传播。主题的表现形式是多种多样的，无论是一句话、一首歌或一段文字，都要求容易传播，要朗朗上口，要具有震动力、冲击力。

3. 周密筹备

公共关系专题活动工作量大、涉及面广，需要精心准备和系统规划。一个专题活动往往是多个活动的组合。例如，一个庆典活动可能要涉及宴请、仪式、联欢、新闻发布会等多项活动。在公共关系专题活动的筹备工作中，应主要做好以下几件事。

（1）确定名称。名称是公共关系专题活动的窗口。一个好的名称可以增强公共关系专题活动的吸引力。

（2）选择日期和地点。周年纪念、节假日以及某些社会活动时期都是开展公共关系专题活动的黄金时间，但公共关系专题活动的时间安排不能与重大事件或重大节日相冲突。开展专题活动的地点，一般应选择社会组织所在地或社会组织熟悉的地方，因为在熟悉的地域内组织对公众比较了解，容易满足公众的心理需求。此外，也可以选择交通方便或公众集中的地方。

公共关系专题活动的时间和地点确定后，应提前一周左右通知公众，以便让公众及早做出安排。

（3）准备接待。公共关系接待人员应当穿着醒目的制服，彬彬有礼、洒脱大方。

4. 策动媒介宣传

为了扩大公共关系专题活动的影响范围，造成公共关系专题活动的轰动效应，使公共关系专题活动取得更大程度上的成功，社会组织必须策动媒介宣传，利用传播媒介增强公共关系专题活动的辐射力。在公共关系专题活动开展过程中，为了充分发挥传播媒介的作用，策动媒介宣传应做到以下几点。

（1）力求使公共关系专题活动充满特色、富有魅力、规模适中，以引起新闻媒介的关注，争取新闻媒介进行必要的报道。

（2）开展公共关系专题活动时，应事先邀请新闻记者召开新闻发布会，把有关的背景资料寄给新闻单位，争取电台、电视台、报纸、杂志为公共关系专题活动进行报道、宣传。

（3）积极制作社会组织的媒介刊物，如厂报、厂刊、宣传材料、画册、书籍、黑板报等，及时向公众发布有关信息，使公众充分知晓公共关系专题活动的内容。

（4）自觉做好公共关系专题活动摄影工作和访问工作，主动为新闻记者和电台报刊提供宣传材料与新闻稿。

5. 灵活驾驭

社会组织制订公共关系专题活动的计划和方案时，不可能预见所有可能发生的问题，所以，公共关系专题活动的主持人必须具备较强的组织能力和驾驭能力。这样，既能使专题活动按照原定的基本程序进行，又能及时处理各种突发事件；同时，还能利用专题活动开展过程中出现的各种机会，机智幽默地活跃专题活动的气氛，使整个公共关系专题活动趣味盎然、轻松活泼而又井然有序，提高专题活动的艺术感染力。

案例

某地一个商场的开业庆典推出了一个策划项目：尾号为"88"的百元人民币可当200元消费。结果顾客手持"中奖"人民币蜂拥而至，柜台被挤坏，还有人员受伤，商场只好提前宣布活动停止。这次活动不仅招致顾客不满，还受到中国人民银行的警告，工商部门也前来干预。

资料来源：豆丁网，重大节日庆祝与庆典活动策划书，2012-11-19，http://www.docin.com/p-531524491.html，引用时有删改。

讨论：1. 以上案例中的项目策划错在哪些地方？
2. 为什么会造成如此局面？

13.2 新闻发布会

牛人课堂

在以全球、全民、全媒传播为本质特征的社交媒体时代，需要根据不同的受众需求，采用更符合新闻传播规律、更"人性化"的手段来传递党和政府的声音，以获得传播效果的最大化。

——清华大学新闻与传播学院教授 史安斌

新闻发布会又称记者招待会，是社会组织为公布重大新闻或解释重要方针政策而邀请新闻记者参加的一种公共关系专题活动。它是组织与新闻界建立和保持联系的一种较正规的形式。任何社会组织如政府、企业、社会团体都可以举行新闻发布会。例如，西方国家政府普遍采用新闻发布会的形式发布新闻。

13.2.1 新闻发布会的特点

新闻发布会是一种两级传播：组织先将信息告知记者，再通过记者所属的大众传播媒介告知公众。它一般具有以下特点。

第一，以新闻发布会发布信息，信息权威真实，其形式比较正规、隆重，规格较高，易于引起社会广泛的关注。

第二，在新闻发布会上，记者可根据自己感兴趣的方面进行提问，能更好地发掘信息，充分地采访组织，同时使组织也更深入地了解新闻界。这种形式下的双向沟通，无论在深度上和广度上都较其他形式更为优越。

第三，新闻发布会往往占用记者和组织者较多的时间，经费支出也较多，因此，成本较高。

第四，新闻发布会对于组织的发言人和会议的主持人要求很高，如发言人和主持人需要十分敏感、善于应对、反应迅速等。

13.2.2 新闻发布会的工作内容

1. 新闻发布会前的准备

（1）确定举行新闻发布会的必要性。根据新闻发布会的特点，在新闻发布会举行之前必须对所要发布的消息是否重要、是否具有广泛传播的新闻价值及新闻发布的紧迫性与最佳时机进行分析和研究。只有在确认召开的必要性和可能性后，才可决定召开新闻发布会。一般地说，社会组织举行新闻发布会的原因有以下几方面：出现紧急情况，如爆炸事件、起火事件等；对社会产生重大影响的新政策的提出；企业的新技术、新产品的开发和投产；组织对社会做出重大贡献或善事；推出影响社会的新措施；企业的开张、关闭、合并或转产；组织的重大庆典等。

（2）确定应邀者的范围。应邀者的范围应视问题涉及的范围或事件发生的地点而定。如事件在某城市发生，一般就请当地的新闻记者到会。邀请的记者应该有较大的覆盖面，既要有报纸、杂志方面的记者，也要有广播、电视方面的记者；既要有文字方面的记者，也要有摄影方面的记者。

（3）资料准备。新闻发布会需要用的资料主要有两个方面：一是会上发言人的发言提纲和报道提纲；二是有关的辅助材料。前者应在会前根据会议主题，组织熟悉情况的人成立专门的小组负责起草。其内容要求全面、准确、简明扼要、主题突出。发言人的发言提纲和报道提纲的内容要在组织内部通报，统一口径，以免引起记者猜疑。辅助材料的准备，应围绕会议主题，尽量做到全面、详细、具体和形象。它通常包括发给与会者的文字资料，布置于会场内外的图片、实物、模型，也包括将在会议进行中播放的音像资料等。

（4）选择新闻发布会的地点和时间。在地点选择上主要的考虑因素是要给记者创造各种方便采访的条件。例如，是否具备录像、拍摄的辅助灯光，视听辅助工具，幻灯片，电影的播放设备等；会场的对外通信联络条件如何，交通是否便利；会场是否安全舒适，不受干扰；会场内的桌椅设置是否方便记者提问和记录等。新闻发布会的时间应尽量避开节假日和有重大社会活动的日子，以免记者不能参加会议，影响新闻发布会的效果。

（5）确定主持人和发言人。由于记者的职业要求和习惯，他们常常在会上提出一些尖锐、深刻甚至很棘手的问题，这就对主持人和发言人提出很高的要求，要求主持人思维敏捷、反应机敏、口齿伶俐，有较高的文化修养和专业水平。会议的主持人一般可由具有较高公共关系专业能力的人来担任。会议的发言人应由组织的高级领导来担任，因为高级领导清楚组织的整体情况，掌握组织的方针、政策和计划，故回答问题具有权威性。若高级领导尚不胜任，需要在会前进行必要的训练和准备，以达到在会上应付自如的能力水平。

（6）组织记者参观的准备。在新闻发布会的前后，可以配合会议主题组织记者进行参观，给记者创造实地采访、拍摄、录像等机会，增加记者对会议主题的感性认识。应在记者将要参观的地方派专人接待，介绍情况。

（7）小型宴请的安排。为了使新闻发布会收到最大的实效，在组织财力允许的情况下，可以安排小型宴会或工作餐。这也是一种相互沟通的机会，可以利用这种场合融洽与新闻界的关系，及时收集反馈信息，进一步联络感情。

（8）其他。如组织应根据会议的规模和规格做出费用预算。费用项目一般有场租、会场布置、印刷品、茶点、礼品、文书用具、音响器材、邮费、电话费、交通费等。在发出邀请信后，开会前应再次打电话落实。此外还应安排接待人员，布置会场，准备音响器材、签到名册等。

2. 新闻发布会中的注意事项

（1）会议发言人和主持人应相互配合。新闻发布会在进行过程中，应始终围绕着会议主题。这就需要会议的发言人和主持人配合一致，相互呼应。如当记者的提问离开主题太远时，主持人要能巧妙地将话题引向主题，发言人通过回答问题将话题引到会议的主题上。

（2）对于不愿发表和透露的内容，应委婉地向记者做出解释，记者一般会尊重东道主的意见。不能以"我不清楚"或"这是保密的问题"来简单处理。

（3）遇到回答不了的问题时，应告诉记者获得圆满答案的途径，不可不计后果随意说"无可奉告"或"没什么好解释的"，这会引起记者的不满和反感。

（4）不要随便打断或阻止记者的发言和提问。即使记者带有很明显的偏见或进行挑衅性发言，也不要显出激动和失态，说话应有涵养，切不可拍案而起，针锋相对地进行反驳。

（5）对待各位媒体记者、来宾应一视同仁，不能厚此薄彼、亲疏不一。

（6）会议的主持人、发言人应精神饱满、落落大方、风趣幽默、热情自信，以自身的人格魅力增强信息的可信度。

（7）新闻发布会要有正式的结尾，不能草率收场，主持人应对会议进行高度概括。

3. 新闻发布会后的工作

作为一项活动的完整过程，新闻发布会结束之后，要及时检验会议是否达到了预定的效果。所以，会后工作主要有以下内容。

（1）搜集到会记者在报刊、电台上的报道，并进行归类分析，检查是否达到了举办新闻发布会的预定目标，是否由于工作失误造成消极影响。对检查出的问题，应分析原因，设法弥补损失。

（2）对照会议签到簿，看与会记者是否都发了稿件，并对稿件的内容及倾向做出分析，以此作为以后举行新闻发布会时选定与会者的参考依据。

（3）了解与会记者及其他代表对会议的反应，检查新闻发布会在接待、安排、提供方便等方面的工作是否有欠妥之处，以利改进今后的工作。

（4）整理会议的记录材料，对新闻发布会的组织、布置、主持和回答问题等方面的工作做总结，从中认真汲取教训，并将总结材料归档备查。

> **案例**
>
> ### 华为智慧办公新品发布会
>
> 2021 年 9 月 13 日晚间，华为智慧办公新品发布会如期而至，华为一口气发布了华为 MateBook 13s 笔记本电脑、华为 MateBook 14s 笔记本电脑、华为 MateStation X 一体机、华为 PixLab X1 打印机、华为 MateView GT 27 英寸[①]曲面屏显示器以及华为 MatePad Pro 12.6 英寸套装版等十余款新品。
>
> 其中，华为 PixLab X1 是全球首款搭载 Harmony OS 的激光打印机。华为 MateView GT 27 英寸曲面屏游戏显示器是华为显示器家族新成员，今年 5 月华为首次进入面向消费者的显示器市场，发布了华为 MateView、MateView GT 两款高品质显示器产品。值得注意的是，华为 MateBook 13s、MateBook 14s 支持多设备智慧互联，可以与华为手机、平板、显示器、耳机、鼠标、音箱、打印机无缝协同。设备协同和生态融合是智慧办公的核心能力，如此才能让人从复杂的操作和低效的学习中解放出来，从而释放创造力和沟通能力。
>
> 华为方面表示，华为消费者业务通过全场景智慧战略，围绕智能家居、智慧办公、智慧出行、运动健康和影音娱乐场景，多方位为消费者打造智慧生活的极致体验。十余款新品齐发，从聚焦移动办公智慧化，到覆盖消费者智慧办公全场景，深化华为智慧办公场景产品布局。
>
> 资料来源：百度百家号：闲麦回收；华为新品发布会：智慧办公，不止于此；2022-03-04；https://baijiahao.baidu.com/s?id=1726348593647746900&wfr=spider&for=pc，引用时有删改。

13.3 展览会

> **牛人课堂**
>
> 相比线下展会，线上营销和管理拥有更高的自动化水平、更低的成本，可溯源、可量化。
>
> ——中国会展经济研究会产业会展促进中心主任　姜淮

[①] 1 英寸 = 0.025 4 米。

展览会是公共关系活动中经常采用的形式。它是通过实物和示范表演来展示社会组织的成果与风貌的公共关系宣传活动。展览会是一种综合运用各种媒介、手段推广产品，宣传组织形象，建立良好公共关系的大型活动，比较容易引起公众和新闻界的注意。展览会上既可安排实物、模型、示范表演，也可放映幻灯片、电视、电影，还可展出照片、图片，并加以解说等，使展览会具有一定的知识性和趣味性，使公众更直观、更全面地了解组织及其产品，从而留下深刻的印象。另外，组织在展览会上还可以了解公众的反应和意见，相互沟通，增进友谊。可见，展览会的确是一种树立组织形象、推广产品的好形式。

案例

中国制造出征柏林国际消费电子展

2017年9月1日到6日，柏林国际消费电子展（IFA）在德国柏林隆重举办，本次展会共吸引了来自全球的1 805家参展商，其中超过1/3的厂商来自中国。中国企业都希望借助此次机会，向全球展示中国制造的实力和潜力，亮出中国制造的"新名片"。

在展馆内，多家中国企业的展台比往年更大，展台位置更佳，来自世界各地的观众络绎不绝。作为连续七年参加IFA的常客，TCL集团董事长、CEO李东生提道："2011年TCL的展台也只不过700多平方米，如今已经扩大到1 800多平方米。"展台面积和位置的变化充分说明了中国制造业在全球市场的地位崛起。作为一场盛大的国际性创新科技领域盛会，中国企业大显"肌肉"，说明中国品牌在海外市场赢得了更多市场话语权，不断向行业的领先者地位大步迈进。

资料来源：中国家电网，创新与未来：央视报道中国制造出征IFA展，2017-09-08，http://digitalhome.cheaa.com/2017/0908/516869.shtml。

讨论：为何各类组织都越来越热衷于参与各种各样的展览？

13.3.1　展览会的类型

按照不同的标准，展览会可有不同分类。

1. 贸易展览会和宣传展览会

如果按展览活动性质的不同，展览会可分为贸易展览会和宣传展览会。贸易展览会主要通过产品、实物的展示来直接促成交易，往往展览和贸易同步进行，即既展又销。社会组织举办这类展览会，主要面向目标客源和消费者公众。另外一种贸易展览会是商品交易会，这是社会组织最常组织的一种展览会，社会组织与产品的代理商和行业专家等进行深入洽谈并签订合同。宣传展览会主要是对社会组织及其产品和服务进行宣传，配以图片、资料、实物等，达到与公众沟通的目的，并不直接发生贸易活动。

案例

第十三届中国国际航空航天博览会

中国国际航空航天博览会是我国唯一由中央人民政府批准、逢双年在珠海举办的综合性国际航空航天展览,属"国家行为",以实物展示、贸易洽谈、学术交流和飞行表演为主要特征。从1995年成立至2020年年底,该展览已连续成功举办了十二届,现已发展成为集贸易性、专业性、观赏性为一体的,展示当今世界航空航天业发展水平的国际盛会,跻身于世界五大航展之列,受到世界瞩目。

第十三届中国航展于2021年9月28日至10月3日在广东省珠海国际航展中心举行,有来自俄罗斯、法国、美国、巴西、澳大利亚、墨西哥等国家的300多家企业代表参展。本届航展室内展览面积10万米^2,室外展示面积达36万米^2。除国内航空航天、兵器、电子等大型企业参展外,还有波音、巴航工业、GE航空、霍尼韦尔、美捷特、派克宇航、伊顿上飞、昂际航电等国际知名航空航天企业参展,部分企业还在上一届航展的基础上进一步扩大了参展面积。

空客、波音、庞巴迪、湾流……从这些飞机家族中的国际品牌在中国航展成为常客,到如今歼20、运20、ARJ21、C919、AG600等国产明星成为新宠,中国航展从珠海走向世界,世界因为中国航展发展的辉煌成就而密切关注珠海。从一飞冲天、惊艳面世,到如今中国航展早已坐稳世界五大航展之一,多项指标稳居前三。未来,中国航展有信心瞄准亚洲第一,世界前三。

资料来源:百度百科,中国国际航空航天博览会,https://baike.baidu.com/item/中国国际航空航天博览会/10455687?fr=ge_ala,2021-10-31,引用时有删改。

2. 综合展览会和专题展览会

如果按照展览活动内容的不同,展览会可分为综合展览会和专题展览会。综合展览会全面介绍一个地区的情况,其综合概括性强,能让参观者留下全面、深刻的印象。这类展览会的产品或服务品种繁多、规模庞大、组织工作复杂,如"上海世界博览会"。专题展览会是因某一特殊专题而组织的展览活动,与综合展览会相比,其内容较少、规模较小,不具有综合性,但更要求主题鲜明、内容集中且具有深度,如"昆明世界园艺博览会"等。

3. 室内展览会和露天展览会

如果根据展览活动地点的不同,展览会可分为室内展览会和露天展览会。室内展览会往往在一个大厅或展览馆里举行,不受气候影响,并可精心布置,展览效果较好,但展台租金较贵,且受空间限制。露天展览会一般在室外的广场、操场等空旷地带举行,它不受空间限制,且投资较少,但受气候影响较大,因而展览时间不宜过长。

4. 大型展览会、小型展览会和微型展览会

如果按展览活动规模的不同,展览会可分为大型展览会、小型展览会以及微型展览会。大型展览会一般由行业主管部门发起和组织,参展单位多、展品丰富、影响比较大,如"国际旅游博览会"等。小型展览会通常由若干社会组织或某个社会组织主办,参展单位少、规模比较小。微型展览会也称袖珍展览会,如橱窗展览、流动车展览等。这类展览看似简单,其实技巧性要求较高,举办得当也能扩大社会组织的影响。

5. 固定展览会和流动展览会

如果按展览活动时间的不同,展览会可分为固定展览会和流动展览会。固定展览会一般在室外或某一固定空间举办,它又可进一步分为长期性展览会和周期性展览会。前者往往长期稳定不变，后者则定期更换内容，而地点和名称不变。流动展览会也被称为一次性展览会，它没有固定的举办地点，且无固定规律，如"2012苏州国际节能环保技术及设备展览会"等。

> **案例**
>
> **一场可拿走展品的电话亭微型展**
>
> Taptot将现有电话亭改装，规划四个主题，举办了一场电话亭微型展。展出的每件物品背后都有一个别具意义的真实故事，也都藏着一段独特的情感。而这些故事真实重现了Taptot里面所有旧物的真正价值。
>
> 展览中的展品，只要消费者喜欢，都可以自由拿取，让消费者感受到Taptot延续旧物的价值是一件多么美好的事，也让Taptot"让曾经爱过的，继续被爱"的品牌精神被完美体验。最终，1 958个旧物找到新主人；App Store下载名次上升100名，IG分享数百则。
>
> 该活动不仅使旧物分享平台Taptot成为一个旧爱分享平台，而且改变了人们对身边旧物的看法，帮许多遗弃的物品找到新生命，甚至创造了一种新形态的循环经济。
>
> 资料来源：数英网；Taptot：一场可拿走展品的电话亭微型展，让曾经爱过的继续被爱；2019-08；https://www.digitaling.com/projects/136324.html，引用时有删改。

13.3.2 展览会的特点

1. 直观性

展览会是一种非常直观、形象的传播方式。它把实物直接展现在公众面前，并有现场操作表演，给人以"亲眼看见""眼见为实"的感受。

2. 双向性

展览会不仅可以当面向公众展示自身形象，同时还可以收集公众的反馈意见，有针对性地就个别公众或某种特殊情况进行交谈，做到良性的双向沟通。

3. 复合性

展览会是一种复合性的传播方式，它通常用多种媒介进行交叉混合传播，往往以实物展出为主，配以文字宣传资料、图片、幻灯片、录像等媒介，再加上动人的解说、友好的交谈、优美的音乐、生动的造型艺术，综合多种媒介的传播优势，具有很强的吸引力。

4. 高效性

展览会可以一次展示许多行业的不同产品，也可以集中同一行业的多种品牌来展示，是一种高度集中和高效率的沟通方式。它为参观者提供了更多的机会并节省了大量的时间和费用。

5. 新闻性

展览会是一种综合性的大型活动，除本身能进行自我宣传外，往往还能够成为新闻媒介追踪的对象，成为新闻报道的题材。通过新闻媒介的报道宣传，展览会的宣传效应将大大扩展。

> 💡 案例
>
> **2019 中华品牌商标博览会**
>
> 作为 2019 商标品牌节的重要组成部分，2019 中华品牌商标博览会于 7 月 6 日至 8 日在宁夏银川国际会展中心举办。今年品牌商标博览会的占地面积为 15 000 米^2，共设 560 个展位，分为三个展馆，其中，B 馆是地理标志展馆，C 馆是商品商标展馆，D 馆是服务商标展馆。共有 748 家来自全国各地的品牌企业参展。作为一场开放度高、产品质量过硬的商标品牌博览会，展会汇聚国内众多优质、知名品牌，行业覆盖范围广，产品品类多样化，通过更加市场化的运作，更高规格的陈列方式，向社会宣示了参展商品或服务的优异质量，为中国品牌商标走向世界构建了交流平台；展示了企业的品牌文化形象，为加强国内外品牌的交流互通，提质增效，提供了全方位、多层次、专业化的合作平台。
>
> 资料来源：中华商标网，2019 中华品牌商标博览会圆满落幕，2019-07-22，http://www.cta.org.cn/tpxw/201907/t20190722_50323.html，引用时有删改。

13.3.3 展览会的工作程序与内容

展览活动是一种综合性的活动，综合运用各种文字、图片、实物、模型、讲解、幻灯片、录像、音响、环境布置、现场示范、现场咨询等传播手段，并为公众提供一个详细了解、咨询、交流的机会。举办展览会要耗费大量的人力、物力和财力。组织的展览会可以分为主办展览会与参与展览会，两者的工作程序和内容有很大差异。

1. 主办展览会的工作程序和内容

（1）确定展览会的主题与目的，确定参展单位、参展项目与参展标准，然后利用广告和给有可能参展的单位发邀请信的方式召集参展者，并明确告知展览会的主题与目的、展览会的类型、展览会的要求与费用等。在确定展览会的时间和地点时要考虑到交通情况、服务设施和天气情况以及时间的长短等。

（2）认真培训工作人员，如讲解员、接待员和有关专业人员等。准备展览会的辅助设备和相关服务，并将样品、样本、货单及宣传材料准备齐全，制定展览会的经费预算。

（3）认真设计布展。围绕展览的主体，精心选择展品和制作展览图片、文字说明、实物模型，准备影视、音响资料等。然后根据展览大纲撰写布展脚本，统筹美术、摄影、灯光、音响、装修等方面的工程人员，进行展厅布置。

（4）做好宣传。展览会一般是固定在某一场馆的，必须招徕观众，才能达到传播的目的。因此对展览会本身要进行足够的宣传，通过新闻传播、广告、海报、传单、邀请函等方式将展览会信息传递出去，吸引观众，扩大影响。为此，应设立专门机构并随时开放，充分利用一切可以扩大影响的机会，如果人数达到一定的数量或是重要人物出现等要进行特别报道，加大宣传力度，一些大型的展览会还可以举行新闻发布会。

（5）搞好接待工作。展览会需要面对人数众多的观众，因此接待任务非常重要。

（6）展览会结束后，公共关系人员应当注意收集新闻媒介对展览会的有关报道、对于闭幕式的报道以及各种评价，总结经验教训，存档保留，作为下次举办展览会的参考依据。

2. 参与展览会的工作程序和内容

为使参与展览会取得成功，组织应把握住以下环节和内容。

（1）了解特征。若要充分利用展览会，必须了解展览会的特征。展览会有别于其他营销方式，它是唯一充分利用人体感官的营销活动，人们通过展览会对产品的认知是最全面、最深刻的。同时，展览会又是一个中立场所，不属于买卖任何一方私有。从心理学角度看，这种环境易使人产生独立感，从而以积极、平等的态度进行谈判。这种高度竞争而充分自由的气氛，正是企业在开拓市场时最需要的。

同时，展览会又是一项极为复杂的系统工程，受制因素很多。从制订计划、市场调研、展位选择、展品征集、报关运输、客户邀请、展场布置、广告宣传、组织成交直至展品回运，形成了一个互相影响、互相制约的有机整体，任何一个环节的失误，都会直接影响展览会的效果。因此，如果对展览会的这些特征了解不够，即使参展者花费了大量的人力物力，也未必能达到预期的效果。

（2）明确目标。组织的参展目标通常有以下几种：树立、维护组织形象；开发市场和寻找新客户；介绍新产品或服务；物色代理商、批发商或合资伙伴；扩展或保持销售成效；研究当地市场，开发新产品等。参展可能会同时有几种目标，但在参展之前务必确定主要目标，以便有针对性地制订具体方案，区分工作重点。

（3）谨慎选择。一般来说，组织在选择展览会时，应结合参展目的重点考虑以下几个因素。

1）展会性质。每个展览会都有不同的性质，按展览目的可分为形象展和商业展；按行业设置可分为行业展和综合展；按观众构成可分为公众展与专业展；按贸易方式可分为零售展与订货展；按参展者又可分为综合展、贸易展、消费展等。

2）知名度。现代展览业发展到今天，每个行业的展览都形成了自己的"龙头老大"，成为买家不可不去的地方，如芝加哥工具展、米兰时装展、汉诺威工业博览会、广州全国出口商品交易会等。通常来讲，展览会的知名度越高，吸引的参展商和买家就越多，成交的可能性也就越大。如果参加的是一个新的展览会，则要看主办者是谁，它在行业中的号召力如何。名气大的展览会往往收费较高，为节省费用，参展者可与别的组织合租展位，即使如此，效果也会好于参加那些不知名的小展览会。

3）展会内容。现代展览业的一大特点是日趋专业化，同一主题的展览会可细分为许多小的专业展。例如，同样是有关啤酒的展览会，其具体的展出内容可能是麦芽和啤酒花，可能是酿造工艺，可能是生产设备，可能是包装材料与技术，也可能是一场品牌大战。参展商事先一定要了解清楚，以免"误入歧途"。

4）展会时间。任何产品都具有自己的生命周期，即新生、成长、成熟、饱和、衰退五个阶段。展出效率与产品周期之间有一定的规律，对于普通产品而言，在新生和成长阶段，展出有事半功倍的效果；在成熟和饱和阶段，展出的效果可能事倍功半；到了衰退阶段，展出往往会劳而无功。

5）展会地点。参加展览会的最终目的是向该地区推销产品，所以一定要研究展览会的主办地及周边辐射地区是否有自己的目标市场，是否有潜在购买力，必要时可先进行一番市场调查。

（4）精心准备。一旦决定了参加某个展览会，则要即刻开始积极筹备。展览会是一项系统工程，需要考虑的问题很多。怎样才能合理使用现有的人力、财力和精力呢？有人对展览会上的参观者做了调查，发现影响他们记忆的因素主要有五个。

1）展品选择。展品是使参展者给参观者留下印象的最重要因素。在参观者的记忆因素中，"展品有吸引力"占记忆的39%，所以应予重点考虑。选择展品有三条原则，即针对性、代表性和独特性。针对性是指展品要符合展出的目的、方针、性质和内容；代表性是指展品要能体现参展者的技术水平、生产能力及行业特点；独特性则是指展品要有自身的独特之处，以便和其他同类产品区分开来。

2）展示方式。大部分情况下展品本身并不能说明全部情况、显示全部特征，需要配以图表、资料、照片、模型、道具、模特或讲解员等真人实物，借助装饰、布景、照明、视听设备等手段，加以说明、强调和渲染。展品如果是机械或仪器，要考虑安排现场示范，甚至让参观者亲自动手操作；如果是食品饮料，要考虑让参观者现场品尝，并准备小包装免费派发；如果是服装或背包，则要使用模特展示，或安排专场表演。这些都是为了引起参观者的兴趣，增加他们的购买欲望。

3）展台设计。展台设计的表面任务是要好看，根本任务则是帮助参展者达到展览目的。展台要能反映参展者的形象，能吸引参观者的注意力，能提供工作的功能环境。因此，展台设计在注重视觉冲击力的同时，还要注意以下几点：展览会不是设计大赛，展台设计要与整体的贸易气氛相协调；展台设计是为了衬托展品，不可喧宾夺主；展台设计要考虑参展者的公众形象，不可过于标新立异；展台设计不要忽略展示、会谈、咨询、休息等展台的基本功能。

4）人员配备。人是展览工作的第一要素，也是展览成功与否的关键所在。展台的人员配备可以从四个方面加以考虑：第一，根据展览性质选派合适或相关部门的人员；第二，根据工作量的大小决定人员数量；第三，注重人员的基本素质，如相貌、声音、性格、自觉性、能动性等；第四，加强现场培训，如专业知识、产品性能、演示方法的培训等。展台人员要结合参展商品的特点，灵活应对。如果是大众消费品，应着力树立品牌形象，在消费者中形成亲和力；如果是新产品，应大力宣传其与众不同之处；如果产品独具创造性，则应强调其技术上的突破。

5）客户邀请。展览会上若能顾客盈门当然求之不得，但有时难免会出现门庭冷落的情况。这就要求参展者不应被动地等顾客到来，而要有意识地邀请顾客来参观。参展者可采取直接发函、登门拜访、通过媒体做广告、现场宣传、派发资料等手段，邀请和吸引顾客。

总之，组织要未雨绸缪，把工作做在前面。企业参加展览会时如果能够按照以上步骤甄别、选择和筹备，必定可以收到事半功倍的效果。

13.4 赞助活动

> **牛人课堂**
>
> 任何企业都存在于社会之中，都是社会的企业。因此，企业承担社会责任，是企业家精神的应有之义。与此同时，承担社会责任，也是企业孕育机会、推动创新和创造竞争优势的重要来源。
>
> ——中国人民大学国家发展与战略研究院研究员　徐尚昆

13.4.1　赞助活动的含义和目的

赞助活动是社会组织无偿提供资金或物质支持某项社会事业或社会活动，以获得一定形象传播效益的公共关系专题活动。目前，社会组织通过对文体、福利事业和市政建设以及一些社会活动进行赞助，来扩大组织影响、提高美誉度，已经成为十分普遍的现象。特别是一些效益比较好的企业，由于具有经济实力，故经常被广泛邀请进行赞助。我们常常可以看到，服装公司为体育代表团赞助服装，饮料厂为体育代表团赞助比赛期间的饮料，社会组织、个人赞助教育事业。对于提供赞助的组织来说，一方面是为了表达爱心，承担社会责任，关心社会公益事业，树立良好的组织形象；另一方面也是一次十分有效的宣传机会，而且这比商业广告更具说服力，是其他广告形式所无可比拟的。因此，组织应该重视并搞好赞助活动。

案例

京都念慈庵冠名《吐槽大会》

2017年，京都念慈庵冠名的《吐槽大会》创造了一个网络综艺节目的高峰，总播放量达到15亿次，单集播放量最高破2亿次。"大笑养肺，不笑浪费，宇宙养肺老字号"等广告语也给观众留下了深刻的品牌印象，使京都念慈庵在品牌曝光量方面获得了不俗的成绩。如何在"塞广告"的同时还让观众乐呵呵地接受广告？京都念慈庵和腾讯视频通力合作，利用灵活的营销形式，将品牌和节目内容紧密结合，让观众在最轻松的情况下了解到京都念慈庵的产品诉求。节目也使用多样的环节设计，帮助品牌通过冠名的节目提高观众的关注度，从而使观众更了解品牌的历史及产品的卖点，让年轻人在每个开怀大笑的时刻，都可以想起养肺的京都念慈庵，推动京都念慈庵在品牌年轻化的"潮牌"之路上更进一步，销量再创新高。

资料来源：中华广告网，http://www.a.com.cn/info/domestic/2017/0111/291577.html。

讨论：在赞助活动中，你如何理解"好的广告自身就是内容"？

13.4.2　赞助活动的类型

1. 赞助体育运动

这是组织赞助中最常见的一种形式。随着我国人民生活水平和体育运动水平的提高，人们对体育运动越来越感兴趣。因此,企业通过对体育运动的赞助,往往较易增强对公众施加影响的深度和广度。

拓展阅读 2021年体育营销荣誉单

资料来源:百度百家号:懒熊体育,这里有一份2021体育营销的荣誉单|运筹千里,2021-08-30, https://baijiahao.baidu.com/s?id=1709482699322139233&wfr=spider&for=pc。

案例

华为助力上海大师赛

ATP1000上海连续五年蝉联"年度最佳ATP1000赛事"奖项,是世界顶级的网球赛事,更是品牌传播的绝佳舞台。华为作为2015年上海劳力士大师赛的荣誉级赞助商,享有线上硬广、赛场品牌露出、线下活动、球员见面、票证及一系列衍生权益。

(1)在赛事主赛场现场搭建华为LED大屏幕。在电视转播信号中,单场获胜球员在摄像机镜头上签名的环节,在五星体育播出时,后期加入了华为手机外框及"华为荣誉赞助2015年上海劳力士大师赛"字样。8天赛程,中国大陆地区的电视播出超过100小时。

(2)在赛事现场搭建展示体验区,进行华为品牌及产品的展示。8天12场空中包厢活动,邀请区域内的运营商、经销商、忠实用户等群体,亲身体验华为作为自主品牌跻身国际一线品牌的决心,传播品牌和产品优势。

(3)现场权益。

1)中心赛场比分牌电子大屏30秒广告不少于2次/天。

2)中心赛场现场边线LED广告位不少于80次/天。

3)中心赛场现场二层LED广告位不少于40次/天。

4)二号馆现场边线A字板广告位1块。

5)二号馆现场二层A字板广告位1块。

6)三号馆现场边线A字板广告位1块。

7)电子记分牌包边6块。

(4)活动搭建现场人气线上传播。微博扩散总曝光4158.3万次+微信扩散总曝光93.7万次+官方平台外围推广。官方平台外围推广共计发布36条微博、44条微信,共有43位KOL参与推广,获得曝光量达4252万次。

资料来源:瑞丽网,http://inleon.rayli.com.cn/gadgets/2015-10-08/505332.shtml2015/10/08。

讨论:有人说体育赞助商付出的代价和享有的权益绝对成正比,你这样认为吗?

拓展阅读 第十四届全国运动会赞助企业征集方案

资料来源:新浪网,第十四届全国运动会赞助企业征集方案,2019-11-15, http://sx.sina.com.cn/sports/quanyunhui/2019-11-15/detail-iihnzahi1006472.shtml。

2. 赞助文化生活

组织进行文化生活方面的赞助,不仅可以培养与公众的良好感情,而且可以大大提高组织的知名度，创造良好的社会效益。这类赞助有两种形式：一种是对文化活动的赞助，如对大型联欢晚会、文艺演出的赞助；另一种是对文化事业的赞助，即定期或不定期地对某个文化艺术团体进行赞助，通过这个文化艺术团体的活动，扩大组织在社会上的影响力和知名度。

> **案例**
>
> ### 金道集团冠名赞助《讲究》第一季
>
> 纪录片《讲究》由爱奇艺和蓝象传媒出品，内容聚焦民族传统技艺传承，旨在以"匠人的精神"纪录"匠人的故事"，在浮躁的社会重新定义"匠人匠心"。节目计划推出三季，第一季共8集，已成功收官，收获超过2 000万次播放量，豆瓣评分达8.1分，受到观众肯定。《讲究》的节目内容是关注非物质文化遗产等有丰富文化内涵的对象，但节目的出发点不同于一般纪录片以传播知识为主，而是倡导一种更精致、有品质的生活方式，传达生活美学，这也迎合了当前中产阶级崛起、消费升级等社会经济趋势。
>
> 金道集团是《讲究》第一季的冠名赞助商，定位于"全方位投资专家"，目标用户为高净值人群。从《讲究》的收视人群画像来看：性别上男性比重较大，年龄上25～45岁的核心消费人群占比较高，地域上沿海及中部主要经济发达城市占比较高，学历上以大学本科及硕士以上人群为主——"精众"，高端的收视人群与金道的品牌定位高度契合，使品牌的触达十分精准。
>
> 从内容消费需求上看，这类人群比较注重精神层面的体验，对内容品质有更高要求，同时也是消费升级、追求高品质生活方式的主力人群。因此在营销手段上，比起赤裸直接的广告植入曝光，不露声色的品牌调性、价值观植入会更加有好感度。因此，观众在《讲究》中并不会看到像网综、网剧中那样的"花式口播"和高频率的品牌露出，但是能从精神层面时刻感受到金道集团想要传达的理念与价值观，了解金道这个品牌的格调。
>
> 资料来源：新营销，http://tt.newmarketingcn.com/archives/28968。
>
> 讨论：谈一谈赞助文化生活的发展趋势。

> **拓展阅读** 关于品牌选明星代言的八个洞察
>
> 资料来源：数英网，关于品牌选明星代言的八个洞察，2020-10-30，https://www.digitaling.com/articles/364433.html。

3. 赞助教育事业

组织赞助教育事业是一举两得的事情：一方面为组织与有关院校建立良好关系打下了基础，有利于组织的人才招聘与培训；另一方面，更使组织树立起关心教育事业的可敬形象。赞助方式可以是赞助学校建图书馆、实验楼，设置奖学金、助学金和其他有关教育方面的奖金或奖励。对组织而言，这既是一项智力投资，又是一项公共关系投资，应当给予充分的重视。

> 案例

腾讯青少年科学小会，点燃孩子的科学热情

2021年1月12日，腾讯联合Science、清华大学在京举办第二届腾讯青少年科学小会。八位全球顶尖科学家、科普学者同台，在清华大学新清华学堂为青少年系统盘点天文学、数学、物理学、生命科学和化学等领域的年度科学成果，从黑洞、冷冻电镜到量子计算，不断点燃孩子们的科学热情。同时，科学小会通过腾讯新闻、快手直播等19个平台在线直播，今年科学小会还首次推出"亲子专场"，邀请家长与孩子共同参与，一起感受科学的魅力。

为加强青少年人才培养，2017年11月，腾讯联合荷风艺术基金会发起"艺术行动"，探索"互联网+艺术教育"，为乡村孩子开启艺术启蒙。2018年9月，腾讯发布了"腾讯青少年科普计划"，涵盖包括科学小会在内的多项青少年人才培养的重要项目。腾讯还举办了三届腾讯青年营，促进粤港澳三地青年沟通交流，了解最前沿的新科技和新文创，并于2019年年初推出腾讯青年行平台，邀请了大湾区上百家名企、名校和知名机构加入，为青少年提供免费的研学交流体验，半年内服务家庭超过4 000个，超过120万名用户登录小程序参与体验。

资料来源：读特新闻，腾讯青少年科学小会点燃孩子科学热情，2020-01-12，https://www.dutenews.com/tewen/p/220541.html，引用时有删改。

4. 赞助社会慈善和福利事业

这是组织和社区、政府搞好关系，扩大组织社会影响的重要途径，是组织对整个社会承担义务和责任的重要手段，也是组织在社会上获得知名度、美誉度的重要方面，其中包括捐赠或资助慈善机构，在一些地区或单位遭受灾难时提供资助等。

> 案例

荔枝app上线抗灾相关音频声援河南

2021年7月，河南出现持续性强降水天气，多地出现暴雨、大暴雨，部分地区出现特大暴雨。其中，7月20日16—17时，郑州遭遇了有记录以来的最强降雨，小时降雨量达201.9毫米。国家防汛抗旱总指挥部启动了防汛Ⅱ级应急响应。

灾情牵动着亿万人的心。7月21日，荔枝app上线声援音频，充分发挥UGC声音平台优势，广泛号召平台主播宣传应急救援措施，汇总各企业援救措施并广而告之。作为中国领先的在线UGC音频社区、互动音频娱乐平台，荔枝app这次发起"声援河南"活动，主播和用户通过声音为灾区加油助威，利用平台多样化的内容形式发声援、辟谣言、提供心理疏导及情绪安抚内容，用声音抵抗灾情，并向当地老百姓、所有努力在一线抗灾救援的官兵和工作人员致敬。

资料来源：艾媒网；声援河南，荔枝app上线抗灾相关音频；2021-07-23；https://www.iimedia.cn/c1040/79847.html，引用时有删改。

5. 赞助学术理论研究活动

这是一种高层次的、直接追求组织的社会效益和长远影响的赞助活动。各种学术理论

研究活动，有的是直接服务于整个社会的，如医学方面的研究、经济和改革理论的研讨；有的是某些社会生产技术的发展战略研究，组织可以自己设立机构，也可以长期支持某些学术研究机构的研究活动。在我国，这种赞助活动还不太普遍，有待于企业组织重视和开拓这一领域。

总之，组织进行赞助的形式很多，公共关系人员应善于设计出各种新颖的赞助形式，使组织获得最佳的信誉投资。

13.4.3　赞助活动的工作程序与内容

按照赞助的形式，赞助分为组织参加赞助和组织发起赞助。组织参加赞助是对其他组织或个人的赞助邀请做出响应。组织发起赞助是一个组织为实现某个公共关系目的，主动发起的赞助活动。这两者的工作程序和内容有很大的区别。

1. 组织参加赞助

对于组织参加赞助应从以下方面着手进行筹划。

（1）要考虑公众能否很和谐自然地将组织所赞助的活动与本组织联系在一起，能否对本组织产生有利的影响。

（2）要考虑组织所赞助的活动的社会影响，如媒介报道的可能性、报道频率和报道的广泛性，受益人是谁，受影响的公众的分布情况，影响的持久程度，活动本身能否引起人们的注意，能否产生"轰动效应"等。

（3）要考虑本组织在活动中与公众见面和直接沟通的机会有多少，以及赞助费用的多少和赞助的形式。

（4）要考虑赞助的监督情况，如通过何种方式对赞助活动予以控制，赞助活动是否合法，发起单位的社会信誉如何，赞助费用如何落实到受益人等。

（5）应考察赞助活动对本组织的产品销售有无赞助价值。如果发现值得赞助，便可着手落实赞助。在具体落实赞助时应有专人负责，落实过程中要主动了解活动的筹备与进展情况，争取把握有利机会。

（6）赞助活动结束后，还应对参加赞助的效果进行评价。一方面依据媒介报道和广告传播的情况测定，另一方面要对参加赞助的全过程进行回顾和总结。

2. 组织发起赞助

对于组织发起赞助，应该从以下方面着手去争取。

（1）主办单位要有良好的形象。在举办赞助时通常有发起者（或倡议者）、主办者、协办者之分，这仅仅是角色和所起作用不同而已，无论哪种角色都应有良好的组织形象，使公众感到企业确实是在参与社会公共事务。

（2）赞助活动本身要有吸引力和周密的计划。赞助的目的是什么？赞助的时间是怎样安排的？主、协办单位的名称是什么？赞助的性质和方式以及活动方案的设计等都必须有一整套的策划。一般来说，可用发邀请信或公开募捐两种形式争取赞助。无论采用哪种形式，让对方了解活动本身都是很重要的。

（3）应争取得到媒介及各种权威性公众的支持。媒介和权威性公众通常会成为很好的舆论领袖，左右着其他人的思想和行为。

（4）赞助活动的具体负责人（直接与赞助人打交道）应该有良好的个人形象，以期在具体的游说、解释、沟通和宣传过程中得到公众的认可，并能在最大程度上影响公众的支持程度。

（5）赞助活动必须给赞助人（单位和个人）可以看得见的"实惠"。如果是无偿赞助，应颁发捐助纪念证书；如果是有奖赞助，应提供对号券，使之有中奖机会等。这样，赞助就会成为互益性的活动，这是争取赞助的重要手段。

案例

唯品会的植入式营销

电商平台唯品会是从电视节目中走进大众视野的，因广撒网式的综艺赞助投放，多次被网友视作"植入狂魔"。凭借着强大的营销手段，唯品会使"天天有低价""特卖""低至3折""女装正品"等标签深入人心。

据不完全统计，仅2021年以来，唯品会便已经冠名《心动的信号4》《妻子的浪漫旅行5》《婆婆与妈妈2》，同时赞助了《乘风破浪的姐姐2》和《做家务的男人2》等综艺节目，各大视频网站的热门综艺，尤其是女性题材节目中，都少不了唯品会的身影。

作为当前"她综艺"中的常驻品牌，唯品会2021年一季度营收284亿元，同比增长了51.1%。数据显示，唯品会2021年一季度活跃客户数达4 580万名，同比增长了54%；一季度总订单数为1.755亿笔，同比增长了44.2%，去年同期为1.217亿笔。

资料来源：百度百家号；钛媒体app；垂直类电商求生路：唯品会疯狂植入，小芒打造兴趣社区；2021-07-10；https://baijiahao.baidu.com/s?id=1704858381609991687&wfr=spider&for=pc，引用时有删改。

3. 赞助活动的注意事项

赞助各种有益的社会事业，在推动社会公益活动发展的同时可使本组织同步成名，这是一种行之有效的公共关系手段。任何组织为使公共关系赞助取得成功都要遵循一定的规则。进行赞助活动须注意以下原则。

（1）传播目标明确。组织所赞助的项目要适合本组织的特点和需要，有利于提高本组织的社会影响，或有利于扩大业务领域。

（2）受资助者的声誉和影响良好。要认真研究和确认被赞助的组织、个人或社会活动本身是否具有良好的社会声誉，是否有积极、广泛的社会影响，保证赞助活动取得良好的社会效益。

（3）符合本组织的经济承受力。要考虑赞助额是否合理、适当，本组织能否承担，避免做力不从心的事情。

（4）赞助方式别具一格。一般来说，凡是符合社会及公众利益的赞助活动，都会引起社会各界特别是新闻界的关注。但是，如果能够以新鲜、别致的方式来实现赞助，效果必定会更好。所以，赞助方式切忌雷同。

13.5 庆典活动

> **牛人课堂**
>
> 仪式是一件很重要的事情。
>
> ——日本作家 村上春树

庆典活动是社会组织为庆祝某一重大节日或重大事件而举行的一种公共关系专题活动，如开业或周年庆典、新设施奠基、展销会开幕等，目的在于联络公众、广交朋友、增进友谊、扩大影响。一个组织举行一次气氛热烈、隆重大方的庆典活动，就是一次向社会公众展示自身良好形象的机会，往往成为社会公众取舍亲疏的重要标准，因此庆典活动必须进行精心策划和组织。

案例

中国航天日

1970年4月24日，我国第一颗人造地球卫星"东方红一号"发射成功，这是我国航天事业发展历程中的开创性、奠基性事件。2016年3月，中央批准、国务院批复，自2016年起将每年4月24日设立为"中国航天日"。

我国政府将这个值得纪念的日子确定为"中国航天日"，体现了党和国家对航天事业发展的高度重视，彰显了中国和平利用外层空间的一贯宗旨，展现了中国航天人自主创新、勇攀高峰的坚定信心。"中国航天日"将成为唱响"发展航天事业、建设航天强国"主旋律的重要载体，成为普及航天知识、激励科学探索、培植创新文化的重要平台，成为传承航天精神、凝聚强大力量的重要纽带，成为全世界了解中国航天的重要窗口。

国家航天局2021年聘请"人民科学家"、中国科学院院士叶培建，中国探月工程三期总设计师胡浩和英雄航天员费俊龙为"中国航天公益形象大使"，三位形象大使将为航天科普工作贡献力量。

资料来源：百度百科，中国航天日，https://baike.baidu.com/item/中国航天日/8254785?fr=ge_ala，引用时有删改。

13.5.1 庆典活动的类型

社会组织庆典活动的范围较广、形式较多，概括起来主要有以下几种类型。

1. 开业庆典

开业庆典是社会组织在新成立时，社会组织的重要机构组建时或重大活动开幕时，举办的庆典活动。通过开业庆典，社会组织不仅可以向社会公众和舆论传递信息、通报情况，并扩大影响，还可以得到社会公众的祝福与祝愿，为获得今后事业的顺利发展奠定基础。可以说，一个成功的开业庆典就是社会组织事业发展的一个重要里程碑。

2. 周年庆典

周年庆典是社会组织在开业纪念日举行的庆祝活动和纪念活动，可以每年举行一次，也可以 5 年、10 年等举行一次。周年庆典是社会组织开展公共关系活动的有利时机，通过这一机会向社会公众宣传自己的历史、发展、成就和对社会的贡献等，制造出有影响力的新闻，有助于提高社会组织的知名度和声望。

3. 庆功庆典

庆功庆典是社会组织在工程竣工、建筑物落成或取得某项战略性成果时为祝贺成功而举行的庆祝活动。庆功庆典有着锦上添花的作用。社会组织趁机造势，凭借组织在公众心目中的良好印象再做出努力，有助于进一步强化并扩大这种良好的形象。

4. 节日庆典

节日庆典是为庆祝和纪念国家法定节日及纪念日（如元旦、劳动节、儿童节、建党节、建军节、国庆节等）、民间传统节日（如春节、端午节、中秋节等）、国际性节日（如情人节、妇女节、圣诞节等）及其他重大事件节日等，所举办的典礼仪式或各种联谊活动（如大型游园活动、团拜会等）。社会组织举行节日庆典活动可以借助热闹的节日气氛宣传本组织，融洽各种社会关系。

> **案例**
>
> ### 粤港澳大湾区购物节
>
> 本次购物节选择在 2021 年 9 月 2 日开幕，以"就爱大湾区"为主题，寓意粤港澳大湾区"9+2"城市群紧紧抱在一起。作为大湾区商家参与数量最多、规模最大的线上活动，购物节汇聚粤港澳三地超过 29.8 万个知名品牌，美食、美妆、数码、家电、个护、家居、服装等 100 余个产业带商家带来 1 300 多万件商品。其中包括香港美心月饼、澳门英记流心奶黄礼盒、马百良安宫牛黄丸……活动组委会发布了由 92 件优质商品组成的"大湾区中国好物梦之队"商品清单，来自港澳地区的 30 多种美食、保健以及时尚潮品和珠三角内地九市的众多老字号、新产品尽揽其中，集中亮相。商务部电子商务司相关负责人介绍，粤港澳大湾区是我国开放程度最高、经济活力最强的区域之一，通过举办首届"大湾区购物节"，可以充分展示粤港澳大湾区特色民族品牌和创新活力品牌精品，有力促进湾区融合，拉动消费升级。
>
> 资料来源：搜狐网：爱天水，共享湾区"潮"生活——首届粤港澳大湾区购物节侧记，2021-09-13，https://www.sohu.com/a/489472496_669078，引用时有删改。

5. 表彰庆典

表彰庆典即发奖、授勋仪式，一般以表彰大会的形式出现。社会组织举行这类庆典活动的目的在于宣传和弘扬先进模范人物或集体的优秀事迹与高尚精神，并授予其光荣称号、勋章、奖旗、奖状和物质奖品等，以此来激励组织内部员工更好地工作，并向外部公众展示自身的良好形象。

13.5.2 庆典活动的工作程序

庆典活动的组织工作非常繁杂，需要公共关系人员精心组织。由于庆典活动的仪式举行时间一般较短，准备工作稍有疏漏，便可能造成无法挽回的后果，影响公共关系效果，因此，庆典活动要做好以下几个方面的工作。

1. 确定庆典活动的主题，围绕主题来安排活动内容

举办庆典活动，组织必须根据其所确定的目标，以及自身的需要和公众的需要进行精心设计，选择一个适合的主题，在确定主题后，再围绕主题来安排穿插有关活动内容。只有这样才能显示开展庆典活动的目的和作用，才能收到应有的效果。

2. 选择庆典活动的形式

在庆典活动的主题、内容确定以后，还要确定庆典活动的项目和活动形式，活动项目必须反映和表现主题，活动形式也要选择多种方案。例如，兴办企业的周年庆典，可供选择的形式有开放参观、商品展销、企业成就展览、联谊舞会、招待酒会、先进职员表彰会、新闻发布会、消费者座谈会等。

3. 拟定庆典活动的程序，落实有关工作任务

庆典活动的规模一般都比较盛大，要做到有条不紊、忙而不乱。

（1）需要成立一个专门的机构来指挥和协调各项公共关系工作的开展。

（2）要安排庆典活动的具体程序。单一庆典活动的程序一般可以分为：主持人宣布庆典活动开始；宣读重要来宾的名单；剪彩或授旗、授勋；签字与互换文本；来宾致辞。庆典活动的程序最好能够事先就印制好，并且在来宾到来之前，分发到每个座位上，也可以在来宾签到时分发。各种活动内容的次序安排要井然有序、相互配合、重点明确。

（3）根据庆典活动的程序安排确定具体的工作任务，要妥善安排各种接待事宜，确定专人负责来客签到、接待、剪彩、放鞭炮、摄影、录像、录音以及环境的布置、道路、场地、照明、音响、订制与发放纪念品等琐碎的细节，要讲清活动内容、礼节、纪律等要求，并印制好任务安排表，发放给有关人员，作为协调各种具体工作的依据。

4. 拟定宾客名单

邀请的宾客一般应包括政府有关部门负责人、社区负责人、知名人士、社团代表、同行业代表、新闻记者、员工代表、公众代表等。名单拟定后，提前7～10天发出请柬，以便被邀宾客安排时间。

5. 安排致辞、剪彩人员

致辞、剪彩的主办方人员应是组织的主要负责人，致辞要言简意赅，起到融洽关系的作用。致辞、剪彩的客方人员应是地位较高、有一定声望的知名人士。要事前安排好他们的座次或站位。

6. 安排庆典活动之后的活动

庆典活动的基本程序快结束时，可以组织宾客参观工作现场、生产设施、服务设施或商品陈列等。这是让上级、同业和社会公众了解自己、宣传自己的好机会；也可以通过座谈、留言等方式广泛征求来宾意见，并总结完善。

7. 利用新闻媒介扩大典礼与仪式活动的社会传播面和影响面

参加庆典活动的公众毕竟是有限的，所以组织应争取把典礼与仪式传播到更大的公众范围中去。这就需要借助新闻传播媒介来扩大影响，如果能争取到新闻报道，还可以起到鼓舞士气的作用。

庆典活动的形式并不复杂，时间也不长，但要办得隆重热烈和丰富多彩，给人强烈深刻的印象并不容易。要使活动达到预期目的，公共关系人员应有冷静的头脑和充分的准备，善于用热情的举止鼓动公众，有序地指挥调度现场。在程序安排和具体接待中稍有不慎，不但使典礼令人扫兴，还会影响组织整体形象，其损失是难以估计的。

本章小结

公共关系专题活动是以公共关系传播为目的，有计划、有步骤地组织众多人参与协调的社会活动。本章介绍了四种公共关系专题活动，分别为新闻发布会、展览会、赞助活动以及庆典活动，并详细地介绍了各种专题活动的特点、工作程序及内容。对于公共关系人员来说，较熟练地掌握以上知识，能够使其在公共关系工作中灵活操作各项公共关系事务，更好地完成公共关系工作，并为组织或企业树立良好的公共关系形象。

热词加油站

卖萌营销

市场营销手段之一，它既是品牌亲民化沟通的一种方式，也是品牌与消费者互动的一种方式。不同品牌有着不同的卖萌方式：有的通过小孩，有的通过动物，有的则本身就拥有"萌基因"。

颜值经济

颜值经济是指围绕"颜值"而发展起来的消费产业。颜值经济的特征是消费者将产品的"颜值"作为购买决策主要影响因素之一，导致在产品功能趋同的情况下，外观设计带来的视觉冲击成为产品的竞争点。

睡眠经济

睡眠经济是指睡眠质量差或失眠等有睡眠障碍的人群，所造就的需求经济。此处的睡眠障碍并非严格定义上的睡眠障碍，更多是指像失眠、易醒多梦、入睡困难等睡眠问题。

宠物经济

消费者走进超市，会发现货架上宠物猫、宠物狗专用的商品越来越多，琳琅满目。不仅如此，围绕宠物的一条完整的产业链条已经逐渐形成：宠物饲养场、宠物医院、宠物美容店、宠物食品店、宠物寄养店、宠物墓，甚至宠物网站等，这不仅形成了一个相当大的市场，还创造了一个新名词——宠物经济。

众口铄金效应

品牌活在舆论当中，会遭受来自各方的舆论攻势，众口铄金，真的也可能变成了假的。这一效应说明舆论不在乎真假，只在于强弱。

圈层营销

圈层营销是指在移动互联网时代，人们根据不同的特征形成了不同的社群、不同的圈层，因此一个品牌的"引爆"需要多个圈层的逐步"引爆"，把每一个点连起来，最后覆盖一个面。

思考讨论

1. 请分析一下：将军轮胎赞助《狂野西部》对于其自身发展有哪些重要影响？
2. 大家对于春晚植入广告都比较排斥，但依然有厂商愿意去买春晚的广告席位，试举例谈谈你的看法。
3. "观众总是在看过一个又一个广告后变成了十足的消费者"，请谈谈你对这句话的看法和理解。

能力实训

1. 假设你是某汽车公司公共关系部的经理，请拟定一份赞助一位车手无后援自驾车30日环游中国的计划书（要点：项目的缘起、赞助的意义、赞助内容、车手的义务、相关公共关系宣传报道计划、其他内容等）。
2. 请以小组为单位为某商场策划一次节日专题活动，并制订活动方案。

社会热题大讨论

课外导读

[1] 上海市会展行业协会. 上海国际展览会精粹 [M]. 上海：上海百家出版社，2009.
[2] 王雪莉，石健榕. 体育营销关键链 [M]. 北京：清华大学出版社，2019.
[3] 武小宇，高小雨. 娱乐营销 [M]. 北京：中国财富出版社，2021.
[4] 李小云. 公益的元问题 [M]. 北京：中信出版社，2021.
[5] 陈一丹，吴朋阳，周子祺，等. 中国互联网公益 [M]. 北京：中国人民大学出版社，2019.
[6] 周笑梅. 都市民俗节庆活动手册 [M]. 上海：文汇出版社，2020.
[7] 方玲玲，洪长晖. 会展文案写作 [M]. 杭州：浙江大学出版社，2015.

第14章 公共关系价值理念发展趋势
第15章 公共关系互动手段发展趋势
第16章 公共关系聚焦问题发展趋势
第17章 公共关系实践范围发展趋势

第 5 篇

发展趋势篇

第 14 章

公共关系价值理念发展趋势

学习目标

掌握：社会行为示范、绿色环保、利他共赢三个方面的最新公共关系价值理念，从事公共关系实践活动的技巧。

理解：社会行为示范、绿色环保、利他共赢三个方面公共关系价值理念的发展意义。

了解：社会行为示范、绿色环保、利他共赢三个方面公共关系价值理念的发展背景、现状和趋势。

引 例

星巴克的"GOODGOOD 星善食主义"行动

2020年4月21日，星巴克中国宣布携手全球植物膳食倡导者别样肉客和OATLY（噢麦力），发起"GOODGOOD 星善食主义"行动，倡导消费者积极探索"对自己好，对地球好，让好变更好"的环保生活方式。通过这一行动，星巴克将为国内消费者推出全新的植物膳食餐饮产品，以及可降解餐盒、可回收材料制成的周边商品等。

"GOODGOOD 星善食主义"行动不仅希望鼓励中国消费者体验植物膳食和饮品，还推出了一系列由再生环保材料制成的随行杯、笔记本等潮流生活用品。这种再生环保材料由星巴克门店回收的咖啡渣再造而成（材料中咖啡渣含量超过30%）。星巴克正计划将这种可再生新材料拓展应用于门店的桌椅家具，未来，还会广泛应用到更多领域，为顾客提供环保新体验。

星巴克希望，"对自己好，对地球好，让好变更好"能够成为融入大家生活日常的一种可持续生活态度。为此，星巴克中国推出"星善周三"活动，鼓励大家每周至少可以体验一天或者一次"好食善行"，在享用美味的同时，让地球变得更好。

2019年，星巴克国内的所有门店已全面使用材料更为环境友好的纸质吸管和为取代塑料吸管而特别研发的直饮杯盖，据统计，每年可减少约200吨塑料的使用。此外，预计到2020年9月，80%的星巴克中国门店将全面实现垃圾分类。在全球范围内，星巴克年初宣布了未来数十年成为资源友好型企业的可持续发展愿景，初步目标是计划在2030年实现减少50%的碳排放、用水量和废弃物。

资料来源：星巴克官网，星巴克发起"GOODGOOD 星善食主义"行动，2020-04-21，https://www.starbucks.com.cn/about/news/good-good-lifestyles-towards-a-better-planet/。

14.1 社会行为示范

> **牛人课堂**
>
> 不要设计那些你甚至不愿你的家人看到的广告。
>
> ——广告大师 大卫·奥格威

14.1.1 示范健康的生活方式

拓展阅读 全民健康生活方式行动方案（2017—2025年）

资料来源：北京经济信息网，《全民健康生活方式行动方案（2017—2025年）》印发，2017-05-03，http://www.beinet.net.cn/topic/yg/gj/201705/t10987488.htm。

生活方式指个人及其家庭日常生活的活动方式，包括衣、食、住、行以及闲暇时间的利用等。健康的生活方式越来越受到普遍关注和重视。世界卫生组织把"合理饮食、戒烟限酒、适量运动、心理平衡"视为健康的四大基石。

利用公关技术推广健康生活方式，营造良好的健康环境，促进个体改变不良生活方式，成为公共关系的重要价值理念发展趋势。各类公关主体都积极参与到全民健康生活方式行动中，帮助公众体验健康生活方式带来的益处和乐趣，提升健康产品和服务的供给水平，增强公众维护自身健康的能力。

案例

南大菲特与京东健康合作探索肥胖症数字疗法

2021年9月10日，南大菲特与京东健康达成战略合作，双方将共建"京东健康糖尿病医学减重中心"，探索服务京东平台9 000万名"肥胖标签"用户，依托双方技术优势共同探索符合国人需求的肥胖症数字疗法，加速推进肥胖症数字疗法的落地进程，惠及更多的肥胖症患者，为慢病防控贡献力量。

资料来源：网易，首发：南大菲特与京东健康合作共建"糖尿病医学减重中心"探索肥胖症数字疗法，2021-09-13，https://www.163.com/dy/article/GJQ6D8V805118K7K.html，引用时有删改。

1. 饮食

一日三餐要合理安排，定时定量。早饭要天天吃，并且应营养充足，午饭要吃好，晚饭要适量。不暴饮暴食，不经常在外就餐，零食作为一日三餐之外的营养补充，可以合理选用，尽量做到远离"垃圾"食品。要少吃油脂高、过甜、过咸的食物。

拓展阅读 2018 中国城市餐饮食物浪费报告

资料来源：淘豆网，世界自然基金会：中国城市餐饮食品浪费报告，https://www.taodocs.com/p-119575316.html。

案例

爱奇艺蒙牛双双道歉，企业品牌如何正确进行娱乐赞助

2021 年 4 月底，一则"倒奶视频"将综艺节目《青春有你 3》推到了风口浪尖。画面里，近 20 人忙着向污水槽内倾倒新鲜牛奶饮品，令人痛心。爱奇艺推出的这档节目，通过层层淘汰，在近百名选手中留下 9 位选手"成团出道"。根据规则，5 月 8 日成团夜之前，粉丝购买指定蒙牛饮品，通过微信扫描包装箱或瓶盖中的二维码，即可使用"果粒值"为选手应援，助其登上人气榜单前列，获得专属曝光资源。而每日应援次数无限制，可以使用的"果粒值"无上限，这更刺激了粉丝拿出真金白银，助力偶像登顶。这种荒诞的追星方式背后是商家和平台的诱导。倒奶刷票的行为不仅涉嫌违反《中华人民共和国反食品浪费法》，而且严重误导了正处在价值观形成时期的青少年。

2021 年 5 月 4 日，《青春有你 3》收到北京广电局责令停录的通报，要求该平台严格落实广电行政部门有关管理规定，切实履行网络视听平台主体责任，完善节目管理制度，认真核查并整改存在的问题。事情经过一段时间的发酵，5 月 6 日深夜和 5 月 7 日清晨，主办方爱奇艺和赞助方蒙牛旗下的真果粒品牌双双公开道歉。两者的道歉并没有让这一事件就此平息，对于后续责任和赔偿，都引发了网端更大范围的争论。受此影响，赛程已近尾声的《青春有你 3》停止录制。一场声势浩大的选秀节目《青春有你 3》，因为倒奶事件被曝光，最终变成了青春散场，一地鸡毛。

资料来源：搜狐网；17PR；爱奇艺蒙牛双双道歉，企业品牌如何正确进行娱乐赞助；2021-05-18；https://www.sohu.com/a/467098957_363248，引用时有删改。

拓展阅读 中华人民共和国反食品浪费法

资料来源：中国政府网，中华人民共和国反食品浪费法，2021-04-29，http://www.gov.cn/xinwen/2021-04-29/content_5604029.htm。

2. 锻炼

适量运动不但有助于保持健康的体重，还能够降低患高血压、脑卒中、冠心病、Ⅱ型糖尿病和骨质疏松等慢性疾病的风险；适量运动还有助于调节心理平衡，有效消除压力，缓解抑郁和焦虑症状，提高睡眠质量。成年人每天应当进行 6～10 千步当量的身体活动。

◉ 案例

京港地铁开展 M 地铁·运动 "城市徒步" 活动

2020年8月7日，在国家第12个"全民健身日"即将来临之际，京港地铁联合世界卫生组织驻华代表处、北京市交通委员会、北京市卫生健康委员会、北京市疾病预防控制中心、悦跑圈app、快手app、FM103.9北京交通广播电台、北京体育大学教育基金会等机构，共同开展M地铁·运动"城市徒步"活动，围绕乘客日常通勤出行路线，设置地铁楼梯打卡、"最后一公里"健步走等环节，并发布原创地铁快舞蹈，推出健康生活公益宣传片，引导公众绿色低碳出行、增加身体活动，拥有健康的生活方式。

资料来源：百度百家号：图片中国；京港地铁开展M地铁·运动"城市徒步"活动4条线路73座车站可进行健康打卡倡导健康生活；2020-08-07；https://baijiahao.baidu.com/s?id=1674375529707457655&wfr=spider&for=pc，引用时有删改。

3. 烟酒

未成年人不应饮酒，成年人饮酒不宜过量。即使饮酒也应尽可能饮用低度酒，并将饮酒量控制在适当的限量以内。过量饮酒会增加患某些疾病的风险，并可导致交通事故及暴力事件的增加。世界卫生组织（WHO）建议："适度饮酒"应改为"越少越好"。建议成年男性一天饮用的酒精量不超过25克，女性不超过15克。

吸烟对健康的危害极大，每一个吸烟的人都应该戒烟。烟草烟雾至少含有69种致癌物。吸烟可导致多种恶性肿瘤，包括肺癌、口腔癌、鼻咽部恶性肿瘤、喉癌、食管癌、胃癌、肝癌、胰腺癌、肾癌、膀胱癌和急性白血病等，还可导致慢性阻塞性肺疾病、青少年哮喘、冠心病、脑卒中和外周动脉疾病，增加呼吸道感染及肺结核患病死亡的发病风险。

◉ 案例

深圳对未成年人全面禁酒，碳酸饮料须标明健康损害提示标识

2020年10月29日，深圳市第六届人大常委会第四十五次会议表决通过《深圳经济特区健康条例》（简称《健康条例》），作为深圳人的健康"基本法"，《健康条例》是国内首部地方性健康法规，于2021年1月1日起正式实施。实施后，深圳对未成年人全面禁酒，并将每年8月定为法定的深圳健康活动月。《健康条例》第四十六条规定，医疗卫生机构，专门为未成年人服务的社会福利机构，主要为未成年人提供教育、教学、活动的场所禁止销售酒精饮料；禁止向未成年人销售酒精饮料。对难以判明是否已成年的，应当要求其出示身份证件；对不能出示身份证件的，不得向其出售酒精饮料。对于违反这一规定的，将由市场监管部门责令改正，并处3万元罚款。《健康条例》还要求，酒精饮料、碳酸饮料销售者应当在货架或者柜台上设置符合标准的健康损害提示标识。该标识的制作标准和设置规范由市卫生健康部门制定，并向社会公布。如商家不设置相关标识，则由市场监管部门予以警告，并责令限期改正；逾期不改正的，处1000元罚款。

资料来源：知乎；深圳将对未成年人全面禁酒，禁止向未成年人销售酒精饮料，碳酸饮料须标健康损害提示标识，你支持吗；2020-11-09；https://www.zhihu.com/question/428045251/answer/1550886351，引用时有删改。

4. 心态

心态指一种良好的心理状态，即能够恰当地评价自己，能应对日常生活中的压力，有效率地工作和学习，对家庭和社会有所贡献。有乐观、开朗、豁达的生活态度，将目标定在自己能力所及的范围内，建立良好的人际关系，积极参加社会活动等都有助于个体保持自身的心理平衡状态。

5. 睡眠

人的一生中约有三分之一的时间是在睡眠中度过的，睡眠正常与否与身体健康密切相关，所以要注意保证充足的睡眠。一般建议每天保证七至八小时的睡眠时间，午睡半小时左右对身体健康非常有好处。不建议熬夜，长期熬夜会引起生物钟紊乱、内分泌失调，还会诱发心脑血管疾病。

6. 使用电子产品

在这个信息化社会，电子产品越来越多，如手机、电脑、电视、数码相机、掌上游戏机、MP4、iPad……长期的"人机对话"使身体的各个器官都出现了微妙的变化，如所谓的屏幕脸、玻璃胃、电脑椎、加班眼、鼠标手、短信指、沙发臀、MP3耳……如何正确使用电子产品成为不可忽略的话题。每到4月末，很多国家都会迎来"不看电视周"。"关掉电视，打开生活"，数千万人关掉电视度过一周，响应"更健康地生活、更多地融入社会"的号召。

14.1.2 传递正向价值观

价值观即人们关于好坏、得失、善恶、美丑等价值的立场、看法、态度和选择。由复杂多样的价值观进行长期的反复整合和消解，最终形成了体现一个社会价值理念的价值体系。社会价值观是回顾、观察、预见一个社会发展水平的标尺之一。

> **案例**
>
> ### 倡导理性消费，平台应当担起责任
>
> 敢于花钱、敢于超前消费的年轻人，最近他们的"粮仓"遇到了点麻烦。相当一部分年轻客户发现其花呗额度被调低，从过往的一两万元，降到了两三千元，经营方随后确认，花呗近期正在调整部分年轻用户的额度，"倡导更理性的消费习惯"。无独有偶，微信旗下的小贷产品——微众银行的"微粒贷"也出现了额度下调，最高额度从30万元降至20万元。
>
> 年轻人想消费又没钱，到哪里借钱是一个现实问题。移动互联技术在消费环节嵌入金融功能，形成了如今这种方便、快捷、需求解决型的用户体验。但这种便利亦是一把双刃剑。用户往往是尚未走入社会的青年群体，可能会在各种场景的诱导下，因为一些不必要的消费而深陷债务陷阱，给自己的人生和家庭生活平添波折。消费信贷越来越普遍，客观上影响了年轻人的消费观念。倡导理性消费，不仅需要消费者有足够的自律，对于平台来说，也应该担起责任。怎样的消费信贷才能既满足社会需求，又符合理性消

费理念？解决这一问题需要平台花一些心思，降额可能只是一种策略，今后还有很多的政策细节需要去完善。

资料来源：搜狐网：南方都市报；倡导理性消费，平台应当担起责任；2020-12-24；https://www.sohu.com/a/440306794_161795，引用时有删改。

1. 人类基本价值

人类基本价值是为全人类所普遍认可和提倡的价值，如人道关怀、同情感恩、自由平等、公平正义、尊重自然、尊重生命等。虽然不同国家在意识形态、政治理念、社会观念上有着较大差异，但在伦理价值、行为价值特别是善恶区分上却有基本的共识，有着一定的同一性，从而形成人类的基本价值。

2. 中华民族优秀传统价值

中华民族优秀传统价值是中华民族在发展过程中所积淀下来的积极的、健康的并被全民族共同认可的基本价值原则。中国传统文化的核心价值观可以归纳为五个字：仁、义、礼、智、信。"仁者，爱人"，通过爱亲人、爱家族上升到爱国家、民族。"义"表示一种社会历史性的价值规范和意义导向，公平、公正恰是由"义"而产生的精神追求。任何一个和谐文明社会的建设，都不能离开以公平正义为本质内涵的"义"的支撑。无论是经济领域、社会福利领域、司法领域，还是对自然界的开发等，都要讲究"义"，如此才能克服利益的不均、减少司法的不公、净化环境的不正。"礼"除了对人的恭敬，还包括对事业的恭敬，也就是"敬业"。"礼之用，和为贵"，和谐局面的出现恰在于"礼"的执行与运用。因此"礼"最大的功用便是促进和谐。"智"以善之，善就是向善、良善，因此我们的"友善"实际上跟"智"也是有关系的。"信"就是诚实、诚信。人无信不立，诚信也是中华民族的传统美德。

3. 现代社会价值

现代社会价值是与当代社会发展水平相适应的价值观。现代社会价值体系具有丰富的内容，其核心是追求人的自由而全面的发展，如实现社会平等和公平正义、实现绝大多数人民的当家做主、坚持经济市场化、坚持集体主义。

拓展阅读 整治"饭圈"乱象

资料来源：中央纪委国家监委网站，深度关注：整治"饭圈"乱象，2021-08-05，https://www.ccdi.gov.cn/toutiaon/202108/t20210805_146777.html。

14.1.3 弘扬中华优秀传统文化

中华文明源远流长，孕育了中华民族的宝贵精神品格，培育了中国人民的崇高价值追求。自强不息、厚德载物的思想，支撑着中华民族生生不息、薪火相传。中华民族之所以几千年屹立于世界民族之林，历经磨难，一次次凤凰涅槃，成为人类发展史上的奇迹，最根本的就是深深植根于民族基因的伟大精神支撑和崇高价值追求。

> 案例

玩具反斗城弘扬国风文化

亚洲市场知名的益智及婴幼儿玩具零售商——玩具反斗城，在全国 64 个城市的超过 210 家门店举办了一系列"国玩"主题活动，弘扬国风文化。活动期间，玩具反斗城提供包括国风娃娃类、航空航天类、古建遗址类等多款富有文化内涵的国潮精品玩具，以创新激发、培养及增强年轻一代的文化自信。其中包括：独家首发的孙悟空玩具盲盒以及叶罗丽灵公主玩具、逼真还原故宫最高规格建筑的精巧太和殿积木、开创中国古风盲盒治愈风潮的 Nanci 二代林深不知处与三代与子成说系列玩具等。

资料来源：搜狐网；知消；玩具反斗城举办"国玩"主题活动弘扬国风文化；https://www.sohu.com/a/477411336_120221329，引用时有删改。

1. 中国传统文化的魅力

优秀传统文化可以说是中华民族永远不能离别的精神家园。孔子、孟子、老子、庄子、墨子等中国诸子百家学说，上究天文、下穷地理，广泛探讨人与人、人与社会、人与自然关系的真谛，建立了博大精深的思想体系。这些思想家的许多思想，正确反映了对人与人、人与社会、人与自然和谐生存发展规律的认识，思考和表达了人类生存与发展的根本问题，其智慧光芒穿透历史，思想价值跨越时空，历久弥新，成为人类共有的精神财富。

随着我国国力的增强和国际地位的提升，国人的民族自信和文化自信不断提升，近几年兴起的"传统文化热"，足以证明传统文化的存在感越来越强，人们对于这些历史文化遗产的兴趣也日渐浓厚，同时，这些文化也用全新的方式走入大众的视野。例如，央视《百家讲坛》节目，通过通俗易懂、形象生动的讲解，让无数民众走进传统文化的学术殿堂，接受传统文化的熏陶。央视推出的《中国汉字听写大会》，将枯燥的汉字书写办成引发广泛关注、让大家都喜欢的节目，通过寓教于乐、寓文于娱的形式，让优秀文化通过画面、声音、文字充分展示出来，像清新的空气一样浸润人们的肺腑。近年来，相关的综艺更是大热，带起了探索、了解、宣传传统文化的风潮。《国家宝藏》《上新了故宫》《中国诗词大会》《经典咏流传》等，正式揭开了传统文化热潮的序幕，不同类型丰富多彩的综艺节目，让人能够毫无门槛地欣赏到传统文化之美。

2. 公关主体在弘扬中华优秀传统文化中的责任

中华民族有着五千多年的历史，拥有着博大精深、源远流长的传统文化，而在文化传承的历程中，随着时代的变化，很多古老的文化变得越来越鲜为人知，用现代的科技手段，可以让文化更加完好地保留和更为快速广泛地传播。各类公关主体和主流媒体应该担起弘扬中华优秀传统文化的重任。主流媒体应该充分发挥平台优势，拿出黄金版面、黄金时段、黄金栏目，把最优秀、最精彩、大众最关注的文化食粮呈献出来，让大众了解历史、汲取知识，享受优秀文化盛宴，接受优秀文化洗礼。公关主体要让民众了解中华优秀传统文化的历史渊源、发展脉络、基本走向，讲清楚中华文化的独特创造、价值理念、鲜明特色，增强文化自信和价值观自信。

💡 案例

"贡"牌杯 2021 首届"狮峰龙井茶"制作技艺传承赛开幕

茶为国饮，杭为茶都。"狮、龙、云、虎、梅"是杭州五个老字号龙井茶品牌，"狮峰龙井茶"是其中的典型代表。2008年，"西湖龙井茶制作技艺"被列入国家级非物质文化遗产名录。如今，为进一步激励年轻一代茶人爱茶、学茶、做茶，打造一支年轻有为的核心产区传承非遗文化、精通炒制技艺的创业创新团队，杭州西湖龙井茶核心产区商会将每年3月31日定为"制作技艺传承日"，举办狮峰龙井茶、西湖龙井茶制作技艺传承赛。2021年首届"狮峰龙井茶"制作技艺传承赛共有来自龙井村、翁家山村、满觉陇村、杨梅岭村、梅家坞村等9个茶村的16名炒茶选手参与，年纪最轻的选手24岁。比赛现场茶香四溢，炒茶师们使尽十八般武艺，抓、抖、推、扣、甩、磨、压等手法轮番上阵，汗水从他们脸颊上滑落，手上的动作却一刻不停。

制茶文化、技艺的传承和制茶人才的培养，是推进西湖龙井茶产业高质量发展过程中至关重要的一步，只有真正做到茶文化和茶产业相结合，才能实现杭州西湖龙井茶产业的蓬勃发展。

资料来源：新零售网，制茶技艺永流传"贡"牌杯2021首届"狮峰龙井茶"制作技艺传承赛开幕，2021-03-31，https://www.xinpin1688.com/article-11770-1.html，引用时有删改。

3. 公关主体借助传统文化元素进行公关的具体方式

将传统文化运用到公关中去，目前较为流行和有效的方式是跨界联名。常见形式如下：在产品设计中运用传统文化元素、赞助传统文化综艺节目、与博物馆联名、开展传统文化公益活动。

（1）在产品设计中运用传统文化元素。将文化元素具体地呈现在产品设计当中，展现出传统美感和韵味，是最为常见的做法。当然，在很多实际案例中，这种做法也并非那么容易，要让传统看起来不土气，突出其历史底蕴和古雅风格，还需要设计者用心提出好的创意。

💡 案例

自然堂推出唐卡非遗传人定制款冰肌水，为非遗"带货"

国潮品牌先锋自然堂于品牌诞生20周年之际推出唐卡非遗传人定制款冰肌水，以非物质文化遗产（简称"非遗"）——唐卡艺术为灵感，展现喜马拉雅山的万物之美，为非遗文化的薪火延续再添一枚火种。唐卡是藏族文化中独具特色的绘画艺术形式，其色彩艳丽而不俗，因保存千年不变色而闻名于世，被称为藏族的"百科全书"。自然堂唐卡非遗传人定制款冰肌水是为消费者打开非遗文化之门的一把钥匙。此次自然堂携手雪堆白非遗手工艺教育机构，以唐卡艺术为灵感进行创作，将经典产品自然堂冰肌水的瓶身打造成有唐卡特点的透明蓝色，生动地绘制出喜马拉雅山脉这一品牌源头的万千山川与自然风貌，将天地万物融会其中，以喜马拉雅山冰川水纹贯穿画面，呈现出喜马拉雅山的万千色彩与美好的生命力，实现了品牌文化、传统非遗与现代生活的兼容并蓄。这次品牌与非遗的跨界联动，创新性地将唐卡这一传承千百年的非遗艺术带到消费者的眼前，让非遗文化走进了日常生活，呈现出自然堂作为国货美妆品牌对助力非遗传承、弘扬文化自信的责任心，也赋予了自然堂更为丰富深刻的品牌文化内涵。

资料来源：搜狐网：环球时尚资讯；自然堂推出唐卡非遗传人定制款冰肌水，为非遗"带货"；2021-09-07；https://www.sohu.com/a/488352035_597088，引用时有删改。

（2）赞助传统文化综艺节目。随着很多传统文化综艺节目的走红，在人们对这些节目逐渐熟悉的过程中，节目中出现的一些品牌也被更多人认识。例如，《国家宝藏》是一个展现我国各大博物馆藏品，讲述藏品故事的传统文化综艺节目，邀请知名明星担任"国宝守护人"并参与表演小短剧，通过荧幕让大众认识中国传统文化，并体会到其中的美感和精神。很多人在观看后产生了强烈的认同感，节目得到了广泛好评，引发热议。得益于这档综艺节目的走红，其赞助商水井坊也随之被广大观众认识和熟知，一下子拥有了巨大的曝光量和很高的知名度。在《国家宝藏》之后，六个核桃联手央视，推出一档大型文化节目《经典咏流传》。这一节目将传统的、经典的诗词用现代的音乐形式唱出来，而更有创意与意义的是，节目组邀请了很多特殊的嘉宾作为演唱者，比如支教山区的老师和学生。在这个节目中，六个核桃不仅作为赞助品牌出现，还借助节目展现了品牌对慈善公益事业的关注和支持，在观众为传统诗词曲的美所折服时，还因为新的诠释而感到新奇，也因节目和品牌传播公益理念带来的正能量而对其产生好感。

案例

君乐宝在下一盘好棋

《旋风孝子》是湖南卫视携手国际知名金牌制作人打造的原创综艺节目，节目以中华传统"孝"文化为核心，呈现6位明星的"父母赡养记"，是2016年湖南卫视倾力打造的现象级综艺节目。从冠名《中国成语大会》，弘扬中华优秀传统文化；到独家赞助我国首部关注儿童性格养成的动画片《小小鲁班》，关爱儿童健康成长；再到成为《旋风孝子》第一合作伙伴，全国知名乳业品牌君乐宝始终在品牌传播中延续着尊老爱幼传统与爱的温情，这种温情与君乐宝"至诚、至善、至爱"的企业理念吻合，将君乐宝创"心"营销阐释得淋漓尽致。

资料来源：销售与市场网，君乐宝在下一盘好棋，2016-03-17，https://www.cmmo.cn/article-201381-1.html，引用时有删改。

（3）与博物馆联名。和一些知名的博物馆进行联名，采用独具特色的博物馆藏品元素，可以碰撞出更多的灵感，同时也会让品牌更加具有艺术气息，而博物馆也借助有形的产品进一步为大众所了解。例如，欧莱雅彩妆和中国国家博物馆合作，推出限量版口红礼盒，成功博得了女性群体的关注，成为一段时间中美妆圈里不可忽略的一项创新。这套口红礼盒有五款产品，结合了中国古代历史上家喻户晓的女性人物，并且结合她们在历史上和大众心目中的形象气质，设计了对应的主题和色号，比如王昭君的"落雁倾城"，赵飞燕的"燕飞凤舞"，李清照的"水墨寒梅"。这个礼盒的灵感来自国家博物馆中的一幅清代藏品《千秋绝艳图》，这幅6米多长的图画，描绘了50余位中国古代女性形象，包括从秦汉到明代比较著名、见诸史实或传说并在社会或历史上有一定影响力的女性。欧莱雅选取最为有名、有代表性的几位女性，结合中国传统古典代表色红色，运用在口红产品中，可以说是古典与时尚的结合，同时也彰显了东方女性古典美的内涵。

故宫博物院作为当下最大、最热门的文创 IP 之一，已经和很多品牌进行了跨界联名，奥利奥也不例外，两个百年 IP 来了一次东西方文化的碰撞。在这次联名中，为了体现出中国风，奥利奥发挥了非常丰富的创意，首先在产品上推出了非常具有中国传统特色的新口味点心，包括秘制红豆酥、荔香玫瑰糕、真香绿茶糕等六款，并且每一款都配上有趣的文物形象和文案，比如用乾隆年间的点翠簪对应真香绿茶糕，配上的文案是"朕不可一日无茶"，非常有趣，并且毫无违和感。同时，奥利奥也推出了故宫特别版礼盒，里面有一个"朕的心意"音乐盒，以饼干为唱片，只要咬一口饼干就能切换歌曲，而里面的歌曲也是浓浓的宫廷风，比如《朕的心意》《琵琶》等古风旋律歌曲。

（4）开展传统文化公益活动。企业围绕传统文化开展线上线下活动，多数情况下更加偏向在宣传和弘扬传统文化时，进一步使品牌理念深入大众内心，提升品牌形象和影响力，而从公益层面打入，更容易激发大众的参与热情，也更有利于品牌留下正面的印象。例如，2019 年 4 月，腾讯发布了第一款传统文化公益游戏，其游戏背景正是清明时节。这款《假期：踏春》是以清明节为主题的小游戏，界面干净清爽，与春天和清明的"气质"一致，而游戏画面以中国传统绘画中的工笔形式勾勒，将水墨风与现代插画融合，非常精致清丽，带给人们视觉上的享受。画面的内容正是清明时节人们外出踏青活动中的风景和见闻，还借用了《清明上河图》的构图，生动细致地反映了这一传统风俗。在这个游戏中，人们可以放大画面，去寻找其中的清明传统习俗、活动等相关元素。这看起来是一个较为简单的线上寻宝和解谜游戏，在玩游戏的过程中，还会出现对于各种活动的解释，让人们更加深入和全面地了解清明节这一传统节日。通过这种较为轻松有趣的互动，用户可以投入到游戏中，并进一步感受和探寻传统文化，这是非常高明的宣传手段，而制作出这一创意公益游戏的腾讯，也得到了很多人的赞赏。

案例

茶颜悦色的传统文化营销

茶颜悦色是长沙的新地标式茶饮，茶颜悦色能够发展得这么快，它的定位和包装是最大功臣。茶颜悦色在字体选择、装修设计、杯子画风、海报宣传、产品名称乃至室内摆设上，已经形成了独特的中式传统文化风格，处处透着一股文雅之气。与时尚和现代感不同，茶颜悦色追求一种古典优雅、超脱静谧的安逸舒适感。

在外界看来，茶颜悦色区别于其他茶饮品牌最鲜明的标签是"文化属性"。"中国文化"帮它俘获了大量年轻人。茶颜悦色用中国风"文创+搞笑"接地气的互动、用年轻人更容易接受的方式做传统文化，使受众更易于接受传统文化，并唤醒了他们心中的文化认同感。

资料来源：豆瓣；案例分析：茶颜悦色，教你玩转传统文化营销；2019-08-20；https://www.douban.com/note/731004536/，引用时有删改。

14.2 绿色环保

> **牛人课堂**
>
> 消费者为更可持续产品支付的价格是有限的。即使消费者可以清楚地看到哪件产品是对环境有益的,但当真正购买的时候,"可持续"充其量也只是其中一个被考虑的因素。
>
> ——耶鲁大学经济学家 莱维·达尔

拓展阅读 "十四五"循环经济发展规划
资料来源:国家发改委网站,"十四五"循环经济发展规划,2021-07-01,https://www.ndrc.gov.cn/xwdt/tzgg/202107/P020210707325480706163.pdf。

1992 年,联合国环境与发展大会通过的《21 世纪议程》首次提出,不适当的消费和生产模式所导致的环境恶化、贫困加剧和发展失衡,是地球所面临的一个严重问题,所有国家均应全力促进可持续的消费形态。绿色理念自此开始在全球范围内得到倡导和传播。2015 年,我国国务院在《生态文明体制改革总体方案》中要求,将此前分头设立的环保、节能、节水、循环、低碳、再生、有机等产品,统一整合为绿色产品,绿色转型升级为国家宏观战略。企业不仅要考虑企业自身利益、消费者利益,还要考虑公共利益和对环境的影响,使环境保护贯穿于产品的开发、设计、制造、包装、使用以及服务等各项环节中,不仅保证自己在满足消费者需求的基础上获得利润,而且越来越注重社会、经济与生态环境的协调发展。从实践角度看,企业的绿色发展主要包括在绿色观指导下,进行绿色开发、实施绿色生产、开展绿色营销和培育绿色企业文化等。

拓展阅读 2020(第 10 届)"十大绿色创新企业"出炉
资料来源:中国网,2020(第 10 届)"十大绿色创新企业"出炉,2020-09-28,http://cn.chinagate.cn/news/2020-09/28/content_76759765.htm。

14.2.1 实施绿色设计与生产

1. 绿色设计

绿色设计要求企业在产品整个生命周期内,着重考虑产品的环境属性,如可拆卸性、可回收性、可维护性、可重复利用性等,并将其作为设计目标,在满足环境目标要求的同时,保证产品应有的功能、使用寿命、质量等要求。绿色设计的原则被公认为"3R"原则,即减少环境污染、减少能源消耗(reduce),产品和零部件的回收再生循环(recycle)或者重新利用(reuse)。

(1)绿色材料选择设计。原材料处于产品生命周期的源头,材料选择设计是实现全生命周期设计的前提和关键技术之一。材料的选择不仅仅影响产品的制造,还影响产品的销售、使用、维修、回收等过程。绿色设计要求产品设计人员改变现有设计中只注重技术性能和经济性能的材料选择思路，而要将环境因素融入设计开发之中，了解材料对环境的影响。具体在选择时应遵循以下几个原则：①利用可再生材料，尽量选用回收材料，提高资源利用率；②尽量选用低能耗、无毒、少污染、无腐蚀性的材料；③尽量选择环境兼容性好的材料及零部件，同一产品单元尽量选用较少的材料种类，以便于产品废弃后的有效回收；④为便于回收，材料上要标注出其型号、种类、等级等。例如，在冰箱生产过程中选用环保性制冷剂，以减少对臭氧层的破坏。

（2）可回收性设计。减少环境污染和节省自然资源是绿色设计的根本目标，而合理的回收和再生利用无疑有利于这一目标的实现。可回收性设计是指：在产品设计初期充分考虑其零件材料的回收可能性、回收价值大小、回收处理方法、回收处理结构工艺性等问题，最终找到实现零件材料资源、能源的最大利用并对环境污染最小的一种设计思想和方法。可回收性设计包括以下几方面的主要内容：①可回收材料及其标志；②可回收工艺与方法；③可回收性经济评价；④可回收性结构设计。

面向回收的设计思想，使产品设计师能考虑产品生命周期的全过程，既减少了对环境的影响，又使资源得到充分利用，同时还明显降低了产品成本。

（3）可拆卸性设计。具有良好的可拆卸性是产品维护性好，零件材料可回收、可再生的重要保证，能达到节省成本、减少污染、保护环境的目的。为此，首先，应从观念上重视可拆卸性设计。设计人员应经常与用户、产品维护及资源回收部门取得联系，了解产品结构在拆卸方面存在的不足，并为可拆卸性设计的发展准备有关数据资料。其次，为便于拆卸，产品在整机设计时，就要从结构上考虑拆卸的难易程度，提出相应的设计目标、结构方案。对模块间、部件间的连接方式等问题要进行细致的研究与设计。比如，在家电产品的设计中应尽量避免采用焊接、胶粘、铆接等不可拆卸连接方式，而尽可能优先选择易于分离的搭扣式连接。

（4）可维修设计。用可维修设计方法设计出的产品在发生故障后，可通过适当的维修使产品恢复功能，从而延长产品的寿命，实现节能、省料、无废少废的绿色目标。为了便于维修，除产品整机结构要采用模块化设计、可拆卸性设计外，各独立模块内部也要尽可能设计成可维修的。比如对易耗易损的零件、元器件，应尽量将其设计得集中一些，便于维修装卸。

（5）节能设计。节能设计就是设计合理的产品结构、功能、工艺或利用新技术、新方法使产品在使用过程中能量消耗最少、能量损失最少。越来越多的人开始关注产品的使用所消耗的资源及其给环境带来的负担，因此在产品的设计阶段，对其使用造成的能源消耗问题应给予足够的重视。产品使用阶段的节能设计应注意根据产品耗能特点有针对性地进行。比如对录像机、电视机等产品进行设计时就应特别注意减少待机能耗。节能设计同样也要考虑产品的储存和运输环节。产品的运输也要消耗能源，产生污染，如汽车运输要消耗燃油，汽车尾气的污染等也会对环境产生一定的影响，减少产品的重量、减小产品的体积可能会减轻产品的运输给环境带来的负担。

（6）绿色包装设计。产品的绿色包装设计，主要遵循以下几个原则。

①材料最省，即绿色包装在满足保护、方便销售、提供信息的功能条件下，应是使用

材料最少而又文明的适度包装。

②尽量采用可回收或易于降解、对人体无毒害的包装材料。例如，纸包装易于回收再利用，易自然分解，不会污染环境，因而从总体上看，纸包装是一种对环境友好的包装。

③易于回收利用和再循环。采用可回收、重复使用和再循环使用的包装，延长包装物的生命周期，从而减少包装废弃物。

> **案例**
> ### The Body Shop 承诺到 2023 年实现纯素

英国美妆品牌 The Body Shop（美体小铺）曾表示，将在 2023 年成为 100% 素食品牌。美妆品牌声称的纯素主义，是指化妆品生产过程中不添加任何动物成分，这类美妆产品也受到恪守全素主义的素食者们欢迎。2021 年，The Body Shop 品牌 60% 的产品明确标记为"纯素"。在接下来的两年内，The Body Shop 所有产品的配方都将通过严格素食协会（the Vegan Society）的认证，以确保成为 100% 素食品牌。这意味着，该品牌的产品将在今后确保产品配方中不含任何动物成分。同时，品牌将与善待动物组织、无虐待动物组织以及欧洲动物组织等机构合作，宣传无公害产品。另外，品牌还宣布 2021 年将在全球 500 家门店推出重复灌装站项目，通过推广可重复使用的包装，宣传可持续发展理念，并计划 2022 年再覆盖 300 家门店。到 2021 年年底，The Body Shop 还将在 14 个市场的 800 家门店扩展其店内回收计划 "Return、Recycle、Repeat"（即品牌著名的 "3R" 政策，意为再回收、再利用、再填充）。

资料来源：搜狐网：CBO 化妆品财经在线，The Body Shop 承诺到 2023 年实现纯素，2021-06-06，https://www.sohu.com/a/470779792_120166458，引用时有删改。

2. 绿色生产

传统生产模式的典型特征是从自然界获取资源，经提炼后成为各种工程材料。在此过程中大量废气、废水和残余杂质等污染性物质进入环境。在毛坯成型过程中同样存在大量污染问题。在产品的制造过程中，不仅有大量的废物归于自然，而且由于生产制造中缺乏柔性，造成了设备资源利用上的严重浪费。在产品使用过程中，噪声、废气、废物等的污染问题仍然是破坏环境的主要因素。特别是在部件和设备损坏后，往往形成废弃物，造成资源的极大浪费，同时许多有毒有害及无法回收的材料，对环境和人类也会造成极大的伤害。

> **案例**
> ### 浦项钢铁公司加大环保投入和研发

浦项钢铁公司发布的最新计划显示，在 2021 年之前投入 1.07 万亿韩元，用于新建环保设备。从具体内容来看，2021 年之前，21 台副产物气体发电机组中，计划关停并淘汰 6 台，投入 3 500 亿韩元引进最新技术，用于构建发电系统。同时，浦项钢铁计划投入 3 300 亿韩元，在其余的 15 台副产物气体发电机组和 3 座烧结炉上安装选择性催化还原系统（SCR），由此实现氮化物的大幅减排，显著提升氮氧化物的去除效率。

SCR 系统是一种环保设施，可使氮氧化物在向大气排放之前就转为氮气和氧气等无害物质，氮氧化物的去除率可达 65%～85%。浦项钢铁公司在雾霾和扬尘治理方面也不遗余力。为了防止原燃料粉尘的扬起，包括密闭式结构的筒仓在内，厂区目前共设有 33 座室内储存设施，储存总量达 179 万吨。

至 2020 年，浦项钢铁公司投资 3 000 亿韩元，新建 6 座筒仓和 10 座室内储存设施，储存总量达 40 万吨。另外，浦项钢铁公司计划投资 900 亿韩元用于新建熔渣冷却场和环保集尘器。通过改进过滤集尘器的滤网结构，将智能技术应用于环保设备，2022 年之前大气污染物的排放量有望减少约 35%。此外，为应对日益严峻的雾霾问题，浦项钢铁公司还计划新增低 NO_x（氮化物）排放炉、引进选择性催化还原技术和静电除尘设备，以此大幅减少氮化物和硫化物的排放。在新增和引进设备时，浦项钢铁公司还计划采用智能建造工艺，该工艺结合了 ICT 技术，同时通过自主施工，节省建造成本。浦项钢铁公司一直致力于构建循环经济，利用高炉渣自主开发的环保型炉渣水泥 POSMENT 不仅可以显著减少温室气体排放，还有助于海洋生态系统的修复。

资料来源：世界金属导报，浦项加大环保投入和研发，2019-07-01，http://www.worldmetals.com.cn/viscms/xing-yeyaowen3686/248193.jhtml，引用时有删改。

绿色生产是一种闭环生产系统，是一种清洁生产方式和废弃物循环利用的生产模式。这种生产模式，从原料开采到产品报废的整个产品生命周期，对材料的回收、利用、处理等全过程进行改造。比如在冶炼时考虑废气、废水的彻底净化。在绿色生产模式中，可通过特定的工艺手段和技术措施，对整个过程中的每个环节进行优化。比如在零件设计和制造时标注出它的材料类型和回收方式的代码，便于成组归类处理，通过实施科学管理，做到有效地利用资源。

在生产过程中，不仅要解决污染和资源浪费问题，更重要的是为社会提供在全生命周期内没有污染、节约资源的各类产品。应积极采用和推广先进的生产技术，包括高效的生产技术，如成组技术、CAD\CAM\FMS\CIMS\LP、快速成型工艺技术、快速模具技术、快速连接技术、敏捷制造技术；采用污染少、余料少的高质量生产设备；采用无切屑或少切屑的加工设备，如冷挤压、精密铸造、精密锻造设备等；采用废弃物余料的再利用技术，如废弃物建模技术、废弃物数据库技术、再利用材料设计及其流程计划等。

14.2.2 倡导和推广绿色消费

消费是人类通过消费品满足自身需求的一种经济行为，是生活活动的重要内容，反映在衣、食、住、用、行等各个领域，与此相关的还包括消费者满足自身需求的方式、消费者的消费需求产生的态度及价值取向等。1987 年英国学者埃尔金顿（Elkington）和黑尔斯（Hailes）在《绿色消费者指南》中将绿色消费具体定义为避免使用下列商品的消费：①危害到消费者和他人健康的商品；②在生产、使用和丢弃时，造成大量资源消耗的商品；③因过度包装、超过商品本身价值或过短的生命周期而造成不必要消费的商品；④使用出自稀有动物或自然资源的商品；⑤含有对动物残酷或不必要的剥夺而生产的商品；⑥对其他国家尤其是发展中国家有不利影响的商品。

有些专家认为，绿色消费的本质特征直接体现为 5R：节约资源、减少污染（reduce）、绿色生活、环保选购（reevaluate）、重复使用、多次利用（reuse）、分类回收、循环再生（recycle）、保护自然、万物共存（rescue）。

案例

京东超市有机生活节

2021年6月15日，京东超市有机生活节再次上线，通过线上促销、有机生活分享会、有机生活态度宣传片等形式，在打造一个有机消费节日的同时，向大众传递了有机生活的理念。本次京东超市有机生活节的主题为"生活有机，未来有爱"，就是希望传递绿色、健康的有机生活理念。京东超市线上联合京东PLUS会员推出"有机生活节PLUS A计划"，让消费者可以用更便捷的方式、更优惠的价格获得更可靠的有机产品。此外，京东超市有机品类还联合权威媒体《LOHAS乐活》、知名有机生活家举办了一场传递有机生活理念的"有机生活分享会"，号召人们用心体会生命，感受自然，关爱环境，对自己的健康负责。为了更好地传播有机生活理念，本次有机生活节，京东超市还邀请到三位有机生活的倡导者，拍摄了一部有机生活态度的宣传片，以他们的亲身经历讲述了一个个生活有机、未来有爱的故事。在通过他们的故事和态度影响更多人的同时，也表达了京东超市有机品类"用最天然的方式，让身体回归自然，寻觅到健康生活真谛"的态度。

资料来源：百度百家号；财经前沿聚焦；京东超市有机生活节再次上线，京东PLUS会员用极致低价引爆消费；2021-04-12；https://baijiahao.baidu.com/s?id=1696807110818780973&wfr=spider&for=pc，引用时有删改。

拓展阅读 关于加快推进再生资源产业发展的指导意见

资料来源：北极星环保网，三部委关于加快推进再生资源产业发展的指导意见（全文），2017-01-26，https://huanbao.bjx.com.cn/news/20170126/805880-2.shtml。

我国绿色消费要聚焦食、住、行、用、衣以及旅游等重点领域，明确主要任务，推动其向绿色、低碳、节约的方式转变，加快形成绿色消费模式，有效促进生态环境改善和高质量发展。

拓展阅读 "禁塑令"倒计时，不可降解塑料袋在年底将被禁用，哪些行业迎"大考"

资料来源：艾媒网；"禁塑令"倒计时：不可降解塑料袋在年底将被禁用，哪些行业迎"大考"；2020-12-18；https://www.iimedia.cn/c460/75881.html。

1. 绿色饮食

在"食"的方面，我国曾出现严重的食物浪费问题，并采取了一系列应对举措。①坚决反对食物浪费，开展仓储—运输—零售—餐桌全链条的反食物浪费行动，倡导推行科学文明的餐饮消费模式。②推动政府机关、国有企事业单位食堂减少食物浪费，减少餐厨垃圾产生量。鼓励餐饮消费者适量点餐和餐后打包，鼓励餐饮企业合理设定自助餐浪费收费标准。③全面实施餐饮绿色外卖计划，支持餐饮企业、食品零售企业、外卖行业采用简化包装、可回收利用包装，减少过度包装和塑料餐盒的使用。④强化绿色有机食品认证体系，统一标准，扩大绿色食物有效供给。

> **案例**
>
> **餐厅引导顾客理性消费，所剩食物不要超过 125 克**
>
> 　　为了避免浪费，引导顾客理性消费，百色温德姆度假酒店服务员基本都会提醒顾客点餐的数量并告之所剩食物不要超过 125 克，适度点餐成为酒店的一种服务制度。此外，多数顾客表示他们能做到光盘，即使有剩余菜品也会打包。
>
> 　　资料来源：网易；百色市餐饮业响应节约粮食号召，五星级酒店率先实行；2020-08-15；https://3g.163.com/dy/article_cambrian/FK1S5GV60525TRL7.html，引用时有删改。

2. 绿色建筑

在"住"的方面，绿色建筑是指通过有效运用再生资源和智能生态系统设计，来减少制造废物、消耗水资源与能源的建筑。我国对于推进建筑节能和绿色建筑发展的决心以及政策扶持已经达到了一个全新高度，绿色建筑市场的发展目标也从绿色建筑认证转变成使节能及绿色发展理念延伸至建筑领域的各个方面。①引导有条件地区和城市新建建筑全面执行绿色建筑标准，扩大绿色建筑强制推广范围，推动使用政府资金建设的公共建筑全面执行绿色建筑标准。②在老旧小区改造中推行绿色建筑标准。③实施绿色建材生产和应用行动计划，推广使用节能门窗、建筑垃圾再生产品等绿色建材和环保装修材料。④全面推动绿色建筑设计、施工、运行，包括高标准规划建设水电气、垃圾处理等优质绿色市政基础设施体系，开展节能住宅建设和改造，推广绿色农村住房建设方法和技术。⑤强化绿色家居用品环境标志特别是能效标识认证，扩大高能效绿色家居产品有效供给。

3. 绿色出行

在"行"的方面，推动形成绿色出行方式一直是践行绿色生活方式的重点，通常采用的衡量指标是绿色出行比例。此外，出行车辆的结构优化也是当前推进绿色出行的重点，主要体现为新能源汽车的推广使用。可以考虑将这两个方面的相关指标结合运用。①在城市规划建设中提高公共交通系统建设比例，创建智慧城市，提升公共交通系统的效率，鼓励步行、骑自行车和乘坐公共交通工具等低碳出行方式，加强自行车专用道和行人步道等城市慢行系统建设，改善自行车、步行出行条件。②加大新能源汽车推广力度，加快电动汽车充电基础设施建设，倡导汽车共享、拼车出行等共享出行模式。③鼓励公交、环卫、出租、通勤、城市邮政快递作业、城市物流等领域新增和更新车辆采用新能源等清洁能源汽车。④推进国家生态文明试验区、大气污染防治重点区域等的建设。

> **案例**
>
> **曹操出行的曹操碳银行**
>
> 　　曹操出行是国内领先的网约车平台。据了解，曹操出行从创立第一天开始，就将"碳银行"的设想和技术模块植入 app 之中，每位用户行驶里程中减排二氧化碳的数量，都将计入个人在曹操出行 app 端的碳银行账户，作为碳资产积累下来。同时，司机端通

过充电等也可以积累碳资产。截至 2020 年年底，曹操出行已经在全国 57 个城市上线运营，累计投放车辆 5 万余辆。2020 年全年累计服务 2.8 亿人次，绿色出行里程超 18.7 亿公里，累计碳减排量 26.6 万吨，用电量 3 亿千瓦·时，节约燃油资源 13 102 万升。经过五六年的"营业"，曹操碳银行不仅累计碳减排数量巨大，而且培养了大量用户的低碳生活习惯。用户非常喜欢"曹操碳银行"，曹操出行 app 的会员中心开设了碳资产兑换优惠权益功能，不同等级的用户可以使用账户中的碳资产兑换不同额度的出行优惠权益。除此之外，用户还可以利用碳银行中的碳资产，在"曹操商城"平台中置换商品优惠券、抽奖次数等。通过以上互动，用户账户中沉淀的碳资产可以流动起来，对用户来说，间接降低出行成本的碳资产更有价值感，用户更有动力去选择新能源车型出行。

资料来源：知乎；中国出行行业首家碳银行已经营业 6 年，背后蕴藏着什么秘密；2021-03-09；https://zhuanlan.zhihu.com/p/355830889，引用时有删改。

4. 绿色家用

在"用"的方面，应降低各类用品使用对资源和环境造成的不良影响。从居民日常生活来看，生活用品产生的废弃物是主要污染来源。减少"用"带来的环境影响，在减少各类产品消耗的同时，还要减少废弃物或者提升废弃物的再生利用率。一个重要的方面就是生活垃圾的回收利用率，且生活垃圾回收利用是当前推进形成绿色生活方式的重要手段，中央已经印发《生活垃圾分类制度实施方案》《关于进一步推进生活垃圾分类工作的若干意见》，可以基于该方案及意见提出城乡生活垃圾回收利用率指标。同时，各部门还可以采取如下措施，推动家用绿色化。

①鼓励消费者选用节能家电、高效照明产品、节水器具等绿色产品。提倡重拎布袋子、重提菜篮子、重复使用环保购物袋，减少使用一次性日用品。②鼓励企业提供并允许消费者选择可重复使用、耐用和可维修的产品，纺织、建筑、电子等行业开展减少材料使用或重复利用的可循环产品设计，提倡家具、电子产品、电器等长期使用。③支持发展共享经济，鼓励个人闲置资源有效再利用，有序发展旧物交换利用等。④完善社会再生资源回收体系，鼓励提供电子信息设备和产品的开发升级与维修服务。⑤推进快递包装的绿色化、减量化和可循环。⑥提高办公设备、资产和用品的使用效率，严格执行政府对节能环保产品的优先采购和强制采购制度，扩大政府绿色采购范围和规模，完善节约型公共机构评价标准。

5. 绿色穿衣

在"衣"的方面，存在的主要问题是废弃衣物量较大，且回收利用率不高。据中国再生协会发布的《中国废旧纺织品再生利用技术进展》白皮书估算，每年产生的废旧纺织品可达约 2 000 万吨，其中化学纤维约占 70%。目前，我国废旧纺织品的再生利用率不到 20%。废弃衣物再生利用率应该成为绿色消费的重要指标。各部门可以采取如下措施，推动穿衣绿色化。

①开展旧衣"零抛弃"活动和"衣物重生"活动，推动建设完善居民社区废旧纺织品回收体系，规范废旧纺织品回收、分拣、分级利用机制，有序推进二手服装再利用。②抵制珍稀动物皮毛制品，保护生物多样性。支持和促进纺织服装企业构建绿色供应链，采用可再生原料，降低新型功能纺织品对健康和环境的潜在风险。③提高废旧纺织品在土工建

筑、建材、汽车、家居装潢等领域的再利用水平。④强化纺织品和衣物的环境标志认证，大幅提高绿色纺织品和衣服的有效供给。

案例

H&M 推出首个店内回收系统 LOOOP，8 步实现以旧换新

绿色再生是近年来的大趋势，时装业尝试在环保再生方面进行变革，其中之一就是发展循环性解决方案，回收旧衣服作制衣材料。如果企业、品牌能把一件旧衣服回收并制成新衣服，那么就可以降低购入原材料的成本。试想象企业、工厂能将一些制衣过程中有缺陷的产品、布废料、顾客的退货等循环利用制成新衣服，这比扔到垃圾场更符合经济效益，同时能减少对环境的影响。为支持环保，H&M 在斯德哥尔摩推出了世界上首个店内回收系统 LOOOP，只需约 5 小时，就可以在无须水和染料的条件下将旧衣服清洗并撕碎，重新加工成新衣服。LOOOP 的运作过程只需 8 个步骤：清洗、撕碎、过滤、梳理、拉伸、纺纱、捻线和针织。这 8 个步骤被 H&M 制作成视频，以供消费者观看。

资料来源：数英网；H&M 推出首个店内回收系统 LOOOP，8 步实现以旧换新；2020-10；https://www.digitaling.com/projects/170183.html，引用时有删改。

拓展阅读 中国可持续时尚消费调研

资料来源：百度百家号：每日经济新闻；为什么消费者有意愿购买可持续产品却没有买？"中国可持续时尚消费调研"揭秘进行时；2020-04-21；https://baijiahao.baidu.com/s?id=1664584925955277654&wfr=spider&for=pc。

6. 绿色旅游

①制定并发布绿色旅游消费公约和消费指南。②鼓励旅行社、景区等推出绿色旅游消费奖励措施。③制定绿色宾馆、绿色饭店等绿色服务评价办法。④星级宾馆、连锁酒店要逐步减少一次性用品的免费提供，试行按需提供。⑤将绿色旅游信息整合到相关旅游推广网站和平台，鼓励消费者旅行时自带洗漱用品。⑥推动将生物多样性保护纳入旅游相关标准和认证计划。

拓展阅读 共享经济大潮下的八大领域，"下半场"怎么玩

资料来源：艾媒网；数据视角：共享经济大潮下的八大领域，"下半场"怎么玩；2020-11-27；https://www.iimedia.cn/c460/75478.html。

14.2.3 积极助力环保公益

环保公益事业的发展过程中，一向都是政府和公益环保组织唱主角。然而单凭政府和环保组织的力量，不足以将环保公益事业做大做强。就像整个环保事业少不了企业的参与和支持一样，环保公益事业中企业的力量同样不可或缺。

近年来，许多企业都在以不同的形式参与环保活动。它们除了在自身的生产环节中注

重节能环保外，还积极地投身于一些环保公益活动，积极推动了环保公益事业的发展。作为企业，特别是一些知名的企业，在参与环保公益活动时具有一定优势。

（1）企业容易吸引大众传媒。公益活动处处、事事以情感人，从公众的利益出发，体现着真诚，易于为人们所接受，而企业的知名效应对大众传媒具有吸引力，有利于环保观念、意识的传播，能产生较大的社会效应。

（2）企业具有一定的经济实力。每一项活动的开展都免不了资金的投入。环保组织只是资金的筹集者，而非承担者；政府的资金和财力也有限。因此，具有一定实力的企业可以作为环保公益活动资金的主要承担者。有企业的资助，更利于环保活动的顺利开展。

案例

马爹利在中国启动红树林保护项目

2021年世界环境日，著名干邑品牌马爹利正式启动在中国的首个可持续发展与社会责任项目——红树林生态系统保护，致力于扩大我国红树林湿地面积并恢复其独特的自然风貌。为积极响应政府对于生态修复和保护生物多样性的号召，马爹利将携手知名国际环保组织保护国际基金会（Conservation International）在广东省阳江市海陵岛开展红树林保护和修复工作，计划在第一年种植和抚育约1.8万株红树，以实际行动助力阳江市创建国家森林城市。

红树林是分布于热带、亚热带海岸潮间带，由常绿乔木或灌木组成的湿地生态系统，可以防风消浪、保护海堤、抵御台风海啸等自然灾害带来的破坏，有着"海岸卫士"的美誉。同时，红树林在净化水质、维护生物多样性、固碳和储碳等方面也发挥着重要作用。近年来，我国政府高度重视红树林生态系统的保护和修复，并将其提上国家议程，积极推动《红树林保护修复专项行动计划（2020—2025年）》中各项目标的落实。由马爹利发起的红树林保护和修复项目也积极响应政府号召，助力扩大海陵岛的红树林面积和加强生物多样性保护，致力于为当地居民创造更好的生活环境。

资料来源：知乎，马爹利在中国启动红树林保护项目，2021-06-05，https://zhuanlan.zhihu.com/p/378246767，引用时有删改。

拓展阅读 中华环境保护基金会

资料来源：中华环境保护基金会网站，基金会简介，2019-02-22，http://www.cepf.org.cn/Introduction_1/introduce/200907/t20090724_156714.htm。

1. 提升公众的环境认知

充分调动社会各方面的力量，发挥各类媒体的作用，对公众进行环境保护宣传教育，拓展公众的环境问题视野，提高公众对待环境问题的觉悟。

拓展阅读 世界地球日

资料来源：百度百科，世界地球日，2022-01-01，https://baike.baidu.com/item/世界地球日/122064?fr=ga_ala。

> **案例**
>
> ### 蚂蚁森林，环保公益的互联网实践
>
> 蚂蚁森林是阿里巴巴旗下以商业手法从事绿色公益的项目。用户每在手机里通过积累碳排放量"养成"一棵虚拟树，蚂蚁森林就帮助用户在现实世界种下一棵真正的树。截至 2019 年 8 月底，蚂蚁森林已经种下超过 1.22 亿棵真树，累计碳减排 792 万吨。蚂蚁森林项目推出 3 年后，已经拥有超过 5 亿名注册用户，这些蚂蚁森林的粉丝在日常生活中尽力践行着低碳生活的理念。
>
> 一方面，蚂蚁森林希望通过巧妙的产品设计降低用户的时间和金钱成本，从而将在荒漠化地区种树变成一场人人都可以参与的"游戏"；另一方面，蚂蚁森林试图提高用户在绿色公益项目中的参与度，建立起终端用户与公益项目之间的有效互动，在提升项目透明度的基础上更好地扩大公益项目的影响力。
>
> 资料来源：中国知网，蚂蚁森林：环保公益的互联网实践，2020-12-31，https://wh.cnki.net/collection/detail/23630，引用时有删改。

2. 引导公众的环保行为

通过积极的教育引导，搭建更多的参与平台，创造更多的便利参与方式，让越来越多的社会大众参与到环境保护行动中，加强环境保护与大众生活的联系。

> **案例**
>
> ### 广汽本田"Fun Plogging·益趣跑"绿色开跑
>
> 为贴合时下构筑绿色环境的趋势，2020 年 6 月 5 日至 7 月 15 日，广汽本田全国 500 多家特约店，开展"Fun Plogging·益趣跑"环保主题公益活动，同时正式成立特约店"Fun 公益俱乐部"，陪伴车主实现更多自我价值。"Fun Plogging·益趣跑"作为俱乐部的起航活动，包含"拾荒慢跑""垃圾分类""垃圾称重比拼""环保手工改造""环保理念小课堂"等环保公益趣味体验环节，参与者通过各环节积分比拼进行竞赛互动。同时，活动还特别邀请了环保领域专业人士分享环保小知识。
>
> 资料来源：参考网，广汽本田专题"Fun Plogging·益趣跑"，2020-08-09，https://www.fx361.com/page/2020/0809/7608814.shtml，引用时有删改。

14.3 利他共赢

> **牛人课堂**
>
> 利己则生，利他则久。
>
> ——日本企业家 稻盛和夫

针对商业环境中存在的各自为战、恶性竞争、缺乏诚信、缺乏底线等现状，政府和民众呼唤正能量，企业界也呼唤更绿色的生产发展空间，"利他共赢系统"回应时势需求，

通过基于利他价值观的一系列商业模式设计，塑造利他、协同、良性竞合的新商业价值观及商业模式。其推动社会整体利益最大化，通过价值观的改善，打造真正具有品牌价值的产业链，优化我国企业的管理和运营，使之获得良性可持续发展。

> **案例**
>
> **朱广权＋李佳琦＝"小朱配琦"**
>
> 2020年，红红火火的直播带货领域，贡献了不少你方唱罢我登台的大戏。其中，朱广权与李佳琦的"小朱配琦"组合绝对是浓墨重彩的一笔。
>
> "谢谢你，为湖北拼单"的主题直播上，朱广权和李佳琦强强联合，为湖北地区直播带货。
>
> 消息一放出就上了热搜，这个奇妙的组合被网友笑称"小朱配琦"。李佳琦"云同框"朱广权老师，教他使用直播红包以及直播的专业手势等，场面十分搞笑。他们共同推介了热干面、洪湖莲藕汤、玉露茶等十多种湖北美食。而朱广权金句频出，将产品信息巧妙融于段子之中，顺带还科普了一大波文化知识，让网友们在购物时享受到了翻倍的快乐和满足！最终这场公益直播吸引了1 091万人观看，两个小时的直播卖出总价值4 014万元的湖北商品，带货效果超出预期。
>
> 资料来源：营销门，Social年度榜单：2020十大"Social"案例，2021-02-09，https://www.zhangyoutong.cn/75922.html，引用时有删改。

14.3.1 利社会

西方企业利益观的发展，经历了由唯利是图到主动承担社会责任的演变。我国企业利益观由计划经济体制下的"重义轻利"，到市场经济初期的"重利轻义"。而今天，越来越多的企业意识到，要想长期持续存在，就必须努力实现社会效益和经济效益的有机统一，不能为了追求经济效益而有损社会效益。企业的利社会价值观，在公共关系行为上也有许多表现。

2020年年初，新冠疫情来势汹汹，面对口罩等重点医疗物资紧缺的局面，习近平总书记指出，要鼓励有条件的企业扩大产能或转产。为了给奋战在一线的医护人员提供防护"铠甲"，让社会公众多一层保护，作为国内最大的医卫原材料供应商，中国石化坚持"哪个环节薄弱就加强哪个环节，哪种资源不足就生产哪种资源""口罩能多快生产就多快生产，能生产多少就生产多少"，决定打通"聚丙烯专用料—熔喷料—熔喷布—口罩"产业链，全面介入熔喷布和口罩生产，尽快形成新的医用口罩原料和口罩产能。为此，中国石化利用自身优势，指导所属企业积极转产增产医用物资和原料，全力满足医用市场的原材料需求；紧急部署16条熔喷布生产线，用76天时间，从无到有，建成全球产能最大的万吨级熔喷布生产基地，年产能逾1.35万吨；发出"我有熔喷布，谁有口罩机"英雄帖，联营生产口罩，帮助有生产资质的企业扩能增产，在最短的时间内形成每天100万只口罩产能，口罩产业链由此打通，极大缓解了疫情期间医卫物资紧张的局面。与此同时，中国石化公开承诺并切实做到所有医卫原材料不涨价，统筹配置熔喷布、口罩资源，起到了保障供给、引导市场、平抑价格、稳定人心的作用。中国石化跨界转产抗疫急需的熔喷布和口罩，赢得了政府、媒体赞誉和网友好评。品牌价值和美誉度大幅提升，获得第十四届中国品牌节"抗疫致敬品牌企业"。通过布局口罩产业链，中国石化与下游很多企业建立了良好的合作关系，增强了公司在产业链上的影响力，经济效益也初步显现。

又如，浦发银行石家庄分行积极传播金融知识，坚持开展公众教育，在全辖范围内大力开展"金融消费者权益日""普及金融知识万里行""普及金融知识，守住钱袋子""金融知识普及月，金融知识进万家，争做理性投资者，争做金融好网民"等一系列金融知识普及宣传教育活动，并倡导各级经营机构结合实际开展针对不同消费群体的常态化金融知识宣传活动。在营业网点，该行积极发挥网点阵地宣传作用，利用网点多媒体设备循环播放金融知识公益宣传片，在公众教育区和知识宣传栏摆放相关金融知识宣传资料，免费供消费者取阅，并安排人员现场解答咨询。定期组织人员进商圈、进社区、进企业、进学校普及金融知识，并通过主流媒体开展形式多样的公众教育活动，扩大受众群体，引导公众合理使用银行产品及服务，有效识别非法金融活动，提高维护自身合法权益的能力。受新冠疫情影响，该行把消费者权益保护日的宣传阵地从传统的线下转移到了线上，通过制作金融知识普及动画、在官方微信公众号开设"金融知识普及专栏"等，多措并举，持续提升金融消费者的金融知识素养。

14.3.2　利消费者

利消费者，就是企业在自身利益和消费者利益的平衡考量中，以消费者利益为先，先满足消费者利益，在此基础上实现消费者利益和企业利益的共同满足。消费者利益是指消费者在购买、使用商品和接受服务时所获得的实际好处与有利条件。斯密曾强调，商品生产者应以实现与消费者的互利为道德原则。他说，消费是一切生产的唯一目的。而生产者的利益，只在能促进消费者的利益时，才能得到实现。有的企业家也指出，不要盯着客户口袋里的5元钱，应该负责帮客户把口袋里的5元钱变成50元钱，然后再从中拿出5元钱。当今时代，消费已成为人们的一种生活方式，融入生活的方方面面。而利消费者，已经成为很多企业经营和发展的基本价值理念。

例如，新冠疫情让用户对车内空气质量有了更多的关注和更高的需求，应对病毒也成为摆在车企面前的一次创新研发能力和综合造车实力的"大考"。依托上汽集团强大的自主研发实力和零部件体系，上汽荣威携手华域三电集中优势资源创新研发，并克服疫情期间的种种困难完成了UVC深紫外线光学杀毒系统的量产，加速了荣威"主动净化健康舱"的问世。荣威"主动净化健康舱"，主要体现在该车的空调系统中不仅搭载了HEPA（high-efficiency particulate air，即高效颗粒物空气过滤，是空气过滤器的一种效率标准）高级别空调滤芯，能够主动有效吸附、阻隔空气中的各种颗粒物，在实验条件下1小时灭菌率超过99.5%，对携带冠状病毒的飞沫核有95%以上的过滤效果，相当于为车辆戴上了一个"大型N95口罩"，同时作为国内汽车空调行业的佼佼者，该企业还最新开发了搭载在车用空调内的UVC深紫外线光学杀毒系统，通过深紫外线对细菌、病毒等微生物的光化作用，有效破坏分子结构，造成生长和再生性细胞死亡，进一步

"消灭"空调过滤器中的细菌及病毒。

"主动净化健康舱"可为用户提供主动防护,通过主动隔断杀毒、主动舱内净化、主动面料灭菌实现三层双效的净化保护,全方位为用户健康保驾护航。

14.3.3 利员工

内聚力是企业发展的原动力,成功的企业无不显示着众志成城的威力。现代公共关系理念为企业内聚力的形成和提高提供了理论依据,其表现之一就是倡导人性化管理。从理解与满足员工的需求入手,让员工以主人翁姿态投入工作,使员工既能在劳动中体会喜悦,又能从创造中获得分享,使每一位员工都能在团体环境中实现个体价值,从而实现企业内聚力的极大提高。因此,理解与满足员工需求,"利益员工"而不是"利用员工",已经成为许多优秀企业的集体认知。

例如,胖东来的创始人于东来说:"你给你员工吃草,你将迎来一群羊!你给你员工吃肉,你将迎来一群狼!"于东来把公司95%的利润都分给了员工,管理层占一半,基层员工占一半,这样的体制谁不干?谁不愿意干?于东来认为不舍得分钱给员工的老板是做不好企业的,因为得不到人心,不能给团队注入活力、注入希望。胖东来的大本营在河南许昌和新乡,当河南许昌当地的基本月工资在1 500元左右时,胖东来的基层员工每月已经能拿到3 000元左右。此外,所有员工到年底还可以拿到一笔分红,这笔钱来自公司的净利润再分配,哪怕是胖东来的一名保洁员,年收入也高达四五万元。不仅如此,于东来十分重视"人"的价值。在一次演讲中,于东来说,胖东来的目的是希望成就更多人,就像学校一样,让更多的人明白什么是生活,明白人应该怎样活。在不少企业都宣扬"996""007"的时候,胖东来还规定所有中高层干部:①每周只许工作40小时;②晚上6点后不许加班,抓住一次罚5 000元;③下班必须关闭工作用手机,打通一次,罚200元;④每月必须带家人出去旅游一次,每年强制休假20天。每周二是胖东来的闭店休息日,就是为了让员工有时间出去玩,或在家休息,放松自己。每天平均上班时间最长的部门是7个小时,短的部门是6个小时。通过给员工的极致福利,于东来把员工变成小老板。于东来的胖东来,也成为老百姓眼中卓越的企业。

14.3.4 利合作者

在解决问题的时候,只顾自己的利益,不管不顾合作者的利益,这样的合作很难继续和成功。只有把各方的利益摆在一个平等的位置,全面考虑,找到可以让双方或多方都获益的办法,才是合作的正确方式。有"利合作者"的价值理念,并在实践中切实让利给合作者,才会获得真诚的合作。

例如,拼多多作为全球增长最快的电商平台,从农产品销售起步,依托农产品高频消费带动各类消费增长。2019年拼多多平台年交易额突破万亿元大关,其中农副产品交易额达到1 364亿元,成为我国最大的农产品上行平台。2020年,拼多多农副产品销售额突破2 700亿元,继续保持高速增长。

在扶贫帮农的过程中,拼多多结合了我国农业的发展,利用大数据、云计算、分布式人工智能等技术，将分散的农业生产能力和分散的农产品需求结合起来。开创性的"农地云拼"制度，带动了农产品大规模向上流动，使贫困地区的农产品突破了传统流通模式的限制，直接与全国市场对接。在这个过程中，拼多多注重提高效率、降低成本，实现了农民增收和消费者受益的双重效益。

依托"农地云拼"体系，拼多多平台的部分商品单品订单量超过10万笔，其中农产品就超过了1 500种。一些网红水果通过拼多多平台相继脱颖而出。"农地云拼"制度促进了偏远地区的产业发展，激发了扶贫的内生动力，也助力了农民增收。

拼多多CEO陈磊表示：拼多多作为中国农业、农村、农民发展的受益者，将在有关部门的指导下，深入落实"巩固拓展脱贫攻坚成果，全面推进乡村振兴"的总体要求，坚持扎根"三农"、服务农民，努力为"农业高质高效、乡村宜居宜业、农民富裕富足"做出应有的贡献。

本章小结

现代公共关系实践正朝着社会行为示范、绿色环保、利他共赢的价值理念发展。社会行为示范主要包括示范衣、食、住、行以及闲暇时间的利用等方面的健康生活方式，传递人类基本价值、中华民族优秀传统价值、现代社会价值等方面的正向价值观并弘扬中华优秀传统文化；绿色环保主要包括实施绿色设计与生产，倡导和推广绿色消费，积极助力环保公益；利他共赢主要包括利社会、利消费者、利员工、利合作者。

热词加油站

"心价比"时代

消费3.0时代，消费者愿意为一个产品付多少钱，更多取决于这个产品能给内心带来的体验和对于"自我"的价值，即"心价比"。

国潮

由新一代中国设计师设计出来的带有中国特定元素的潮品即代表了国潮。国潮在学习国外的潮流元素当中，融入中国的文化、元素、风格等，以中国文化和传统为基础，集腔调、时尚与格调于一身，是传统与现代的碰撞，更是东方美学的展现。

饭圈

饭圈是一个网络用语，是粉丝圈子的简称。近年来，随着粉丝群体扩大，偶像经济不断发展，催生出为偶像买周边产品、租广告位做宣传、投票以及做慈善公益活动等多种方式。就现在而言，饭圈由追星粉丝自发组成的文娱社群逐渐发展成为有组织、专业化的利益圈层。

碳中和

碳中和是指国家、企业、个人在一定时间内直接或间接产生的二氧化碳或温室气体排放总量，通过植树造林、节能减排等形式抵消，达到相对"零排放"。

思考讨论

1. "国潮"兴起的"天时地利人和"有哪些？
2. 研究发现，绿色公关可以为组织带来一定的收益，但是一些组织，特别是中小企业，开展绿色公关的积极性并不高，对此你有什么看法？
3. 谈谈你了解的那些将"利他"融入商业模式中的企业，分析它们这么做的利弊。

能力实训

1. 为本班级照毕业照设计一套汉风学士服，并策划系列活动，让这套汉风学士服"出圈"。
2. 在校园里，策划并执行一场快闪活动，向同学们推广低碳生活方式。

社会热题大讨论

课外导读

[1] 陈美琪.利他，最终成就利己[M].北京：当代中国出版社，2020.
[2] 濑户内寂听，稻盛和夫.对话稻盛和夫：利他[M].喻海翔，译.北京：东方出版社，2021.
[3] 中国21世纪议程管理中心可持续发展战略研究组.全球格局变化中的中国绿色经济发展[M].北京：社会科学文献出版社，2013.
[4] 纳特拉斯，奥特梅尔.企业的自然之道：财富、生态及进化型企业[M].汪开虎，单峰波，张东红，译.上海：上海交通大学出版社，2010.
[5] 纳特拉斯，奥特梅尔.与虎共舞：环保导向带来企业成功[M].汪开虎，戴炯，张东红，译.上海：上海交通大学出版社，2010.
[6] 安德森，怀特.绿色企业家[M].王维丹，译.北京：机械工业出版社，2011.

第 15 章

公共关系互动手段发展趋势

学习目标

掌握：线上化、社交化、精准化等公共关系互动手段的应用技巧。
理解：线上化、社交化、精准化等公共关系互动手段的应用价值和应用场景。
了解：线上化、社交化、精准化等公共关系互动手段的发展背景、现状和趋势。

引 例

腾讯地图 2019 年春节的互动活动

2019 年春节，腾讯地图借助春节节点，依托腾讯地图自身产品特性，根据腾讯地图报平安功能可以分享实时位置给父母的特点，展示了品牌温度——腾讯地图既是子女归家旅途中的暖心陪伴，又可以通过"报平安"功能让父母通过腾讯地图实时查看子女位置。本次活动拉近了受众回家的距离感，缩短了等待相见的距离，及时有效地缓解了用户及家人的等待焦虑，使"暖心相伴，平安到家"的活动主题得以完美体现。

预热期：放大用户回家式焦虑心理，制造老妈焦虑式关心"你到哪儿了"话题事件，微博意见领袖（KOL）发布投稿微博，各大意见领袖相互转发炒热事件，腾讯地图官方微博现身评论，推荐产品功能，引流端内进行活动预热。

爆发期：发布《儿子，你到哪儿了》视频、海报，吸引各大蓝 V、意见领袖自发传播，扩散话题声量，正式开启"暖心相伴，平安到家"活动主题。

腾讯地图 app 上线十位明星语音祝福，联合明星粉丝，打造互动活动，辅助话题传播，引流端内。

收尾期：大数据、强媒体辅助传播，扩大活动影响力，深化腾讯地图品牌暖心形象。
资料来源：搜狐网；17PR；2019金旗奖候选案例：腾讯地图2019春节社会化传播报告；2019-08-07；https://www.sohu.com/a/332172374_363248，引用时有删改。

在传统的公共关系传播体系中，有权利发言的是少数人，大多数人都是听众。但随着互联网的发展，人与人之间的沟通越来越便捷，交流越来越频繁，彼此分享信息也越来越便利、及时，每个人都变成了发言者和传播者，这种力量使公共关系传播手段正在发生巨大变化。未来，一些传统公共关系方式会渐渐退出历史舞台，而线上化、社交化、精准化的互动公共关系手段将兴起。

15.1 线上化

> **牛人课堂**
>
> 企业不完成数字化，就是拿大刀长矛和人家的坦克大炮去打。
> ——索象营销传播集团董事长　卢永峰

拓展阅读 第48次《中国互联网络发展状况统计报告》

资料来源：央视网，CNNIC发布第48次《中国互联网络发展状况统计报告》，2021-08-27，https://news.cctv.com/2021/08/27/ARTIAQ8bIAmQ68Vs88OMHnRa210827.shtml。

在报纸、杂志、电视、广播等传统媒体完全垄断话语权的年代，企业的公共关系操作主要就是努力将企业（组织）"描绘成一朵花，梳洗打扮外加整容"，展现出企业最好的一面。同时，屏蔽一切对企业（组织）不利的东西。

在社会化媒体时代，社交媒体的出现，不仅大大增加了传播的内容，加快了传播速度，还实现了传播者与受众的双向甚至多向沟通。在社会化媒体的赋权下，公众具有更多的话语权，主体性增强。反观企业，情况也是如此，在社会化媒体下，消费者拥有更多的发声渠道和机会，他们的价值观日渐与品牌趋同，消费者成为品牌的"拥有者"，品牌不再仅仅是一个符号。在这种变化中，品牌传播的公共关系实务也在发生变化。

媒体环境的深刻变革，带给公关人的是思维和业务重塑的挑战与机会，而这场挑战的核心就是互联网思维。

案例

"新连心"陕汽重卡2020云端客户大会

陕汽重卡2020云端客户大会，作为年中拉近与客户距离的第二次年度会议，如何借助大会联动区域市场，进一步鼓舞渠道信心是活动要考虑的重点。活动由重卡行业首个线上虚拟主持人"小德"全程主持，展现了极具创新力、敢为行业先的品牌形象；以绿幕技术打造的极具科技感的虚拟演播厅契合行业标杆的品牌调性，助力陕汽领导进行品牌战略公布；以3D建模呈现的全息德龙M3000S产品震撼发布，以创新技术赋能产品力的展现；通过在直播页面加入在线弹幕、互动红包、在线抽奖、点赞及打赏等方式，促进了陕汽与用户的线上互动，同时观众可以实时就产品性能、创新技术等内容和发布会现场进行"双向互动"，充分调动全网用户热情，有效提升了陕汽的品牌和新产品的影响力。此次活动首创重卡行业虚拟发布会＋云直播，实现了线上直播＋线下区域联动，开创了商用车行业会议营销新模式。

资料来源：第一工程机械网，"新连心"陕汽重卡 2020 年云端客户大会，2020-08-10，https://news.d1cm.com/20200810118741.shtml，引用时有删改。

15.1.1 线上互动的特点

1. 公共关系主体的自主性更强

网络媒体在其归属上，真正可以称得上是一种属于所有社会公众的"公共媒体"，它打破了传统大众传播媒介设立"把关人""守门员"的权威，赋予了社会组织或个人主动发布信息、快速生成内容的功能。在线上，组织的各种活动信息、创意内容、技术特色和知识专利都可生成公共关系内容，通过网络发布和传播；利用 BBS、博客等网络工具能够引导网络舆情的发展方向，促进对组织有正向效应的口碑产生。另外，在网络时代，意见领袖不再是稀缺资源，网络公关可以善加利用论坛版主、博客名人、微博红人等"草根"领袖，做组织传声筒、扩音器，引导舆论走向。

2. 公共关系客体在传播中的地位得到提高

传统公共关系的信息传播是单向的，信息的发送者主宰着所发布的信息和信息的性质，受众很难发表自己的观点和意见，无法与发布信息的组织交流和反馈。而网络提供给大众人人都可以发表意见、人人都可以互动交流的平台，允许自由地进行讨论，在这里，受众与信息发送者有着同样的地位。因此，公众对组织公共关系信息的选择与公共关系活动的参与具有更强的主动性和目的性。

3. 效能大大提升

网络媒体传播速度快，覆盖面广，不受地域限制，大大提高了信息时效性。而且线上的传播方式可以选择双向互动式的、"一对一"的沟通，这种个体沟通方式使公众可以在阅读信息的同时与主持者和其他读者展开讨论，还可以对信息内容进行控制，使组织在传播信息时可以根据公众不同的需要、不同的反应程度，提供个性化的信息服务。另外，线上的信息量是传统媒体无法达到的，其不仅拥有海量的最新信息，而且这些信息还会被公众进行二次、三次传播。网络整合的信息表现手法也更具体、更深入、更生动，其效能更明显。

4. 时空更广泛

同传统公共关系相比，线上公共关系的传播时空大为扩展。从传播的信息空间来看，网络空间不受版面的制约，组织有足够的空间传播内容详尽的信息，并可以通过与相关信息的超链接增加信息容量。从传播的地理空间来看，线上公共关系借助互联网平台，彻底打破了区域、国界的限制，为全球化背景下的各种组织开展国际公共关系活动提供了有力工具。从传播时间来看，在线上可以全天 24 小时随时发布信息，一有更新即可播出，不必为传统媒介的排期问题大伤脑筋，提高了网络公共关系的时效性。

5. 效果更易评估

在线上，不管是强大的搜索引擎，还是日益完善的舆情口碑监测系统，都使市场调查变得更广泛、深入、快捷而且成本低廉。互联网使传播效果评估变得容易，组织能够更方便地获取受众反馈，并及时调整公共关系策略，从而改善组织公共关系信息传播流程与控制系统，以实现组织统一、延续且高度一致的公共关系传播活动。

> **案例**
>
> ### 雷克萨斯精品加装云 3D 数字展厅项目
>
> 在 DTC 趋势下，满足消费者的个性化需求极为重要，在此过程中了解消费者的偏好与购买习惯，并给出定制化的购买体验是重中之重，这向传统数字化展示解决方案提出了新课题。而本项目每款车型包含 40 多款配件的任意组合排列展示，庞大的数据处理量对展现方式提出了巨大挑战。基于以上需要，雷克萨斯精品加装云 3D 数字展厅项目采取以下策略。
>
> （1）设计基于云端架构的产品平台，针对消费者自助体验与 DLR 店端顾问销售的两个场景进行设计，实现来自线上与线下的消费者选配数据链接。
>
> （2）基于海量产品逻辑结构、销售逻辑结构以及消费者选配行为数据，通过所见即所得的消费者购买体验以及 AI 推荐选装配件功能，促进高价值产品销售。
>
> （3）基于行业领先的云端 3D 实时渲染技术，让用户不需下载任何终端程序，即可无门槛、无死角体验全部产品特性。
>
> （4）消费者的自助体验与 DLR 店端顾问销售的共同运用，打通了线上数据与线下数据的壁垒，使车企能获取全面完整的精品选装数据。
>
> 资料来源：zcool 站酷网，雷克萨斯精品加装云 3D 数字展厅项目，https://www.zcool.com.cn/work/ZNTQxNDI4ODg=.html，引用时有删改。

15.1.2 线上互动的思维

互联网思维是指在互联网、大数据、云计算等科技不断发展的背景下，对市场、用户、产品、企业价值链乃至整个商业生态进行重新审视的思考方式。具体包括流量思维、用户思维、去中心化思维、内容为王思维、参与式消费思维、社区分享思维等。

1. 流量思维

流量是当今企业的核心竞争力之一。做流量，就必须明白流量在哪里、哪些流量最优质、整体流量有多少。做流量之前，还必须清楚用户是谁、用户获取信息的行为、渠道的流量走向，等等。以金融产品为例，如果产品门槛比较低，标准化，面向大众用户，那么利用大众媒体能触及更多用户；如果用户偏专业化，那么利用微信大号和 app 商店能触及更多用户。

> **案例**
>
> ### 短视频平台的明星争夺战持续升级
>
> 2020 年，内容平台纷纷开启了抢人大战，其中，引入中年男明星成为内容平台的共同选择。快手最先引入周杰伦，作为"80 后"实力巨星，周杰伦给平台带来了巨大流量，

周杰伦的第一次直播半小时内粉丝增长量近千万，获得高达 2 027.84 万元的礼物打赏与 3.8 亿次直播间互动，与周杰伦相关的数万快手作品的总播放量轻松过亿。韩寒则成为西瓜视频的全能创作人，平台希望借助韩寒的个人影响力，来强化西瓜视频的泛知识人设，带领西瓜视频发力泛知识视频。而刘德华入驻抖音，十几个小时内，粉丝增长量超 2 000 万名，两支视频的点赞量也超过 2 000 万次。抖音也开始挖掘我国香港地区老一辈明星的流量。

截至 2020 年 11 月，在抖音"安家"的明星用户已经超过 3 000 位，较 2019 年新增超 1 000 位。除此之外，也吸引了众多头部流量明星。而快手是纯粹的"老铁"文化，引入明星较晚，直到 2017 年 6 月才引入第一波明星，在明星数量上也不敌抖音。在风格上，快手也善于引入与自身气质相符的明星，多以喜剧风格的明星为主。B 站力邀明星入驻，也是以"破圈"为先。除了国内明星之外，B 站更是花重金请来理查德·克莱德曼、松重丰等外国艺人，力求辐射各个圈层。但是明星入驻，对于 B 站而言更像是一种商业行为。明星们显然没有在 B 站上面用心做视频，很多明星就像"被迫营业"，只发了一个视频便销声匿迹，这主要是因为 B 站的内容门槛较高。

而"抢人"对象并不仅限于明星，拥有众多粉丝的内容作者们也成为各大平台争抢的"香饽饽"。

资料来源：网易，抖音快手 B 站，还需要多少个"刘德华"，2021-01-30，https://www.163.com/dy/article/G1J95TFN05371AR8.html，引用时有删改。

2. 用户思维

如同传统商业环境中的渠道为王一样，互联网时代是用户为王的时代，谁能拥有高黏性用户，谁就是真正的王者。用户接触产品后，会产生各种行为，这些行为不在于产品对用户的引导，而在于用户本身的需求。用户思维包含两个方面：第一是用户是谁；第二是用户想干什么。前者帮助我们提高市场传播的精准度，后者帮助我们提高运营的效率。通过分析用户的各种行为，划分用户等级，制定用户成长体系，帮助并引导用户跨越新手阶段。

3. 去中心化思维

互联网上没有权威和独家话语权，人人皆可以成为中心，自媒体的出现即是证明。可以说，互联网的基因之一就是公开与透明。一个没有权威的地方，也是一个人人可以成为权威的地方。网络媒体成了一个信息支持平台和人气聚合平台。在这个平台上，消费者不仅能获得信息，还能充当媒体。比如，企业通过网络媒体进行公关活动，消费者会根据自己的需要，选择适合自己的信息，然后分享给周围的人，从而起到信息制造和传播的作用。消费者既是信息的接收者，也是信息的传播者。

4. 内容为王思维

在信息过载的时代，每天都有大量同质化的内容推送，在此背景下消费者不再刻意追求信息的数量，而是更注重信息的内容质量。在新媒体环境下，公关活动应该逐步实现形式上的突破，尝试更多具有互动性质的创意。首先，需要深刻洞察受众需求，找到其关注点与兴趣点，对症下药，为与受众互动做好充足的预热准备；其次，需要着重培养互动性的文化氛围，从而重塑创意价值。新一代的受众接受的范围更广，包容心更强，他们乐于思考并爱好社交，因此在产出相关活动创意的时候，应该充分考虑到受众特质和当下的文化环境，掌握他们的心理特征，并结合时下流行的元素进行再创作，吸引更多受众的目光。

5. 参与式消费思维

在参与式消费时代，消费者的参与程度加深，公关活动的娱乐性要求日益凸显，单纯的公关宣传已经不能满足品牌互动的深层次需要。公众早已厌倦了单向的沟通，自我参与才会带来无限的满足感。企业有参与式思维，才能一方面持续了解消费者的想法和需求，另一方面在价值交换时与消费者进行更紧密、更及时的互动。

6. 社区分享思维

消费者不仅需要好产品，而且需要好的服务和感情寄托。因此，只有顺应消费者的情感需求，牢牢抓住那些有强烈的表达欲望，愿意在社交网络上分享自己的购物体验、产品使用心得的消费者，才能取得成功。因为如今的消费者已经习惯通过网络来了解产品，分享是互联网时代的一大特征，它甚至直接改变了传统的营销模式。因此，社区分享的力量越来越受到重视，企业纷纷建立自己的消费者社区，并利用其制造口碑、话题互动、传播信息、培养意见领袖、倾听客户意见，等等。

🔑 **拓展阅读** 5种新兴的互动玩法以及隐藏在背后的用户心理变化

资料来源：运营喵网；了解了这5种新兴用户心理，"刷屏"营销你也能做；2018-10-06；https://www.yymiao.cn/yunying/user/9898.html。

15.1.3 线上互动的方式

在科技和商业双重力量的推动下，互联网技术平台不断颠覆人类的沟通与传播秩序，也在持续创造新的传播渠道和模式。它不仅改变了人类的交往方式，也宣告了公共关系互动方式的革命。线上传播以其特有的快速化、个性化、直复性、互动性、整合性、低成本以及覆盖面广等特性，迅速赢得了公共关系专业人士的青睐。公共关系作为一种传播与沟通的模式和方法，线上媒体作为一种传播与沟通的平台和载体，两者的有机结合，无疑带来了一个新的公关时代——线上公关时代。

🔑 **拓展阅读** 常见自媒体平台

资料来源：清博智能官网，五大头部自媒体平台运营现状分析，2019-04-08，http://home.gsdata.cn/news-report/articles/2681.html。

1. 网络新闻

网络新闻有广义和狭义之分。广义的网络新闻指的是互联网上的综合性门户网站和各类专业性网站所发布的各种有传播价值的新信息，而狭义的网络新闻则专指互联网上的新闻类信息。

网络新闻之所以能在短期内表现出如此旺盛的生命力，这与其自身的特征与优势是分不开的。网络新闻所具有的特点包括以下几方面。

（1）时效性。新闻是指新近发生事实的报道，因而"新"显得尤为重要。与传统传播方式相比，网络新闻的出现无疑是对新闻时效性进行了更好的诠释，由此衍生了一个词语——第一时间。网络新闻的时效性不仅体现在可以第一时间发布，还体现在可以轻松获取历史新闻。从理论上讲网络新闻具有永久性，这些新闻通过各种链接可以得到更好的循环利用。另外，网络新闻可以随时随地接收，不用担心错过时间，便捷高效。

（2）数字化。数字化是网络媒体存在的前提。无论是文字、图像、声音还是其他形式，网络新闻归根结底都是通过"0"和"1"这两个数字信号的不同组合来表达的。从环保的角度看，数字化网络新闻的兴起在一定程度上降低了纸张的使用量，同样的内容通过网页的方式呈现，提高了阅读效率，减少了纸类印刷品的使用。

（3）多媒体化。网络新闻整合了报纸、广播、电视三大媒体的优势，实现了文字、图片、声音、图像等传播手段的有机结合，令新闻的立体感更强，更能够还原新闻发生时的真实感，让受众可以多方位、多角度地去审视新闻事件，从而把新闻原汁原味地带给受众，这正是网络新闻的独特魅力所在。

（4）信息的无限性与丰富多样性。传统新闻在时空概念上所传播的信息都是有限的，而网络新闻在信息传输量上具有无限性，在信息的形态和内容上具有丰富多样性。

（5）交互性。网络新闻的交互性体现在受众可以随意发表自己的想法及观点，打破了传统媒体新闻信息单向传送的格局，最大程度上体现并满足了人们的能动性，让信息的接受者能够进行信息反馈，使交流成为现实，信息自然也就更具价值。

（6）全球性。网络新闻借助于互联网强大的信息传播功能，在传播范围上，更是打破了地域的束缚，大大增加了信息扩散的范围。全球互联，信息共享，受众遍及全世界，具有全球性。

2. 博客

博客以网络作为载体，由开设者（博主）个人管理，内容丰富，形式多样，更新速度快，开设者可以轻松与读者互动交流，是一种现代网络交流方式，也是一种具有影响力的自由媒体。博客的特点如下。

（1）开放性。虽然叫作网络日志，但博客具有明显的开放性，它绝不仅仅是纯粹个人思想的表达和日常琐事的记录，它所提供的内容可以用来进行交流和为他人提供帮助，具有共享精神和极高的分享价值。

（2）互动性。在网上的博客圈里人们可以自由交流，并结合线上线下的活动，让信息在这些博客圈中迅速扩散，有的信息可以在很短的时间内被无数博友们转载或传递，这种传播速度是大众传播媒体所不能比拟的。

（3）个性化。博客由开设者自行管理，其内容有的专注于某一特定的主题，做出评论或提供新闻，有的则比较像个人日记，记录生活的点点滴滴，表达形式也丰富多彩。博主的个性不同，日志内容、博客界面、文章数量、日志分类以及人气指数也有异。所以博客就是博主们展示自己个性的舞台，要想博得喝彩，一定要展示自己的个性。

（4）即时性。博客的即时更新是吸引读者的一个重要原因。现代社会，信息更新很快，更新博客就似生物的新陈代谢，没有了新陈代谢也就代表着生命的结束。只要条件允许，就应该坚持更新，这不仅培养博主的能力，考验博主的毅力，也是一个积累的过程，只有不断更新才能保持博客的生命力。

（5）便捷性。博客之所以发展迅猛，一个重要原因就是便于操作。只要会上网、会打字，就可以轻松拥有博客；上网注册博客会员，就可以进入博客管理平台，博主可以自由选择模板、设置参数、书写日志并进行发表，操作非常简单，不需要高深的专业知识，所以深受公众的青睐。

（6）可信性。博客是值得信任的，博主和阅读者会形成一个人际关系联结的群体，也就是所谓的"圈子"。他们可能具有相似的职业领域、某种相近的爱好或者相似的生活背景，总之，"圈子"内的人是相互信任的，所以博客才会产生聚合效应，消息才会口口相传。

博客公关的威力和价值，得到了国内外公司的关注和重视。苹果、通用、万国宝通银行、IBM、微软、雅虎、迪斯尼、马自达等企业都开通了博客，它们利用官方博客、员工博客、高管博客与各类公众进行互动交流，并注意收集反馈信息、监测舆论环境，收到了很好的公关效果。

3. 微博

> **拓展阅读** 2021 年度微博视频号发展报告
> 资料来源：百度百家号：金融界；微博发布 2021 视频号发展报告：多领域内容频上热搜，创作者频频出圈；2022-04-22；https://baijiahao.baidu.com/s?id=1730809541335945302&wfr=spider&for=pc。

微博，即微型博客，是一个基于用户关系的信息分享、传播以及获取平台，它由 140 个字的信息发布、评论、转发、关注、话题、粉丝、音频与视频等核心元素构成。用户可以借助手机等即时通信工具以及第三方客户端随时随地与网友分享信息、文字、图片、音频、视频并进行留言评论，感受全新的信息获取、休闲娱乐与交友沟通方式。

微博不仅是信息发布平台，更是组织与公众近距离接触、能够产生实时互动的优良平台。因此，利用微博开展组织公关活动具有以下特点。

（1）成本低，效果好。微博里盛传一种说法：粉丝数超过十万，就是一份都市报，超过百万，就是全国性报纸；超过千万，就是电视台；超过一亿，就是全国性电视台。在信息爆炸的年代，注意力就是财富，而创新就是吸引注意力的源泉，只要组织能够打造出具有足够吸引力的微博，那么通过微博的裂变式传播，微博公关就可以收到事半功倍的效果。

（2）个性强，影响大。微博一般都有字数限制，不能超过 140 字，因此组织就需要用最简短的语言、最创新的方式来吸引大众关注。当然，除了文字之外，微博还支持图片、音频、视频等，组织的微博公关可以通过多种形式的综合运用，打造具有个性化和亲和力的微博来吸引粉丝的关注。

（3）互动好，功能多。微博公关作为一种新的方式，打破权威，为组织与公众提供了一个平等、自由交流的平台。组织不仅可以与在线公众实时沟通互动，还可以开展各种微博公关活动，如在线直播、网上投票、网络调查、有奖竞猜、转发抽奖等，在传播组织文化的同时，还可以引导舆论走向，进行舆情监测，调整公关策略，从而化解组织危机，提升组织形象。

（4）不可控性。组织发布的每一条微博都具有不可控性：一方面，舆论走向不可控，当有多个意见领袖对某一条微博表示喜欢或厌恶时，很可能会引发相关粉丝的跟风；另一方面，传播与阅读速度之快很难控制。在微博平台，还有不计其数的"僵尸粉""水军"潜伏其中，如果某条微博遭到恶意中伤并广泛传播，其损失很难估计。

● 案例

微博对 517 个账号予以禁言处罚

2021 年 8 月 27 日，中央网信办发布《关于进一步加强"饭圈"乱象治理的通知》并公布 10 条工作措施，重拳解决"饭圈"乱象问题。微博于当日发布公告，要求所有昵称中含"粉丝团""后援会"等的粉丝组织账号，限期两周内获得明星与经纪公司授权。同时，要求名称中含有"鹅组""八组""兔区"等隐喻词汇的自媒体号，限期两周内改名。随后半个月，4 660 多个粉丝组织账号完成整改工作，243 个名称中含有"鹅组""八组""兔区"等隐喻词汇的自媒体号完成改名工作。按照社区规定，站方对仍未整改到位账号做出如下处置：

（1）对 1 000 多个目前仍在认证流程中的粉丝组织账号，先进行禁言处理，直至获得授权。

（2）对 517 个名称中含有"鹅组""八组""兔区"等隐喻词汇却仍未改名的账号予以禁言处罚，直到整改完成。

资料来源：澎湃新闻，微博：517 个含"鹅组""八组"等账号被禁言要求改名，2021-09-16，https://www.thepaper.cn/newsDetail_forward_14524959，引用时有删改。

4. 网络社区

网络社区属于社会学范畴，一般是指一群拥有相同或相似兴趣、爱好、经验的人（如学生、上班族等）或是有一定知识和技能的专业人士（如软件程序员、营销人员、医生等），通过各种形式的电子网络，以及电子邮件、即时通信软件、新闻小组、聊天室或论坛等组成一个社区，让参与该社区的会员进行沟通、交流，分享信息，如 BBS/ 论坛、贴吧、公告栏、群组讨论、在线聊天室等网上交流空间。由于这种社区不需要固定的聚会时间及实体的聚会地点，而是建立在虚拟的网络环境之中，因此又被称为虚拟社区或者在线社区、电子社区。虚拟社区与现实社区之间无疑存在共同之处，如都拥有一定的人群，都是一个空间单位，都存在着人与人之间的互动，都是社区成员情感交流的场所。两者最大的差异表现在，虚拟社区更强调作为"共同体"的功能或精神方面的因素，而不关注其他地域属性。网络社区的特征如下。

（1）成员的相近性。网络社区是相同爱好、经历或专业相近、业务相关的网络用户聚会的场所，大家围绕一个共同感兴趣的话题相互交流。

（2）成员人际关系的脆弱性。网络社区的成员都可以自由选择自己的身份、立场、交流方法，并伴随着明确的隐秘性，在互动中选用一定的符号作为自己的代表，隐匿部分真实身份，成员之间一般从未谋面，因此，网络社区的人际关系显得比较脆弱。进出社区相对来说比较容易，所以社区的群体流动比较频繁。

（3）多元中心化。在传统的社区论坛中，版主是无冕之王，掌控着论坛中每一个帖子，因此版主意志中心化明显。而在新型的网络社区中，如 Facebook 等，每一个用户拥有自己的空间，不再为"版主"的意志所左右，这样就有效避免了中心化的出现，形成了去中心化的趋势。而当某些用户的空间被大众关注和喜爱的时候，又出现了不同于"版主意志"的多元中心化。因此，网络社区实现了中心化与去中心化的平衡。

网络社区往往带有明显的主题倾向，这就为组织开展网络公关提供了很好的平台。网络社区成员的相似性，在一定程度上起到了对公众进行分类的效果，这将有助于提高公关工作的针对性和效率；在网络社区中，组织可以发布最新动态，宣传组织的价值观和组织文化；组织还可以通过与社区成员的互动，让公众更深入地了解组织文化；社区成员的现身说法以及亲身体验，更具有说服力，更能影响其他社区成员对组织文化的理解与认识，塑造组织形象；组织还可以执行信息监测功能，实现对市场动向、组织形象、产品形象等信息的监测和危机预防及控制等。因此，网络社区公关也是组织开展公关工作的新阵地，需要组织给予足够的重视，合理应用。

5. 网络视频

> **拓展阅读** 2021 腾讯娱乐白皮书
>
> 资料来源：知乎，腾讯：2021 腾讯娱乐白皮书，2022-01-30，https://zhuanlan.zhihu.com/p/463155862。

网络公关之所以备受推崇，其重要原因之一就是多样化的表现形式，相较于网络新闻、博客、微博等其他网络公关手段，网络视频最直观、生动。网络视频是指由网络视频服务商提供的以电脑或者移动设备为终端，以 WMV、RM、RMVB、FLV 以及 MOV 等流媒体为播放格式，可以在线直播或点播的声像文件，包括各类影视节目、新闻、广告、Flash 动画、自拍 DV、聊天视频、游戏视频、监控视频等。

网络视频将文字、声音、图像、动作四者的传播有机地结合起来，给人最大限度的真实感。作为传播媒介，与电视相比，网络视频的保持周期更长，既可以在线直播，也可以点播，不用担心因错过播出时间而无法观看；另外，网络视频的制作与发布更为快捷和方便，不用经过电视台的严格审查。因此，网络视频成为组织网络公关常用的手段之一。当然，要想得到不错的传播效果，网络视频的制作是重中之重，组织公关人员可以寻求专业公关公司的协助。

> **案例**
>
> ### B 站的发展思路：动画—纪录片—综艺—剧集—电影
>
> 爱奇艺创始人、CEO 龚宇曾表示，流媒体的四大流量基石是剧集、综艺、电影和动漫，而顺着这一思路，我们回顾爱奇艺等四家主流长视频平台的成长历程就能发现，它们的布局顺序都是从大众向的影视内容延伸至垂直类的动画，以及越来越能调动观众情绪的纪录片。但哔哩哔哩网站（简称 B 站）选择了另一种思路：动画—纪录片—综艺—剧集—电影。

早在2015年，B站就已流露出了布局动画全产业链的意图，于这一年内先后投资了戏画谷、漫漫淘、千里眼文化三家动画制作公司，并在持续加码采买动画番剧的同时，积极从发掘年轻创作人才入手，加速"铺路"平台自制。

2016年，其启动了"哔哩哔哩小宇宙"企划，与国内各大高校合作，将优秀的动画毕业设计作品在其平台上展映。

2017年，乘着国产动画崛起的市场东风，B站开始将国创作为其核心和战略方向，不仅设立了国创专区、公开了"哔哩哔哩国创支持计划"，还于一年内投资了近20个动画团队、参与了50多个动画作品，成为国内最大的动画出品方之一。也是在这一年，借助《我在故宫修文物》涉入纪录片领域的B站发起了"哔哩哔哩纪录片寻找计划"。

2018年，B站一面通过收购网易漫画资产、上线独立app"哔哩哔哩漫画"、举办首届国创发布会进一步加强ACG生态布局，一面开启了大规模的纪录片自制，并成功推出了《人生一串》《历史那些事》两部口碑之作。在这期间，B站在自制综艺方面虽也进行着布局，典型如推出《故事王》系列，但较动画、纪录片并未形成规模化产出，而且直到2019年，《UP主变形记》《莽吧！变形兄弟》等由UP主主导的系列节目以及历史体验真人秀《穿越吧》等上线，B站的自制综艺才开始有了一些连续性。

转变的清晰节点在2020年。一方面，B站的综剧影内容产出开始从"站内性综艺"和老电影、老剧等走向市场"中心"，拥有了具有站外影响力的自制综艺《说唱新世代》和自制剧集《风犬少年的天空》；另一方面，其策略重心开始从采买向内容生产更直接的控制与影响上偏移，在以5.13亿港元战略入股欢喜传媒后，又与导演宁浩的坏猴子公司达成深度合作。

B站OGV实现了对动画、纪录片、综剧影等长视频内容的基本覆盖，但内容规模与影响力却是参差不齐的。B站如果想靠OGV内容反哺PUGV生态，不仅需要进一步扩大内容库规模，还必须设法促成各方齐头并进的发展态势。于是我们看到，从2021年年初至今，B站在加固动画、纪录片这两大"长板"的同时，进一步向自制综剧影倾注热情与努力。

具体来看，从联合出品的武侠动作网剧《大侠卢小鱼之夕阳红战队》，与电通、索尼音乐娱乐共同投资制作的日剧《辣妈正传》，到主控的都市喜剧《突如其来的假期》，再到目前与欢娱影视合作的双女主民国情感悬疑剧《双镜》，B站2021年推出的自制剧集虽仍未能形成连贯的播放链，无论是口碑还是站内播放量也都无法与《风犬少年的天空》媲美，但除《辣妈正传》外都形成了一定的站外影响力。截至2021年8月，《双镜》《突如其来的假期》的豆瓣评分都维持在7分线以上，两部剧播出期间诸如"倪虹洁演的妈妈保护欲好强""许幼仪离婚"等与剧情相关的话题也多次登上微博热搜榜，而于年初上线的《大侠卢小鱼之夕阳红战队》目前的播放量已经破亿。

最后，我们把目光移到电影。据文娱君统计，从2021年年初至8月，哔哩哔哩影业共计出品了《新神榜：哪吒重生》《狼行者》《燃野少年的天空》《白蛇2：青蛇劫起》4部院线电影和一部院线纪录片《九零后》。而票房成绩上，虽然《新神榜：哪吒重生》《燃野少年的天空》的累计票房与市场预期存在一定出入，但主出品的《白蛇2：青蛇劫起》不仅成功超越前作，更是凭借着破5亿元的票房跻身中国动画电影票房前十名。

资料来源：搜狐网：文娱商业观察，B站的"OGV式"扩张还有多大想象空间，2021-08-26，https://www.sohu.com/a/485932855_99935850?spm=smpc.author.fd-d.4.1630629333204UREw4fz，引用时有删改。

6. 搜索引擎

互联网为我们提供了海量信息，已经超过了用户的接受范围，那么如何快速、准确地找到自己想要的信息呢？用户一般都会通过搜索引擎来完成，如百度、谷歌、雅虎、搜搜、搜狗等都是知名的搜索引擎。搜索引擎是指根据一定的策略，运用特定的计算机程序从互联网上搜集信息，在对信息进行组织和处理后，为用户提供检索服务，将用户检索的相关的信息展示给用户的系统。搜索引擎在收入网页的时候对上面的字词进行索引，当用户键入关键字词搜索时，搜索引擎就会搜索索引，将当中带有相关关键字词的网页反馈给用户。在整个过程中，搜索引擎是完全自动的，搜索索引则是由人来操作管理的。

在网络公关中，组织发布的各种信息要想快速地让公众发现，需要借助搜索引擎的检索功能。如果搜索引擎能够更多、更有效地抓取组织发布的信息，那么对于组织的好处是不言而喻的。在网络公关中，一方面公关人员要努力增加组织信息被主要的搜索引擎、分类目录收录的机会，并且尽可能获得好的排名，从而为用户快速准确地找到目标信息提供便利；另一方面，搜索引擎也是研究网站用户行为的一个有效工具，对网站访问者搜索行为的深度分析，对于进一步制定更为有效的组织经营策略具有重要价值。

7. 即时通信

除以上网络公关的手段之外，组织也要注意微信等即时通信平台的崛起和应用，因为中国互联网络信息中心（CNNIC）在京发布的第48次《中国互联网络发展状况统计报告》中的数据显示，截至2021年6月，我国网民规模达10.11亿人，互联网普及率达71.6%。10亿用户接入互联网，形成了全球最为庞大、生机勃勃的数字社会。在互联网行业的基础应用中，即时通信的应用最为广泛。截至2021年6月，我国即时通信用户规模达9.83亿人，较2020年12月增长218万人，占网民整体的97.3%。即时通信作为网民最常用的互联网应用，在2021年上半年在个人用户和企业用户两端均保持进一步发展。

个人端的特点：一是即时通信用户规模面临增长瓶颈；二是小程序与广告业务的协同作用开始体现；三是视频类内容呈现形式受到重视。企业端的特点：一是配套工具日渐丰富；二是硬件产品层出不穷；三是应用场景更加多样。总之，即时通信作为移动互联网流量核心入口的地位已经确立。新网民对即时通信的接受程度明显高于其他互联网应用，因此预期未来即时通信的核心流量入口地位将更加稳固。

网络公关之所以能够大显身手，正是因为综合运用了网络新闻、博客、微博、网络社区、网络视频、搜索引擎等各种网络媒介，使社会组织与相关公众可以在网络环境中充分交流。综合运用以上工具，结合多媒体技术，就会带给公众视觉与听觉的多重享受，并形成一种"一对一"的个性公关，使组织与公众进行一对一的交流，有助于信息完全被公众接受，同时，能够及时得到公众的反馈信息。这样就能提高公众对信息接收的主动性，会增强公众对组织信息的记忆度。

> **拓展阅读** "耳朵经济"的发展
>
> 资料来源：艾媒网，艾媒咨询：2021年中国在线音频行业发展及用户行为研究报告，2021-11-22，https://www.iimedia.cn/c400/82048.html。

15.1.4 线上互动的技巧

1. 制造话题性内容

如今企业在网上发帖、发微博进行公关成为常态，但是大多数内容乏味，而且广告性质明显，效果非常不理想，轻则无人关注，重则引起反感。解决办法是以创意为出发点，制造具备话题性和自发传播性的内容，"引爆"舆论。只有内容具备充分的话题性，才能激发网友的自主传播热情，调动网友的宣传力量，发挥自媒体的作用，使信息快速扩散，达到最佳传播效果。

2. 调动网友参与的积极性

网友的积极参与是让公关话题更醒目、更火爆的推动力。在论坛里，网友回复数量多的帖子才能热起来；在微博上，转发量和评论数量多的博文才能火起来。如果网友不参与，那相关的传播内容最终会被挤到一个没有人能发觉的角落。

3. 借助舆论领袖的力量

公关话题能不能使网友信任，能不能快速传播，不仅要看话题的内容，还要看信息发布者是谁。如果信息的发布者默默无闻，这条信息很容易就会被淹没在茫茫的网络信息大海中。相反，如果信息的发布者是网络中的舆论领袖，效果就会截然不同。比如，论坛的版主、网络大V等，他们发布的信息即使内容非常普通，也会引来许多人的关注。所以，企业在开展公关活动时，要注重借助舆论领袖的力量，同他们展开合作，借助他们之手发布及传播公关信息。

4. 真诚沟通

在网络公关中，真诚沟通显得更加重要。比如，传播内容要具备真实性、可靠性，不能掺杂夸大或虚构的成分。因为在网络中，人们对事物的判断已不再是只依靠自己，而是借助广大网友的集体智慧。所以，在网络中一旦弄虚作假，就会使企业的不良形象迅速传播到网络的各大社区之中。

5. 旁敲侧击

有研究表明，越是没有明显目的和倾向地宣传某一观点、事实，组织的影响力越高，传播效果越好；如果组织明显地宣扬某一观点、事实，影响力反而降低。越是宣扬与组织的自身利益密切相关的问题，组织的影响力越低；相反，如果宣扬与组织自身利益无关的问题，影响力反而提高。这点提示我们，组织开展公关活动时可以采用旁敲侧击的战术，如发起公益活动或者借他人之口扬自己之名等。

6. 重视"草根"

一个"草根"的力量是微不足道的，但是，千百万"草根"的长尾智慧就不容小觑。今天，众多的"草根"群体加入网络的报道和评论，强化了网络舆论的影响力，并推动着社会的进步。对于网络公关来说，面对量大而分散的网络公众往往感觉无从下手，因此培养为自己代言的"草根"领袖，利用这些领袖引导网上舆论，是网络公关的思路之一。

7. 建立预警机制

网络舆论的预警工作是控制舆论发展的重要手段，更是制止不良网络舆论蔓延的关键。只有做好对网络舆论的预警，才能及时掌握与控制网络舆论发生、发展的主动权，了解动态情况，提前介入，将不良舆论处置在萌芽状态。为此，可以利用搜索引擎、网络舆情监控系统等作为组织的耳目，从每天海量的网络言论中敏锐地发现潜在危机的苗头，为相关职能部门下一阶段的有效应对赢得宝贵时间。

> **案例**
>
> ### 全世界最小的营业厅
>
> 这个"全世界最小的营业厅"，整体尺寸为23.8厘米×15.3厘米×5.8厘米，正是它所在砖墙上的原始破损砖体的大小。里面的桌子只有手指大小，而营业员仅有4粒大米的高度……由于3D打印难以制作出精细部件，所以营业厅里的电脑、手机以及中国电信的"Hello 5G"标识等小尺寸部件，是创意团队一点一点手工制作完成的。
>
> 上海市淮海中路的这座24小时服务的"微缩营业厅"，不仅能观赏，最重要的是的确可以办理真实的5G业务。扫描营业厅门头的立体二维码，即能进入中国电信的5G网上营业厅页面，非常方便。活动期内，这座特殊的营业厅在淮海路亮相后，已有不少路过此地的用户提前尝鲜，通过扫描二维码成功升级或办理了5G业务。
>
> 这座被媒体称为"全世界最小的营业厅"的微观艺术作品，也是中国电信对5G时代运营商的服务形态、5G与城市、5G与人的关系的一次思考和探索。
>
> 资料来源：IAI传鉴国际广告奖官网，全世界最小的营业厅，2020-10-11，http://www.iaiad.com/en/case_en/21th-iai-award/21th-gold/2489.html，引用时有删改。

15.2 社交化

> **牛人课堂**
>
> 被网络连接起来的消费者，越来越像一个具有共同精神追求和共同价值观的立体的"人"，我们需要超越琐碎而狭隘的"营销技术与手艺"，将"交换"与"交易"提升为"互动"和"共鸣"。
>
> ——菲利普·科特勒

据Quest Mobile数据显示，截至2021年9月，中国移动互联网月活用户达到11.67亿名，月人均单日使用次数和时长分别达到115.1次和6.6小时，持续加强的使用习惯，加深了生活数字化程度。其中，金融理财（月活用户量11.53亿名）、移动社交（月活用户量11.32亿名）、移动购物（月活用户量11.01亿名）成为用户渗透最深的三个领域。各大互联网品牌相继铺货，推出社交新产品。2019年，腾讯一口气推出了朋友、猫呼、有记等五款社交新产品。陌陌也不甘示弱，推出了包括瞧瞧、CUE、MEET、赫兹等在内的多款细分领域的社交产品。百度推出主打校园匿名社交的"听筒"，网易上线主打"声音+陌生人社交"的"声波"，新浪为探索下一个十年增长点发布了"绿洲"。未来，随着新时代群体的需求变化，还会涌现出更多社交软件。

> 案例

H5《英格利士翻译器》

我国城乡教育水平差距较大,没有好的教育资源,简单的小学英语对乡村小学的孩子来说也如同天书,他们只好借助不科学的方法进行学习。《英格利士翻译器》H5 就是要让用户见识一下,乡村小学的孩子上一节英文课到底有多难。

(1)在《英格利士翻译器》中,用户首先会看到在乡村小学英语课堂上,一个小男孩读着英语课本。随着男孩读英语,视频上同步出现一些没有逻辑、十分难懂的中文字幕。

(2)用户根据出现的中文猜对应的英文,然后借助翻译器翻译出正确的英文。

(3)用户还可以通过长按朗读按钮语音输入英文,帮助孩子纠正英语读音,系统根据输入的语音进行打分。当大家一本正经地帮助孩子们纠正读音时,系统会告诉他们孩子们需要的不只这一句话。

(4)用"中文音标"学习英语的不科学方式在乡村小学存在已久。而在线支教能够帮助孩子们摆脱这种窘迫的状况。

(5)吸引用户进行捐款。

《英格利士翻译器》H5 通过在朋友圈、公众号进行广告投放,共获得曝光量 1 500 万余次,点击互动量 26 万余次,吸引捐款超过 10 万元。

资料来源:数英网;腾讯公益 H5《英格利士翻译器》,让乡村孩子接受更好的教育;2020-11;https://www.digitaling.com/projects/141295.html,引用时有删改。

15.2.1 社交方式多元化

信息传播模式和形态的改变,不仅改变了人们的行为习惯和思维方式,而且日益成为影响企业发展的重要因素。论坛交友类、新闻资讯类、视频直播类、即时通信类等社交软件都在不同程度地发展和增长。社交媒体多元化发展趋势明显,主要以图文或语音等信息交流和话题社区圈子以及短视频作为切入点。目前常见的社交工具包括以下几种。

(1)即时通信类:QQ、微信、WhatsApp Messenger 等。
(2)职场社交类:钉钉、脉脉等。
(3)媒体社交类:微博、Facebook、Twitter 等。
(4)工具社交类:秒拍、唱吧、In 等。
(5)婚恋社交类:珍爱网、世纪佳缘等。
(6)社区社交类:知乎、豆瓣、百度贴吧等。

> 案例

网易云音乐发行"云村村民证"

2021 年 9 月 15 日,网易云音乐正式发行"云村村民证",为每位用户打造专属个人村民证。

网易云音乐一直以来被用户亲切地称为"云村"。基于此,"云村村委会"正式为每一位村民开放办理村民证，包含定制化的云村形象、云村身份、云村贡献值以及自己常听歌手的口头禅等信息。项目上线两小时内超过200万人领取村民证，并迅速在微博、微信、抖音、小红书等渠道自发形成数十个社交话题，实现多渠道"刷屏"，成为当日热门讨论内容。村民们纷纷在微博、朋友圈热情分享，高兴地"找邻居"。

简单流畅的H5体验，沉浸式村落氛围

村民证整体H5的设计风格沿袭了年度听歌报告，呈现出一种治愈、温暖、小清新的高级感。用户首先可以设置个人形象，然后拍摄证件照。之后，系统根据该用户的听歌数据，个性化生成"村民证"，多维度展示用户的听歌习惯和品位。村民证的样式参考了正式证件的样子，并加以创新。卡通人物形象使村民证更加活泼可爱；同时，加入音乐相关标签，增强了村民证的音乐属性。证件共分为两种：普通村民证以及10级用户专属的黑金款村民证。在文案上，云村村民证此次沿袭了网易云音乐一贯的浪漫和诗意。"是神明的眼泪，也是凡·高笔下的星辰""是后现代诗人，也是挑剔的理想主义者""是游荡的流星，也是某人的梦想"……这些浪漫的诗歌文案，跳出了先前使用过的文案框架，采用双重描述，进一步丰富用户的人设。除了文案，对于此次村民证的设计，网易云音乐也有意识地埋入社交货币。"口头禅"和"居住地"能够助力用户找到兴趣爱好相同的伙伴。许多村民在网络上寻找"邻居"，并寻求相互关注，从而激发了更多用户"晒证"（即亮出自己的居民证）和参与，实现二次裂变。有些小众的"居住地"更是能加强云村一部分小众圈层人群的黏性。

国内外音乐人积极响应，和用户互动

云村村民证正式发行之后，国内外知名音乐人纷纷参与"晒证"活动。他们不仅告诉自己的歌迷，我和你一样"也是云村的一员"，同时进一步带动了粉丝圈层集体行动，粉丝也通过积极"晒证"展示"我们都是云村的一员"。

品牌蓝V联动晒证

云村村民证自带的社交属性，也给了品牌蓝V强烈的动机去进行二次创作。天猫、淘宝、必胜客、小猪佩奇等品牌蓝V纷纷晒出自己的村民证，加入话题讨论。

用户积极二创，实现破圈

用户根据网络上流行的梗、近期流行的电视剧和综艺，创造出搞笑、有趣的村民证，并绘制云村地图，实现村民证话题延伸和"破圈"。

话题引爆全网，各渠道自然发酵

云村村民证在抖音、微信、小红书、豆瓣等多个核心社交媒体平台自然发酵，引发各种话题讨论和"晒证"围观。

行业媒体专业人士纷纷报道点赞

头部行业媒体报道点赞，对网易云音乐的肯定体现了村民证的行业影响力。

云村村民证公关活动洞察了年轻用户的社交需求，通过个性化的村民证，提升了村民对云村的身份认同感。同时，村民证的社交属性也促使用户、品牌蓝V、国内外音乐人等加入话题讨论，成功打造了温暖、有趣、多元的音乐社区形象。

资料来源：数英网；网易云音乐发行"云村村民证"，打造有归属感的音乐社区；2021-09；https://www.digitaling.com/projects/182860.html，引用时有删改。

新式社交大致有以下几类。

1. 情感社交

特点：交往过程中，可以体会到心心相印的感觉，一方熟练抛梗，另一方乐于接梗，长时间处于情感共鸣期。常见的有以下几类。

（1）idol（偶像）社交：参与者不需要知道彼此的姓名、住址、性别，只要喜欢同一名偶像，就自然而然成为"家人"。

（2）猫狗社交：参与者经常活跃在各大宠物博主评论区，一起分享猫狗的日常生活，在朋友圈互相点赞，晒宠物视频等。

2. 互助式社交

特点：互相帮助，在互助中建立社交关系。常见的有以下几类。

（1）运动社交：例如，约跑友来上一场减肥马拉松，或者在朋友圈发出一条邀请："操场跑步，谁去？"通过在运动中互相激励，增进友情。

（2）"吐槽"社交：例如，一起"吐槽"："往年塞得满满的储藏间空了。""孩子都说好玩意儿少了。"通过就某个话题达成一致，拉近彼此的关系。

（3）带饭社交：例如，"××哥，给我带一份炒饭吧！"通过互相帮忙，拉近彼此的关系。

3. "战友式"社交

特点：同仇敌忾，常常有一种生死与共的感觉，做某件事就会想到某个人，和他一起做事就会感觉心里舒坦。

> **案例**
>
> **德高"垃圾盲盒"，"猜猜我是哪种垃圾"**
>
> 去年，上海市生活垃圾分类管理条例正式颁布和实施。许多人不知道垃圾该如何分类，为了普及垃圾分类知识，申通德高环保部门发起了一个特别的项目。这一项目结合当下最流行的盲盒形式，将垃圾分类概念设计成可爱有趣的手办，让垃圾分类盲盒成为人们渴望拥有的礼物。
>
> 项目组挑选了几种有代表性的垃圾元素，比如玻璃瓶、香蕉皮、烟蒂、过期药丸、破裂的灯泡、脏口罩等，设计出30款可爱的IP玩偶，这些IP玩偶由回收垃圾加工制造而成，并装入迷你垃圾桶包装内。项目组将IP玩偶的形象延展到地铁海报，人们通过手机即可参与"猜猜我是哪种垃圾"游戏，猜中者有机会赢得垃圾分类盲盒。在人流密集的地铁站，放置造型独特的"垃圾桶"贩卖机，人们通过手机付款购买垃圾分类盲盒，能随机抽中不同款式的IP玩偶，同时，盒内附送垃圾分类说明书。极具吸引力的垃圾分类盲盒，潜移默化地把垃圾分类知识传播到民众之中。
>
> 资料来源：数英网；德高"垃圾盲盒"：猜猜我是哪种垃圾；2020-08；https://www.digitaling.com/projects/181292.html，引用时有删改。

15.2.2 社交场景碎片化

如果让一个普通人描述自己十几年前的媒体接触方式，简单的几句话就可以描述清楚：白天看报纸，晚上看电视。但是，在进入网络时代以后，人们的生活被很多碎片化的内容切分，碎片化逐渐成为我国社会传播语境的一种形象性描述。"碎片化"问题日趋严重，导致我们的思维碎片化、生活碎片化、工作碎片化，等等。

社交的根本在于效率——在恰当的场景，与合适的对象，用有效的方式，建立预期的联系。建立场景，成为触发用户情感、实现高效社交的关键要素，如果没有恰当的社交场景，或者处于非社交场景中，存在强烈社交需求的用户往往会由于需求错位而碰壁遇冷，无法实现预期的社交期待。因此，社交产品要实现稳定的流量增速，就要形成有效的社交场景构建，让用户在里面自然地拓展自己的社交圈，以一种娱乐的、不尴尬的方式实现交流互动。

案例

彩虹糖"史上最难打开的红包"，要狂点 50 000 下

收红包是一件开心的事情，如果红包里的钱多，就更开心了。但是，人们习惯于点一下就能打开微信红包。如果有那么一个红包，需要点 50 000 下呢？听起来似乎很无聊，但是，如果红包里的金额足够大，诱惑力足够大，能够吸引人们一直点击下去呢？从一开始的开心不已，到后来的烦躁，到最后终于点开红包的狂喜，或者错失红包的无奈……这样一个大胆疯狂的想法，配合彩虹糖品牌的搞怪和有趣，显然能给人们留下深刻印象。

2021 年 1 月 29 日至 2 月 2 日的 5 天时间，从每天的 12 点到 24 点，最快点击到 50 000 下的人可以获得当日的 49 999 元红包；消费者通过扫描彩虹糖包装内的太阳码，输入串码进入活动；在活动未开始的时间，彩虹糖品牌方贴心地为大家准备了手速测试；为了防止高科技作弊，在整个过程中会随机弹出各种反作弊的验证游戏。

这个大胆、无厘头又非常"彩虹糖"的活动，吸引了各大媒体的采访和报道，进一步让活动在营销圈发酵，激起更多讨论。

资料来源：数英网；彩虹糖"史上最难打开的红包"，要狂点 50 000 下；2021-01；https://www.digitaling.com/projects/150612.html，引用时有删改。

由社交带来的视频、新闻资讯和移动电商等领域的用户量攀升非常明显，并且因为"社交+"的裂变导致用户黏性增强，用户变现路径缩短、变现通路变宽，"社交"深度融合各类场景，助力变现的时代已经开启。无论是基于用户需求类型分出的衣、食、住、行，还是基于企业服务类型分出的电商、手游、泛娱乐、圈层运营、同城生活，"社交+"都在重塑原有的玩法。"社交+"的典型场景包括以下几种。

1. 社交 + 电商

由原来的"人找货"变为社交推荐下的"货找人"，极大缩短了购物决策流程，传统电商平台也纷纷进行内容化和社交化。

（1）拼多多。借助社交和低价拼团的优势迅速成长，并且 app 与微信小程序的用户已经形成有效的互补。

（2）小红书。构建氛围良好的社区，具备强大的"种草"和带货能力，用户月人均使用时长同比快速增长。

（3）阿里巴巴、京东等电商平台也正在积极构建社交相关内容，增强社交属性。

2. 社交 + 游戏

社交与游戏的结合，既提高了用户的黏性，又为商业化变现拓宽了道路。

棋牌类小游戏、组团竞技类游戏和多人社交游戏在社交属性的加持下迅速发展，如跳一跳、狼人杀、你画我猜等游戏通过社交 PK 和直播解说的模式得到了爆炸式增长，第五人格、元气骑士等角色扮演类游戏的用户规模增长也十分迅猛。据统计，社交 + 游戏用户群中女性占比略高，且呈现年轻化趋势。

3. 社交 + 泛娱乐

在读书、看视频、听音乐等场景中，受社交互动的行为影响，典型 app 的新安装活跃转化率均保持在 60% 以上。

（1）社交 + 视频。评论、弹幕文化、鼓励用户 UGC 内容等社区要素让 B 站成为用户的"精神家园"，活跃用户规模持续增长。

（2）社交 + 音乐。音乐社交产品音遇通过接龙、PK、小游戏等模式让用户进行社交互动，上线 2 个月时间用户规模突破 1 300 万人。

（3）社交 + 短视频。多闪以短视频为载体，专注熟人社交场景，其日均活跃用户数量曾在除夕当天达到千万量级。

（4）社交 + 阅读。樊登读书和混沌大学率先打开了局面。微信阅读鼓励分享，用排名和赠送书币等方式鼓励朋友之间比赛，进一步促进了用户规模的增长。

4. 社交 + 兴趣圈层

在相同兴趣的人群中用户能够找到精神共鸣。Soul 和最右的 app 用户规模均超过千万，圈层商业价值进一步提升。

5. 社交 + 同城生活服务

典型生活服务类 app 纷纷构建自己的本地化内容和社区，来提高用户获取信息和服务的效率，提升商业转化效率和用户黏性。

"社交 +"在多个领域的开花，是一个长期累积从而改变用户心智的过程。在此过程中，KOL 显得尤为重要，只有拥有更多自带流量的 KOL 和 KOC，让拥有内容影响力的 KOL 和 KOC 发挥其优势，在复杂的社交链场景中脱颖而出，才能影响更多用户的心智。

15.3 精准化

> **牛人课堂**
>
> 在人工智能时代，用户提供数据的频次和浓度越来越高，形成了新的生产资料，并在 AI 科技的赋能下，驱动着产品和服务的迭代进化。因此，用户成为企业价值链的核心创造者，用户数据成为企业和品牌发展的驱动力。
>
> ——智己汽车 CEO 刘涛

精准化，是指企业利用计算机技术收集和整理消费者的消费意向、消费行为、网络行为等全方位数据信息，进而对广大消费者的日常生活、工作或学习情况有全面的了解，甚至通过这些数据，了解消费者真实的心理状况与想法，然后借助现代智能技术，将这些数据信息进行精准分类，从而在开展公关活动时，针对不同群体精准地策划相应的活动，使公关活动更有效。

> **案例**
>
> ### 奔驰 GLB 的精准营销
>
> 奔驰全新 GLB SUV 在 2019 年年底正式上市，对外观、座椅、空间、智能等方面都进行了升级。
>
> 奔驰通过一系列新车营销获得了较高的关注度，但是紧接着新冠疫情的来袭，严重影响了汽车销量，5 月份外部环境良好的情况下，亟须利用精准营销吸引用户，提振销量。
>
> 奔驰通过微博超级"粉丝通"，将奔驰 GLB 广告素材在微博上进行投放，实现社交好友间的裂变扩散，精准挖掘用户对 GLB 购车决策的意向点与 GLB 的社交热议点，基于此定制 GLB 精准营销的场景及用户标签，触达目标用户，进而提升用户到店率。
>
> 资料来源：知乎；首次触电超级"粉丝通"，GLB 如何打通四大社交营销价值？微博广告投放超粉营销实战；2021-06-21；https://zhuanlan.zhihu.com/p/382491092，引用时有删改。

15.3.1 精准的数据分析

大数据时代，人们的社交、出行等逐渐数据化。各种手机 app 改变了人们传统的生活方式，如微信、QQ 是当下主要的沟通媒介，微信支付等代替了传统的纸质货币支付，同时，越来越多的消费者选择网络购物。这一系列线上操作无疑会引起数据大爆炸。企业的精准公关互动，关键靠"精质"数据，而当下互联网海量的数据中，包含很多垃圾数据和无用数据，这就增加了企业分析数据的难度和成本。因此，企业应当及时获取有效的信息，提高数据处理能力，从而助力公关策略的制定。

首先，充分利用互联网平台获取公开数据资料，根据所收集的数据，建立健全、专业的数据资料库，为企业开展精准公关活动做好准备工作。

其次，将所收集的数据信息进行整理并深入分析。利用现代信息智能技术，对所收集的数据信息构建立体模型，深入挖掘其中有价值的信息，然后按照特定标准对消费者进行详细分析和分类，从而确保每一位消费者都被分配到相应的类别中，与此同时将各类信息资料进行备注说明。

最后，在制订企业公关方案时，将恰当的消费者群体作为进行精准投放的对象。

大数据时代背景下，专业的营销人员除了会分析数据，还要会预测数据，通过消费者的历史购买数据，总结其购物喜好、个人需求及购买能力，从而对消费者的消费行为进行预测。

企业的精准营销对受众客户进行了明确的细分，如根据消费者年龄、所属地域、收入等，有针对性地对不同的消费者提供个性化服务，提高顾客满意度，从而增加企业品牌价值。

拓展阅读《中华人民共和国数据安全法》

资料来源：知乎，聚焦《中华人民共和国数据安全法》（附全文），2021-06-11，https://zhuanlan.zhihu.com/p/379998865

15.3.2 精准的受众定位

受众精准，即重点研究自身的目标客户与潜在客户，并掌握他们的个人偏好与生活习惯，精准地将自身产品与服务信息传递给那些存在需求的受众。面对消费者复杂多样的选择和购买行为，企业可以利用大数据进行精准的受众定位。

企业应精准定位目标市场，并合理划分目标市场，以掌握不同消费群体的需求情况，根据消费者的需求对自身公关内容进行调整，逐步优化公关互动的内容、特征等。

例如，微博上每一个账号背后都是有血有肉的用户，有个性、有趣味、有偏好、有其自己的消费选择。根据微博用户的社交关系、兴趣图谱、活跃程度、地域范围等，经过大数据分析和挖掘，每一个账号都将拥有属于自己的属性标签。"28 岁、二三线城市、女性、韩剧、育儿""38 岁、一线城市、男性、篮球、自驾"……这类极具个性和具有鲜明身份特征的人群，正是企业试图打动的对象。微博为企业公关提供工具，帮助企业通过大数据分析和挖掘，找到自己心仪的目标人群。而微博为了保障不同行业的需求，近期推出了升级版的"粉丝通2.0"。这款产品能够提供更为精准的定向方式，既可以按照关系、年龄、性别、地域、兴趣等多个维度对用户进行筛选，也可以选择电视剧人群、白领人群等数据包，还能自定义投放范围。微博同时宣布，将引入第三方数据，这将为公关内容投放提供更丰富的选择。

案例

Tim Hortons 的流量收割之路

在进入中国市场后，Tim Hortons 品牌进入快速扩张期，从一二线城市逐渐向下渗透，抢占咖啡市场，Tim Hortons 在快速迭代自己的产品线和增加线下门店数量、增强渗透的同时，也在扩大数字基础设施建设，加速数字化升级。

Tim Hortons 通过在微信生态内完成公众号、小程序的数字化基建，借助微信一键授权等功能帮助品牌完成从公域触达到会员招募。在沉淀品牌私域资产的同时，通过线上领券线下核销的方式进一步实现后链路的高效转化，借助腾讯广告提供的 API 接口上报品牌方数据，通过对已购人群的深度分析洞察，让投放模型更好地把握消费者特点，在提升线上营销效率的同时，获得更高的门店转化率，满足品牌会员沉淀与门店销售的双重营销目的。

Tim Hortons 深谙微信流量生态的价值，借助微信强大的流量基础和会员管理与维护底层逻辑，将 Tim Hortons 会员从获取到运营进行了数字化记录，不仅可以形成完整的客户画像，还可以帮助 Tim Hortons 进行更精准的再营销。

资料来源：Moka，Tim Hortons 实践案例，2021-05-26，https://blog.mokahr.com/9736.html，引用时有删改。

15.3.3 精准的媒介选择

1. 媒体的碎片化时代

媒体碎片化时代有三个显著特征：

（1）媒体数量和信息供应量激增，媒体形态多样化；

（2）受众选择与使用媒体的自由度和个性化程度空前提升；

（3）受众对某一种媒体的忠诚度不断下降。"碎片化"的媒体对公关内容投放提出了更严格的要求，企业一方面面对快速增长的媒体供给，另一方面头疼于愈加难以把握的消费者需求，"精准投放"成为必然选择。

2. 受众的媒介信息接收行为

大体上，在新媒介环境下，受众的媒介信息接收行为主要表现出以下四种特点。

（1）移动碎片化信息占总接收信息比例增加。随着现代通信技术的进步，用户对于移动碎片信息接收变得越发频繁，其行为特点是，接收场所和时间随机，接收频率高，但单次信息量少。

（2）用户与平台互动更加频繁。随着新媒体平台的出现，用户可以随时接收任何时间段的信息，也能够直接参与新闻信息的生产和再生产。

（3）用户对融合性新闻媒介的使用日益增加。每个平台对于同一件事会有不完全一致的立场和态度，通过综合接收各种媒介平台的信息，能够让受众对该事件建立全面了解。

（4）用户之间的差异加大。如今，部分人深受"信息蚕房"现象影响，将与自己无关或者不喜欢的信息排除，成为新媒体时代的孤岛，所以与传统媒体时代相比，部分信息没有有效流通，出现"用户视野被限制""群体极化""用户之间的知识鸿沟被加深"的现象。

3. 精准的媒介选择方式

精准的媒介选择就是依托专业精准的大数据平台，筛选最优的媒体投放平台，整合媒体资源，形成最优的媒介匹配方案，实现低成本、高效果的推广。随着互联网的出现，实现了公关内容"在合适的时间，合适的媒体上，以合适的方式，投放给合适的人"，这无疑彻底颠覆了传统公关的运作和思维方式。精准投放的本质是对正确的人，以正确的方式，说正确的话。

（1）时机精准。例如，青年每天上网时段主要集中在 12：00 至 14：00 和 21：00 至 24：00，也就是说，青年在网络空间的活动时间与日常作息时间相吻合，网络行为呈现出与日常生活作息同步的特点。据此，在新媒体时代，要遵循青年的身心发展规律和人格特性，摸清行为规律，紧密结合青年的上网高峰时段，利用中午和晚上的休息时间适时地推送主流意识形态相关内容，使互动的受众面达到最大化。

（2）形式精准。例如，什么类型的信息适合用微信推送，什么类型的信息适合用微博发布，什么类型的信息适合用微电影的媒介展示，等等。企业要正确把握各类网络交流平台和自媒体的特色，使内容推送效果最大化。

（3）内容精准。例如，青年最喜欢的新媒体传播内容的呈现方式分别为以图片、漫画、视频或音乐为主；其认为新媒体最吸引人的特性是轻松幽默、内容丰富、能够自主表达情感、内容简洁、快速便捷、掌握社会热点等。这说明青年对于以轻松幽默的方式传播的图画或视频更为喜爱。又如，萌宠博主所吸引的粉丝大部分都喜爱小动物，养过或正在养小动物；美食博主所吸引的粉丝大多喜爱各地的美食，喜欢品尝不同口味的食物等。与此同时，博主们一般具有极高的内容生产能力，在内容创作上专业性较高，因此将公关内容植入到其拍摄的视频中，可以吸引到相应的受众。

> **案例**
>
> **百度 AI 慧眼助力宜家客流逆势增长**
>
> 2020 年年初，宜家线上门店流量和线下到店人流都受到新冠疫情影响。随着消费热情复苏，宜家为消费者提供多种春季家装解决方案，希望通过广告投放，使有家装需求的人亲临宜家门店或是在官网购买符合心意的家装产品。
>
> 首先，宜家通过大数据锁定目标人群；之后，寻找目标人群关注点，通过消费者的兴趣点分布发现他们喜欢的家装产品，搜集他们的家装偏好；在投放中期，使用信息流，再次定向二次沟通；在信息流投放阶段，使用 AI 实时人群画像，千人千面展示落地页，增加偏好度及引导后续线上转化；结合平台 AI 功能，基于"时+地+人"的多维空间定向，实时剔除到店人群，精准把控线下门店导流需求，寻求人群最优解。在活动期间，线上官网引流共计超过 120 万人次，线下到店人流增加超过 2 万人次。宜家此次以百度为媒介，以效果为导向，实现了精准营销。
>
> （1）精准受众，利用到店用户画像反推目标人群，提高转化效率，而不是针对大众广撒网来筛选目标受众，被动等待选择。
>
> （2）精准定向，针对不同门店的广告内容投放至不同的区域，让效果达到最优。
>
> （3）精准投放，在节约成本的同时，最大化引导用户到店，真正做到效果营销。
>
> （4）精准识别，百度 AI 慧眼针对线上广告点击人群，通过技术手段可以定位追踪实际线下到店客户量，这也帮助品牌方节约了很大一部分调研成本。
>
> （5）精准把控，通过门店 LBS 数据进行线下精准导流，结合百度地图，适时对品牌曝光，引导用户到店。
>
> 资料来源：广告门，百度 × 宜家：疫情中的零售突围，百度 AI 助力宜家流量逆势增长，2021-04-02，https://creative.adquan.com/show/303176，引用时有删改。

15.3.4 精准的效果监测

依托人工智能、大数据和云计算等最新技术，越来越多的公关效果监测平台或工具被设计和开发出来。这些监测平台或工具，不仅能帮使用者实时监测全网与己相关的舆情信息，还能监测公关活动的最新动态及效果。

（1）传播效果的精准监测。主要通过监测和统计公关活动的传播渠道、范围、网络舆论热议的话题及话题量、受众的观点意见、受众的参与度及互动效果、新闻媒体报道量、传播声量等，来实时获取精准的传播效果数据。

（2）营销效果的精准监测。如果公关活动的目的是追求良好的营销效果，则主要通过监测和统计消费者的信息分享情况、应用软件下载次数、到店人数、购买数量等，来进行营销效果的实时精准监测。

案例

百度精算

百度精算是百度推出的广告效果精准衡量平台，凭借百度公司强大的技术实力和海量人群样本库，致力于为广告主和代理公司提供业界最精准的广告效果全流程衡量、监控、分析服务。

百度精算基于AISAS消费者行为分析模型，以及百度独有的搜索数据，提出"回搜率"这一概念，衡量广告对品牌认知的影响效果，并引入美国互动广告局（IAB）推出的"可视展现"指标，衡量广告的真实曝光指标，洞察广告对消费者的真实影响。同时，百度精算还对前端的广告投放效果与后端的网站数据进行整合分析，解决广告主无法轻易打通海量数据流的烦恼。

百度精算的优势在于广告效果全网智能跟踪衡量。其基于百度搜索等资源对全网用户行为的高覆盖优势，跟踪网民的行为轨迹，智能分析广告投放后网民的搜索、浏览、购买等行为特征，建立机器学习模型，重点分析广告投放后，消费者在品牌偏好、购买倾向、实际购买等方面的可见量化效果，解决困扰业界多年的在线广告效果衡量难题。

资料来源：搜狗百科，百度精算，2022-06-09，https://baike.sogou.com/v71368879.htm?fromTitle=%E7%99%BE%E5%BA%A6%E7%B2%BE%E7%AE%97，引用时有删改。

本章小结

未来，一些传统公关方式会渐渐退出历史舞台，而线上化、社交化、精准化的互动公关方式将兴起。线上化趋势主要介绍线上互动的特点、思维、方式、技巧。社交化趋势主要包括社交方式多元化和社交场景碎片化。精准化趋势主要介绍精准的数据分析、精准的受众定位、精准的媒介选择和精准的效果监测。最后，从传统营销的发展瓶颈以及商业生态正向全链路数智化方向转型等方面介绍全链路营销的发展。

热词加油站

虚拟偶像

虚拟偶像是指在人工智能时代，互联网等虚拟场景或现实场景中进行偶像活动的架空形象。当下在市场中活跃的虚拟偶像有两类。一类是脱胎于一定的文化IP背景中，本身就自带关注度的，如基于合成声库、乐曲推出的标志性虚拟偶像——初音未来、洛天依，游戏IP《王者荣耀》中走出来的虚拟男团"无限王者团"，延展真人明星的虚拟形象迪丽冷巴、韬斯曼等，以及众多倚靠二次元文化的虚拟偶像。另一类则是个人或团队从无到有打造出的独立式虚拟偶像，如国外的时尚博主Lil Miquela、人气主播CodeMiko，以及在国内抖音走红的阿喜、小红书出道的AYAYI、上了央视选秀节目的翎Ling，等等。

社群经济

社群经济是指互联网时代，一群有共同兴趣、认知、价值观的用户抱成团，发生群蜂效应，在一起互动、交流、协作，这一效应对某些产品品牌产生价值。

社交电商

社交电商即社交电子商务，是电子商务的一种新的衍生模式。它借助各类社交平台，通过社交互动、用户自生内容等手段来辅助商品的购买和销售行为。

AI 推送算法

AI 推送算法是指通过搜集和分析用户的行为数据（包括但不限于浏览记录、搜索记录以及用户标签等），结合 AI 算法，将用户更可能感兴趣的内容推送给用户，以提高用户留存或一些商业上的转化效率。

媒介素养

媒介素养是指人们在面对不同媒体中各种信息时所表现出的信息的选择能力、质疑能力、理解能力、评估能力、创造和生产能力以及思辨能力。

思考讨论

1. 如何治理网络水军在消费公众情绪、炮制虚假舆情乃至破坏互联网生态方面潜藏的社会危害？
2. 是公关思想重要，还是传播技术重要？为什么？
3. 你如何理解"所见即所得"？

能力实训

1. 在端午节，设计一款划龙舟 H5 游戏，让它"刷爆"朋友圈。你只需描述清楚游戏的画面和风格、游戏参与规则、游戏激励措施等。
2. 和抖音平台合作，针对本校师生和校友，策划并执行一场"我和我的校园在抖音"的微视频拍摄挑战赛，激励在校生记录"我的校园"，并唤醒校友对母校的思念之情。

社会热题大讨论

课外导读

[1] 林特特. 线上社交超级沟通术 [M]. 成都：四川文艺出版社，2021.
[2] 谭承军. 跨界：打通线上线下构建商业闭环 [M]. 北京：电子工业出版社，2016.
[3] 陈爱民. 秒销：社交营销的流量变现模式 [M]. 北京：地震出版社，2021.

[4] 付峥嵘，常洛瑜. 移动社交营销实战手册 [M]. 北京：人民邮电出版社，2016.
[5] 孙军正，全洪艳. 赢在开门红：重建精准营销新思维 [M]. 北京：中国财富出版社，2020.
[6] 蒋军. 互联网精准营销：低成本引爆市场 [M]. 北京：中国青年出版社，2019.
[7] 勒庞. 乌合之众：大众心理研究 [M]. 戴光年，译. 北京：新世界出版社，2011.
[8] "信息时代三部曲：经济、社会与文化"系列图书，包括《网络社会的崛起》《认同的力量》《千年终结》，作者曼纽尔·卡斯特。

第 16 章

公共关系聚焦问题发展趋势

学习目标

掌握：公共关系危机的处理程序，利用热点事件的技巧。

理解：公共关系危机的处理原则，公共关系危机处理中的公众对策，追蹭热点事件的误区。

了解：公共关系危机的含义、特点、分类，热点事件的含义、特点、分类。

引 例

和顺吕鑫煤业边坡滑坡瞒报事件

1. 事件概述

2017年8月11日当天稍晚，陆续有网民在微博、百度和顺贴吧"爆料"称，晋中市和顺吕鑫煤业四采区（A6区）当日15时许发生山体滑坡，造成多人、多设备被埋。这一消息引发网民揣测。

2017年08月12日，和顺县煤炭工业局发布情况通报，确认滑坡情况属实，但称滑坡发生在11日17时左右，到12日7时许基本稳定，该地点无人员和机具作业，没有人员损伤，请广大网民不信谣、不传谣。

吕鑫煤业负责人对央广网记者明确表示"无人员伤亡，也没有设备被埋"。和顺县政府、国土资源局也发布通告对此事予以确认。

2017年08月14日，和顺县警方发布公告称，网民郭某因在网络上传播吕鑫煤业发生滑坡造成多人死亡的不实信息，被警方依法行政拘留。

而当日 16 时许，有网民在微博称山西昔阳县某村村民冯某在此次事故中遇难，事故当天遗体就被挖出。这一消息再度引发网民对当地瞒报矿难的猜测。

2017 年 08 月 15 日，和顺县政府办公室发布通告称，吕鑫煤业法人代表高阳已于当日凌晨向县公安局投案，经初步询问，事故共造成 4 人死亡、5 人失踪。山西省副省长已带队在现场指导抢险救援，市县两级已成立工作组，相关工作正在进行。

当日，铺天盖地的媒体报道使舆情急速升温，相关新闻达 343 篇。据《中国青年报》报道，和顺县外宣办针对瞒报一事称，"所有人全被煤矿蒙蔽了，煤矿封锁消息，破坏、转移第一现场，所有调查情况均为煤矿人员提供"。

和顺县政府有关负责人表示，对前期调查中工作不深入、不细致，延误抢险救援进行深刻检讨；对滑坡遇难者将全力以赴做好善后抚恤；对前期带队到滑坡现场调查的县煤炭管理局局长就地免职；对县公安部门行政拘留的网上发帖者立即撤销案件，解除行政拘留。

2017 年 08 月 16 日，媒体报道不断。澎湃新闻网报道称，晋中市对全市露天煤矿、和顺县全部煤矿停产停建整顿。17 日，中国新闻网报道称，滑坡事故死亡人数增至 8 人。

2017 年 08 月 18 日，山西省政府成立省级事故调查组，省公安、工会、安监、煤炭等部门和晋中市政府参加。晋中市监委决定对和顺县煤炭工业局原局长、和顺县国土资源局局长立案调查。

2017 年 08 月 20 日，国务院安委办通报和顺"8·11"边坡滑坡事故，称这是一起"有预谋、有计划、有组织"的瞒报，要求依法从严从快查处事故，认真组织事故举报核查工作。

2017 年 08 月 21 日，山西省委、省政府联合发文通报，对"8·11"边坡滑坡事故相关责任人严肃问责，目前已对 10 人采取先期组织措施，其中 5 人被撤职，5 人被免职。

2. 事件分析

针对此次蓄意瞒报事件，下面将运用危机公共关系 5S 原则进行分析。

（1）承担责任原则。

安全事故发生后，涉事煤矿蓄意瞒报，和顺县政府相关部门没有彻查事实就进行无伤亡通报，随着后来煤矿业主自首及官方通报的出台，和顺县政府相关部门成了众矢之的，严重违背了承担责任原则。

（2）真诚沟通原则。

事故剧情反转，当地政府通报信息"前后不符"，最终省政府甚至国务院介入后事件真相才得以公之于世，违背真诚沟通原则。

（3）速度第一原则。

事发后，涉事煤矿和顺县政府瞒报伤亡情况，延误抢险救援的黄金时间，已经错过危机处理的最佳时间，严重违背速度第一原则。

（4）系统运行原则。

瞒报事件公开后，当地省政府成立了抢险救援指挥部，下设 10 个工作组，进一步核实遇难人数，搜救失踪人员。总的来说，在处理这次事件中基本能够遵循系统运行原则。

（5）权威证实原则。

当地县政府作为公信力的代表机构，以不负责任甚至涉嫌玩忽职守的姿态处理矿难事件，在谣言传播过程中扮演"管谣"的角色，且在瞒报事件被公布后以"被蒙蔽"来推卸责任，使政府的公信力受到严重影响。

资料来源：（1）中华人民共和国应急管理部网站，国务院安委会办公室关于晋能集团山西煤炭运销集团和顺吕鑫煤业有限公司"8·11"边坡滑坡事故的通报，2017-08-19，https://www.mem.gov.cn/awhsy_3512/awhbgswj/201708/t20170819_247822.shtml。

（2）BTV新闻频道，"都市晚高峰"新闻报道（2017-08-20）。

（3）新浪网；舆情案例 | 官方通报前后打脸成负面教材，矿难"谣言"变"真相"；2018-12-14；http://k.sina.com.cn/article_6654653879_18ca5f5b700100d7na.html，引用时有删改。

16.1 公共关系危机

> **牛人课堂**
>
> 在危机最激烈之时，往往也是企业自我激活的最佳时机。因为越是环境激变的时候，越要借助于企业自身的能力来面对。事实上，危机一直都在，无论是资源、环境、技术、市场还是病毒，其实都处在不断被调整、不断被迭代、不断被更新及被替代的变化中，更多的未知所带来的挑战，会展现在我们面前。在危机中，四个行动特别关键，它们分别是效率制胜、模式创新、以"我"为主以及贴近顾客。
>
> ——作家　陈春花

16.1.1 公共关系危机的含义和特点

1. 公共关系危机的含义

"危机"从字面上看，是"危"与"机"的组合，一方面代表着危险，另一方面也意味着机会。公共关系危机一般是指组织与消费者、新闻媒体、政府、社区等公众之间因为某种非常因素而引发的对组织的声誉、形象或发展造成不良影响的非正常状态。这种危机的产生可以导致组织与公众之间的关系迅速恶化，严重地影响组织的形象和正常运行，使组织的生存和发展受到威胁。

2. 公共关系危机的特点

（1）突发性。几乎所有的危机事件都是在人们无法预料的情况下发生的，危机何时发生、怎样发生、在什么方面发生等都常常会带有极大的偶然性。虽可估计事件发生的可能性，却无法事先知道事件是否一定发生，更无法确定其发生的具体时间、地点、影响深度和实际规模。因此，危机一旦发生，会引起组织内部和外部公众的恐慌与混乱，使人措手不及。如果没有任何危机应急措施，就可能造成更大的损失。

（2）聚焦性。现代社会传播技术发达，由于危机的严重危害性，自然会引起媒体和公众的极大关注，成为社会舆论的焦点和热点问题。而媒体对危机报道的内容和对危机报道的态度影响着公众对危机的看法与态度。进入信息时代后，信息传播渠道的多样化、时效的高速化、范围的全球化，使企业危机情境迅速公开化，成为公众聚集的中心，成为各种媒体热炒的素材。近几年来，媒体正越来越多地扮演这种角色，将一个个企业推到风口浪尖。特别是伴随事件而来的强大社会舆论压力，更成为危机处理中最为复杂棘手的问题。

案例

某男艺人为带货女性内衣不当文案道歉

2021年2月24日，某男艺人在微博上为Ubras内衣品牌带货，并发布了一条关于职场女性的文案。该文案随即引发了巨大争议，被认为侮辱职场女性，并被质疑男性艺人是否应当为内衣做广告。

深陷舆论漩涡的品牌和当事人不得不在次日道歉。品牌表示"第一时间下架了相关内容"，在道歉声明中，该男艺人重申了自己的立场"一向是尊重女性，在工作中，尤其是涉及女性话题的发声需要更多考虑女性朋友的感受"。

此类公共关系危机事件通常会在一段时间内损害品牌形象，影响销售数据，甚至波及艺人公共形象，并进一步发酵成为社会议题之争。

资料来源：百度百家号：娱乐独角兽，男艺人为带货女性内衣道歉：消费品营销频频"踩雷"，2021-03-03，https://baijiahao.baidu.com/s?id=1693223139982568711&wfr=spider&for=pc，引用时有删改。

（3）破坏性。任何危机事件都会对社会组织的经济利益或者声誉产生不同程度的不利影响。危机越严重的事件，其破坏性越大。这种破坏性不仅会对组织造成破坏，也对社会造成破坏。从组织的角度看，它破坏组织的形象，影响组织的经营，给组织带来严重的形象危机和巨大的经济损失；从社会的角度看，危机对社会、经济、政治和公众心理的影响是巨大的，如引发政府的信任危机或生存危机，导致社会的混乱，使公众的心理产生恐惧和严重的不安全感，而且某些危机的影响具有全球性和长期性。

案例

当当网大战，李国庆和俞渝谁会胜出

今天的"90后""00后"对当当网的了解，或多或少来自当当网创始人李国庆和俞渝在当当网控制权争夺中互爆的负面信息。李国庆和俞渝的知名度，在今天或许已超过了他们争夺控制权的对象：当当网。

李国庆和俞渝的大戏始于2018年，特别是2020年6月前后，关于李国庆的报道密度不亚于其他互联网高管的总和。俞渝曾向当当员工表示李国庆起诉离婚，更多的是想得到当当股权，法院的审理还在进行当中。目前掌握当当实际控制权的俞渝，在主持日常经营的同时，还需要"防李国庆"。"知识付费"是线上图书零售类企业原本的目的，

而现在人们对当当的兴趣却变成看高管夫妻之间的斗争。尽管通过这种方式，20多岁的当当网再次获得了热度，但这与企业的初衷无疑是相悖的。

资料来源：网易，你认为当当网大战李国庆和俞渝谁会胜出，为什么？2020-07-27，https://www.163.com/dy/article/FIHV5SPU0511HI42.html，引用时有删改。

（4）不确定性。由于人们无法获得危机爆发的全面信息以及环境的不确定性，对于危机的性质、危机未来发展的可能及对组织或社会造成的影响，人们往往不能准确把握，这就造成了危机的不确定性，许多重大危机最后可能会导致意想不到的结果。

（5）紧迫性。危机一旦爆发，其破坏性的能量会迅速释放，并呈快速蔓延之势，如果不能及时控制，危机会急剧恶化，使组织遭受更大损失。而且由于危机的连锁反应以及新闻的快速传播，如果组织给公众留下反应迟缓、漠视公众利益的形象，势必失去公众的同情、理解和支持。因此对于危机处理，可供做出正确决策的时间是极其有限的，而这也正是对决策者最严峻的考验。

（6）建设性。建设性是指危机事件的发生使组织潜在的问题得以充分暴露，通过对危机事件的妥善处理，既可以挽回局面，也有可能建立信誉、塑造形象，使原本不佳的公共关系状态获得转机。只有认识到危机的建设性，才会采取主动姿态，沉着冷静而满怀信心地面对危机，从中寻找和抓住任何可能的机会。

16.1.2 公共关系危机分类

分清危机的种类对有针对性地解决危机有重要意义。依据不同的标准，危机的分类有很多种。

1. 根据危机产生的原因

（1）自然危机。因不可抗拒的自然力使社会组织蒙受灾难性的损失称为自然危机，如地震、风灾、水灾、火灾、塌方及突发性流行疾病等。这样的危机给社会组织带来的损失往往是巨大的。

> **案例**
>
> **中国区裁员约20%，"断臂"后的耐克能扛多久**
>
> 2020年，新冠疫情在全球范围蔓延，耐克在全球范围内90%的门店都被迫关闭。订单取消，故产品出货量下降近50%。疫情导致耐克在中国、越南等地的工厂供应链中断，成本不断攀升。为了节省开支，耐克于2020年11月公布了全球裁员计划。另据财联社消息，耐克中国整体裁员近20%，涉及约400人，分阶段进行。集团内部组织架构也同步调整，不少高管或因此离开。
>
> 资料来源：百度百家号：艾媒网 iimedia；全球总部裁员700人、中国区约裁员20%，"断臂"后的耐克能扛多久；2020-11-09；https://baijiahao.baidu.com/s?id=1682851141006770523&wfr=spider&for=pc，引用时有删改。

（2）管理危机。组织管理问题导致的恶性事故所造成的危机称为管理危机。它包括由于平时预防不力造成的爆炸、火灾、厂房倒塌等引起的人员伤亡事件，以及由于生产过程中的技术故障或管理不善造成的其他伤害事故，如火车撞车、飞机失事、船舶沉没、电器漏电、意外的化学品泄漏造成的污染和中毒等。

> **案例**
>
> ### 天猫超市的"矿泉水快递现老鼠"危机处理
>
> 2021年9月15日，浙江杭州一女子在天猫超市网购一箱矿泉水，收到快递后在箱子里发现活老鼠。据当事人刘女士称，在收到货后她发现一团黑东西，用手抓了一下竟发现是两只活老鼠。对此，天猫超市回应，是原包装发货，可以退款退货并补偿20元购物卡。但刘女士表示，自己无法接受这种处理方式，希望对方能讲清楚原因。9月16日下午，天猫超市称第一时间上门致歉，并妥善解决问题，已获得消费者谅解，并已将问题商品带回做进一步调查，同时已同步展开仓储体系的全面排查。
>
> 资料来源：搜狐网：企查查财经；赔偿20元购物卡等处理方式引不满，天猫超市回应"矿泉水快递现老鼠"；2021-09-16；https://www.sohu.com/a/490246085_422199，引用时有删改。

（3）组织领导人的不当行为。组织领导人的不当行为指组织的领导成员引发的组织内部的犯罪行为以及其他违背公众利益的行为。由于组织的领导人往往是该组织的法定代表人，对组织的生产经营等职能行使也有绝对的发言权，因此这些不当行为对组织甚至整个社会都有极大的危害。

> **案例**
>
> ### 莫比嗨客CEO冒充少年班校友多年，清华与斯坦福等名校经历均为造假
>
> 2021年9月12日，中国科大新创校友基金会发文称，经多方查实，自称"12岁考入中国科学技术大学少年班"的莫比嗨客CEO刘端阳冒充少年班校友多年，并涉嫌假冒清华大学硕士、斯坦福大学博士，通过莫比嗨客公司欺诈深圳、苏州、青岛、吕梁等多个城市与高新科技园区的相关对象。
>
> 此外，中科大方面已通过电子邮件与电话向苏州科技局、苏州工业园区等通报刘端阳的造假行径。同时，还通知了莫比嗨客的投资人梅花创投。
>
> 资料来源：网易；"AI神童"翻车，莫比嗨客创始人深陷学历造假门；2022-06-30，https://www.163.com/dy/article/HB4FU4970553A2X4.html，引用时有删改。

（4）组织运作危机。组织运作危机指组织在运作过程中遇到影响组织运作的障碍所带来的危机，诸如债务危机、经营效益恶化、能源紧缺、销售渠道不畅等。

（5）环境危机。由于组织的生存环境发生重大变化而带来的危机称为环境危机。组织的生存环境包括政治环境、经济环境、文化环境等多个方面，每一个方面都有可能发生重大变化而给组织造成危机。如经济危机，政变等。

2. 根据危机发生的范围

（1）内部危机。发生在组织内部，如管理混乱、设备故障、资金困难等都属于内部危机。

（2）外部危机。来源于组织外部，如环境危机、自然灾害等均属此类。

3. 根据危机的危害程度

（1）大型危机或恶性危机。这类危机的特点是造成人员伤亡和重大财产损失，包括大规模、严重的自然灾变，损失严重的交通事故，爆炸，有毒物质泄漏等，社会影响大。

（2）中型危机。一般是发生在组织内部的，或是在某种特定类型的人群中产生影响的事故，一般不涉及人员伤亡，如质量问题、劳资纠纷等。

（3）小型危机。没有伤亡，也没有严重的财产损失，仅对组织的声誉和正常运转造成影响。这类危机如果不及时正确处理，任其发展下去也会对组织造成较大的不利影响。

16.1.3 公共关系危机的处理原则

游昌乔先生通过10余年积累，创造出危机公共关系5S原则，既填补了我国危机管理理论研究的空白，同时又成功地帮助众多组织从容应对危机、化危为机。5S原则即承担责任原则（shoulder the matter）、真诚沟通原则（sincerity）、速度第一原则（speed）、系统运行原则（system）和权威证实原则（standard）。

1. 承担责任原则

危机发生后，公众会关心两方面的问题。一方面是利益问题，利益是公众关注的焦点，因此无论谁是谁非，企业都应该承担责任。即使受害者在事故发生中有一定责任，企业也不应首先追究其责任，否则会各执己见，加深矛盾，引起公众的反感，不利于问题的解决。另一方面是感情问题，公众很在意企业是否在意自己的感受，因此企业应该站在受害者的立场上表示同情和安慰，并通过新闻媒介向公众致歉，解决深层次的心理、情感关系问题，从而赢得公众的理解和信任。

案例

"网抑云"摇身变为"网愈云"

2020年下半年，"网抑云阴乐"一词频繁出现在社交网络上，"今天，你网抑云了吗"在微博、微信上"刷屏"。网易云音乐被调侃为"网抑云阴乐"。有数据表明，网易云音乐25岁以下用户占比高达83.5%。正处于敏感期的年轻人，更容易在某个时刻被共情力极强的音乐勾起情绪波动，进而在网易云音乐的评论区抒发当时的情绪，或者是在评论区里与其他伤感的网友互动。这种消极的"巴纳姆效应"使网易云陷入了公共关系危机，面对或跟风或恶意的"玩梗群嘲"，网易云没有坐视不理。2020年8月3日，其顺势推出"云村治愈计划"项目，以逆转部分网友的刻板印象。

（1）"云村治愈所"招募万名心理专业村民，上线"抱抱"彩蛋，鼓励和尊重真实情绪表达。与此同时，网易云音乐还对外发布态度海报，用"每一种情绪都是真的"有力反击"网抑云"的无差别情绪攻击。其号召大众看到文字背后的真实情绪，尊重并捍卫每个人借歌曲抒发情感的权利，引导评论区的正向情绪，让用户对网易云音乐的好感度上升，通过温柔而无声地保护每一种情绪，彰显了平台一以贯之的包容性及温度感。

（2）上线"警员"，对恶意行为说"不"，升级"云村公约"，加大虚假编造、谩骂攻击内容的清理力度，拒绝消费抑郁情绪。

(3)招募万人乐评团，征集有爱、有趣、有料的乐评。此举获得万千网友点赞支持。

网易云对"网抑云"及时妥当的危机处理，迅速登上了微博话题热搜榜，阅读量达到11.1亿次。而"云村治愈计划"的巧妙之处在于：一方面鼓励和尊重用户表达自己的情绪；另一方面也对抑郁症患者表达出了自己的关怀。此次危机处理既维护了社区环境，也彰显了品牌温度。

资料来源：搜狐网；最极客网；变"网抑云"为"网愈云"，网易这次的招数很"高妙"；2020-08-04；https://www.sohu.com/a/411409358_235778?scm=1002.2715008b.0.0-0，引用时有删改。

2. 真诚沟通原则

现在公众获取信息的渠道不再限于官方媒体，网络巨大的信息流量使公众能迅速了解事实真相。因此，坦诚真实地在第一时间告知公众所发生的事情远比半遮半掩要好得多，要保障公众的知情权。在事件发生后的第一时间，公司的高层应向公众说明情况，并致以歉意；不回避问题和错误，及时与媒体和公众沟通，向消费者说明事件处理的进展情况，重拾消费者的信任和尊重。

3. 速度第一原则

在危机出现的最初12~24小时，消息会像病毒一样，以裂变方式高速传播。而这时候，可靠的消息往往不多，到处充斥着谣言和猜测。因此，公司必须当机立断、快速反应、果断行动，与媒体和公众进行沟通，从而迅速控制事态，否则会扩大突发危机的范围，甚至可能失去对全局的控制。

4. 系统运行原则

在逃避一种危险时，不要忽视另一种危险。在进行危机管理时必须系统运作，绝不可顾此失彼。只有这样，才能透过表面现象看本质，创造性地解决问题，化害为利。

5. 权威证实原则

在危机发生后，企业不要整天拿着高音喇叭叫冤，而要请具有一定权威性的第三者在前台说话，使消费者解除对企业的警戒心理，重获他们的信任。

案例

从农夫山泉危机事件中了解危机公共关系5S原则

2021年6月26日，农夫山泉旗下品牌"拂晓白桃味苏打气泡水"被指在外包装上主打"福岛县产"招牌。众所周知，日本福岛曾因核泄漏事件备受全球关注。福岛县周边水土遭受严重污染，因此我国国家市场监督管理总局明令禁止从日本福岛县等12个县城采购进口食品、食用农产品及饲料。因此，现在拂晓白桃味苏打气泡水宣传产自福岛县，自然被网友质疑饮料的安全性。针对网友对"核废水饮料"的质疑和抵制，农夫山泉发布了一则避重就轻的声明，在声明中介绍了这款产品的实际成分，并没有就自己涉嫌虚假宣传一事而道歉，并且要求各大媒体平台立即删除对其造成名誉损害的文章和评论。农夫山泉此次的回复不仅没有修补用户对它的不信任，反而增加了用户对它的差评。

可以用危机公共关系5S原则来对此进行分析。

1. 承担责任原则

一个好的品牌意味着可被信任，被信任则意味着万一出事，用户能够找品牌方讨个说法，这种信任来源于品牌的责任感。因此，如果品牌犯了错，首先要承认错误，然后对危机进行升维处理。

而面对公众和媒体的关注，农夫山泉虽然在声明中澄清了水源地并非日本福岛，但对公众号和宣传物料上的误导文案避而不谈。此外，它还要求媒体平台"删除关于农夫山泉的负面新闻"，这一举动无疑是火上浇油。

2. 真诚沟通原则

很多时候，危机的引发不在于问题的大小，而在于情绪的波动。处理情绪的第一步就是诚恳地认错。但农夫山泉只解释了自己蒙冤的部分，对于不当的行为却未做说明。

3. 速度第一原则

"好事不出门，坏事行千里"，在危机出现最初的 12～24 小时，信息会高速传播。这时候可靠的消息往往不多，社会上充斥着谣言和猜测，而品牌的一举一动都会影响大众对它的评价。

这方面，农夫山泉确实是在舆论开始发酵的第一时间就发布了声明。

4. 系统运行原则

成熟的危机公共关系处理，其实是一个环环相扣的完整系统。若要把危机事件处理圆满，哪个环节都不能出问题，一个环节出问题，必然影响到其他环节。因此只有坚持系统运行原则，才能保证及时、准确、有效地处理危机事件。

这方面，农夫山泉就做得有点欠缺。

5. 权威证实原则

危机发生后，品牌一味拿着高音喇叭叫冤，而不赶快请具有一定权威性的第三者在前台说话，就会迅速丧失用户对自己的信任。

农夫山泉先是在微博回应称"拂晓白桃味苏打气泡水"只是研发人员创制的一款类似拂晓白桃风味的饮料，与拂晓白桃产地没有关联，产品配料中没有从日本福岛进口的成分。随后，浙江建德市场监管部门也发布"调查通报"，以对农夫山泉（建德）新安江饮用水有限公司生产车间的现场检查，"证实"了农夫山泉的这一说法。

资料来源：搜狐网：时代信达，从农夫山泉公关事件中来了解危机公关 5S 原则，2021-07-26, https://www.sohu.com/a/479602186_121180205，引用时有删改。

16.1.4 公共关系危机的处理程序

各种类型的危机虽有不同的处理方法，但在程序上是基本相同的，一般都经历以下几个程序。

1. 深入现场，了解事实

危机事件发生后，组织应立即成立专门处理危机的小组。组织领导应立即奔赴现场，塑造一种敢于负责，有能力、有诚意解决危机的形象，这对稳定公众情绪起着重要作用。危机处理人员赶到现场后，应想尽一切办法迅速与当事人或目击者取得联系，了解危机事件发生的时间、地点、原因，了解人员伤亡的程度以及财产损失的多少。在全面收集有关信息的基础上将材料分类整理，组织有关人员进行分析，认真查找事件发生的真正原因，形成分析报告，并上交有关部门。

2. 分析情况，确立对策

这一步是制订危机处理方案。危机发生后将会触及各类公众的利益，在全面了解有关情况后，应针对不同的公众确定相应对策。这些对策大体上包括以下几个方面：组织内部对策、受害者对策、上级主管部门对策、业务往来单位对策、对其他公众的对策等。

3. 安抚受众，缓和对抗

危机发生后，组织可能会"四面楚歌"，新闻曝光、公众质疑、政府批评如洪水般袭来，而且公众会对组织的态度、反应高度敏感，稍有不慎，就会惹来公众的愤怒，严重的还会影响组织的生存。面对危机，组织最明智的做法是与公众进行正确的沟通，及时了解公众的需求和愿望，能解决的问题尽量及时解决，暂时不能解决的则做好解释工作，缓和公众的对抗情绪，真心诚意地取得他们的谅解，防止因一些细小问题再次引发更为严重的危机。

4. 联络媒介，主导舆论

危机事件发生后，各种传闻、猜测都会发生，作为危机的利益相关者，公众更关注组织对危机的处理态度和所采取的行动。而公众有关危机的信息来源是各种形式的媒体，媒体在民众心目中有很高的公信力，媒体的观点在潜意识上对公众的看法有决定性影响，而媒体对危机报道的内容和对危机报道的态度影响着公众对危机的看法和态度。所以在危机爆发后，组织应主动公开地与新闻界沟通，避免被动地接受媒体的狂轰滥炸，导致事态不断扩大。

5. 多方沟通，加速化解

这一步主要是指争取其他公众、社团、权威机构的合作，利用它们的协助来化解危机。这是增加组织在公众中的信任度的有效策略和技巧。

6. 积极行动，转危为机

"危机"是"危"和"机"的组合，是组织命运"变好或变坏的转折点"。所以，成功的危机处理不仅能消除危险，还能创造机遇、和谐关系。

16.1.5 公共关系危机处理中的公众对策

在危机处理中，分析所涉及的公众对象及其关系，制定出不同的公众对策，会对整个处理过程和处理结果起到至关重要的作用。

> 案例

老乡鸡董事长手撕员工联名信

2020年2月8日是元宵节，不少企业面临着新冠疫情防控和复工的双重压力。晚间，一段题为《刚刚！老乡鸡董事长手撕员工联名信》的视频通过微博、微信朋友圈等平台广为传播。视频中老乡鸡的董事长束从轩称由于受疫情严重影响，老乡鸡保守估计会有5亿元的损失。为了帮助企业渡过难关，员工提出疫情期间不拿工资，并签字按手印提交联名信。束从轩对此的回应是"直接撕掉"，并喊话员工，哪怕卖房子、卖车子，也会千方百计确保员工有饭吃、有班上。强硬的手撕联名信，在餐饮业界普遍哭穷、哭惨声中独树一帜，该视频迅速"出圈"，被各家媒体转载，在抖音平台的搜索量高达500万次。

<small>资料来源：知乎，2020年最新十大经典成功危机公关案例解读，2021-03-17，https://zhuanlan.zhihu.com/p/357716068，引用时有删改。</small>

1. 组织内部对策

组织危机的出现，与组织自身总有一定的联系，解决组织内部存在的问题是消除危机的首要工作。

（1）迅速成立处理危机事件的专门机构。这个专门机构的领导应由企业负责人担任，会同各有关职能部门的人员组成一个有权威性、有效率的工作班子。

（2）了解情况，进行诊断。迅速而准确地把握事态的发展，判明情况，确定危机事件的类型、特点，确认有关的公众对象。

（3）制定处理危机事件的基本原则、方针、具体的程序与对策。

（4）对于急需援助的部门，共同参加急救。

（5）将制定的处理危机事件的基本原则、方针、程序和对策，通告全体员工，以统一口径，统一思想认识，协同行动。

（6）向媒体和社区意见领袖等公布危机事件的真相，表明组织对该事件的态度，通报将要采取的措施。

（7）若造成伤亡，一方面应立即进行救护工作或进行善后处理；另一方面应立即通知受害者家属，并尽可能提供一切条件，满足受害者家属的正常要求。

（8）如果是由不合格产品引起的危机事件，应不惜代价立即收回这类产品。

（9）深入调查引发危机事件的原因，并对处理工作进行评估。

（10）奖励处理危机的有功人员，处罚事件的各方责任者。

2. 对受害者的对策

受害者是危机事件中的首要公众，其言行直接影响着事态的发展。因此，在维护组织利益的基础上，根据受害者的要求制订出让受害者满意的方案，就成为平息危机事件的关键。

（1）在认真了解受害者情况后，诚恳地向他们及其亲属道歉，并实事求是地承担相应的责任。

（2）耐心而冷静地听取受害者的意见，包括他们要求赔偿的意见。

（3）了解、确认和制定有关损失赔偿的书面规定与处理原则。

（4）避免与受害者及受害者家属发生争辩和纠纷。即使受害者有责任，也不要在现场追究。

（5）应避免出现为自己辩护的言辞。

（6）向受害者及受害者家属告知补偿方法与标准，并尽快实施。

（7）应由专人负责与受害者及受害者家属谨慎地接触。

（8）给受害者安慰与同情，并尽可能提供其所需的服务，尽最大努力做好善后处理工作。

3. 对新闻媒介的对策

新闻媒介是危机事件的主要传播者，拥有传递危机事件信息、发起舆论抨击的权力，具有较高的权威性,能对整个社会产生巨大的影响。为此,制定恰当的针对新闻媒介的对策,在危机处理中具有重要的意义。

(1) 向新闻媒介公布危机事件,公布时如何措辞、采用什么形式、有关信息怎样有计划地披露等,应事先达成共识。

(2) 成立临时记者接待机构,由专人负责发布消息。集中处理与事件有关的新闻采访,向记者提供权威资料。

(3) 为了避免报道失实,向记者提供的资料应尽可能采用书面形式。介绍危机事件的资料应简明扼要,避免使用过多技术术语或难懂的词汇。

(4) 主动向新闻媒介提供真实、准确的消息,明确表明组织的立场和态度,以减少新闻媒介的猜测,帮助新闻媒介做出正确报道。

(5) 对新闻媒介表示出合作、主动和信任的态度,不可采取隐瞒、搪塞、对抗的态度。对于确实不便发表的消息,也不要简单地回应"无可奉告",而应说明理由,求得记者的理解和同情。

(6) 必须谨慎传播信息。事件未完全明了之前,不要对事件的原因、损失以及其他方面的任何可能性进行推测性的报道,不轻易地表示赞成或反对的态度。

(7) 除新闻报道外,可在刊登有关事件消息的报刊上发布致歉广告,向公众说明事实真相,表示歉意并承担责任。

(8) 当记者发表了与事实真相不符的报道时,应尽快向该报刊提出更正要求,并指明失实的地方。向该刊提供全部与事实有关的资料,委派重要发言人接受采访,表明立场,要求公平处理,特别应注意避免产生敌意。

4. 对上级领导部门的对策

(1) 危机事件发生后,应以最快的速度向直属上级部门实事求是地报告,争取他们的关注、支持与援助。

(2) 在危机事件的处理过程中,应定期汇报事态发展的状况,求得上级领导部门的指导。

(3) 危机事件处理完毕后,应向上级领导部门详细地报告处理经过、处理方法、事件发生的原因等情况,并提出今后的预防计划和措施。

5. 对客户的对策

(1) 危机事件发生后,应尽快如实地向有关客户传达事件发生的消息,表明企业对该事件的坦诚态度。

(2) 以书面的形式通报正在或将要采取的各种对策和措施。

(3) 如有必要,还可派人直接与重点大客户进行面对面的沟通、解释。

(4) 在事件处理的过程中,定期向各界公众传达处理经过。

(5) 事件处理完毕,应用书面形式表示歉意,并向理解和援助的单位致以诚挚的谢意。

案例

"逗鹅冤"事件

"逗鹅冤",音同窦娥冤,网络流行语,是网友由腾讯被诈骗事件而创造的新词。事件发生于2020年6月30日,腾讯状告老干妈拖欠广告费,后经警方查明,发现是三人伪造证件诈骗腾讯公司。

2020年6月30日，腾讯起诉老干妈，请求查封、冻结老干妈公司名下16 240 600元的财产。随后，老干妈发公告表示和腾讯没有任何商业合作并报案。

7月1日，贵阳警方通报，三人伪造老干妈的印章被逮捕。据悉，三个"骗子"代表老干妈与腾讯签署了《联合市场推广合作协议》，腾讯在QQ飞车手游S联赛中推广"老干妈"品牌，推出了手游限定款老干妈礼盒，还发布了1 000多条推广"老干妈"的微博，在此期间老干妈产品更是频繁出现在赛事直播之中。

随后，腾讯在B站的动态更新，称"中午的辣椒酱突然不香了"，引来支付宝、盒马、金山等一大批企业官方账号前来围观慰问。网络上开始流传各种消遣腾讯的段子，掀起一波网络狂欢，网络情绪也由此一路攀高。而这种在鹅厂（网友对腾讯的称呼）上"撒老干妈"的行为被网友亲切地称为"逗鹅冤"。

腾讯回应被骗事件，自掏腰包悬赏1 000瓶老干妈辣椒酱寻找线索。老干妈旗舰店上线辣椒酱大客户专属套装。7月1日晚间，腾讯公关总监晒出食堂晚饭——仅辣椒酱拌饭，腾讯官方账号在B站上线自黑视频《我就是那个吃了假辣椒酱的憨憨企鹅》。此外，腾讯QQ还上线了"辣椒酱"表情，不过7月5日，有媒体发现该表情已经被悄悄移除。一翻操作之下，腾讯树立了"傻白甜""憨憨"人设，成功化解了此次危机。

资料来源：知乎，2020年最新十大经典成功危机公关案例解读，2021-03-17，https://zhuanlan.zhihu.com/p/357716068，引用时有删改。

6. 对消费者的对策

（1）所有的对策、措施都应以尊重消费者权益为前提。

（2）迅速查明和判断消费者的类型、特征、数量、分布等。

（3）热情地接待消费者团体的代表，回答他们的询问、质询。

（4）不隐瞒事件的真相。

（5）及时与消费者团体中的领导以及意见领袖进行沟通、磋商。

（6）听取受到不同程度影响的消费者对事件处理的意见和愿望。

（7）通过新闻媒介向外界公布与消费者团体达成的一致意见或处理办法。

💡 **案例**

钉钉的差评危机

钉钉是一款智能移动协同办公软件，新冠疫情期间被教育部指定为网课直播官方app，同时也不幸沦为广大学子们的"眼中钉"。被小学生"狂刷"一星"好评"后，钉钉评分从4.9分骤降至1.4分，面对"豪横"的孩子们，钉钉一反办公软件的严肃模样，不讲道理，不解释，撒娇"卖萌"讨欢心。

（1）首先在微博发布求饶表情包，引来阿里家族成员（淘宝、天猫、飞猪、饿了么等品牌）的列队声援。

（2）紧接着在B站发布视频《钉钉本钉，在线求饶》，钉钉IP钉三多向小学生"求饶"，"少侠们行行好，五星一次求付清"，该视频播放量超2 700万次，B站上UP主的二次改编版超200个。

（3）一夜"爆红"之后，钉钉趁热打铁，接连发布《甩钉歌》《钉醒歌》《巴颜喀拉钉》《极乐钉钉》等多条改编歌曲 MV，连连刷屏网络，极大地巩固了自己"呆萌"调皮的人设，获封"网红歌姬"称号。

（4）钉钉的出道之路越走越明朗，一言不合就发布自编"神曲"。从毕业季的《毕业歌》、开学季的《开学歌》、教师节的《老师好》到"程序员节"的《程序员之歌》。短短一年内，年仅 5 岁的钉钉就成了尽人皆知的阿里大明星！品牌认知度迅速提升，且以零获客成本让下载量飙升。

总之，钉钉的节奏把控得恰到好处，当差评危机出现时，选择"让子弹先飞一会儿"，从危机中找到塑造品牌 IP 的时机；等差评舆论发酵到一定程度，再采取行动打入小学生圈层；稳住小学生后乘胜追击、突破圈层，获得更多人的关注。

<small>资料来源：数英网；被小学生差评后续：钉钉，一次毫无商业痕迹的经典营销；2020-02-20；https://www.digitaling.com/articles/261071.html，引用时有删改。</small>

7. 对社区的对策

（1）社区是组织生存发展的基地，如果危机事件也给社区居民带来了损失，应组织人员专门向他们致歉。

（2）根据危机事件的性质，也可派人向社区居民分别道歉。

（3）在全国性的报纸和有影响力的地方报刊上发布致歉广告，明确而诚恳地表示组织敢于承担社会责任、知错必改的态度。

（4）必要时应向社区居民赔偿经济损失或提供其他补偿。

16.2 蹭热点

> **牛人课堂**
>
> 在信息过载、注意力稀缺的时代，营销必须为用户创造意外和惊喜，即 Wow Moment（哇哦时刻）。有三个因素可以构成 Wow Moment：
>
> Wow 要让人惊讶，当某人有一定期望值，而结果超出这个值时，他就会发出惊叹；
>
> Wow 是个人化的，只有通过个人的体验才能触发，个人深藏的需求一旦得到满足也会引发 Wow 时刻；
>
> Wow 是有传播性的，经历了 Wow 时刻的人会自主向他人传播这一信息。
>
> ——菲利普·科特勒

16.2.1 热点的含义及分类

热点指受大众关注的新闻、信息，甚至可以是人物、地点与问题等。简单来讲，热点是在信息传播中最受大众关注的某个或者某些点，具有广泛的传播度和关注度。广义上的热点包括社会热点、新闻热点、问题热点等。狭义上的热点则包括某个事件、某个地点、某个观点、某个词汇等。在这个信息无孔不入的时代，互联网在带给人们便利的同时，也占据着人们的时间。热点信息让用户感到刺激与满足，让用户产生好奇与思考，是用户所需的存在。如果组织或企业能及时获取热点、充分利用热点，那么就可能以极低的成本获取巨大的用户流量。因此，如何快速占据热点话题，借由其他热点来传播自身产品的文化、价值，从而引导用户将视线由热点中心转移到产品上，以使产品或服务为大众所知并带来销售利润，通过热点来让自身信息有效传播，是公共关系中非常重要的一点。

"蹭热点"，指借助某个热点话题来吸引关注，从而以较低的成本实现较好的效果，是目前常见的一种借势开展公共关系活动的方法。大部分情况下，无论是个人还是组织，都曾考虑过如何创造热点，但是创造热点的成本一般来说高于蹭热点，因此，蹭热点成了最适合传播信息的一个低成本途径。可以说，每出现一个好的热点，都是一次品牌的狂欢节，组织通过媒体争夺消费者眼球，借助消费者自身的传播力，依靠轻松娱乐的方式等潜移默化地引导市场消费，以求提高组织或产品的知名度、美誉度，树立良好的品牌形象，并最终促成产品或服务的销售。热点一般可分为两类：

1. 可预见性热点

国家法定节假日、纪念日、大型赛事活动等所形成的热点称为可预见性热点，如国庆节、春节、奥运会、"双11"等。其特点为：

（1）受众群体广泛；
（2）组织可提前准备充分，减轻"赶稿"压力；
（3）多数节日有假期，受众有时间关注热点；
（4）同质化内容较多，考验组织公共关系实力。

案例

百度，打造奥运场景下的最强加油音

"一飞冲添""中国姣傲""菲你莫属""桥本跳"……奥运热词层出不穷，围观群众各个如数家珍，正如百度搜索大数据所显示的，2021年东京奥运会创近三届的关注新高。作为以信息和知识为核心的综合性内容与服务平台，百度成了用户获取相关资讯的首选，奥运相关内容搜索环比上升170%。当运动员在奥运赛场上拼搏为国争光时，各平台、各品牌也在积极布局奥运营销，各显其能，借势奥运热潮释放品牌动能。作为国民级别的搜索平台，百度app通过奥运会短期节点中用户行为变化生成的热点大数据在奥运期间多次被《人民日报》、新华社、央视新闻等众多核心媒体引用，榜单价值多次得到认证。奥运期间，百度共打造了20多档原创视频栏目、70多个优质专题、160多项直播内容、10多个A级热点，分别通过互动、竞猜、搜索、优质IP等多样形式实现多维触达，保证奥运内容不间断。更有高权重S级营销高地，为合作品牌提供绝版资源位，强势"吸睛"，助力品牌实现强曝光。

百度营销基于对用户关注点的高度洞察，依托强大的产品矩阵，以弘扬奥运精神为核心，迎合用户的情感需求，为其提供沉浸式奥运体验。凭借"AI 技术＋知识内容"组合拳，百度营销为各大品牌提供定制化服务，以多元玩法实现品牌与用户的情感互动，帮助品牌实现共情式热点营销，成功实现"平台、用户、品牌"三方的关系重构和情感渗透，点亮奥运场景下的陪伴式营销。

百度搜索大数据指出，这届奥运观众趋向年轻化，信息分发也向多元化发展，社交平台、短视频平台和体育类 app 这些更具便捷性、传播样式多样化的新媒体，在用户观赛渠道的选择中占比不断加大。而百度的一系列举措迎合了当前年轻人的观看习惯，为用户提供了更加便捷的奥运会信息服务，带来了精彩的奥运赛事。奥运期间打开百度 app，搜索"奥运"或"奥运会"，在跳出的专题里，有关奥运赛事安排、金牌榜等内容一应俱全，同时接入咪咕视频，引导海量用户下载 app 观看全场次赛事。数据显示，咪咕视频在奥运期间实现了百度指数的大幅飙升，更连续多日稳坐 App Store 免费榜第一。百度搜索大数据显示，网友关注点聚焦开幕式、赛程、首金、运动员等，为与广大用户一同庆祝中国奥运代表团夺金时刻，百度营销联合品牌定制彩蛋，中国队夺金时，别出心裁的搜索彩蛋设计为用户带来深度沉浸感与满屏大惊喜。从第一枚到第三十八枚，中国代表团每获得一枚金牌，就点燃一枚彩蛋与用户一起为奥运健儿加油。

百度搜索大数据观察到，东京奥运会期间奥运相关知识关注度大幅攀升，为提升用户观赛趣味体验，百度 app 精心设置了"奥运竞猜"互动，吸引用户竞猜瓜分奖金，或抢答奥运知识获积分赢好礼，引导用户裂变分享，实现品牌亿级曝光与百万级分享互动，一起为中国队加油助威。奥运期间，运动员搜索热度大涨，尤其是各位冠军得主，受到各方热烈关注。百度结合用户这一关注点，推出"奥运心跳"主题直播内容栏目，连线包括苏炳添在内的众多奥运冠军，满足用户好奇心，创造"在场"参与感。在主持人韩乔生连线奥运冠军侯志慧的直播中，通过助阵节目，巧妙融入并传达以高性能开拓市场的品牌调性，与追求卓越的奥运精神不谋而合，实现价值领域的联动营销。在这场奥运狂欢中，伴随中国队出征名单官宣、大会开幕、赛事进行，与中国奥运代表团相关内容、开幕式、赛程、奥运首金等轮番占据网友关注焦点。品牌也巧妙借势奥运开幕式、赛事速递等专题内容，实现与奥运热点强连接，深度触达目标人群，以情感陪伴串联全域价值链。

百度营销以内容为核心，深度洞察用户心智，突破以往单链路输出模式，以趣味互动增加用户黏性，为品牌提供了卓有成效的热点营销，实现了品牌价值与奥运精神的强连接，深度耦合用户情感需求，也为即将到来的冬奥会提供了诸多有益借鉴。

资料来源：百度百家号：营销广告界，打造最强加油音！百度营销点亮奥运场景下的陪伴式营销，2021-08-16，https://baijiahao.baidu.com/s?id=1708249099697637250&wfr=spider&for=pc，引用时有删改。

2. 突发性热点

社会事件、直播新闻、娱乐八卦等不可预见的事件或活动所形成的热点，称为突发性热点，如 2021 年夏天发生的郑州特大洪水灾害。其特点为：

（1）具有突发性，留给组织的反应、准备时间极短；

（2）网络流量可能极大，受众的需求为速度快、消息准；

（3）对运营者的综合能力要求极高。

案例

大润发推出"我在大润发杀了 10 年鱼"T 恤

"你以为我还会在乎吗？我在大润发杀了 10 年鱼，我的心早已和手里的刀一样冷了。"该网络热梗多用于传递说话者心灰意冷、毫不在意、刀枪不入的态度与心情。可以理解为"who cares"。这原本只是句流行语，没想到的是，大润发官方以迅雷不及掩耳之势认领了该梗，还煞有其事地推出"我在大润发杀了 10 年鱼"T 恤，成功与网友玩到一起。T 恤主要由两个元素组成：一是被快刀斩乱麻般切成 3 段的茫然小鱼；二是"我在大润发杀了 10 年鱼"文案。黑白配色，风格简约，潮酷指数拉满。"我在大润发杀了 10 年鱼"T 恤首批限量 1 000 件，仅在上海的 5 家大润发指定门店可以购买。

如果大润发对从天而降的热梗不做响应，放任其自然发酵，那梗就只是梗，虽然含大润发关键词，却不会给品牌带来太多实际效益。但当大润发主动接梗时，情况便有所不同。一方面，品牌的强势加入，让原本仅在固定圈层内传播的话题得到进一步发酵，以主题 T 恤为载体，放大了影响势能。另一方面，在部分消费者心里，品牌"高冷"的形象根深蒂固，大润发主动与消费者玩到一起的行为，在助力品牌获得大量曝光的同时，也让其建立起更加亲切、鲜活、立体的"人格"，同年轻一代用户形成情感共振。

资料来源：百度百家号：平行科技；大润发推出限量版杀鱼 T 恤，首批仅在上海五家门店售卖；2021-08-26；https://baijiahao.baidu.com/s?id=1709134433544834043&wfr=spider&for=pc，引用时有删改。

16.2.2 蹭热点的方式

1. 借助热点本身来推广

借助热点本身来推广，如"freestyle"话题曾在网络上火爆起来，很多企业争相抢占这个话题，并用上了"freestyle"标签，借助热点本身来推广自己。这种方式的优点是大众关注度最高，可接受性与可认知性最强。需要注意的是，过度营销可能会导致口碑分化问题。

案例

Kindle 海报宣传标语：盖 Kindle，面更香

提起 Kindle，很多人联想到的第一个关键词是：泡面。为何？因为于部分消费者而言，Kindle 是寄托着自己"接受知识熏陶"美好愿望的载体，买的时候以为只要有了 Kindle 就能夜以继日地遨游在文字海洋。现实是，用 Kindle 泡方便面，真香！"泡面神器"原本仅是网友的一句吐槽，结果 2019 年，亚马逊新品 Kindle 青春版在宣传时，居然赫然打出标语：盖 Kindle，面更香。甚至还涌出一个热门话题"Kindle 官方盖章泡面盖子"。在众多品牌自顾自地为旗下产品贴上各式各样"高端"标签之际，Kindle 主动回应网友"吐槽"，认证自己是泡面好伙伴的自黑式营销，在当时引起不小反响，舆论声浪叠叠涌向 Kindle。当然，多数网友对 Kindle 这一系列做法都表示喜闻乐见。

资料来源：搜狐网：雾天科技；官方盖章！Kindle 某宝宣传海报：盖 Kindle，面更香；2019-03-22；https://www.sohu.com/a/303054338_120081195，引用时有删改。

2. 借势

借势是将品牌自身与热点信息相结合，将产品的推广融入一个大众熟悉的热点信息，使大众在这个信息环境中了解产品并接受产品的一种公共关系手段。借势是蹭热点中最常见的一种方式，也是应用最广泛的一种。例如，卫龙辣条，辣条届的"龙头"，最初借助苹果公司的设计风格而进入了大众视线，从模仿苹果的简洁风设计，到现在尝试不同设计风格的改变，可以说卫龙的借势，效果非常显著。这种方式的优点是能够用最低的成本，达到有时候花费巨资都达不到的营销效果，能够借助大众对现有热点的认知理解优势，把自身品牌融入其中。需要注意的是，不可过度，否则会失去品牌形象给用户带来的认知。

> **案例**
>
> #### 360 智慧生活，定制一款 30 岁专属螺蛳粉
>
> 2020 年"双 11"期间，360 智慧生活就凭借一款"30 岁专属螺蛳粉"，完成了一次非常规的品牌力和产品力输出，从"双 11"眼花缭乱的营销战役中强势突围，取得四两拨千斤的效果。
>
> 借势，早已是当代营销人的必备技能。然而借势如果做得不好，就容易沦为"赚噱头"甚至是令人尴尬的"硬拗"。只有当热点与品牌或产品的特征巧妙契合时，才能真正攻占用户心智，有效地传递品牌理念与产品优势。360 智慧生活，用一款"30 岁专属螺蛳粉"，一箭双雕地蹭了两个大热点：一是今年美食届的顶流网红"螺蛳粉"；二是今年的热播电视剧《三十而已》，并且借势的方式巧妙而得体。一般而言，热点具有三个特征：高知晓度、高关注度和时效性。2020 年卖出 7.8 亿包的螺蛳粉显然是今年食品界的热销王，食客们对它的热情高涨不退；热播剧《三十而已》也在今年的社交网络上掀起了一波关于家庭、职业和年龄的话题与讨论。这两个热点都满足高知晓度、高关注度和时效性这三大特征，可以说是今年当之无愧的"流量王者"。
>
> 360 智慧生活的"30 岁专属螺蛳粉"不仅将两大热点的流量归拢于一身，更是通过热点向用户传递了它的品牌主张——"守护中坚力量"。360 智慧生活的目标用户群主要是在社会、家庭中扮演着中流砥柱角色的"中坚力量"，也就是 30 岁以上的人群，这一人群与《三十而已》的观众群体契合度较高，容易通过这一热点引发他们的共鸣。而作为"重口味暗黑美食"的螺蛳粉，也能巧妙地诠释"中坚力量"群体的生存哲学：复杂、浓烈却"真香"。只有品牌和热点处于"情投意合"的状态时，才能真正不浪费热点带来的流量，为品牌增添声量。
>
> 资料来源：活动聚网；一款 30 岁专属螺蛳粉，360 的跨界营销做到品效皆收；2020-11-19；http://www.huodongju.com/home/article.html?id=6504，引用时有删改。

3. 对比

对比指的是通过热点内容来宣传自身品牌，强调产品与热点或其他品牌的不同点及优势。通过各种直观的方法，将本企业的产品或服务，与热点内容或竞争对手的产品或服务，在实际功能、质量上的异同，清晰地展示在大众面前，方便大众判断、选择。通过对比环节的巧妙设计，拿自己具有独特卖点的新产品，强势地在消费者面前与对手对

比。从效果来看，对比这种方式的使用，在简化宣传环节、创造口碑和提升气势上，确实是一个讨巧的方法。

> 案例

芬兰推出系列反吸烟海报

吸烟每年让超过 800 万人丧生。然而，相比备受全球关注的新冠疫情，吸烟带来的危害却更少被公众讨论。携手创意代理商 TBWA，芬兰癌症协会（Caner Society of Finland，Finland）借助人们对于新冠疫情的关注，发布系列户外海报：画面中男男女女均戴口罩，口罩中央留出吸烟的痕迹，痕迹周边还泛着黄色的烟渍。海报上方写着文案：本款流行病，每年让 800 万人丧生（This Pandemic kills 8 million every year）。

资料来源：数英网；芬兰推出系列反吸烟海报；2021-01；https://www.digitaling.com/projects/149310.html，引用时有删改。

16.2.3 蹭热点的操作步骤

1. 热点监控

不管是可预见性热点，还是突发性热点，蹭热点的第一步，就是要求运营者快速、准确地获取热点信息，分析研究不同热点类型的"追蹭"技巧。

（1）可预见性热点监控。除国家法定节假日外，一些自带热点属性的小众化节日、纪念日、会议展览、赛事活动等常常容易被运营者疏忽，因此，组织应该使用监控可预见性热点的工具——营销日历。营销日历可按周、月展示所有的热点事件，还可选择热点类别，包含通用节日、节气、体育赛事、颁奖典礼、会议展览等。

（2）突发性热点监控。当前绝大部分的突发性热点都源于微博和微信的传播，所以获取热点消息应首选微博热搜榜和微信热搜榜。同时，头条指数、百度热点、知乎精选、豆瓣精选这些平台也不能错过。

> 案例

五菱的"蹭热点"公关

受新冠疫情影响，今年的汽车市场可以说是空前低迷。但大众心中的国货之光——上汽通用五菱却一刻都没闲下来，在这段空档期发展了不少"业余兴趣"，靠着口罩、螺蛳粉等多个副业频频"出圈"，从容之间尽显霸气。

在疫情防控关键期，全国口罩紧缺，五菱让出了产能，转而投产"五菱牌口罩"，有力地支持了社会抗疫工作。而那句"人民需要什么，五菱就造什么"的硬核口号就此流传开来。2020 年 6 月 2 日，五菱以一篇《五菱翼开启售货车——地摊经济的正规主力军！》微信推文，宣布推出一款摆摊专用售货车，助力"地摊经济"。推文不仅将这款车的"摆摊性能"展现得淋漓尽致，文中一支颇接地气的宣传视频更是将这个"致富能手"演绎得活灵活现。"五菱神车"的梗彻底"出圈"了！

之后，五菱越来越放飞自我，生产过精致奢华的限量版螺蛳粉礼盒，以高贵典雅的祖母绿作为设计主色，配以香槟金的精美餐具，在一众螺蛳粉中脱颖而出，一如"粉中贵族"。

五菱和喜茶旗下子品牌"喜小茶"来了一波跨界合作。在成都车展期间，联合举办"灵感碰撞派对"。这一次的五菱MINI EV变得又"萌"又"酷"。之后，它们又推出4款"五菱拉喜小茶"的人气饮品，并特地在广州街头摆起了快闪地摊。

资料来源：澎湃新闻；"蹭热点"，五菱是认真的；2020-06-05；https://www.thepaper.cn/newsDetail_forward_7706816，引用时有删改。

2. 热点分析

蹭热点不是盲目的，既不能为了蹭热点而蹭，也不能为了追求及时性而蹭。当遇到热点时，不能一哄而上，正确的做法是快速对热点信息进行多维度分析，并得出结论：该热点是否应该蹭、怎么蹭、预估效果如何。热点分析一般有以下几个维度。

（1）时效性：这个热点正处于哪个阶段。如果是刚刚爆发的，那么机会还很大；如果已发生几小时，那就得加油了；如果已发生1天，那还是等下一个热点吧。

（2）受众面：哪个行业、哪种类型的用户群体会对这个热点感兴趣，用户规模如何。

（3）热度：用户对这个热点人物或事件的关注程度。

（4）传播度：是否存在诱使用户主动传播的因素。热点之所以成为热点，主要是由于用户间不断地分享传播。如果用户对一个热点消息只是秉承看热闹的态度，而没有转发扩散的想法，这个热点就没有蹭的必要。

（5）话题度：这个热点本身是否带有可讨论的话题，如争议性、群体指向性等。

（6）相关度：热点消息和企业的品牌、产品是否具有相关性。如果强行蹭一个毫无关联性的热点，最终企业只能做一个热点传递者，加深了用户对热点的印象，却不能给自身带来任何效益。

（7）风险度：热点消息所蕴含的风险。蹭热点一定要保持理智，涉及违反法律法规或违背道德伦理的内容不应当触碰。

具体分析方法为：对上述几个维度分别赋分值，然后相加，当总分值达到或超过某额定值时，才判定该热点可以蹭，同样也可通过创建雷达图来判定。

🎙 案例

杨国福邀请张亮代言

喜欢吃麻辣烫的网友都知道杨国福和张亮这两个品牌，它们就如同西式快餐中的麦当劳和肯德基。

2020年8月，杨国福邀请明星张亮（张亮和张亮麻辣烫没有任何关系）代言引发热议，商家邀请明星代言本是司空见惯的事情，但是因为张亮麻辣烫的关系，张亮代言杨国福成为很多网友调侃的对象。8月，有网友到明星张亮微博下方"吐槽"张亮麻辣烫，称"希望你专心管好自己的饭店……"。

戏剧化的是，张亮本人回复了该网友的评论，表示：去吃杨国福啊……张亮"cue"到杨国福，杨国福没有错过该机会，不但发微博感谢了张亮的认可，还喊话表示"希望可以与亮哥合作，成为咱家的代言人哦"。杨国福的热情，激发网友二次造梗欲望，"杨国福邀请张亮代言"话题截至目前阅读量已经达到7.4亿人次，超7万人参与讨论。想要达到相同量级的传播效果，假如没有看热闹观众的相助，光凭品牌之力，需要耗费多少金钱与精力呢？

资料来源：百度百家号；河南商报；热搜第一！杨国福邀请张亮做代言人，网友给出的广告词亮了；2020-08-10；https://baijiahao.baidu.com/s?id=1674647329789229883&wfr=spider&for=pc，引用时有删改。

3. 热点切入

确定某个热点可蹭后，就要尽快敲定这个热点如何蹭才能效果最佳。热点切入要考虑三方面因素。

（1）速度。及时性永远是蹭热点的第一位，因为要在极短的时间内获取热点、分析热点、利用热点的确很困难。

（2）角度。要想让自身品牌、产品借热点的能量迅速传播，明确如何让品牌、产品与热点完美地融合（热点切入角度）则是关键。

（3）创新度。现在自媒体行业同质化的内容太多，蹭热点也不例外，一个热点背后或许会产生数十篇内容几乎一致的文章，用户肯定会产生审美疲劳。所以，运营者在蹭热点进行创作时最好能有一定的创新性。

> **案例**
>
> **喜茶的借势**
>
> 2020年3月，喜茶为了给自己即将推出的爆浆奶茶波波吐司预热和造势，在官方微博上发起了转发抽奖送新品活动。万万没想到，在多达1.2万次的转发中，喜茶官方微博偏偏抽中了一个微博ID为@等一杯茶颜悦色的网友，而茶颜悦色的回应也是超级"暖萌"的，由此成就了一段佳话。之后，喜茶团队从广东直奔长沙，和茶颜悦色来了一场轰轰烈烈的网友"奔现"。
>
> 双方先后在微信公众号讲出见面的故事，古装风格的漫画浪漫又可爱。经网友取名，官方认证，一个新组合诞生了："喜笑颜开"。在联名活动的vlog中，双方也提到了"喜笑颜开"这个梗，当面连线了当时的幸运观众，分别给出了茶颜悦色和喜茶的奖品，和网友玩得不亦乐乎。从喜茶宣布要去长沙考察到双方放出vlog、推出联名产品，前后仅短短两天时间，密集的话题"轰炸"直接把话题热度推了上去。
>
> 资料来源：知乎，2020十大"social"营销案例，2020-12-26，https://zhuanlan.zhihu.com/p/339716427，引用时有删改。

16.2.4 蹭热点的技巧

1. 速度要快

新闻都有时效性，热点也是如此。热点话题一般是有时间限制的，如果能在第一时间有效把握住热点信息，对于品牌、产品传播的价值巨大。

（1）快速了解。快速了解热点事件的始末、核心问题、舆论中心，并确保所了解内容的可靠性。

（2）快速融合。快速让品牌和产品宣传融入热点话题中。

(3）快速传播。快速在线上与线下进行分享传播，抢占大众视线。

2. 互动要强

这一点简单来说，就是指能够产生话题感。企业表达与传播自身价值的过程，不是一种单向操作，而是一个与大众互动交流的过程。热点信息本身就具备用户参与感，蹭热点也必须充分考虑用户参与感，让用户将自己的产品当成话题，那么企业的蹭热点才能算成功。

> **案例**
>
> ### 我和我的家乡在抖音
>
> 中秋撞见国庆，电影《我和我的家乡》上映，"家乡"不出意料成为热门话题。在这个重要节点，抖音品牌和电影《我和我的家乡》达成官方合作。于是，抖音为回了家的、未能回家的人，拍下了这部《我和我的家乡在抖音》的电影，没有人会忘记远方家乡，就像家乡也从未忘记远方的你我。
>
> 家乡是所有人的共同话题，而抖音正是普通用户记录和创作的平台。这次结合电影家乡的主题，让那些不曾出现在大屏幕上的家乡，可以因普通用户的记录而被看到，成为本次传播的核心。结合电影主题和普通人视角两方面，顺势就有了本次的传播主题：我和我的家乡在抖音。
>
> 本次传播结合不同家乡，找到对应家乡的达人，以贴片广告和抖音版电影的形式，用抖音用户内容外放，围绕电影手法，展示抖音式的我和我的家乡。模拟抖音生态制作一个竖屏电影番外版，从不同产品维度，用电影的形式包装抖音内容，展示更多普通的"我"眼中的家乡。帮助抖音建立了其和家乡的情感连接，让抖音用户有参与感和自豪感。
>
> 资料来源：数英网；抖音×《我和我的家乡》联合发行，拍下亿万人的寸土寸情；2020-09；https://www.digitaling.com/projects/133076.html，引用时有删改。

3. 观点要正

对于推广传播的内容，必须正视需要突出的中心点，可以不够惊艳，不够完善，但是要三观端正，千万不可以越过底线，扭曲现实。

4. 内容要深

这里的"深"，是深刻的意思，指品牌形象或者企业形象的内容深度，包括产品传播后留下来的产品感染力和影响力。内容深度是品牌需要酝酿而不是能够随意借鉴甚至抄袭的东西，具有感染力与影响力的内容，可以有趣，可以"套路"，并不是指内容要煽情，而是要经得起大众对于产品价值的深入思考。

16.2.5 蹭热点的误区

1. 为蹭热点而蹭

某些企业会有强行蹭热点的行为，这种为了蹭热点而蹭热点的行为，对自身的品牌宣传和产品结合并没有什么帮助。

2. "自嗨式"蹭热点

蹭热点时，若未结合自身品牌、产品，只是一次次让用户对热点更加了解和清晰，用户关注的实际上只是热点本身，并没有注意到热点背后的品牌、产品，这样一来同样没有效果。

3. 追求及时性而忽略事实

为了抢占时间上的优势，连最基本的热点真实性都未做考究，这是绝对不可取的。例如，2018年10月的重庆公交车坠河事件，事件刚发生后，一大波文章罔顾事实真相，猛烈抨击小汽车女司机违章，结果稍后的官方通告还原了事件真相，捏造事实的媒体也遭到了大众强烈谴责。

4. 带有强烈的个人倾向

一般涉及娱乐明星的热点（恋情、分手、结婚、离婚等），容易引发观众的个人倾向，或者说是粉丝效应。在接触这些热点时，应避免盲目跟风，做到客观冷静，尊重事实，不低俗、不媚俗。

5. 随意触碰敏感话题

凡是涉及国家政策、伦理道德的热点务必谨慎对待，确保信息准确。对于天灾人祸不可当作噱头，对于一些有争议的事件不要急着跟风，因为难以把握事态走向。

本章小结

危机公共关系是一门艺术，一个组织在危机公共关系上的成败能够显示出它的整体素质和综合实力。本章介绍了公共关系危机的含义、特点、分类，公共关系危机处理5S原则，公共关系危机的处理程序，针对不同的公众所采取的不同危机处理对策。

在这个信息无孔不入的时代，组织能及时获取热点、充分利用热点，就可能以极低的成本，获取巨大的用户流量。本章介绍了热点的含义及类型，蹭热点的方式，以及蹭热点的操作步骤、技巧和误区。

热词加油站

品、效、销一体

在很多企业里，品、效、销还归属于三个部门负责。一支团队专注做品牌，他们构想品牌slogan、打造品牌视觉体系、制作传达品牌理念的广告片；一支团队专注做效果，他们的一切工作都要看ROI，只要符合投入产出比，预算就没有上限；还有一支团队负责销售，他们开拓销售渠道，将产品铺到全国各地、全网的每一个角落。大部分企业都是以"部门职能"来划分组织架构的，但当我们面对超级流量池时，这种组织形态就显得臃肿低效。

所以，如果想做好抖音这样的超级流量池，正确的做法是单独成立一个事业部对接巨量引擎，将品、效、销的预算合在一起，用一体化的团队去适应生态化的媒体。

数字营销

数字营销是使用数字传播渠道来推广产品和服务的实践活动。借助数字营销，可以以一种及时、相关、定制化和节省成本的方式与消费者进行沟通。

疗愈经济

以减压消费、慰藉消费、惊喜消费、孤独经济等为表现的"疗愈经济"正逆市上扬。

现在感受到压力比较大的主要是青年人和中年人,压力来源主要是家庭责任、金钱、工作、(家人)健康还有经济形势。"疗愈经济"衍生形式也越发多元化,如品茗、瑜伽等减压型消费,食疗、芳疗等养生型消费,一人食餐厅、胶囊酒店等孤独型消费,养猫、养狗等宠物经济。

惊喜消费

消费者购买的不仅是商品或服务,更是购物过程中未知的惊喜和刺激。消费者不再执着于物质消费本身,而是愿意为人设、故事、生活方式和惊喜感买单。

潮玩经济

潮玩经济是"潮品"+"玩法"相结合的新商业业态,潮玩经济兴起的本质是消费品娱乐化。"潮品"即"尖货",代表着优质的产品;"玩法"则指代娱乐互动性的获取方式,而有别于传统的直接售卖。例如,摇号抽鞋、抽盲盒、夹娃娃等娱乐形式。

Z 世代

Z 世代是美国及欧洲的流行用语,通常指在 1995—2009 年间出生的人,又称网络世代、互联网世代,统指深受互联网、即时通信、短信、MP3、智能手机和平板电脑等科技产物影响的一代人。

她综艺

她综艺以女性为综艺主角,围绕女性的生活、工作、情感、社交等话题展开讨论,折射当代社会中女性的世界观、人生观、价值观。

👉 思考讨论

1. 为什么公共关系危机可以预防但不可以消除?
2. 为什么在公共关系危机处理中组织对待危机的态度非常重要?
3. 你怎样看待公共关系中的"家丑外扬"?
4. 你如何理解"蹭热点,不合适的不要硬蹭,因为蹭也是白蹭"这句话?

👉 能力实训

一次,某位知名作家在签名售书时,现场突然冲进来一名年轻男子,身穿一件抵制"快餐文化"的 T 恤,并大声表示抗议,一时间现场秩序大乱。如果你在现场,请为主办方设计一套应急方案。

👉 社会热题大讨论

课外导读

[1] 舍费尔. 热点：引爆内容营销的 6 个密码 [M]. 曲秋晨, 译. 北京：中国人民大学出版社, 2017.

[2] 魏家东. 借势：微营销突围之道 [M]. 北京：电子工业出版社, 2016.

[3] 窦文宇. 内容营销：数字营销新时代 [M]. 北京：北京大学出版社, 2021.

[4] 马库斯, 麦克纳尔蒂, 亨德森, 等. 哈佛大学危机管理课 [M]. 武越, 刘洁, 译. 北京：中信出版社, 2020.

[5] 库珀, 奥米拉. 危机公关：为什么一句道歉价值 50 亿美元 [M]. 张媛媛, 译. 哈尔滨：哈尔滨出版社, 2021.

[6] 科特勒, 卡斯林. 混沌时代的管理和营销 [M]. 李健, 译. 北京：华夏出版社, 2009.

第 17 章

公共关系实践范围发展趋势

学习目标

掌握：国际公共关系和跨界公共关系的策略技巧。
理解：国际公共关系的特点和注意事项；跨界公共关系的类型和原则。
了解：国际公共关系的内涵，跨界公共关系产生的原因和目的。

引 例

李子柒短视频海外走红

2021年2月2日，吉尼斯世界纪录官方微博发文宣布，短视频博主李子柒以1 410万次You tube订阅量刷新了由她自己在2020年7月创下的"最多订阅量的You tube中文频道"的吉尼斯世界纪录称号，成为此项吉尼斯世界纪录的保持者。

作为一位现象级的网络红人，这位从2015年就开始进行短视频制作的中国姑娘，从国内红到国外，热度持续攀升，是国际网络社交平台上具有鲜明个人特色的中国短视频博主。李子柒将农村生活搬上网络，其拍摄的时间跨度非常大，也贴近本质。从造面包窑、做竹子家具、做文房四宝、做衣服，到烤全羊、酿酒、酿造黄豆酱，总之，没有李子柒做不出来的东西。依靠"田园式"生活走红国内外的李子柒，围绕老百姓最喜闻乐见的衣食住行，借力短视频平台，打造了一个"采菊东篱下，悠然见南山"的世外桃源，塑造了李子柒个人IP。

因李子柒短视频的走红，无论是国内还是国外粉丝，都对视频中展示出的田园牧歌般的诗意生活心生向往。视频以中国传统美食文化为主题，利用传统的东方意象、唯美的表现风格，抚慰了现代都市生活中人们焦虑与紧张的情绪，在一定程度上缓解了人们日常的生活压力，满足了人们对于内心平静的渴求，从而引发共情。在全球化和城市化的时代语境下，海内外粉丝通过李子柒的短视频，看到了中国乡村生活的另一种景象，中国的传统文化、生态文化、民俗文化、美食风味等，都以一种日常的、生活化的方式得以呈现。

资料来源：光明网，跨文化传播中讲好中国故事的短视频叙事探索——李子柒短视频海外走红的启示，2021-02-08，https://m.gmw.cn/baijia/2021/02/08/34609161.html，引用时有删改。

17.1 国际公共关系

> **牛人课堂**
>
> 中国企业"走出去"已经发生了很大变化，原来"走出去"主要是获取资源，现在更多是考虑如何从整个价值链上打造全球性企业。
>
> ——Smadja & Smadja 战略咨询总裁 Claude Smadja

17.1.1 国际公共关系的内涵及特点

1. 国际公共关系的内涵

国际公共关系，顾名思义是指跨国界、跨文化的公共关系研究和实践活动。从学科角度来看，国际公共关系学是公共关系学科中的一个分支，作为一门独立学科，公共关系的实践和研究起源于美国，尔后迅速得到国际社会的认同和普遍关注。迄今为止，各地的公共关系研究虽然发达程度各有不同，但无疑已逐渐体现出强烈的国别色彩。世界各国依据各自不同的政治、经济、文化、社会背景发展出各具特色的公共关系范式，这也是国际公共关系学研究的重点内容。

从实践角度来看，国际公共关系是一种跨文化的传播活动，它是指社会组织在与国际公众的交往中，通过各种信息传播交流活动，增进本组织与国际公众之间的了解和信任，维护和发展本组织及其所属国家的良好国际形象的一种公共关系实践活动。

理解国际公共关系的内涵，需要重点把握以下几点。

第一，国际公共关系的行为主体是多元化的社会组织，可以是政府机构、企事业单位以及社会团体等部门组织，也可以是行业、区域、国家等更高层次的组织。

第二，国际公共关系的客体是国际公众，包括在本国境内的外国公众或者是在他国境内的他国公众。

第三，国际公共关系的实质是一种跨文化传播管理活动。

第四，国际公共关系的工作目标是树立组织的良好国际形象。

案例

传音 TECNO "非洲之王"到全球化品牌升级之战

传音 TECNO 深耕非洲市场多年，凭实力被誉为"非洲手机之王"，但占据非洲市场龙头并非传音 TECNO 的最终目标。传音 TECNO 想要借助品牌中高端手机产品线 Camon 系列的新品发布推广契机，打响传音 TECNO 品牌升级战役，积极提升品牌国际形象，抢占新兴市场份额。

此次新品发布颠覆常规的非洲地区 O2O 模式，更多聚焦于国际级明星效应，来提升品牌的国际形象，利用社交媒体的传播力和名人的影响力进行跨界营销。

传音 TECNO 借助国际著名说唱歌手 Wizkid 代言，在非洲为新品发布助力，获得用户大量关注；传音 TECNO 与非洲当地国家级电视台合作，完成非洲地区第一场全渠道线上发布会直播；利用 Tiktok 在巴基斯坦当地市场的火热程度，携手国际知名女艺人 Mehwish（进驻 TikTok 平台），发起抖音趣味挑战赛，收获当地大量话题讨论和互动量；传音 TECNO 贴合产品不断突破升级的核心精神与品牌精神，打造世界最大的翻页书，创造全新吉尼斯世界纪录；在新冠疫情期间，上线疫情地图并推动 Stay At Home 挑战，吸引了更多的受众"宅家"参与挑战赛。

代言人猜测、抖音挑战赛、电视和 YouTube 推广、KOL 全渠道直播发布会、开箱测评、PR 通稿等传播方式，都是国内 IT 产品营销常用的手段，但要将这些手段复制到海外，由于中外媒体环境的不同，在执行层面实际上有一定的挑战。当下，国内的自媒体发展和营销发展实际上领先于国际同行，传音 TECNO 较好地把国内的成熟做法移植到了海外，值得其他中国品牌出海时借鉴。

资料来源：百度百家号：砍柴网，飞书深诺斩获"2020 Morketing Awards 灵眸大赏"两大重量级奖项，2021-07-12，https://baijiahao.baidu.com/s?id=1684498510778414010&wfr=spider&for=pc，引用时有删改。

2. 国际公共关系的特点

国际公共关系是国内公共关系的新发展，它的基本特点是相对于国内公共关系而言的，国际公共关系主要体现社会组织与他国公众之间的一种关系，因此，国际公共关系的基本特点也集中表现在工作对象和工作环境的独特性上，具体来说有以下几点。

（1）跨国界。国际公共关系是涉外交往中的公共关系，是一种跨国界的活动。随着我国改革开放的深入以及全球化浪潮的推动，"请进来""走出去"的国际交往成为普遍现象。因此，国际公共关系活动按照地域不同大致可分为两种情况：一是在本国境内与他国公众开展公共关系活动；二是在他国境内与他国公众开展公共关系活动。国际公共关系的国际属性是由公众的国家属性决定的。

（2）跨文化。与一般的国内公共关系活动相比，国际公共关系最大的挑战是其实践环境的文化独特性。也就是说，不同的国家和地区，在宗教信仰、文化背景、教育程度、语言和风俗习惯等方面也存在较大的文化差异，因此，成功的国际公共关系活动必须始终对文化差异保持高度的敏感。

💡 **案例**

OPPO ColorOS 首次举办海外发布会

北京时间 2019 年 11 月 26 日，OPPO ColorOS 在印度新德里举办了全新 ColorOS 7 的发布会，这也是 ColorOS 首次在海外举办发布会。ColorOS 7 以"无边界"为设计理念，为海外用户带来了一系列新功能和针对海外市场的本地化功能。可见，ColorOS 十分重视海外市场，凭借其不断提升的软实力，为海外用户带来了更好的系统体验。

针对印度市场，ColorOS 7 带来了一系列本地化功能。ColorOS 7 的电子证件功能结合了印度国民个人信息平台 DigiLocker，在机场酒店等场合拥有 ColorOS 7 电子证件的用户可直接进行身份验证，最大限度地简化验证步骤，帮助用户节省时间。

除此之外，针对印度用户的需求，ColorOS 7 还带来了骑行模式与音乐派对功能。用户开启骑行模式，即可屏蔽来电通知，还支持可自定义的免打扰功能；打开音乐派对功能，可实现几台手机同步播放歌曲，将歌曲声量提到更高。

在设计上，ColorOS 7 携手全球签约艺术家开启了全新"ART+"计划，为 ColorOS 7 设计多套别具风格的艺术壁纸。值得一提的是，ColorOS 7 还带来了以印度著名建筑 Hawa Mahal 为灵感源泉，由印度设计师制作的全新印度本地动态壁纸。

资料来源：编程客栈网；深耕全球市场，ColorOS 首次举办海外发布会；2019-11-26；http://www.cppcns.com/news/media/288903.html，引用时有删改。

（3）目的的特殊性。组织均具有自己的国家属性，因此，组织开展国际公共关系活动时不仅要树立自身在国际公众中的良好形象，实现自身的组织利益，还要注意树立国家形象，维护国家利益。

（4）过程的复杂性。由于国际公共关系面对的公众是国际公众（他国公众），公共关系环境和公众的不同必然导致开展国际公共关系工作面临一系列新问题，由此构成国际公共关系的复杂性，主要表现为：国际公共关系面临的公众更加复杂，国际公众属于不同的国家和地区，种类多、数量大、文化差异明显；国际公共关系开展的环境更加复杂，特别是在他国境内开展国际公共关系活动，他国的政治、法律、经济、社会、历史、文化、资源、人口等环境因素对国际公共关系活动的策划和实施具有重要的影响；国际公共关系的传播要求更高，必须覆盖面更广，时效性更强，因此，应当了解和熟悉目标国主要的大众传播机构、传播体制与媒介运作方式、大众传播的法规、跨文化沟通规则、国际传播的策略与技巧等。

（5）非国家性。这是由国际公共关系主体的性质和国际公共关系工作的目标、对象等因素决定的。国际公共关系的主体不是国家，客体也不是国家，而是一个组织与他国公众之间的关系，实现的是组织自身的利益，组织的国际公共关系实务活动也有别于国事访问、政府谈判、制发外交文件、与他国缔结条约、参加国际政治会议和国际政治组织等外交活动。一个组织在国际交往和活动中的表现，虽然也会间接地反映国家形象和国家利益，但本身不是国家行为，因此，国际公共关系带有民间外交关系的色彩，不具有国家性。

17.1.2 国际公共关系的策略技巧

开展国际公共关系活动，是联结组织与他国公众的纽带，是提升组织国际知名度和美誉度的重要途径。一般而言，组织可以考虑采取如下几种策略。

1. 宣传型公共关系策略

宣传型公共关系策略，就是利用报纸、杂志、广播、电视等各种大众传播媒介和内部沟通方法直接向他国公众传递组织的各种信息，促成组织与公众的沟通和理解，以提升组织的知名度和美誉度，形成有利于组织发展的社会舆论以及内外部环境。值得注意的是，为了迅速获得他国公众的认知和好感，组织要研究跨国公众的属性与需求，以及他们所处的社会环境和时代特征，在知彼知己的基础上，才能制定和实施有效的国际公共关系宣传策略。

案例

悉尼新南威尔士大学2020年第一学期中国招生的国际传播策略

悉尼新南威尔士大学是澳大利亚八校联盟的成员，在2020年QS世界大学排名中名列全球第44位。为了扩大它在意向留学生群体中的认知，同时吸引更多意向留学生积极关注并完成申请，悉尼新南威尔士大学以潜在留学生群体的核心需求为中心，着重分析其"认知及申请路径"，围绕STDC（see-think-do-care）在各个阶段布局触达渠道，并结合百度、谷歌、微信、领英、知乎、豆瓣等多个平台，打造定制化内容，从而实现潜在留学生群体的有效触达和行动引导。通过渠道、创意和引流路径的不断优化，"开始申请"和"完成申请"两项关键性评估指标稳步提升，最终悉尼新南威尔士大学的总计曝光量达2.98亿次，官方网站点击量逾140万次，2020年第一学期学生申请数量较上一学期增长超过11倍。

资料来源：逻壹传播（中国）官网，悉尼新南威尔士大学（UNSW Sydney）70周年校庆活动，2020-12-11，https://www.teamlewis.cn/magazine/，引用时有删改。

2. 服务型公共关系策略

服务型公共关系策略是组织通过为公众提供优质、实惠的服务，以实际行动去获取公众的好感，建立自己的良好形象。对于一个企业或者社会组织来说，要想获得良好的组织形象，宣传固然重要，但是更重要的在于自身的工作，在于自己为公众服务的程度和水平。离开了良好的服务，再好的宣传也是"水中月""镜中花"，变得华而不实。而优质的服务可以为公众带来更积极的亲身体验，为组织带来更好的口碑，这种良好的口碑具有传播广泛、说服力强的特点。

组织在国际公共关系中采用服务型公共关系策略，可以将公共关系活动由抽象的宣传变为具体的、实在的行动。因此，组织不仅要提高服务的自觉性，培养全体员工的服务意识，还要注重服务的实在性，以实际行动向公众证明组织的诚意，让公众感受到实实在在的服务价值。

案例

美联航拖拽亚裔乘客事件

2017年4月9日，满载乘客的美国联合航空公司（简称美联航）航班正准备按计划从芝加哥飞往路易斯维尔。这时航空公司方面突然表示航班"超售"，希望四名乘客能够"自愿"下机改签次日航班，并且可以提供赔偿，但还是无人愿意下机。于是美联航方面开始"指定"下机乘客。

媒体引述同机乘客说法，在被选中的四人中，有两人离开，而那名亚裔中年男子也被抽中。他表示自己是医生,第二天要去见病人,因此拒绝"被自愿"。接下来,他被航空公司叫来的机场警察强行拖走,导致受伤,满脸是血。最终,该航班在延误两个小时之后起飞。

美联航这次事件引发舆论风暴,很多国外网友表示非常愤怒和不满。社交媒体上"Boycott United Airlines"(抵制美联航)的标签瞬间被"刷爆"。美国网友在 Twitter 上形成一股抵制美联航的风气,形容美联航就像"一个角斗场"。

资料来源:百度百科,4·9 美联航驱逐乘客事件,2017-04-09,https://baike.baidu.com,引用时有删改。

3. 交际型公共关系策略

交际型公共关系策略,是指通过直接的人际交往,语言、文字的沟通,进行情感上的联络,为组织广结良缘,建立广泛的社会关系网络,以形成有利于组织发展的人际环境和外部社会环境。交际型公共关系可采用宴会、座谈会、招待会、谈判、专访、慰问、电话、信函等形式,具有直接、灵活、富有人情味等特点,是一种直接的情感投资,可以通过和目标市场国或地区公众的直接接触,深化交往层次,随时捕捉各种有价值的信息。在建立一定情感基础的前提下,可达到互助、互利、互惠的目的。

在涉外的交际型活动中,组织应特别注意遵守国际礼仪,尊重对方的风俗习惯和礼仪,避免因为忽视文化差异而导致误解,给组织带来不必要的损失。

4. 社会型公共关系策略

社会型公共关系策略是通过举办各种有组织的社会性、公益性、赞助性活动,如庆祝会、纪念会,赞助文化、教育、体育、卫生等事业,参与国家、社区的重大社会活动,来扩大组织的社会影响,塑造组织的社会形象,提高组织的社会知名度和美誉度。社会型公共关系策略的特点是公益性、社会性、无偿性,它不以短期利益为出发点,不以获取直接经济利益为目的,而是通过一系列活动,树立组织负责任的社会形象,为组织营造有利于长期发展的社会环境。在国际市场竞争中,组织要想赢得他国公众的认可和好感,就要迎合公众的心理需求,淡化自身"外来户"的身份和商业性色彩,为当地的经济建设和社会事业的发展贡献力量,体现组织的社会责任感。

案例

中国品牌对国际体育赛事青睐有加

商业体育作为舶来品,在很长的一段时间内一直是海外品牌的天下。但如今情况大不相同,中国品牌在世界顶级体育赛事中的参与度正逐渐提升。尼尔森《2021 年全球体育营销趋势》报告也指出,自 2008 年北京奥运会以来,中国企业正越来越多地将体育赞助作为支持其品牌成长的方式,未来 10 年,中国品牌将占全球赞助市场增长总量的 1/3。

比如,自 2016 年欧洲杯赞助商里首次出现中国品牌以来,短短 5 年时间里,中国品牌已经晋升为最大"金主"。在 2021 年欧洲杯 12 个顶级赞助商席位里,中国品牌就占了 4 个,包括支付宝、抖音海外版 TikTok、海信和 vivo。2019 年时,只有 TCL 赞助了美洲杯,但 2021 年开赛的美洲杯,4 个主赞助商里有 3 个是中国企业,分别为快手海外版 Kwai、中国科兴和 TCL。

2018年时，俄罗斯世界杯的赞助商有万达和蒙牛，当时这两个品牌还主要着眼于国内市场，因此赞助国际性的体育赛事，其目的还是要在国人面前秀实力、维持曝光量。但时至今日，中国品牌全球化发展趋势不断加速，世界级体育赛事已经成为中国品牌打开海外市场的敲门砖。

例如，2019年百岁山宣布赞助塞尔维亚男篮，在签约仪式上顺势公开了进军塞尔维亚市场的计划。百岁山陆续与国际篮联、国际排联、篮球世界杯等多个国际体育组织和顶级赛事IP开展合作，其业务线也陆续布局美国、意大利、加拿大等30多个国家和地区。

自2014年以来，vivo陆续与苏迪曼杯羽毛球锦标赛、BCCI（印度板球总会）、FIFA世界杯、NBA等多个赛事开展合作，2021年又成为欧洲杯开闭幕式合作伙伴。自2019年品牌升级以来，创维加大体育赛事的布局力度，在近几年先后赞助了F1车队、尤文图斯球队、欧洲杯等。而在2021年，创维先是推出了尤文图斯的联名周边，后又赞助了欧洲杯。

品牌出海已经常态化，越来越多的中国品牌将体育赛事当作提高海外市场影响力的关键节点。未来，中国品牌在世界级赛事上的分量势必还会增加。

资料来源：脉脉网；体育大年，品牌们的"体育营销"有哪些新趋势；2021-07-30；https://maimai.cn/article/detail?fid=1647219809&efid=OK2a4OUjVaz×0pRzlst4oQ，引用时有删改。

例如，一些在华跨国公司积极参与我国的公益事业：三星集团长期活跃在教育、农村、福利、助残等四大公益事业领域，资助建设了百所希望小学，资助新疆2 000多名白内障患者进行手术治疗等，得到了我国政府和人民的肯定；松下公司在环保、教育、社会福利等领域开展的公益事业也给人留下了深刻印象；麦当劳则与宋庆龄基金会共同成立了"中国麦当劳叔叔之家慈善基金会"，旨在帮助弱势儿童，麦当劳还发布了其在中国的企业社会责任报告；等等。这些跨国公司在我国都取得了不错的经营业绩，可以说开展公益活动让它们从"外来户"的身份变成了"自己人"，当然能够获得更多的支持与合作。

17.1.3　国际公共关系的注意事项

1. 遵循国际惯例

国际惯例是在长期的国际交往实践中所形成的一些成文和不成文的规则，虽然没有法律强制约束力，却是国际上的通用规范。国际公共关系是一种跨国界、跨文化的活动，要求参与者遵循统一的国际法和国际惯例。1961年，国际公共关系协会制定了《国际公共关系协会准则》；1965年，国际公共关系协会又在雅典通过了《国际公共关系道德准则》。这两个文件对国际公共关系人员的行为规范、道德准则等提出了一些原则性的要求，如注重信息的真实性，尊重和维护人类尊严，对社会和公众利益负责，尊重《联合国人权宣言》的道德原则与规定等。此外，国际公共关系领域还存在一些不成文的惯例，如平等竞争、保守机密、公共关系职业性服务机构不得向自己已有客户的竞争者提供服务，等等。这些惯例也是组织在开展国际公共关系的过程中必须遵守的重要原则。

2. 维护国家形象

在国际公共关系的舞台上，无论是企业还是政府，每个组织都是国家的代表。国家利益高于一切，国家形象重于一切。这就要求组织在开展国际公共关系工作时，要遵守国家的政策、法令，要维护国家、民族的尊严和利益，忠于国家、忠于人民、忠于政府，不做辱没国格和中国人人格的事，任何有损于国家利益的行为和方式，都不可能为组织带来真正的长远利益和塑造良好的组织形象。

案例

伦敦办秀，波司登引全球为祖国加油

2020年2月16日，在中国本土新冠疫情比较严重之际，中国羽绒服品牌波司登登上伦敦时装周，成为首个亮相伦敦时装周的中国羽绒服品牌。与以往不同的是，波司登心系祖国，此次时装秀场特别采用了中国红的元素，并在现场打出"中国加油"的醒目标语。现场走秀模特的脸上也纷纷贴着中国国旗图案，在秀场上展示着波司登极具时尚与设计感的羽绒服。在闭幕时刻，设计师更是带领54位模特穿着波司登"中国红"的羽绒服，手持五星红旗走上舞台，齐声高喊"中国加油"，现场数百名观众热烈呼应，气氛达到高潮。

惊艳伦敦时装周，波司登用走心的方式引发了全球友人为中国加油的热潮，网络上一片热议，国内外各大权威媒体更是争相报道，纷纷给予肯定和好评。波司登将中国品牌的力量和自信带到国际秀场，引发世界为中国加油。这一举动向世人展示了中国企业与国人共克时艰的决心和能力，提振信心，体现了中国品牌的正能量，传递了品牌温暖。

资料来源：腾讯网；硬核新国潮，波司登3亿捐赠后伦敦时装周彰显中国时尚；https://new.qq.com/omn/20200-221/20200221A0F5EY00.html，引用时有删改。

3. 尊重多样文化

文化的多样性让人类社会丰富多彩，但也是造成不同文化种族间产生误解与隔阂的主要原因，因此，开展国际公共关系要求公共关系人员必须了解和熟悉他国的公共关系环境，包括政治、法律、经济、社会、历史、文化、资源、人口等环境因素，这些环境因素对国际公共关系活动具有重要的影响。对不同国家的公众，还需要照顾其民族文化、宗教信仰等特点，只有善于在求同存异的基础上开展沟通与合作，才能取得更加积极的国际公共关系效果。

4. 遵守国际礼仪

国际礼仪是在国际交往活动中应遵循的行为规范和准则，体现了一个组织的文明程度和综合素质。国际公共关系就是一种国际交往活动，因此，开展国际公共关系也要"入乡随俗"。由于各国的宗教信仰、文化背景、语言文字和风俗习惯各不相同，因此在礼仪方面表现出多样性和差异性，组织要想建立、巩固和发展同他国公众的友谊，树立良好的国际形象，就要注重在交往中的言谈、举止、风俗习惯、服饰、称谓、迎送、会谈、宴请、签字等诸多细节上的把握。

5. 实施本土化策略

实施本土化策略，是指在开展国际公共关系工作时，要根据目标公众所在国度的具体情况，采取有针对性的公共关系手段和方式，防止出现"水土不服"和"排异反应"。众

所周知,不同国家的文化是异质的、独特的,文化的差异使不同国家的公众有不同的观念和行为准则。为了获得他国公众的认同,就要尊重对方的文化,实施本土化策略。如"白象"在中国是吉祥物,在欧美人眼里却是一种愚笨的动物,不受他们的欢迎,这导致我国的"白象"电池在欧美国家出现严重滞销。雀巢咖啡的广告语原来是西方社会所倡导并为西方公众所欢迎的"速溶,方便",却很难唤起中国消费者的欲望,改成"味道好极了",就非常具有中国文化特色,为中国消费者所接受。由此我们可以看到,尊重国际公众的文化传统,实施"本土化"原则的重要性。

案例

SHEIN 的本土化推广策略

"快时尚"跨境电商平台 SHEIN 创立仅 10 余年,目前年收入超百亿美元,在 56 个国家的购物 app 中排名第一,并在 2021 年第二季度超越亚马逊,登上美国购物 app 下载量榜首,已经悄然成为隐形的服装巨头。

作为"快时尚"品牌,"快"是首要的核心竞争力。从市场调查、设计到生产出货,ZARA 交出的周期时长是 3 周,而 SHEIN 却只要 10~15 天,其具备强大的数据收集以及前后端的联动能力。在 2015 年之后,SHEIN 已经建立了一个不需要中间商和代理商,从设计、生产到出货一条龙,直接与消费者沟通,并且可以随时根据市场反馈调整生产的跨境 C2M 系统。如此,SHEIN 才能做到对"实时时尚"(real-time fashion)的精准把控,也让 SHEIN 能够克服"跨国"带来的不适应,迅速把握不同地区的市场需求,并将其转化成产品反馈给消费者,进而快人一步,先抢占商机。

海外市场环境本身就相当复杂,而目前 SHEIN 已经进入 120 余个国家和地区,跨越了欧、亚、非、拉丁美洲等多个文化圈子。因此,SHEIN 的用户群体十分复杂,不同地区的市场环境和流行趋势都是不同的,可谓众口难调。依靠对各个市场的数据分析能力,SHEIN 摸索出了一套因地制宜的营销策略。通过带有地区特色的官方首页推送,去适应不同市场的需求,并与当地的 KOL、KOC 建立合作关系,帮助其进行本土化的推广。

首先,它的购物网站首页和 app 首页内容会根据登录地点与选择的语言不同进行调整,同时 SHEIN 的数据系统会依据不同地区行情,推荐具有当地特色的商品,模特也会变换为当地的主流人种。比如,将登录地调整到新加坡,首页的模特会变成黄种人,服饰风格则偏向日韩式,适合亚洲女性;调整到阿拉伯地区,首页模特则会变成穿着长袍长裙的中亚美女;而德国地区的首页上,模特就变成了穿着德国传统服饰的日耳曼女郎。这让不同地区的消费者都能在 SHEIN 平台上得到最符合当地审美的内容推送,让品牌能够适应不同的市场环境,抓住消费者的需求点和兴趣点,促进购买行为。

其次,SHEIN 的推广主要依赖的是网络社交平台,它在不同平台的官方账号会分地区并配合不同市场的实际情况,推出不同的宣传内容。以抖音平台为例,它在北美地区的账号发布的短视频会配有为品牌创作的背景音乐,多为贴合时下欧美潮流的节奏鲜明的曲风,模特们搭配音乐节拍和视频布景展示服装,整个视频风格相当精致。而 SHEIN 面向阿联酋的抖音账号则会搭配阿拉伯曲风的背景音乐,并且可能是为了配合当地对女性的诸多限制,视频里几乎没有真人模特出镜,只会单独展示服装穿搭,整体的衣饰风格也比欧美地区保守很多。

资料来源：36氪；超越亚马逊、3 000亿市值……深扒SHEIN的生意经；2021-09-07；https://36kr.com/p/1387-077863357575，引用时有删改。

6. 培养国际公共关系专业人才

成功的国际公共关系活动的开展离不开一支业务熟练、经验丰富的国际公共关系团队的支持。因此，组织在国际公共关系活动中要格外重视国际公共关系人才的培养，要通过人才引进、人才培训交流、培养方式创新等多种方式丰富国际公共关系人才储备，充实国际公共关系人力资源，提升自身的国际公共关系实力。

拓展阅读 2021中国全球化品牌50强榜单

资料来源：知乎；2021年中国全球化品牌50强出炉，这些品牌势能辐射全球；2021-05-13；https：//zhuanlan.zhihu.com/p/371970182，引用时有删改。

17.2 跨界公共关系

> **牛人课堂**
>
> 跨界营销最主要的是要像婚姻一样讲究门当户对，寻求强强联合，这样才能使跨界营销"1+1＞2"获得双赢，否则会给双方带来无尽的痛苦。
>
> ——品牌竞争力学派创始人 李光斗

17.2.1 跨界公共关系的概述

跨界公共关系，一般是根据不同行业、不同产品、不同偏好的消费者之间所拥有的共性和联系，将一些原本毫不相干的元素进行融合，使之互相渗透，赢得目标公众的好感，使跨界合作的品牌能够实现共赢。

（1）跨界的基础是科技的发展。进入互联网时代，特别是移动互联网的普及，让人们有更多的信息来源。供求信息的流通达到空前的释放，需求与供给不断丰富和完善。

（2）跨界的本质是整合和融合。通过将自身资源的某一特性与其他表面上不相干的资源进行合理的搭配应用，可放大资源的价值，甚至可以使两者融合为一个完整的独立个体面世。

1. 跨界公共关系产生的原因

随着市场竞争的日益加剧，行业与行业相互渗透、相互融合，已经很难清晰地界定一个企业或者一个品牌的"属性"，跨界（crossover）现在已经成为国际最潮流的字眼，从传统到现代，从东方到西方，跨界的风潮愈演愈烈，已代表一种新锐的生活态度和审美方式的融合。

每一个优秀的品牌都能比较准确地体现目标消费者的某种特征，但因为特征单一，往往受外界因素的影响也比较大，尤其是当出现类似的竞争品牌时，这种外部因素的干扰更为明显。而一旦其找到了一个互补性的品牌，那么，通过从多个方面对目标消费者特征的诠释，就可以形成整体的品牌印象，产生更具张力的品牌联想。互补性品牌之间也更容易产生品牌联想。

（1）市场竞争日益激烈，产品功效和应用范围逐步延伸。

（2）市场发展背后，新型消费群体崛起。他们的消费不再只是为了满足功能上的基本需求，而是渴望体现一种生活方式或自身品位。

（3）随着产品同质化、市场行为模仿化日趋明显，企业对消费群体的细分更加精准化，比如除了传统的按年龄和地域等指标划分外，又增加了生活方式、学历等新指标。

（4）一个企业或品牌单打独斗的时代已结束，跨界联合能够降低成本，拓展更大的传播群体，共享更多的资源。

2. 跨界公共关系的目的

通过行业与行业之间的相互渗透和相互融合，品牌与品牌之间的相互映衬和相互诠释，能实现品牌从平面到立体，由表层进入纵深，从被消费者被动接受转为主动认可，由视觉、听觉的实践体验到联想的转变，使企业整体品牌形象和品牌联想更具张力，对合作双方均有裨益，能够让各自的品牌在目标消费群体中得到一致的认可，从而改变传统模式下，品牌单兵作战易受外界竞争品牌影响而削弱品牌穿透力、影响力的弊端。

（1）相互借势品牌元素，找到营销新突破口，实现品牌年轻化。

（2）扩大渠道覆盖，借用双方的渠道资源覆盖更多目标人群。

（3）引爆市场话题，内容新奇有趣，有足够的噱头供大众讨论。

（4）突破场景流量，如农夫山泉和网易云音乐的跨界，农夫山泉瓶身文案取自网易云音乐的乐评，用户喝水的时候通过阅读瓶身文字自然会联想到网易云音乐，而使用网易云音乐的时候也会因联合推广而联想到农夫山泉。

17.2.2 跨界公共关系的类型

1. 产品式跨界

最常见的是产品跨界，品牌双方通过 IP 授权制作定制款产品。具体来说，大致有四种产品跨界形式。

（1）A 品牌自主推出非 A 品牌主营业务的产品。比如，2019 春夏纽约时装周期间，出现在曼哈顿全球顶尖买手店 Opening Ceremony 里的"老干妈卫衣"。

（2）A 品牌与 B 品牌跨界推出 A 品牌产品。比如，2018 年中秋节，故宫品牌食品联合抖音，推出"斗转星移共团圆"宫廷月饼吉盒。

（3）A 品牌与 B 品牌跨界推出 B 品牌产品。比如，2018 年麦当劳为庆祝巨无霸汉堡诞生 50 周年，联合 G-SHOCK 手表，合作推出了联名款的手表。

（4）A 品牌联合 B 品牌推出 C 品牌产品。比如，泸州老窖为与热门影片《三生三世十里桃花》进行合作植入，专门对片中出现的"桃花醉"酒进行注册并销售，不仅带来了品牌曝光，也带来了收益增长。

> 案例

贝瑞甜心联手东北大板，推出冰爽冰激凌酒

低度酒品牌贝瑞甜心近日与冰激凌品牌东北大板联名，推出冰激凌酒，将冰激凌的冰爽与酒的微醺"一网打尽"。此举将成年人的冰激凌自由与喝酒自由、冰爽享受和微醺享受一并带给消费者。此外，此次联名产品的包装突出童年记忆，旨在唤醒消费者记忆里夏天的乐趣。

资料来源：搜狐网；TOPHER；贝瑞甜心推冰激凌酒；拉面说加码儿童系列；Levi's 母公司进军运动时尚；2021-08-09；https://www.sohu.com/a/482268818_99893342，引用时有删改。

2. 内容式跨界

一般来说，这种方式多是在内容营销上将 A 与 B 品牌进行融合。比如，2018 年肯德基携手经典动漫《银魂》，跨界合作打造出"KFC × 万事屋"与"万事 OK 明星餐"，尤其值得一提的是，以《银魂》世界观对肯德基产品诠释的定制版动画剧情，成功俘获了中国粉丝的心。

> 案例

奥利奥 × 权力的游戏跨界公关

2019 年 4 月，全球观众翘首以盼的《权力的游戏》最终季播出，奥利奥借此出了一次风头，其用 2 750 块奥利奥饼干完美复刻了《权力的游戏》标志性片头，虽然只有 50 秒，但也堪称史诗级巨作。在一个全球性的热点 IP 面前，奥利奥在传播上获得了巨大曝光和关注。奥利奥还特意定制了联名款产品，每一款饼干上面都特别附带了一个图案，代表剧中的一个家族。虽然粉丝们对《权力的游戏》最终季的剧情极其不满意，但会玩的奥利奥这次还是赚到了。

资料来源：数英网；奥利奥 × 权力的游戏：2 750 块小饼干的史诗级巨作；2019-03；https://www.digitaling.com/projects/61452.html，引用时有删改。

3. 概念式跨界

玩概念一般需要有相同的品牌理念，才能让跨界达到"1+1＞2"的效果，比如卖便携式相机的 Go Pro 和卖能量饮料的红牛走到了一起，策划了一场大胆的活动——Stratos（太空跳）。活动邀请极限达人菲利克斯·鲍姆加特纳 Felix Baumgartner，从距离地面 24 英里①的太空舱内带着 Go Pro 相机纵身跳下，并在红牛的 You tube 频道进行了直播。看似毫无关系，实际上这两个品牌都拥有"冒险、无所畏惧、热爱极端挑战"的个性。因为有这种共通的价值观，再搭配上极限运动的形式，两个品牌的结合显得自然而然。

> 案例

一场火爆小酒与中国路虎联盟卫士俱乐部的跨界公关

2019 年，中国小酒"火爆"与中国路虎联盟卫士俱乐部组成史无前例的硬核越野组

---

① 1 英里=1 609.344 米。

合，发起了一场跨越国界的冰雪穿越之旅。火爆车队一路向北，在冰雪中穿越4 000公里，热力持续12天之久，用狂热的激情"炸裂"西伯利亚蓝冰，首次把中国小酒带出国门，带入俄罗斯市场，引来了俄罗斯当地媒体的自发性报道，不仅掀起了一轮跨国精酿小酒热潮，更开辟出一条充满挑战的中俄越野路线。

火爆精酿小酒改写了小酒廉价低质的过往，以"精酿技艺"定义高品质；以时尚现代、简约轻奢的"斜杠"瓶身亮相于众人面前，定义高品位。路虎卫士，《速度与激情》《007》中的明星，是许多越野爱好者渴望、追求的车型。中国路虎联盟卫士俱乐部集结越野信仰，汇聚了一群有情怀、有品位的人，他们热爱生活，不甘于将就，是一群心态永远年轻并且热血澎湃的人。这与火爆小酒"小酌不将就，好酒小瓶装"的理念和目标消费者群体吻合。

火爆小酒与路虎卫士的硬核组合，不是简单的"混搭"，而是品牌内核的契合。

资料来源：百度百家号：畅游汽车生活；4 000公里，贝加尔湖火爆穿越之旅创最险纪录；2019-03-11；https://baijiahao.baidu.com/s?id=1627163047412828961&wfr=spider&for=pc，引用时有删改。

4. 体验式跨界

体验式跨界是基于人群特点、消费场景、文化习惯等多位一体的综合跨界，表现形式一般为话题活动或业务合作。在话题活动方面，除了能给顾客带来新奇体验外，其目的更多在于事件营销。比如，2017年饿了么与网易新闻在上海开的"丧茶"快闪店。在业务合作方面，比如沃尔玛和京东到家的合作，共同推动门店智能升级，实现了最后一公里配送；沃尔玛与腾讯小程序的合作，推出沃尔玛"扫码购"，顾客无须排队结账，直接线上支付就能拿货走人。对消费者而言，购物体验得到了极大优化。

🔊 案例

TOP TOY跨界深圳文和友，领航潮玩经济

近日，全球潮玩集合品牌TOP TOY与深圳文和友联合推出的TOP TOY深圳文和友潮玩博物馆亮相。TOP TOY潮玩博物馆将原创IP，融入深圳文和友的中国式怀旧、复古建筑风格中，打造1 500米²的超大沉浸式潮玩体验空间，开辟赛博修理站、黑客创客区、招财神庙、太空酒吧等特色主题区域，与深圳文和友全新的老街蚝市场相呼应，并利用全息技术让消费者与潮玩IP、文和友美食IP产生互动，提供沉浸式体验过程。TOP TOY的潮流元素、潮玩艺术与文和友富有人文气息的城市空间跨界连接，以潮玩文化赋能商业空间体验式消费，为二者共同的客群打造出全新的消费场景。

资料来源：网易；TOP TOY × 文和友：TOP TOY全国首家潮玩博物馆首入深圳；2021-09-08；https://c.m.163.com/news/a/GJDGKNO20535GNRZ.html，引用时有删改。

5. 资源式跨界

资源跨界中的资源一般包括渠道资源、人才资源和技术资源。渠道跨界的主要方式是，在A品牌产品销售过程中加入B品牌产品的传播。比如，在剧场版《精灵宝可梦》上映期间，其与麦当劳进行了跨界合作，麦当劳推出了含有"精灵宝可梦"玩具的开心乐园套餐。在人才资源跨界方面，比如H&M曾与Chanel进行跨界合作，邀请Chanel的设

计师为 H&M 设计衣服，这正是一种设计师资源的合作。技术资源跨界一般是某一方具有相当的技术优势，能够为双方的合作提供技术支撑，比如江小白与两点十分动画公司合作推出动画《我是江小白》，两点十分公司就是动画制作方，而江小白则是赞助商。

> **案例**
>
> **上海美影厂 × 亚朵酒店跨界公关**
>
> 大多数中国人应该都有一种童年叫"上海美术电影制片厂"（简称美影厂）。《大闹天宫》《阿凡提》《哪吒闹海》《天书奇谭》《黑猫警长》《葫芦兄弟》等众多经典影片伴随几代人度过了快乐的童年。2019 年，上海美影厂和最会玩的酒店——亚朵，在上海联合打造了一家亚朵美影酒店。美影厂拿出 6 大 IP，为所有"80 后""90 后"重新构建一个回忆里的动画世界。黑猫警长出现在酒店外的停车围栏上，孙悟空在酒店大堂中腾云驾雾，走道、客房处处都有哪吒、葫芦娃、阿凡提等上海美术电影制片厂的经典 IP 海报或手绘……酒店一层是公共空间，不仅欢迎住客，也欢迎酒店周边的居民以及游客来此"打卡"。这里还设置了播放经典动画片的"时光电影院"、举办亲子活动的创作空间、经典 IP 衍生品展销室等功能区。酒店客房目前有 5 间 IP 主题房，分别以孙悟空、葫芦娃、黑猫警长、阿凡提、哪吒为主角。夜幕降临后，主题酒店一侧墙面被 AR 投影点亮，孙悟空、葫芦娃等一一"跃出"，演绎有趣的 AR 交互动画。
>
> 这个跨界的特别之处在于：一方面，这是美影 IP 首次在酒店场景的落地；另一方面，亚朵酒店长期以来基于 IP 酒店做了很多延展和创新，和美影厂的合作也算水到渠成。从酒店门店的如意金箍棒，到大堂的动画放映厅，再到房间内的定制设计，都将 IP 的价值发挥到最大。
>
> 资料来源：公关之家网，2019 年十佳跨界营销案例，2019-12-04, http://www.gongguanzhijia.com/article/3801.html，引用时有删改。

17.2.3 跨界公共关系的原则

跨界公共关系有着自己的一套严格的执行体系，合作双方品牌的形象与定位契合度、共同受众群的重合度尤为重要，并要求双方善用热点与制造话题，创造合适的社交分享。通常而言，跨界的效果有三个层次：1+1<2、1+1=2、1+1>2。如果应用不当，不仅不能实现 1+1=2 的效果，反而还损伤了品牌形象，被消费者抵触。所以，品牌在策划跨界方案时，一定要把握好方向和主题，多研究方案细节，慎重选择跨界对象，考虑合作风险，避免踩到跨界"雷区"，使品牌深陷泥潭。

1. 合作的品牌一般不能是竞争对手

因为跨界的目的是通过合作来丰富自身品牌的内涵，实现市场或者口碑上的双赢，所以合作的双方必须是互惠互利、能够互相借势成长的共生关系，而不是此消彼长的竞争关系。这就需要合作企业在品牌上不具有竞争性，才有合作的可能。

> 案例

大白兔 × 气味图书馆跨界公关

2019 年是大白兔品牌建立 60 周年，这个承载了童年回忆的经典 IP 也开始疯狂玩起跨界，甚至在全国各地办起了巡展快闪店。大白兔和气味图书馆的跨界合作，是大白兔又一次利用产品的奶糖香气来做文章，双方定制了多款联名产品，包括香水香氛、沐浴乳、身体乳、护手霜、车载香氛、无火香薰等，以及各类大小礼盒。经此一役，大白兔几乎摆脱了"品牌老化"的标签，"来点孩子气"的主题也完全符合品牌年轻化的终极诉求。

资料来源：知乎，气味图书馆和大白兔联名香氛案例分析，2020-11-05, https://zhuanlan.zhihu.com/p/274994696，引用时有删改。

2. 品牌最好能够实现非产品功能互补

非产品功能互补原则，指进行跨界合作的企业在产品属性上要具备相对独立性，合作不是各自的产品在功能上进行相互补充，如相机和胶卷、复印机与耗材，而是产品本身能够相互独立存在，各取所需，是基于一种共性和共同的特质而结合，如基于产品本身以外的渠道、品牌内涵、产品人气或者消费群体。

> 案例

太平鸟 × 饿了么跨界公关

2019 年，太平鸟推出和饿了么的联名款产品，太平鸟除了上架一系列外套、针织衫、长裤等联名服装外，还在饿了么平台上开启了店铺，取名为"太平餐厅"，在饿了么搜索"太平鸟女装"就能找到相关门店。用户购买联名款产品，30 分钟内就可以拿到了，太平鸟和饿了么在产品合作之外还进行了渠道合作。

资料来源：知乎；饿了么 × 太平鸟联名上线，饿了么开始卖衣服；发布于 2019-08-29；https://www.zhihu.com/pin/1150462916460523520，引用时有删改。

3. 资源最好能够互相匹配

所谓资源相匹配，就是指两个不同的品牌在进行跨界营销时，在品牌、实力、营销思路和能力、消费群体、市场地位等方面具有共性和对等性，这样才能在合作时发挥品牌的协同效应。因此，对于品牌决策者来讲，跨界就是考验决策者的资源整合能力，特别是对各种"界"的整体运作能力。企业经营者必须清楚自己的"界"存在的优势与劣势，以及如何取长补短。因为只有合理地借用原有品牌，在遵循品牌核心价值的前提下，围绕品牌知名度、美誉度等多个维度设定新的品牌核心价值，将核心细分价值充分挖掘出来，巧妙地与跨界产品对接，才有可能迎合消费者的需求。

4. 注意品牌效应的叠加

品牌效应叠加，其实就是在品牌的优势上进行互补，将各自已经确立的人气、品牌内涵或者传播效应转移到对方品牌上，从而丰富品牌的内涵，提升品牌整体影响力。对于每一个品牌来讲，其都诠释着一种文化或者一种方式、理念，是目标消费群体个性体现的一个组成部分，但是这种特征较为单一，同时由于竞争品牌和外界因素的干扰，品牌对于文化或者方式、理念的诠释效果会减弱，而通过跨界就可以避免这样的问题，如我们常说的"英雄配好剑"这句话的道理一样，如果将"英雄"和"好剑"视为两个不同的品牌，那么"英雄"只有配上"好剑"才能体现"英雄"的英武，而"好剑"只有被"英雄"所用，其威力才能淋漓尽致地发挥，两者的优势互补才能互相衬托，相得益彰，发挥各自的效果。反之，则不会起到这样的效果，只是在浪费各自的价值。

案例

新华书店让你边吃边认生僻字

近年来，互联网上关于生僻字主题的视频和歌曲走红，评论里一些网友自嘲"怀疑自己是文盲"。恰逢开学季，新华传媒与盒马联名打造了"字典月饼"，把生僻字印在了月饼表皮上。此举目的是通过在月饼上刻字这种易学易懂的方式，寓教于乐，传递汉字文化，让消费者认识并记住这些难念、难记的文字。同时也通过这种方式为中秋这个团圆的节日增添更多趣味。事实上，跨界进入食品领域已经成为传统企业创新的主要方式，这样的跨界尝试，能更加有效地满足消费者的喜好和需求。这款月饼的包装盒形似字典，具有趣味性。

资料来源：搜狐网：大学搬到家门口；烎、嚞、巭、叴……新华书店做月饼啦！让你边吃边认生僻字；2021-09-08；https://www.sohu.com/a/488629867_121117454，引用时有删改。

5. 消费群体的一致性

每个品牌的消费群体都有一定的特征，根据消费群体的特征，品牌的营销策略会存在很多差异，如果要合作，那么品牌之间的消费群体应该具有一致性，才能够在同一点上发力。跨界需要细致洞察，从不同行业、不同产品、不同受众的喜好出发，挖掘出其中的共同特征。利用自身现有优势，开创新锐市场，形成品牌张力。成功的跨界必须建立在充分尊重消费者的基础上。

17.2.4 跨界公共关系的策略技巧

跨界公共关系具体该怎么操作呢？下面将从战略和战术两个层面进行分析。

1. 战略层面

（1）明确目的。品牌跨界成为一种"风潮"，在这种风潮下，不少品牌盲目跟风，所谓的"品牌跨界"仅仅停留在"联合推广"，把双方的 Logo 放到一起，或者换一下包装，就算是一场跨界营销。这样的跨界，实际效果自然不太理想。

要真正做好跨界合作，首先就要明确跨界目的，搞清楚品牌现阶段跨界合作的诉求——是为了提升品牌价值还是改善品牌形象，又或者是为了获得不同圈层的用户。不同的诉求决定了跨界的方式，并影响跨界效果的衡量方式。双方品牌的合作应当有短期、中期、长期的策略意识，有产品上的联合、渠道上的联合，有类似的核心理念支持跨界，否则只能算媒体资源置换。

> 案例

人民日报 × 李宁跨界公关

30年前,《人民日报》刊登了李宁品牌商标征集的胜出作品,这也是李宁品牌商标的首次媒体曝光。30年后,被称为"国货之光"的李宁推出多款联名潮品,在衣服上印上了《人民日报》标识,打造真正的"报款"。两次亮相国际时装周,李宁转身就奠定了"国潮"代名词的经典形象,而和《人民日报》新媒体的跨界,更像是一次打破次元壁的结合。

资料来源:腾讯网;李宁×人民日报联名即将发售 你绝对想不到李宁还有这些联名;2019-07-17,https://sports.qq.com/a/20190717/006411.htm,引用时有删改。

(2)精准定位。在做跨界公共关系之前,需要进行精准的定位,包括对自身品牌的定位,对合作品牌的定位,以及对目标群体的定位。比如,组织有必要知道目标消费人群的特征,详细分析自身及其合作者的消费者,并对其消费习惯和品牌应用习惯了然于胸。

> 案例

网易云音乐 × 海底捞跨界公关

吃火锅是最适合社交的场景,网易云音乐这次就利用这一点,把"小纸条"虚拟留言墙搬进了海底捞。许多餐饮店都会在店内设置一面留言墙,贴满留言纸条的墙甚至会成为店内的特色。网易云音乐利用了AR虚拟技术,让"小纸条"虚拟留言墙的留言不会被丢掉,也不会消失。很多人说,在网易云音乐,一半是有故事的人,一半是在听故事的人。"小纸条"进入海底捞101家门店,让吃火锅变得更有社交仪式感。

资料来源:数英网,2019年十佳跨界营销案例,2019-12-10,https://www.digitaling.com/articles/237922.html,引用时有删改。

(3)出其不意。跨界公共关系的本质,是利用不同品牌之间的"化学反应"制造话题点,这样一来,越具有"反差感"的不同品牌进行跨界,越能引发消费者的想象和讨论。与此同时,市场竞争日趋激烈,消费者的求知欲始终聚焦于没听过的事情,只有打破常规,才能给消费者耳目一新的感觉。但部分品牌为了寻求反差的刺激感,会与跟自身差异较大的品类合作,若把握不当,反而会造成品牌损害。也就是说,反差需要在品牌间共性的基础上建立,品牌本质、产品特性在某些方面存在契合度,跨界公共关系才能发生"化学反应"。

> 案例

RIO × 英雄"墨水"联名鸡尾酒

鸡尾酒界"搞事情"小能手RIO再次出招,将"潮流炫酷鸡尾酒"与"回忆满满蓝黑墨水"结合,与英雄联名推出"墨水"联名鸡尾酒。2019年5月16日,天猫首发的6 000瓶"墨水"联名鸡尾酒在1分钟售罄,让无数粉丝只恨手速太慢。此次联名鸡尾酒礼盒不仅视觉效果呈现出的"年轻与怀旧的结合"极具话题性,彰显了十足的情怀和文化底蕴,口味的创新也是这次跨界联合产品能够爆火的主要原因之一加上超有想象力的

"肚里有'墨水',敬你是英雄"这一朗朗上口、强记忆度的产品宣传口号,勾起大众的兴趣,也充分满足了追求个性、自由的年轻人的喜好。"墨水"联合鸡尾酒的概念,来自对中国俗语"肚子里有墨水"的一次创意解构,让鸡尾酒成为寄托中国的情怀与文化的情感载体。

资料来源:搜狐网,RIO鸡尾酒的跨界营销缘何成为现象级案例,2019-05-22,https://www.sohu.com/a/315311431_99890220,引用时有删改。

2. 战术层面

(1)找准合作对象。什么样的品牌才是合适的合作对象呢?跨界公共关系的核心是"和而不同",即合作方应拥有相似的品牌量级、相似的目标人群,但同时具有某方面的反差效果。具体而言,可以从如下5个维度选择合作伙伴。

第一,品牌价值较高。需要有一定的知名度和用户基础,这样的跨界才能在较大范围的用户群体中引发共鸣和讨论。

第二,受众相似或者互补。

第三,产品利益点互补。跨界的品牌、品类之间需要存在某种品牌共性,跨界行为才能发挥品牌之间的协同效应。

第四,跨界的品牌和品类需具备话题性,才能引发大众的好奇心,不断传播发酵。

第五,品牌美誉度较高。选择美誉度较高的品牌,以避免跨界对本品牌造成负面影响。

(2)确定内在联结。要完成一次高质量的跨界合作,很关键的一点在于确定合作品牌之间的内在关联点。具体方法如下。

元素联结,即两种品牌之间的某些关键元素构成互相强化的效果,比如,德克士新品"南美烟熏鸡腿堡"上市,联合气味图书馆的香水产品推出"德克士烟熏之语"香水。

场景联结,即跨界品牌之间的使用场景能够产生交叉,比如,网易云音乐和亚朵酒店推出的跨界快闪酒店产品"睡音乐主题酒店"。

案例

网易云音乐 × 瑞幸咖啡跨界公关

2019年8月,网易云音乐和瑞幸咖啡联名开办了"楽岛"音乐主题咖啡店。对于网易云音乐来说,使音乐体验化和场景化是一种理所当然的尝试,去年和亚朵合作的"音乐主题酒店"就是成功的先例。除了酒店场景之外,"音乐+咖啡"同样是最容易被接受的整合方式之一。音乐有了落地的场景,咖啡文化依托音乐找到新的表达形式。通过主题设计、饮品开发,网易云音乐的元素被深度植入,最具代表性的"乐评"也再一次出现,进店的用户可以留下想说的话,并有机会被投射到"楽岛"的乐评墙上。

资料来源:搜狐网:餐饮视觉研究室,网易云音乐×瑞幸咖啡联合推出"楽岛"音乐主题咖啡店,https://www.sohu.com/a/332088375_614738,2019-08-07,引用时有删改。

次元联结,即让自己的品牌"突破次元壁",比较经典的方式是游戏、影视剧道具植入和情节植入。

（3）确保用户参与。从产品层面看，主要在于消费者是否真的能够获取、体验、分享跨界产品；从信息层面看，主要在于该营销活动能否引发受众讨论，需要注意的是，营销不能淹没产品，以前面德克士的案例来说，无论是南美烟熏鸡腿堡，还是"德克士烟熏之语"香水，传递的信息都是一样的，即主打"味道"。总之，跨界合作并不是简单地把两个品牌放在一起，而是需要从战略和战术层面仔细考虑，最终达到双赢的效果。

本章小结

广泛开展国际交流与合作是大势所趋，公共关系的全球化、国际化发展日趋频繁。本章介绍国际公共关系的内涵及特点、策略技巧和应注意的问题。随着跨界风潮的愈演愈烈，跨界公共关系也成为大势所趋。本章重点介绍了跨界公共关系产生的原因、目的、类型、原则、实践技巧等。

热词加油站

平台红利期
这是指平台用户量巨大而竞争对手却很少的时期，参与者可以非常容易地获得大量的关注和收益。

元宇宙
元宇宙是一个虚拟时空的集合，它是通过数字化形态承载的与人类社会并行的平行宇宙。借由增强现实（AR）、虚拟现实（VR）和互联网技术带来身临其境的沉浸感。

内容生产
内容生产是指通过制定评判内容质量的标准、挖掘优质用户、培育优质内容生产者、制定用户激励措施等方式为内容生产者提供激励，从而为产品生产出持续的高质量内容。

内容运营
内容运营是指以内容为核心，涉及内容分发、生产和消费的全链路运营。内容不是仅指文字相关的内容，而是指互联网产品的显性基础元素，例如文字、图片、音频、视频等，以及它们之间的排列组合。

内容变现
平台通过提供变现渠道和方法，让 KOL 能在平台挣到钱，从而达到双赢的目的。比如，在今日头条平台写作时，创作者可以通过插入广告或者平台补贴的方式变现，知乎创作等级达到 4 级之后，创作者可以通过知乎好物方式变现等。

流量倾斜
给予优质的 KOL 创作者一定的流量倾斜，让 KOL 得到更多的曝光机会并获取更多的流量。

她经济
随着女性经济和社会地位提高，围绕着女性理财、消费而形成了特有的经济圈和经济现象。由于女性对消费的推崇推动经济的效果很明显，所以称之为"她经济"。

符号消费

在消费过程中，消费者除消费产品本身以外，还消费这些产品所象征和代表的意义、心情、美感、档次、情调和气氛，即对这些符号所代表的"意义"或"内涵"的消费。

快时尚

快时尚又称快速时尚。快时尚提供当下流行的款式和元素，以低价、款多、量少为特点，激发消费者的兴趣，最大限度地满足消费者需求。可以说，快时尚是全球化、民主化、年轻化和网络化这四大社会潮流共同影响下的产物。

网瘾老人

过度依赖自媒体和网络群组，沉迷于"刷手机"而昼夜颠倒、"茶饭不思"，已经成了不少老年人的日常生活状态。这类老年人群体被称为"网瘾老人"。

她力量

她力量是指女性群体在社会各个领域产生的不可忽视的力量。"她力量"包括女性本身的力量、女性和男性融合的力量、女性对男性激励的力量。随着女性的社会地位、文化素质和消费能力的不断提高，"她力量"正影响着经济、文化、生活等各个领域。

割韭菜

网络流行语，比喻机构、基金的大户抛售股票导致股票市场或个股大跌，为其迎来新的建仓机会，再重新在低位建仓，通过如此循环波段操作，来获取利润。

薅羊毛

"网赚"一族利用各种网络金融产品或红包活动推广下线抽成赚钱，又或者搜集各个银行等金融机构及各类商家的优惠信息，以此实现盈利，这类行为就被称为薅羊毛。"薅羊毛"的定义已经不仅仅局限于互联网金融领域，而是渗透到社会各个领域，利用外卖优惠券、减免优惠、送话费、送流量等诸多活动省钱或赚钱，都可以称为薅羊毛。

◎ 思考讨论

1. 一些跨国公司在做市场推广以及组织公共关系活动宣传时，总是选择在目标市场上具有广泛影响力的"本土"名人作为组织形象和公共关系活动的代言人，请你分析它们这么做的原因和理论依据是什么。
2. 一些在华跨国公司积极参与我国的公益事业，请你分析它们这么做的原因是什么，表现了哪种国际公共关系沟通传播策略。
3. 从国际公共关系的角度来看，如何通过一些自媒体平台扩大我国的国际影响力和提升国际形象？
4. 近几年企业的跨界营销，是你方唱罢我登场。请谈谈跨界公共关系合作中如何进行更深层次的资源整合。

◎ 能力实训

1. 请大量搜集近5年我国企业出海的案例，总结它们的成功经验，并分析失败的教训。
2. 博物馆"＋教育""＋现代服务业""＋旅游业""＋新媒体业"等跨界融合，构建合作共赢模式，能够实现资源开放和社会共享最大化。请考察你家乡的博物馆，并基于该馆特色，提出它的"博物馆+"发展思路。

社会热题大讨论

课外导读

[1] 谭书旺. 品牌出海策略研究 [M]. 北京：企业管理出版社，2020.
[2] 黄兆华. 出海征途：解码中国企业全球化之道 [M]. 北京：人民邮电出版社，2020.
[3] 何孔. 品牌出海 3.0[M]. 广州：华南理工大学出版社，2021.
[4] 沈国梁，卢嘉. 跨界战略：跨界创新时代的赢局密码 [M]. 北京：东方出版中心，2021.
[5] 王小圈. 跨界竞争：看不见的对手，看得见的手 [M]. 北京：电子工业出版社，2020.
[6] 吴学刚. 跨界营销实战 [M]. 昆明：云南人民出版社，2021.
[7] 王靖飞. 跨界红利：互联网时代企业经营新思路 [M]. 北京：化学工业出版社，2017.

参考文献

[1] 居延安. 简明公共关系学 [M]. 上海：复旦大学出版社，2021.
[2] 廖为建. 公共关系学 [M]. 北京：高等教育出版社，2011.
[3] 余明阳，薛可. 公共关系策划学 [M]. 3 版. 北京：首都经济贸易大学出版社，2023.
[4] 张克非. 公共关系学 [M]. 4 版. 北京：高等教育出版社，2022.
[5] 任正臣. 公共关系学 [M]. 2 版. 北京：北京大学出版社，2016.
[6] 胡百精. 公共关系学 [M]. 2 版. 北京：中国人民大学出版社，2018.
[7] 张耀珍. 公共关系学：理论、方法与案例：微课版 [M]. 3 版. 北京：人民邮电出版社，2021.
[8] 姚凤云，戴国宝，赵仁璧. 公共关系学 [M]. 2 版. 北京：清华大学出版社，2020.
[9] 乜瑛. 公共关系学 [M]. 杭州：浙江大学出版社，2017.
[10] 曾琳智. 新编公共关系学 [M]. 4 版. 上海：上海财经大学出版社，2022.
[11] 殷娟娟. 公共关系学教程 [M]. 3 版. 北京：中国人民大学出版社，2023.
[12] 荣晓华，张燕. 公共关系学 [M]. 3 版. 大连：东北财经大学出版社，2022.
[13] 张荷英. 现代公共关系学 [M]. 6 版. 北京：首都经济贸易大学出版社，2017.
[14] 蒋楠. 公共关系学原理 [M]. 3 版. 北京：科学出版社，2022.
[15] 束亚弟，陈小桃. 公共关系学 [M]. 2 版. 北京：机械工业出版社，2021.
[16] 李道平，等. 公共关系学 [M]. 5 版. 北京：经济科学出版社，2014.
[17] 陶应虎. 公共关系原理与实务 [M]. 4 版. 北京：清华大学出版社，2021.
[18] 李兴国. 公共关系实用教程 [M]. 4 版. 北京：高等教育出版社，2021.
[19] 杨俊. 新型公共关系实践教程 [M]. 2 版. 北京：电子工业出版社，2014.
[20] 张践，陈凌明. 公共关系学 [M]. 4 版. 北京：中国人民大学出版社，2020.
[21] 周三多，陈传明，刘子馨，等. 管理学：原理与方法 [M]. 7 版. 上海：复旦大学出版社，2018.
[22] 弗卢塞尔，博尔曼. 传播学：历史、理论与哲学 [M]. 周海宁，译. 上海：复旦大学出版社，2022.
[23] 科特勒，阿姆斯特朗. 市场营销：原理与实践：第 17 版 [M]. 楼尊，译. 北京：中国人民大学出版社，2020.
[24] 张岩松，张言刚. 政府公共关系教程 [M]. 2 版. 北京：清华大学出版社，2022.
[25] 金旗奖编委会. 2021 最具公众影响力公共关系案例集 [M]. 北京：中国财富出版社有限公司，2022.
[26] 孙迎光，韩秀景. 组织形象塑造：现代公共关系理论与实践 [M]. 上海：上海三联书店，2009.
[27] 黎运汉. 公关语言学 [M]. 5 版. 广州：暨南大学出版社，2018.
[28] 陈一收. 大型活动公关 [M]. 北京：北京大学出版社，2010.
[29] 张云. 公关心理学 [M]. 4 版. 上海：复旦大学出版社，2010.

[30] 稻盛和夫，京瓷株式会社. 利他的经营哲学 [M]. 曹岫云，译. 北京：机械工业出版社，2017.
[31] 陈亮. 绿色发展案例选编 [M]. 北京：中国环境出版集团，2018.
[32] 周华军. 全链路营销：高效全营销渠道管理 [M]. 北京：化学工业出版社，2022.
[33] 周思邑. 国际公关：英汉双语版 [M]. 北京：北京大学出版社，2016.
[34] 吴正锋. 跨界营销 [M]. 广州：广东经济出版社，2018.
[35] 哈特莉. 危机公关 [M]. 纪春艳，张丽，译. 北京：中华工商联合出版社，2022.

参考网站

公共关系网：https://www.17pr.com/

梅花网：https://www.meihua.info/

艾媒网：https://www.iimedia.cn/

网赢天下网：https://www.17emarketing.com/index.html

数英网：https://www.digitaling.com/